俞辛焞 著

俞辛焞 著作集（全十卷）

南開大學出版社

图书在版编目(CIP)数据

俞辛焞著作集 ：全十卷 / 俞辛焞著.—天津:南
开大学出版社，2016.12
　　ISBN 978-7-310-05265-3

　Ⅰ.①俞… Ⅱ.①俞… Ⅲ.①日本－研究－文集
Ⅳ.①K313.07－53

中国版本图书馆 CIP 数据核字(2016)第 289812 号

南开大学出版社出版发行
出版人:刘立松
地址:天津市南开区卫津路 94 号　　邮政编码:300071
营销部电话:(022)23508339　23500755
营销部传真:(022)23508542　　邮购部电话:(022)23502200

*

天津市蓟县宏图印务有限公司印刷
全国各地新华书店经销

*

2016 年 12 月第 1 版　　2016 年 12 月第 1 次印刷
210×148 毫米　32 开本　152.75 印张　44 插页　3818 千字
定价:980.00 元

如遇图书印装质量问题,请与本社营销部联系调换,电话:(022)23507125

1947年，作者在吉林省汪清县
汪青联合中学毕业时留影

20世纪50年代，作者任朝鲜人民
军少尉时期留影

作者任南开大学助教时留影

1982年至1983年，作者在日本爱知大学任研究员时留影

1983年3月21日，作者在加拿大温哥华中山公园留影

1986年11月,作者于神户孙中山纪念馆前留影

1984年6月，作者夫妇在寓所与吴廷璆先生、江口圭一先生合影

1992年，江口圭一先生捐资在南开大学日本研究中心设立"江口圭一日本研究基金"

1985年至1987年，作者在日本早稻田大学任研究员时留影

1988年12月，作者获早稻田大学博士学位留影

1991年，作者于京都参加国际会议留影

1994年6月，作者在南开大学日本研究中心落成典礼上讲话留影

2003年，作者与夫人在离休纪念会留影

2003年8月24日，作者于中俄边界五家孙边防站留影

总　目

前　言

　　时光匆匆，屈指算来，自己从事日本史和中日关系史研究凡半个多世纪。到了晚年，很想回顾、整理和总结一下自己的研究成果。这次出版著作集，正是一个很好的机会。平时写的都是一篇一篇的文章、一本一本的书，但汇集起来，竟有十卷之多，多少有些出乎意料。随着时代和科技的进步，如今大家写东西都用电脑，很省力。但我写的这些论文和著作，全都是一笔一画用笔写出来的。冒着严寒酷暑"爬格子"的情景，仍然历历在目。这十卷著作集，可以说是自己辛勤劳作汗水和心血的结晶。而2002年日本东方书店出版的我所写的日文版《辛亥革命时期中日外交史》一书，据说是该社出版的最后一部手写书稿，这无论对出版社还是我本人都很有纪念意义。

　　这套著作集，是我从事近代中日关系史、日本近现代史、中国近代史及东亚国际关系史研究半个多世纪的总结。这些研究成果概括起来，主要涉及三大领域：一是九一八事变时期的中日关系史研究，二是辛亥革命时期的中日关系史研究，三是孙中山与日本关系的研究。此外还有对日本近现代史、东亚国际关系史等多领域的研究。

　　在九一八事变研究方面，《九一八事变时期的中日外交》一书最有代表性，也可以说是我的成名之作。这部书用日语撰写，1986年由以出版中国问题研究著作著称的日本东方书店出版。这部著

作无论是在研究角度、研究方法上，还是在资料挖掘和观点上都很有新意，它改变了以往偏重从军事史角度研究九一八事变的传统视角，从外交史的新角度出发，运用中日两国的原始档案和外交文书等翔实的材料，运用辩证唯物主义的分析方法，透过九一八事变时期错综复杂的国际国内关系，论证了二战前外交和军事两方面在日本对外侵略中的相互关系，深刻揭示了日本军国主义对外侵略的本质。该书出版后，在国内外学界引起强烈反响，被誉为国内外九一八事变时期中日外交史研究中最高水平的论著，并获得了多项学术研究奖。凭借这部书，我还获得了早稻田大学法学博士学位。该书成为我学术研究的奠基之作。

我的另一个主要研究领域是辛亥革命时期的中日关系史。除多篇重头论文外，最具代表性的是编入本著作集的《辛亥革命时期中日外交史》，先后由天津人民出版社（2000 年）和日本东方书店出版（2002 年）出了中文版和日文版。它是国内外第一部系统研究辛亥革命时期中日外交史的巨著。我对辛亥革命时期中日关系的研究，也是建立在坚实的第一手史料基础之上的。该书把辛亥革命时期的中日关系史放到纷纭复杂的国际关系中去分析、研究，运用"双重三角国际关系论"，阐明了孙中山与日本，袁世凯、北洋政府与日本，列强与中国及日本等复杂关系中的"双重性"特征。在对袁世凯的评价问题上，我也本着实事求是的态度，没有沿袭袁世凯对日卖国外交的定论，而是对袁世凯及北洋政府在对日外交活动中的一些积极表现及作用，进行了客观的评价，获得了学界的肯定和好评，认为该著不仅大大深化了辛亥革命时期中日关系史的研究，在中国近代史、中国革命史、东亚国际关系史研究上也具有重要意义。

在我的研究生涯中，对孙中山与日本关系的研究倾注了最大的心血。在近代中日关系史研究中，孙中山与日本的关系是重要和不可回避的课题。但以往的研究，缺乏第一手资料的支撑，存

在明显不足。我则从挖掘第一手档案资料入手，将日本史研究与孙中山、辛亥革命的研究结合起来，先后撰写了二十多篇有影响的论文。在此基础上，1989 年写出了日文版的《孙中山的革命运动与日本》，1996 年又出版了中文版《孙中山与日本关系研究》。前著大量运用了新从日本档案中发掘的史料，系统地研究了孙中山几十年革命生涯中与日本的关系。不仅把孙中山作为一个个人，更把孙中山作为一个群体的代表，深刻分析资产阶级的对日态度，探讨中国人对日政治思潮的演变对孙中山思想的影响，同时从国际环境、日本政府及朝野的各种政治变幻中，去探讨孙中山与日本的微妙关系，提出了孙中山对日态度一贯性和策略性并存等许多新观点。而后著则主要探讨了日本决定对孙中山政策的因素、孙中山与日本关系的多样性和复杂性，以及孙中山对日政策是否有转变等重要问题。该书在资料上主要利用了日本的外交档案资料，突破了以往主要靠《孙中山全集》研究孙中山与日本关系的局限。在研究方法上，引入了国际关系理论和矛盾论来探讨孙中山与日本的关系，为孙中山与日本关系研究"开拓了新的理论、方法与视角"。

除上述三大领域外，我还在五四运动与日本的关系、黄兴与日本的关系、田中奏折的真伪问题、抗日战争及太平洋战争时期的国际关系、日本战后改革、东亚的战争与和平等重要问题上发表了有影响的论文，这次都收录到著作集中，供读者参考、批评。

自己从事历史研究五十多年，取得了一定的成绩，这部著作集就是很好的证明。在此，我非常感谢业师吴廷璆先生，是他把我引上了历史研究的道路。也感谢南开大学日本研究院，为本著作集的出版给予了方方面面的大力支持。还要感谢给过我各方面帮助的日本朋友。名字很多，恕不一一列举。我的学生谯大俊为本著作集的出版提供了很大的支持，在此表示感谢。日本研究院资料室主任郑昭辉老师不辞辛苦，为本著作集的出版付出了很大

心血，在此特别表示感谢。

我在南开求学、工作六十年，是一个地地道道的南开人，著作集能在校园内的南开大学出版社出版，我非常高兴。莫建来编审和他的编辑团队为著作集的出版付出了很大辛劳，在此表示衷心感谢。

考虑到这套著作集要面向中日两国的读者，故将中日两种文本一并汇集其中。还有一点需说明的是，这次收录的有些文章是较早前写的，留有那个时代的痕迹，为了尊重历史，收录时基本保持了原貌，没有做大的改动。此外，文中较多引用了《马克思恩格斯全集》《马克思恩格斯选集》《列宁全集》《列宁选集》及《孙中山全集》等，这次编辑时大都保留了发表时的标注方式，没有全部改成现在的标注方式，敬请读者谅解。

著者识

2016 年 11 月 30 日

躬耕南开度春秋

——俞辛焞自述

时光匆匆，今年我已是八十高龄。屈指算来，今年也是我来南开的第五十七个年头。想想这近六十年的点点滴滴，自己也算没有辜负师长的期望，没有因个人的原因而虚度光阴。看着自己辛勤汗水凝结的一篇篇论文发表，一部部著作问世，一个个学生脱颖而出，在由衷欣慰的同时，很想借此机会对自己这五十年的学习和研究工作做个简单的盘点。希望自己这些年的心得和感悟能给年轻学子以启发，自己的经验和教训可以使青年才俊少走弯路。

1932 年 9 月，我出生在朝鲜咸镜北道素青。我的父辈曾在朝鲜半岛深受日本的殖民统治之苦，当他们辗转迁移至中国东北后，日本的殖民统治很快就延伸到这里。孩提时代的我既不能接受朝鲜语的教育，也不能接受汉语教育，而只能在日本教官的强迫下，背诵枯燥乏味的日语课文。1945 年日本投降，随后在中国共产党的领导下东北解放，我才开始接受朝鲜语教育。1947 年 7 月中学毕业后参加土地改革。1950 年高中毕业时，适逢朝鲜战争爆发，我毅然参加抗美援朝的战斗，并荣立战功。转业后于 1955 年考入南开大学历史系，1958 年提前一年毕业留校任教。

在南开最初的工作是担任助教，因为我是朝鲜族，又懂日语，

便被著名日本史专家吴廷璆先生选中做助手，也正是因为有这段经历，才奠定了自己一生的方向。南开大学历史系是以学风严谨著称于世的，那时除经常得到吴先生的指点外，还深受历史学家郑天挺教授等史学前辈的影响，为自己以后的学术研究打下了扎实的基本功。

1964 年，根据国务院关于加强外国问题研究的指示，我协助业师吴廷璆先生创建了日本史研究室，开始了长达 40 多年的日本史研究生涯。建室之初，研究条件非常艰苦，资料奇缺，又无对外交流。即便如此，我还是和我们研究室的其他同志一起，克服困难，进行了一些适应时代要求的日本研究，并从 1974 年起，编印了《日本问题研究》（共 8 期）杂志，我也发表了 11 篇论文，为我校的日本史研究打下了基础。

1978 年起，我国开始实行改革开放政策，学术研究的环境也变得开放活跃，研究条件也得到明显的改善，自己在史学前辈熏陶和潜移默化下形成的学术研究潜能才真正得以发挥。开始研究日本外交史，或者说是从日本史的角度研究中日关系史，这在当时我国史学界可以算是一股清风，后来有人评论说我开阔了研究视野，拓宽了研究领域，其实我信奉"勤能补拙"的古训，自己不过比别人早起一步。研究历史，方法的更新与史料的发掘同等重要。研究日本外交史和中日关系史，日方档案的使用自然必不可少。1979 年是五四运动六十周年，我在国内首次利用日本外交档案，撰写了《巴黎和会与五四运动》（后发表于《历史研究》1979年第 5 期），弄清了与五四运动关系最深的日本对运动的态度，为国内研究五四运动开辟了一个新视角。

搞外交史研究或国际问题研究，最要紧的是能同时使用相关国家的语言，材料的使用自不必说，成果的发表似乎更为重要，比如搞美国研究，不用英语在美国公开发表，其影响自然打折扣，搞日本问题研究同样如此。自己由于特殊的历史原因，能很熟练

地使用日语，我常要求我的学生也能很好地使用日语，最好将自己的成果在日本发表。这样既便于学术交流，也有利于提高中国学者在日本学界的影响。特别是改革开放初期，因为多年的闭塞，国际学术界几乎淡忘了中国大陆地区的存在，日本作为中国的邻国和与中国有特殊历史关系的国家，日本问题的研究没有了中国的声音实在是一件很悲哀的事情。1983 年 9 月，我利用日本最新解密的外交档案，第一次用日语撰写的论文《九一八事变与币原外交》，在日本权威历史学杂志《日本史研究》上发表，在日本学界引起不小的波澜。此后，我又相继发表了《李顿调查团与日本外务省的对应》（载《历史评论》）、《第一次上海事变与日本外务省》（载日本爱知大学《法经论集》）等系列文章。尽管一些日本学者并不赞同我的观点，但他们对我鲜明的学术立场和缜密的史料论证仍表示钦服，作为中国学者，我在日本学界崭露头角。

应该说，自己比较满意的第一本书是日文版的《九一八事变时期中日外交史研究》，这本书也可以算做我的成名之作。那是在1985—1986 年，当时我在日本早稻田大学研修，受早稻田大学教务长的鼓励，为申请早稻田大学的博士学位，我在前几年研究的基础上，又经过近两年的努力，撰写了《九一八事变时期中日外交史研究》，在以出版中国问题和中日关系问题著作著称的日本东方书店出版（1986 年 9 月）。这部著作无论在研究角度、研究方法，还是在资料使用和观点上都很有新意，它改变了以往偏重从军事史角度研究九一八事变的弊端，而是主要从外交史的新角度出发，运用中日两国的原始档案和外交文书等翔实的材料，提出了自己的独到见解。该书运用辩证唯物主义的分析方法，透过九一八事变时期极其错综复杂的国际国内关系，论证了外交和军事在战前日本对外侵略中的相互关系，深刻揭示了日本军国主义对外侵略的本质。

《九一八事变时期中日外交史研究》出版后被誉为一部在九

一八事变时期中日外交史研究中代表国内外最新水平的论著。该书出版后首先在日本学术界引起了强烈的反响。中国新华社驻日记者曾以"研究'九一八'前后中日外交史观点独到 俞辛焞新著在日本获得好评"为题，从东京向国内发回消息，《天津日报》（1986年12月9日）也特意做了报道，称赞该书"从外交和军事是战前日本对外侵略的两个车轮的观点出发，揭露和论证了日本军国主义国家对外政策的侵略本质。这与日本史学界在研究中强调日本军部与外务省之间存在对立和矛盾的观点则大不相同"。同时，由日本外交史专家、国际大学副校长细谷千博等知名学者联合发起，专门举行了该书出版纪念会。《朝日新闻》《史学杂志》《日本史研究》等日本重要报刊，先后发表了7篇书评，认为该书的出版"具有划时代的意义"，并称赞该书"大大提高了中国在该领域的研究水平"，"充分运用了在日本尚未引起重视的各种史料，是一部具有独到见解的高密度的研究成果；作为外国人能如此驾驭日本史料，并用日文发表成果，近年来实属绝无仅有的壮举"，"指出了日本外交史研究中存在的闭锁性和漏洞"，在一些问题的研究上"超过了以往的水平"，"对日本史学界是一次强烈的冲击"，"无疑是九一八事变时期外交史研究的新的必读文献"。随后该书也获得了国内专家的高度评价，"是一部颇具特色的专著，以精辟的论证，丰富的史料，探微索幽，求深创新，在中日关系史研究中跨出了新的步伐，将我国中日关系史的研究推向了一个新的起点"。该书先后荣获第三届天津市社会科学优秀成果一等奖、首届中国社会科学日本研究基金会优秀成果奖、全国高校人文社会科学二等奖等多项奖项。

孙中山研究历来是我国学术界的研究热点，但在以往研究中，还很少有人用第一手资料研究孙中山及其领导的革命运动与日本的关系问题。从20世纪80年代后期起，我开始将日本史研究与孙中山、辛亥革命的研究结合起来，努力挖掘整理日文原始档案

材料，并在此基础上展开深入研究，先后撰写了《二次革命时期孙中山的反袁策略与日本的关系》（载《历史研究》1988 年第 1 期）等 22 篇有影响的论文。后来我又根据在日本外务省档案馆发现的大量原始材料，主持编译出版了《孙中山在日活动密录》（南开大学出版社，1990 年）和《黄兴在日活动密录》（天津人民出版社，1998 年）等史料价值较高的译著。这些研究成果，拓宽了孙中山及中国近代史研究的新领域，在边缘学科的研究上做了成功的尝试。这不仅在孙中山研究领域起到了拾遗补缺的作用，而且许多独到的观点也受到了国内外学界的好评。在此基础上，1989年我用日文撰写了《孙中山的革命运动与日本》（日本东京六兴出版，1989 年），该书大量运用了从日本档案中新发掘的史料，系统地研究了孙中山在几十年革命生涯中与日本的关系。它"以孙中山为中心，但又不就孙中山论孙中山，而是把孙中山作为一个群体的代表，刻意分析资产阶级的对日态度，探讨中国人民对日政治思潮的演变对孙中山思想的影响，同时从国际环境、日本政府及朝野的各种政治变幻中，去探讨孙中山与日本的微妙关系"。由于我在孙中山的研究中"善于从大系统去探求子系统，从子系统去反求大系统"，所以在该领域的研究中提出了孙中山对日态度一贯性和策略性并存等许多新观点。我还很注意比较研究，进行孙中山与黄兴、孙中山的早年与晚年、日本的政府与民间、日本对华政策的前期与后期等多层次比较。这种比较容易发现问题，加深理解。日本学者评论说，该书"作为中国研究工作者撰写的孙日关系的专著，超过了以往水平，该书是一部优秀的实证性研究成果"；中国学者评论说，该书是"孙中山研究的新突破"，是"孙学研究的新贡献"，"可誉为研究孙中山与日本关系的最佳代表作之一"。

继《孙中山的革命运动与日本》在日出版后，我又一鼓作气，进一步深化对孙中山与日本关系的研究，于1996 年出版了《孙中

山与日本关系研究》（人民出版社），进一步系统阐述了孙中山与日本关系的历程，探讨了日本决定对孙中山政策的因素、孙中山与日本关系的多样性和复杂性，以及孙中山对日政策是否有转变等重要问题。该书在资料上主要利用了日本的外交档案，突破了以往主要靠《孙中山全集》研究孙中山与日本关系的局限，在资料方面胜人一筹。在研究方法上，引入了国际关系理论和矛盾论来探讨孙中山与日本的关系，把孙中山与日本的关系定位为一个国外革命团体与日本国家的关系，"给人以耳目一新之感"，为孙中山与日本关系的研究"开拓了新的理论、方法与视角"。正如有的专家所言，该书既有深度，又"观点新颖"，"具有说服力"。我还提出"双重三角国际关系"理论，认为围绕中国问题，日本、欧美、中国形成了双重三角关系，欧美和日本都是帝国主义国家，在侵略中国、保护和扩大殖民权益方面他们有共同的利益，为此他们相互合作，彼此同情和支持对方；但日本和欧美在侵略中国的过程中，也可能因扩大各自的权益和势力范围而产生矛盾，相互排斥、相互争夺也在所难免，为此他们常常支持或利用中国统治者的抵抗来限制对方权益的过分膨胀；同时中国统治者也会为了维护自身的生存，采取"以夷制夷"的策略，借此制彼。具体来说，欧美一方面借支持、纵容日本对中国的侵略，来维护和扩大帝国主义在华的殖民权益，压制中国民族主义的觉醒；另一方面，又利用中国的抵抗，限制日本在华权益的过分膨胀。日本则一方面利用帝国主义的共性，寻求欧美对其侵略中国的同情；另一方面，又与欧美展开争夺，积极扩大在华权益，攫取在华优势地位。中国则一方面利用欧美及国联，缓解日本侵略带来的压力，另一方面又对日妥协，换取日本放缓侵略的步伐。在研究孙中山与日本的关系时，我又将中国因素分解为孙中山领导的革命运动和革命的对立面（清政府、袁世凯政府等），我认为：孙中山寄希望于日本，并力争其援助革命，并非出自孙中山的主观意志或对

日本侵略本质认识不清，而是出于中国与列强间国际关系的双重性。日本与欧美在维护在华既得侵略权益方面一致行动，但在扩大新权益方面常常相互争夺、相互牵制。日本利用甲午战争、义和团运动和日俄战争的有利时机，急剧扩大其在华权益，与欧美产生矛盾。欧美便通过支持控制北京政权的实力人物来牵制日本，而中国当时的统治者也希望"以夷制夷"，利用欧美列强牵制日本。这样，欧美列强与中国当时的统治者在共同牵制日本方面暂时取得一致。所以，当孙中山争取在政治思想上与其接近的欧美等国援助时，屡屡遭到拒绝。换句话说，欧美支持控制北京政权的实力人物以牵制日本急剧扩张在华权益，孙中山则想利用日本的支持促使革命尽快成功。孙中山把国内革命作为首要任务，他利用国内外敌人的矛盾推进革命只是一种策略。而日本支持孙中山的革命也是从自己的利益考虑，是想借孙中山的势力牵制和打击当时中国的统治者。多数研究者常常困惑于孙中山对日认识的矛盾和多变，困惑于日本对孙中山的复杂态度，只要循着思想认识论和国际关系论两种不同研究方法进行仔细梳理，困扰孙中山研究的难题也就迎刃而解了。

另外，我在该书中指出，孙中山把依靠日本援助作为达到革命目的的手段和策略，是导致"革命尚未成功"结局的重要原因。被学界评论为"这种结论，可以说是大胆的、新颖的，也是基本符合历史实际的"，该书"不能不说是中国近代史及中日关系史研究领域出现的一部有价值的力作"。

辛亥革命时期的中日关系史研究，是我倾心的又一重要研究领域。2000年和2002年，中日文版本的《辛亥革命时期中日外交史》先后由天津人民出版社和日本东方书店出版问世，该书日文版厚达768页，共74.5万字，是国内外第一部系统研究辛亥革命时期中日外交史和国际关系史的重头巨著。我对于辛亥革命时期的中日外交史和国际关系史研究，与对其他时期的中日关系史

研究一样，是建立在坚实的史料基础之上的。该书大量使用了藏于日本外交史料馆、防卫研究所等处的第一手资料，以及保存在中国台湾地区的辛亥革命时期的原始资料，充分保证了论从史出和该书较高的史料价值。该书把辛亥革命时期的中日关系史放到纷纭复杂的国际关系中去分析、研究，运用"双重三角国际关系论"，阐明了孙中山与日本、袁世凯及北洋政府与日本、列强与中国及日本等关系中的"双重性"特征。同时还注重中日外交活动的连续性和互动性，"使历史的结论尽可能地避免了偏失"。本着唯物主义和实事求是的观点，该书没有沿袭袁世凯对日卖国外交的定论，而是对袁世凯及北洋政府在对日外交活动中的一些积极表现及作用，进行了客观的评价，表现了一个史学工作者求真务实的追求。国外学界对该书给予了高度的评价，评价该书为"具有先驱性的中日外交史研究"。认为该书不受传统观点束缚，观点"客观、灵活、新鲜"，"是中国近代史、中国革命史、中日关系史研究的重要著作，也是日中学术交流中具有纪念意义的著作"。国内学界的书评说：该书"视野宽广，从大处落笔，强调运用国际关系的方法论"，是"一部具有鲜明特点，有开创性的佳作"，是"继往开来的杰出代表"。

现在粗略算来，自己在科研方面取得的成绩还算满意，迄今为止，已独立出版专著8部，共300多万字，其中3部用日文撰写，其中2部日文著作被译成韩文、中文出版；发表论文110多篇，其中37篇在日本、美国、英国、新加坡等国外刊物上发表。因为这些成绩，我得到了国内外学界的认可。

我所取得的科研成就，与我多年从事教学实践是密不可分的。从1962年到1997年，我先后为本科生、研究生开设了日本近现代史、日本现代史、朝鲜史、日本现代外交史研究、战后日本史研究、国际关系论、史学方法论等13门课程。我常给学生讲我的"挖坑理论""360度理论"和"接力赛跑理论"。我喜欢用通俗

的例子讲一些蕴含哲理的治学之道，我说：治学犹如挖坑，要想把坑挖深，没有足够的直径是不行的，治学欲求其深，必先以博为基础。研究问题、分析问题，脑子里要有360度的概念，"横看成岭侧成峰，远近高低各不同"，要从不同角度思考，要换位思维。从事学术研究，犹如接力赛跑，接棒的运动员，应在接棒之前就先起跑，在跑动中完成交接，学术研究才能快速进步。

我常教导学生治学一定要严谨，不要满足眼前的成就，我们研究的是国际问题，我们的成果就不能仅仅满足于在国内填补空白，而应当在国际学术界占一席之地。我要求学生必须打好外语基础，为此我一方面在课堂上尽量使用外语进行教学，另一方面我又创造更好的条件，让大家走出去，或把外国专家请进来。迄今为止，我的所有学生都拥有在日本学习和研究的经历，他们中大部分已成长为研究日本问题的专家学者和从事中日交流的骨干。我要求学生一定要较好地掌握史学研究的基本理论、方法和运用史料的基本功，强调学生一定要独立思考。我根据外国史研究的要求和特点，率先采用外语教学和讨论式教学法，收到了提高学生分析解决问题能力、教学相长的实效。在教学中，我特别注意历史学习与现实结合，随时掌握日本和中日关系的动向。为此我课前总要用一段时间与学生讨论中日关系的最新动向。我是一位严师，但我更希望是学生的益友，我懂得教学相长的道理，学生自己举办的各种讲座和讨论会我都尽可能地参加，并虚心地聆听。我信奉"三人行必有我师"的古训，我常与不同专业的年轻学生交流，并与许多年轻学生成为忘年交。我先后培养了16名硕士和博士研究生，为国家的教育事业和中国的日本研究做出了自己的贡献。

我深深懂得搞学术研究离不开学术交流，尤其是搞国际问题研究。为此我倾注自己的巨大精力从事国际学术交流。早在改革开放不久的1980年，我就应邀到日本访问研修，前后加起来有5

年多的时间。先后 20 多次到日本、韩国、美国、加拿大、俄国等国家以及中国台湾、澳门地区访问、讲学。先后出席过东京裁判、日本历史科学大会、辛亥革命、孙中山、朝鲜半岛统一、中日关系、东亚问题等方面的国际学术会议 34 次，并多次在国际学术会议上用汉语、日语、韩语做基调报告。还应邀在日本早稻田大学、爱知大学、国学院大学，美国堪萨斯大学、加利福尼亚大学、亚特兰大大学，加拿大温哥华大学，韩国首尔大学、韩国社会科学院等学校和科研单位发表学术演讲，提高了我国学者在国际上的影响，树立了中国学者在日本研究界的形象，并由此及时掌握国外研究的新成果、新动态，指导自己的科研和教学工作。在我的示范和带动下，我们研究室（后来的研究中心、日本研究院）的对外交流十分活跃，所有教师和许多研究生都曾赴日参加过学术交流或在日本进行过学习和研究，南开大学的日本研究也受到世界各国的关注。

在学习和研究中，我不仅提倡走出去，还努力把国外的著名学者请进来。在我主持日本史研究室和日本研究中心工作期间，先后邀请日本著名史学家、京都大学教授井上清，京都大学教授朝尾直弘，早稻田大学教授木村时夫，名古屋大学教授芝原拓自，庆应大学教授池井优、山田辰雄，爱知大学教授江口圭一，联合国大学副校长细谷千博教授以及日本驻华使馆渡边公使、日本国际交流基金北京事务所所长小熊旭、日本兴业银行常务理事吉永正藏等 40 多位日本著名学者、外交官和实业家来校讲学、访问，促进了我校日本史研究水平的提高及与日本的交流。

同时，我还积极促成我校与日本、韩国等大学的国际交流，为我校与日本早稻田大学、爱知大学、国学院大学等多所高校建立校际交流牵线搭桥。1983 年和 1994 年，我还分别陪同当时的滕维藻校长和母国光校长访日，为促进我校与日本和韩国教育界的交流做出了自己的贡献。

　　我校的日本研究从无到有，从小到大，一直发展到今天成立了国内第一所日本研究院，作为当事人和见证人，我感到由衷的欣慰。我在南开学习和工作的五十七年，是南开大学日本史研究及对日学术交流的五十七年。20世纪六七十年代，我与日本史研究室的同仁一道艰苦创业，为我校的日本史研究打下了良好的基础。改革开放以后，我们又百尺竿头，更进一步，一方面拓展对日交流，走出去，请进来；一方面积极引进人才，壮大研究力量，使我校的日本史研究和对外交流走在了全国的前列。20世纪80年代后期，我又与大家一起，审时度势，在1988年将单纯研究日本历史的科研机构改组为一个跨学科的综合性研究机构和学术交流机构——南开大学日本研究中心，使我校的日本研究走上一个新的台阶。

　　一个学科的发展不仅需要人才，还需要物质基础保证。为开辟财源，我不辞辛劳，多方奔走，自1993年以来，先后为日本研究中心争取到了日本国际交流基金、大阪万国博览会协会两机构和江口圭一、吉永正藏两位日本友人的资助，共计15500万日元（其中日本国际交流基金资助6500万日元，大阪万国博览会协会1500万日元，江口圭一5000万日元，吉永正藏2500万日元）。利用争取到的这些宝贵的资助，日本研究中心在学校的大力支持下，先后建成了独立的研究中心大楼，设立了江口圭一日本研究基金，为南开大学日本研究的发展，打下了坚实的基础。为了利用好来之不易的捐款，保证施工质量，在日本研究中心大楼的建设中，从选址到设计、施工、监理，再到落成仪式，我全程参与、负责，倾注了心血。为了施工的顺利进行，我几乎天天到施工现场监督指导，为使工程进展顺利，我甚至用自己的存款垫付工程用款。1994年日本研究中心大楼顺利建成并投入使用，为我校的日本研究打下了良好的硬件基础，在国家211评审中受到了教育部专家组的好评。

自己的努力也确实得到了回报,党和国家给了我很高的荣誉。1993 年,我被授予天津市劳动模范称号,并当选为中国工会第十二次全国代表大会代表,参加了 10 月在北京举行的全国工会十二大,受到了党和国家领导人的接见。1994 年,又荣获"天津市民族团结进步先进个人"称号。作为朝鲜族人民的代表,入选了《中国朝鲜族名人录》。南开历史学科建立八十年纪念时,我被誉为"国内外知名的日本外交史、中日关系史研究学者"。还被编入《中国社会科学家大辞典》、剑桥国际传记中心编的《国际名人传记辞典》、美国传记协会编的《有影响的五百名带头人》。

(原载《俞辛焞先生八十华诞纪念册》,2012 年 9 月)

俞 辛 焞 著 作 集

第一卷

辛亥革命期の中日外交史研究（上）

俞辛焞　著

南开大学出版社

天　津

はしがき

　辛亥革命は中国の革命勢力が封建的な清王朝を打倒し、共和制の中華民国を樹立しようとした革命であり、中国の前近代社会から近代社会への転換の始まりとなった革命でもある。中国においてはこの革命に関するさまざまな研究書・資料集・回想録等が出版され、かなりレベルの高い学術的研究がなされており、日本においても研究論文集や専門書が出版されている。これらの研究の大部分は辛亥革命をその内的要因や政治・思想史の視角から研究したものである。この革命は本来中国の内政問題であって、中国人民と革命勢力が自発的におこなうべきことであったが、中国が日本や欧米列強の半植民地であったため国際問題になり、日本や欧米列強は直接的或いは間接的にこの革命に干渉しようとした。このように国際問題化した辛亥革命における個別的問題について国際関係史或いは外交史の視角から研究した論文・書籍はあるが、系統的・集中的・専門的に取上げた研究書は未だ発表されていない。故に、本書は中日外交史・国際関係史の視角からこの時期の中日外交史を考究することを目的とする。

　辛亥革命とは一九一一年十月に勃発した武昌蜂起に始まる革命全体を一つの歴史的事件として指すものであり、学界における一般的通説では武昌蜂起から一九一三年の第二革命までを辛

亥革命と称する。しかしこのような事件が勃発する歴史的背景
から、事件が発生して社会に直接的影響を及ぼすまでには長い
時間がかかる。この長い時間を辛亥革命期と称することが出来
るであろう。このように辛亥革命と辛亥革命期には共通点があ
りながらも、時期区分としては時間差がある。この意味から、
一九〇五年の中国同盟会の成立から、辛亥革命に対する反動と
して現れた一九一六年の洪憲帝制までを辛亥革命期と称するべ
きであろう。これは政治史的時期区分であり、外交史或いは国
際関係史の視角からの時期区分はこれと異なっている。同盟会
成立から武昌蜂起までの六年間、この革命をめぐる外交或いは
国際関係はそれほど公然とは展開されなかった。こうした動き
が集中的に現れるのはやはり武昌蜂起から一六年の夏までの時
期である。政治史的には一九一三年の第二革命によって歴史的
事件としての辛亥革命が一応終息したといわれているが、中日
外交史と国際関係史の視角から見れば、辛亥革命の際に発生し
た外交上・国際関係上の諸問題は第二革命によっても解決せず
に一九一六年六月に袁世凱が死去するまでつづいた。つまり中
日外交と国際関係の視角から考えると、辛亥革命の勃発から袁
世凱の死去までは連続した一時期を形成しているのである。本
書は、一九一一年十月の武昌蜂起から一九一六年夏に袁が急死
して黎元洪が大総統となるまでを辛亥革命期とした上で、この
時期の中日外交と国際関係を取扱う。

　この時期は中国史上の大転換期であり、中国社会が封建的王
朝政治から共和政治に転換し始める時期である。この時期は帝
政と共和制との対立と闘いが繰返された過渡的な時期でもあり、
革命と変革の反動として帝政が一時復活した複雑な時期でもあ
る。この時期中国をめぐる中日外交と国際関係の一焦点は政体
問題であった。本書は、この問題を研究の一対象とする。

　政体問題は中国にとっては根本的な原則の問題であったが、日本と欧米列強にとっては国益と直接的な関係があった。日本は立憲君主制を支持し、欧米列強は相対的に共和制に同情したが、彼らはこのイデオロギーを越え、逆に日本は共和制を主張する孫文を支援し、欧米列強は帝政或いは立憲君主制を主張する袁世凱を支持した。これは日本と欧米列強の中国におけるそれぞれの国益の維持と拡大をめぐる争いを示している。

　政体の変化に伴う旧秩序の崩壊は一時的な社会の動乱を招き、中国における日本や欧米列強の既得権益を脅かす可能性を生むと同時に、彼らにこの動乱を利用して新たな権益を拡大するチャンスを提供した。この目的のために列強は実力を行使する可能性があった。孫文ら革命勢力はこれを排除するため、列強と締結した不平等条約を再承認して彼らの既得権益を保証し、これによって政敵を打倒して共和制を樹立或いは回復したが、半植民地的地位から脱出することは出来なかった。これは彼らの革命の不徹底さを示すというよりも、寧ろ当時の内外の力関係によって対内・対外の二つの革命課題を同時に達成することが出来ない場合は二者択一が合理的な政略だったことを示している。

　政体問題をめぐる日本と欧米列強の争いは、中国の中央政権を掌握しようとして、或いは掌握した人物をめぐって展開された。日本や欧米列強はその人物の自国との関係如何によって、またその人物がどの政体を主張するかによって、どの政体を支持するかを決定したのである。しかし第一次大戦という特定の歴史的条件の下で欧米列強はこの法則に従って行動することが出来ず。袁の帝政に対する日本の政策に追随せざるを得なかった。

　この時期、政体は清の帝政から共和へ、共和から袁の独裁へ、

袁の独裁からまた袁の帝政へと転換した。この転換に伴う武力行使によって社会秩序が乱れる恐れがあった。社会秩序が乱れると列強の対中国貿易は直接的な損失を被るため、列強は転換と安定のどちらかを選択する場合には安定を望んだのであった。このため日本や欧米列強は対立する両派を妥協させるか、或いはどちらか一方を支持して政局を安定させようとした。しかしそれも絶対的なものではなく、どちらかといえば、欧米列強が現状の維持と安定を要望したのに対し、日本は社会秩序の乱れを利用して中国における自己の侵略的目的を達成しようとした。しかし第二革命の時にはそうではなかった。

　この時期は、政体をめぐって中国社会が南北に分裂し、対立した時期でもあった。辛亥革命勃発による清朝と南方の立憲派を含む革命勢力の対立から、一九一三年の第二革命の勃発による袁世凱派と孫文の革命党の対立、一九一五年末の護国戦争勃発による袁の帝政と孫文ら革命党及び西南諸省の反帝政・反袁勢力の対立に至るまで、相対的に安定した時期は僅か一年くらいであり、対立と分裂が繰り返された時期であった。これは封建的王朝社会から近代社会に転換する過渡期に見られる歴史的現象であり、この時期の一大特徴でもあった。この特徴はこの時期の中日外交と国際関係を複雑化した。そのためこの時期の日本や欧米列強の対中国外交は分裂・対立する袁と孫に対する外交であった。

　孫文と袁世凱は中国の政治や舞台における対照的な人物であり、この両者の対立・妥協と闘争によって辛亥革命期の中国政局が展開し、変動した。しかしこれは単なる中国の国内問題でなく、国際的問題でもあった。袁・孫の日本や欧米列強に対する姿勢と外交政策は日本や欧米列強の対袁・対孫の外交政策と対照的であった。この四者の相互の関係は基本的に二重的外交

関係によって展開し、中国の国内政治もこの影響の下で変転した。

　辛亥革命期の日本と袁、日本と孫との関係を計量学的に具現してみると、両者は反比例の関係にあった。日本の対中国政策の主体は対袁政策であり、対孫政策は対袁政策如何によって決定された。その意味では、日本の対孫政策は対袁政策に従属する二次的なものであり、対袁政策を抜きにした純粋な対孫政策はあり得なかったといえる。本書は、孫文と袁世凱を二つの柱として、日本の対袁・対孫政策と袁・孫の対日姿勢を対照的に比較しながらこの時期の中日外交を検討する。

　辛亥革命期の中日外交は、第一次世界大戦の勃発を境に、前後に区分することが出来る。大戦前の日本は対孫・対袁借款と満蒙政策を中心に多様な手段と方法を駆使して対中国外交を推進したが、目立った進展はなかった。しかし大戦勃発は中国をめぐる国際関係を大きく変え、日本に対中国外交を大いに推進するチャンスを与えた。それまで対中国政策のイニシアチブを掌握していたイギリス等欧米列強は大戦に巻込まれて中国を顧みる余裕がなくなり、そのイニシアチブを日本に譲らざるを得なかった。これによって従来日本の対中国政策を大いに牽制してきた欧米列強の力は弱くなった。これは日本の対中国外交の一大転換を促した。日本は軍国主義国家であり、その外交の真骨頂は戦争外交にあった。対独開戦によって膠州湾と山東鉄道（膠済鉄道）を占拠した日本は、この軍事的占拠を背景に対中国政策のイニシアチブを掌握し、辛亥革命或いは日露戦争以後停滞していた対中国外交を積極的に展開し、中国に二十一ヵ条の要求を提出し、日本の中国侵略の障害であった袁世凱を打倒・排除し、黎元洪の擁立を経て北洋軍閥の三傑の一人であった段祺瑞と結び、北京の中央政権を手元に押え、中国における日本

の権益を最大に拡大し得る地均しをした。これが大戦以降の日本の対中国外交の収穫であった。

辛亥革命期の中国と日本との外交は、単なる二国間の外交ではなく、中国をめぐる欧米列強との国際関係がからんでいた。故に、本書はこの時期の中日外交を欧米列強との国際関係の中で考究する。

外交関係或いは国際関係は互いの利害関係によって結ばれる。いわば各国或いは各集団の利益に基づいて展開されるのである。故に、辛亥革命期の中日外交とそれをめぐる国際関係の一焦点は、列強の既得権益の維持と新たな権益の獲得であった。時には既得権益の維持が主であり、時には新たな権益の獲得が主であった。欧米列強が既得権益の維持を重視したのに対し、日本は新たな権益の獲得を積極的に追求した。本書は、中日外交とそれをめぐる国際関係についての実証的研究から中国・日本・欧米列強間の三者三様の外交関係を論理的に二重外交論に総括し、二重外交論でこの時期の三者の外交関係と国際関係を分析する。つまり本書の理論体系は次のような二重外交論である。

日本と欧米列強は中国における既得権益の維持では共同一致の外交政策をとり、新たな権益の拡大をめぐっては互いに争奪し互いに牽制する二重的関係にあった。中国と列強は被侵略と侵略の関係であったが、中国侵略をめぐる日本と欧米列強間の争奪に伴う競合と対立によって、中国は時には欧米列強を利用して日本に抵抗し、時には日本を利用して欧米列強を牽制した。一方、日本は中国と欧米列強との対立が激化したチャンスに中国側を利用して欧米列強を牽制し、欧米列強は中国と日本との対立が激化したチャンスに中国側を利用して日本を牽制した。中国侵略をめぐる日本と欧米列強の協調と争奪は両者の侵略的本質から生じた対立的なものであったが、中国は列強間の協調

関係を巧妙に利用して双方を牽制したのである。この時期の中日外交は、このような二重的関係の枠内で進められたのであった。

　昨日は今日の歴史であり、今日は明日の歴史である。歴史は絶え間なく変転しながら連続し、流れて行く。今日の中日関係は過去の近代中日関係と連続しており、その苦く不幸な関係から得られた教訓の賜物でもある。その意味で、拙著が過去の近代中日関係の研究と今後の中日関係の一層の発展のため、また両国国民の相互理解と学術交流のための一助となれば望外の幸せである。

　辛亥革命期の中日外交史には史料の不十分等の要因によって不明な点がかなり残っている。本書にも不明な点や充分な叙述と分析が出来なかったところが残っている。特に日本の対中国外交政策の決定過程や中国の対日外交の内容とその政策決定過程等については不明な部分が大変多い。また中日外交は相互間の外交であったため、叙述において相互のバランスを保てるように努力はしたが、中国側資料の不足によってその均衡は理想的に保たれていない。これらの点に関しては新たな資料の発見に期待せざるを得ない。

　絶え間なく流れる歴史に対する学問的な認識と解釈は無限である。学問の研究はリレーのバトン・タッチのようなものである。後のランナーは前のランナーからバトンを受取って先へと走って行くのである。ゴールに達しなくとも先へと進むことが出来れば学問的な価値があるのである。本書もこの分野の研究の終点に達したことを意味するものではなく、新たな研究のスタートとしてバトンを次のランナーに渡すために敢えて出版させていただくことにする。拙著を世に問い、中日両国の学界と国民からご批判とご教示とを賜ることを心から望む次第である。

　本書は私の中国と日本における研究の成果をまとめたもので
ある。私は南開大学と早稲田大学との学術交流協定によって早
稲田大学で十一ヵ月間このテーマについて研究し、ついに完成
させることが出来た。この意味で本書は中日両大学の学術交流
の賜物であるともいえる。本書の出版に当って早稲田大学に感
謝の意を表すると共に、ご協力賜った大畑篤四郎教授と心よ
りこの研究を支えて下さった日本の友人方にも厚く御礼申
しあげる。

　最後に学術図書の出版が厳しい情況の下で、『満洲事変期の中
日外交史研究』につづき再度本書の出版をご快諾下さった東方
書店の故安井正幸前会長及び山田真史現社長に心から謝意を申
しあげる。

二〇〇二年八月

著　者

目　　次

第一章　辛亥革命の勃発と中日外交

　武昌蜂起は、局部的地域における蜂起であるが故に、辛亥革命と同じ意義は持たないが、辛亥革命の狼煙を挙げたことによって、辛亥革命の勃発と同じ意義を有する。本章では武昌蜂起を局部的事件として把握した清朝政府の対応と、蜂起軍と清朝に対する日本と欧米列強の現地における対応を比較しながら考究すると共に、日本軍部・政府・外務省の革命勃発初期における対清政策の摸索と形成過程を究明しながら、袁世凱の登場による南北関係の急激な変化に伴う袁と日本との外交交渉をイギリスと比較しながら考究し、日本の民間人と世論及び帝旧議会の対応と、それと政府・軍部との関係及び日本社会に与えた影響等を検討することにする。

一　武昌蜂起をめぐる対応

　辛亥革命は連続的革命でありながら、また段階的に進行した革命であった。その第一段階は、四月の黄花崗蜂起から十月の武昌蜂起前後までの時期である。この時期に中国で対立的関係にあった清朝政府と革命派・蜂起軍が日本に何を求め、日本がこれにどう対応したかを、欧米列強と比較しながら総合的に考究する。

　黄花崗蜂起は、武昌蜂起の前奏である。

　孫文は、一九一〇年十一月十三日ペナンで秘密会議を開き、広州における新たな武装蜂起を準備した。この会議には同盟会の幹部黄興・胡漢民・趙声と国内東南部各省の代表並びに南洋華僑の代表らが出席した。会議では、翌年広州で青年革命志士五〇〇人と広州新軍を中心とした武装蜂起を起こし、まず広州を占領し、次に黄興が湖南省から湖北省へ進撃し、趙声が江西省を経て南京に進出し、長江流域各省の革命勢力と合流して北伐を挙行し、清朝政府を打倒するという計画が決まった。

　この新蜂起を指揮するため、孫文は広州にもっとも近いベトナム或いは日本を根拠地として利用すべきであったが、一九〇八年三月フランス当局が既に孫文をベトナムから追放し、日本も一九〇七年三月孫文を自発的に日本から退去させる措置をとっており、一九一〇年六月には密かに横浜に上陸した孫文を再度追放した。故に、孫文は十二月六日ペナンを出発し、パリを経由して、遠いアメリカ・カナダで蜂起の軍資金を調達せざるを得ず、黄興が香港を根拠地としてこの蜂起を準備した。しかし、準備の進展に伴い、孫文は広州に近い日本に来てこの蜂起を指揮する決心をし、日本の友人にその斡旋を依頼した。一九一一年二月三日、孫文は宮崎滔天宛に書簡を出し、過去に彼の日本上陸を支援してくれた寺内正毅陸相に働きかけ、彼の来日・居留を日本政府が許可してくれるよう要望した[①]。その後また滔天に三回、萱野長知に一回、宗方小太郎に一回、書簡を出し、日本居留を切望する意を表した[②]。しかし日本政府は清朝との関係を考慮し、孫文の来日・居留を許可しなかった。これに対し孫文は、英・米政府は皆日本が中国を併合する野心を抱いていると疑っているが、私の居留さえ許可しないとは、私

---

　①『孫中山全集』第 1 巻、中華書局、1981 年、508 頁。
　②『孫中山全集』第 1 巻、中華書局、1981 年、512、519−20、523−25、538 頁。

も日本の政策がそうであることを疑わざるを得ない、と日本政府を非難した①。これは、日本政府が孫文らの革命蜂起を支援しない態度をあらためて表したものであった。

　しかし、革命派は蜂起に必要な武器調達のため、アジアの兵器庫であった日本に頼らざるを得なかった。黄興はこのため、黎仲実らを日本に派遣して、小銃六二八挺と弾薬を購入したが、その総額は三万五〇〇〇余銀両に達した②。宮崎滔天と前田九二四郎は黄興の息子黄一欧と共に武器の購入に協力した③。これらの武器の購入ルートは不明である。これは日本政府と軍部の蜂起に対する支援ではなく、金銭による売買であったが、客観的に蜂起に有利であった。

　四月二十七日、黄興らは広州で蜂起の火蓋を切り、両広総督衙門等に攻繋を始めた。しかし防御を固めていた清軍にはばまれ、多数の殉難者を出して失敗した。殉難者は広州白雲山麓の黄花崗に葬られたため「黄花崗七十二烈士」と呼ばれ、この蜂起は歴史上黄花崗蜂起と名づけられた。この七二名の烈士のうち、八名は日本留学生であった。彼らの所属学校は、林時爽は日本大学、方声洞と喩培倫は千葉医学専門学校、林覚民は慶応義塾大学、陳与寛は早稲田大学、林尹民は陸軍士官学校、石徳寛は警監学校、陳可鈞は正則英語学校であった④。彼らがこのように革命蜂起のため献身したのは、日本留学における思想的啓蒙と切離することが出来ない。

　黄花崗蜂起の失敗は、武昌を中心とする長江流域の革命気運を盛りあげ、十月十日武昌蜂起が勃発し、辛亥革命の狼煙が挙がった。

----

① 『孫中山全集』第 1 巻、中華書局、1981 年、512 頁。
② 黄彦・李伯新編著『孫中山蔵檔選編』中華書局、1986 年、35 頁。
③ 毛注青『黄興年譜』湖南人民出版社、1980 年、113 頁。
④ 李喜所『近代中国的留学生』人民出版社、1987 年、194 頁。

　これは偶然の出来事ではなかった。二十世紀初めから湖北・武昌の愛国的青年は救国の真理を求め、日本に留学して西洋の文明と革命思想を身につけ帰国し、革命団体を組織し、学校と新軍を中心に宣伝・組織活動を展開した。この過程において、蜂起の指導的役割を果す共進会と文学社が成立・成長し、新軍を中心とした革命的民衆の基礎が固められた。ここにおいて核心的役割を果した人物の多数は日本留学生であった。これに、日本留学生宋教仁・陳其美らを中心とした同盟会中部総会が合流し、革命蜂起の勃発を促進した。ここから、清末の日本留学生を通じ、武昌蜂起と日本との間接的関係を窺うことが出来る。

　しかし、清末の日本留学生が皆革命派に属していたのではなかった。中国の社会が革命と反革命に分裂していた故に、帰国した留学生もこの両陣営に分裂していた。例えば、日本陸士出身であった張彪は、当時武昌駐屯の第八鎮（師団）の統制（師団長）であったが、彼には日本軍部から派遣された寺西中佐が軍事顧問としてついた。彼らは蜂起を画策する革命派と対立する立場にあった。寺西は「軍隊ニ自由思想ノ普及ノ延ヒテ将来鎮圧シ難キ勢ヲナサン……将来或ハ意外ノ変アルナラン」と予測し、十月六日来訪した張彪に、「断然首謀者ヲ処分スルカ或ハ全ク放置スル」①かと建白した。張彪は即刻戒厳令を発し、兵士の外出を禁止し、臨戦態勢に入った。これが清朝側に加担した日本留学生のあり方であった。

　時あたかも、清朝政府の外国借款による粤漢・川漢鉄道国有化反対運動が長江流域に盛りあがり、蜂起の勃発に拍車をかけた。このような情勢の下で、九月中旬共進会と文学社が合併して統一的な蜂起指揮部を設置し、蒋翊武を臨時総司令官に、孫

---

① 栗原健編著『対満蒙政策史の一面』原書房、昭和41年、307頁。

武を参謀長に任じ、具体的な蜂起行動計画を作成し、その準備に全力を傾けた。十月九日、漢口ロシア租界にあったアジトで爆発事故が起こり、ロシア警官の捜索により蜂起計画が洩れ、蜂起指揮部が襲撃を受けた。このような緊急事態の下で、十日夜、第八鎮第八工兵大隊が蜂起第一発の銃声を放ち、楚望台の武器庫を占領した。城外駐屯の第二十一混成協（旅団）の兵士らもこれに呼応した。三、四〇〇〇人の革命兵士は湖広総督衙門を猛烈に攻撃し、翌日黎明そこを占領した。蜂起軍は勝ちに乗じて前進し、十二日漢口・漢陽を占領し、武漢三鎮は蜂起軍の手中に帰した。張彪は家族と共に十一月九日長崎に逃亡した[①]。

蜂起軍は、中国の国名を中華民国と称し、武昌の蜂起指揮部を中華民国政府湖北軍政府と名づけ、元第二十一混成協の協統（旅団長）黎元洪に強要して都督の地位に就かせた。湖北軍政府は黎の名義で布告を発表し、数千年にわたる封建専制と清朝支配の滅亡を宣言し、中華民国の建設を呼びかけた。武昌蜂起の勝利は、中華民国の新時代を切開く起点となったのである。

武昌・漢口・漢陽は武漢三鎮と呼ばれ、従来中国九省の会と称せられる要衝であり、中清の政治・経済・軍事の中枢であった。また、長江・漢水の水運と京漢鉄道の接合点であり、中清の物資集散地として、その地位は「中国のシカゴ」たる形容に背かないものであった。故に、漢口は一八五八年の天津条約により日本と欧米列強に開放され、イギリス（一八六一年）・ドイツ（一八九五年）・フランス（一八九六年）・ロシア（一八九六年）・日本（一八九八年）五ヵ国の租界地に加え、スウェーデン・ベルギー等十一ヵ国の領事館が設置され、中清の重要な国際貿易港となった。これは、この地域に日本と欧米列強の植民地的

---

①『申報』1911 年 11 月 14 日。

権益が集中していたことを意味し、この集中がまた武昌蜂起と日本と欧米列強を直接につなぐこととなった。

　清朝支配者らは、漢口のこのような国際的条件を利用して、蜂起を鎮圧しようとした。漢口に逃亡した湖広総督瑞澂は、漢口駐在の各国領事に、租界と外国人の保護を口実に、漢口碇泊の各国軍艦を出動させて蜂起軍の渡河を阻止するよう要請すると同時に①、ドイツ領事に武昌蜂起は「義和団の復活」だと訴えて、ドイツ軍艦が武昌に対し発砲するよう要求した。ドイツ領事はこの要求に応じ、漢口碇泊のドイツ軍艦も発砲の準備をした②。だが、義和団事件後の列強との協定に、中国における軍事行動は他の列強と協議の上実施するとの規定があったので、ドイツ領事はこの要求を領事団に報告した。十三日領事団会議が開かれ、ドイツ領事は、武昌の動乱は義和団の復活であり、清の官軍と協力してこれを弾圧すべきだと主張した。これに対し、日本総領事松村貞雄も賛成の意を表した。だが、フランス領事リアルはドイツと日本の領事の意見に反対した。彼は過去孫文ら革命党と交流があり、また湖北軍政府の通告も見ていたので、革命派と蜂起軍に理解があり、武昌の蜂起は義和団のような排外暴動ではなく、政治改革を目的とする革命蜂起だと強調し、軍事的干渉を避けるべきことを主張した③。領事団の首席領事であったロシア領事もこの主張に賛成した。その結果、領事団は軍事的干渉を避け、中立を保つことを決定した④。

　領事団のこの決定は、蜂起軍の事前の準備と対外政策とも密

---

　①「中華民国史事紀要編輯委員会」編『中華民国史事紀要』民国紀元前一年（一九一一）八月至十一月份、「中華民国史料研究中心」、1973 年、652 頁。
　②　蕭建東「徳国与辛亥革命」、呉剣傑主編『辛亥革命研究』武漢大学出版社、1991 年、380 頁。
　③　1916 年中国はフランス領事リアルの功績をたたえ、彼を表彰した。
　④「中華民国開国五十年文献編纂委員会」編『武昌首義』「中華民国開国五十年文献編纂委員会」、1961 年、379 頁。

接な関係があった。義和団に対する八カ国連合軍の凄惨な鎮圧
は、中国の革命指導者に深刻な教訓を与えており、蜂起が成功
するか否かのキーポイントは、如何に列強の軍事的干渉を阻
止・排除するかであると見なされていた。故に、武昌の蜂起指
揮部は、九月二十四日に蜂起の期日と計画を決定とすると同時
に、軍政府の組織の中に宋教仁を部長とし居正を次長とする外
交部を設置し、蜂起後の対外政策と対外交渉に必要な覚書等を
準備した。軍政府成立後、人事の異動があり、黄中愷が一時外
務局長を務めていたが、二十七日の改組により胡瑛が外交部長
に就任して対列強外交を積極的に推進し、列強の武力干渉を排
除しながら、清朝政府に対する列強の援助を阻止し、清朝を国
際的に孤立させようとした。

　十月十二日、軍政府は鄂（湖北）軍都督黎元洪の名義で、漢口
の各国領事に覚書を発送した。この覚書は、まず軍政府が国家を
構成する永久的居民、明確な領域と政府等六つの要素を具備した
政府であることを明示し、間接的に列強の承認を要請する意を表
した。次に「軍政府は祖国を復するの情切に満朝の無状を憤り、
本都督の復命により武昌で挙兵し、専制政府を打倒し、民国を建
立した。同時に、友邦各国に対し益々睦誼を敦くし、以て世界の
平和を維持し、人類の幸福を増進することを期する」[1]と、蜂起
の政治目的と対外政策の基本方針を明確に示した。

　覚書はこのような方針に基づき、次のような軍政府の対外政
策を具体的に提示した[2]。

　　一　清国が以前各国と締結した条約は、引きつづき有効で
　　　ある。

---

　①「中華民国開国五十年文献編纂委員会」編『武昌首義』「中華民国開国五十年文献
編纂委員会」、1961 年、377 頁。
　②「中華民国開国五十年文献編纂委員会」編『武昌首義』「中華民国開国五十年文献
編纂委員会」、1961 年、377－78 頁。

二　賠償金と外債は旧に照らし、各省より期に従い数の如く返還す。

三　軍政府占領地域内に居留する各国人民の財産は一律に保護する。

四　各国の既得権利はすべて保護する。

五　この覚書通知後、清朝政府と各国が締結した条約、許可した権利、借りた国債に対し、軍政府は一切承認をせず。

六　各国がもし清朝政府を助け軍政府を妨害すれば、敵と見なす。

七　各国がもし清朝政府に軍需品を援助すれば、捜索没収する。

　この一から四は中国における列強の既得権益を承認することによって蜂起に対する列強の軍事的干渉を排除しようとしたものであり、五から七は清朝に対する列強の援助を阻止し国際的に清朝を孤立させようとしたものであった。この七項目は、一九〇六年孫文と同盟会が制定した「革命方略」の対外宣言[1]とほぼ一致するものであり、湖北軍政府が孫文と同盟会が制定した対外政策を執行していたことを物語るものであった。

　同時に、軍政府は外国人と租界・教会を保護する者には賞金を与え、それを侵害する者は死刑に処する通知を発した。漢口の領事らが武昌に来て居留の外国人を漢口に避難させた時にも、黎元洪は兵士を派遣して保護し、彼らを歓待した[2]。この措置により、蜂起と激烈な戦闘の混乱の中でも、外国人と列強の権益は十分に保護されていた。漢口の松村総領事も「外国人ノ生命財産ニ対シテハ何等ノ危害ヲ加ヘス」[3]と林董外務大臣に報

---

[1]『孫中山全集』第1巻、310-11頁。

[2]『申報』1911年10月17日。

[3]　外務省編『日本外交文書』第44・45巻別冊清国事変（辛亥革命）（以下『日本外交文書』（辛亥革命）と省略する）、日本国際連合協会、昭和36年、46頁。

告し、イギリス等他の国の領事も皆この事実を認め、本国に打
電した。このような実情により、列強は蜂起に干渉する必要性
と口実がなくなり、十八日領事団は軍政府に中立を厳守する意
を再度表明した①。

　日本と列強は中立を表しながらも、蜂起軍に対する警戒と軍
事的圧力を緩めず、続々と漢口に軍艦と陸戦隊を派遣してきた。
蜂起勃発の時、日本の軍艦隅田が漢口に碇泊していたが、翌日
軍艦対馬も漢口に着いた。十六日、漢口に碇泊する外国軍艦は
十三隻（英五、米三、仏一、独二、日二）に増加した②。これ
らの軍艦は、日本海軍第三艦隊司令長官川島令次郎少将の指揮
下に置かれた③。これは、主に租界と外国居留民の保護のため
であり、中国の新聞もこの意図を報道していたが④、蜂起軍に
対しては無言の軍事的圧力となった。同時にまた、これは官軍
に対する牽制でもあった。戦況の拡大は租界と外国居留民⑤に
被害を与える可能性があったから、十六日清朝海軍の薩鎮冰指
揮下の軍艦・砲艇が漢口に到着して武昌に艦砲射撃を敢行しよ
うとした時、列強の海軍はその行動を牽制した。

　辛亥革命期の日本と欧米列強の対中国外交の基本的目的は、
既得権益の保護と新権益の拡大にあった。租界と居留民の保護
は既得権益保護の一構成要素であり、列強の漢口駐在領事らは
この任務を忠実に執行すると共に、新権益を拡大しようとした。
日本とイギリスの総領事は戦乱を口実に、両国の租界を京漢鉄
道一帯まで拡張し、租界と鉄道を連結して、その利を図ろうと
し、漢口の領事団会議もこの件を検討し、租界の拡大を決定し

---

① 「中華民国史事紀要編輯委員会」編、前掲書、671−72 頁。
② 胡浜訳『英国藍皮書有関辛亥革命資料選訳』上、中華書局、1984 年、52 頁。
③ 『日本外交文書』（辛亥革命）、8 頁。
④ 『申報』1911 年 10 月 21 日。
⑤ 日本人居留民は、武昌に一四五人、漢口に一二〇〇人いた。

た①。これに対し内田康哉外相は「居留地拡張ノ件ハ御意見通ニテ差支ナ」②しと支持した。

　湖北軍政府と領事団との関係において重要な一事は、軍政府承認問題であった。この承認は国家としてよりも交戦団体としての承認であった。湖北軍政府の実情とそれに呼応して独立した他の省の情況から見れば、当時の軍政府は国際法に基づく交戦団体としての条件を具備していた。外国が、国家の一部が分離独立した武装団体を交戦団体として承認する目的は、その地域における既得権益と居留民保護の義務を武装団体に負わせ、承認の形式としては内戦に対する中立宣言を発表するケースが多い。故に、軍政府は漢口領事団の中立の意を軍政府に対する列強の交戦団体としての承認だと誤解したのである③。その後の回想録と多くの史書も、軍政府が交戦団体の地位を列強から獲得したと述べている④。事実は、日本と列強は終始軍政府の交戦団体の地位を承認しなかったばかりでなく、内田外相が指示したように「此際書面ヲ以テ革命軍ト往復スルトキハ同軍ヲ交戦団体ト認ムルカ如キ結果トナリ面白カラサルニ付実際ノ必要上已ムヲ得サルニアラサレハ成ルヘク之ヲ避クル」⑤ようにした。イギリス・アメリカも日本と同様な態度をとった。日本と列強は、交戦団体承認国として享受すべき外国人の生命財産に対する保護を受け、また被承認側に対し中立を守リ、軍政府は、交戦団体と承認される二つの主要な条件を整えていた。にもかかわらず、日本と列強がそれを承認しなかったのは国際法

に相応しくないことであった。それは、清朝との関係を引きつ
づき保つためであった。

　だが、日本と列強は軍政府の存在とその権威を認めざるを得
なくなり、それと一定の関係を保つようになっていった。松村
漢口総領事が内田外相に上申したように、「単ニ間接ノ交渉ノミ
ニヨリテ諸種の案件ヲ弁理スルハ頗ル困難ナル」①が故に、内
田外相は「今後必要ノ場合ニ於テハ革命軍ニ対シ適宜交渉ヲナ
サルルモ差支ナシ」と指示し、「革命軍ニ対シテハ此際徒ラニ其
感触ヲ害スルカ如キ措置ヲ執ルコトヲ避ケラルヘキ」②旨訓令
した。これは、革命軍を当地域における「事実上の支配者」と
して黙認したことを意味した。他の列強も同様の措置をとった。

　上述のように、湖北軍政府は交戦団体としての地位は獲得出
来なかったが、列強の武力干渉を排除し、列強に中立的態度を
とるようにさせたことは、その対外政策の成功であった。もし
辛亥革命の火蓋を切った武昌蜂起が列強の武力干渉に遭ったな
らば、その後に相つづく各省の独立もあり得なかったかもしれ
ないし、革命情勢も大きく変ったであろう。この意味から、軍
政府が一時的に列強の既得権益をそのまま容認したのも、当時
の力関係から、革命の勝利のために必要なことであったし、不
平等条約を廃棄し民族の独立を勝取る最終的政治目標のために、
一時的に既成の不平等条約を承認したのもやむを得ないことで
あった。これは革命的弁証論である。

　武昌蜂起と日本と欧米列強との上述のような関係は、局部的地
域における関係であったが、これが前例となり、各地においても
これと同様な対外政策がとられ、辛亥革命全般における対外関係

---

　① 明治44年11月10日、在漢口松村総領事より内田外相宛電報、機密第56号。防
衛研究所所蔵。
　②『日本外交文書』（辛亥革命）、112頁。

を形成したのである。この意味から、武昌蜂起における軍政府の
対外政策は意義あることであり、日本と欧米列強の対応も、辛亥
革命に客観的に、一定の国際条件を提供したといえよう。これは、
ただ軍事的な側面を指すものであり、政治・経済面における直接
的干渉を指すものではない。この政治・経済的側面からの武昌蜂
起と日本と欧米列強との関係は、また別なものである。

二　日本軍部・政府・外務省の対応

　駐漢口の日本総領事は領事団の共同行動に巻込まれ、中立・
不干渉の態度をとっていたが、日本国内の対応はこれと正反対
の方向に向き、外務省と軍内部の意見も統一されていなかった。
当時辛亥革命にかかわっていた副島義一はこの情況に関し、「此
の東亜大変動の大機に臨み、政府の向背一定せず、外務と軍部
と其意見を異にし、軍部に於ても陸軍と海軍とは其所作同じか
らず、又省と参謀部とも其趣を一にせず、或は清朝を救はんと
する者あり、或は袁世凱を援けんとする者あり、或は南方に力
を添ふる者ありて各自区々の行動を採つた」[①]と回想していた。
本節では、このような陸海軍と政府・外務省の対応を考究する
と共に、その三者の対応を比較しながらこの時期における日本
の革命に対する政策の本質を究明する。

　大陸政策の積極的な推進者である陸軍は、武昌蜂起を「叛乱」
と見なし、この機を利用して中国大陸に出兵し、その要衝を占
領し、中国における日本の領土或いは植民地的権益を拡大しよ
うとした。石本新六陸相は十月十三日の閣議に「清国に事ある
に際し我国は現状に安んずべきや、又に何れの地かを占領すべ

---

① 鷲尾義直『犬養木堂伝』中、東洋経済新報社、昭和 14 年、740 頁。

きや……等を定め置きたきものなり」^①との書面を提出し、閣僚に回覧した。同日、田中義一軍務局長は海軍省に「清国ニ対スル用兵ニ就テ」の具体案を提案し、この節「我ハ南満洲ヲ得テ満足スヘキカ或ハ直隷山西方面ニ占拠シ清国中央部ノ資源ヲ領有スヘキカ或ハ楊子江河ロヲ扼シテ該江ノ利源及大冶ノ鉱山等ヲ占領スヘキカ或ハ広東又ハ福建ヲ割譲セシムルヲ以テ必要トスルカ」^②等の具体案を提議した。

　陸軍省のこのような提案は武昌の「暴動」が益々拡大し「清国ノ此等動揺ハ遂ニ列国ニ干渉ノ好機ヲ与ヘ兵力使用ノ已ムナキニ至ルコトアルヘシ」^③との情勢判断から唱えられたものであり、義和団に対する八カ国連合軍の出動のような事態を想定したものであった。その時日本は連合軍の二分の一に当る大軍を出動させ最大の「犠牲」を蒙ったが、事件鎮圧後の利権及び賠償においては「戦闘ノ犠牲ト反比ノ結果」になり、「交戦弥久兵力使用ノ主宰者タル我ハ徒ラニ困憊ニ陥リ列強ハ其ノ間ニ処シテ所謂漁夫ノ利ヲ獲得スルニ至」ったとして、今回は小さな「犠牲」で大きな権益を獲得するため「戦政両略」の一致を強調し、まず「政略上ノ要求ヲ確定」した上で「作戦上ノ計画ヲシテ此要義ニ合致セシ」め「第一著歩ニ於テ兵略上ノ首脳部ニ大打撃ヲ与フルト同時ニ戦後ノ情況ニ鑑ミ最モ有利ナル政略上経済上ノ要点ヲ担保的ニ占領スルノ要アル」^④と主張した。

　同時に陸軍は具体的出兵案をも検討し始めた。十四日岡市之助陸軍次官は参謀次長宛に、（一）「長江沿岸ハ利害錯綜セルカ故ニ情況ノ発展ハ該地方ニ協同出兵ヲ必要トスル」、（二）「変難ノ北清ニ波及スルノ時ニシテ此場合ニ於テ我国ハ一方ニ満洲ノ

① 原奎一郎編『原敬日記』第3巻、福村出版、1981年、174頁。
② 栗原健編著『対満蒙政策史の一面』原書房、昭和41年、290頁。
③ 同上書、289頁。
④ 同上書、289−90頁。

鉄道保護ヲ名トシテ」単独出兵する、（三）これと同時に「北清
ヘノ協同出兵ヲ為スノ手段ヲ採ル」[①]という三つの出兵案を提
出した。陸軍のこの共同出兵案は日本と列強の中国に対する侵
略意図の一致を表した。だが日本と列強との間ではまた中国に
おける植民地権益拡大をめぐる争奪戦も展開されていた。故に、
陸軍は海軍側に「事変ヲ予期シ海軍力ヲ主要地点ニ配置シ之ヲ
シテ応急先ツ事ニ当ラシメ以テ機先ヲ制スルノ手段ヲ講スルコ
ト必要」だと強調し、「北清方面及長江方面ノ協同出兵ニ際シテ
ハ爾後ノ為列強ニ先シ白河楊子江ロニ有利ノ根拠ヲ専用スルコ
ト」[②]を提案した。これは出兵の機先を制し、主導権を掌握し
ようとするものであった。

　陸軍は駐中国の寺西中佐・本庄少佐・細野中佐・井上少佐と
北京公使館付武官青本宣純少将を通じて情報を収集すると同時
に、坂西利八郎中佐・古川岩太郎中佐・高橋小藤治大尉ら一〇
数名を中国に派遣し、出兵に必要な調査と準備をした。例えば
高橋小藤治大尉には「貴官ハ十六日東京ヲ発シ上海ニ急行シ漢
ロ附近ニ派兵ノ場合ヲ顧慮シ揚子江水運ニ関スル件（呉淞附近
ニ於ケル根拠地ノ選定、輸送実施ノ方法、海運材料ノ有無及利
用法並ニ為シ得レハ上海、漢ロ間水路ノ視察）ヲ調査」[③]する
任務が命じられた。

　上述のような日本の出兵・干渉の企みを察知していたかどう
かは不明であるが、欧米列強は革命勃発の当初から日本の出
兵・干渉を非常に警戒し、これを牽制しようとした。日本のパー
トナーであったロシアも日本の出兵・干渉に関心を寄せ、駐日

---

① 明治44年10月14日、陸軍次官より参謀次長宛照会。防衛研究所所蔵。
② 同上。
③ 栗原健編著、前掲書、291頁。

大使館にこれに関連する情報を提供するよう訓令した[①]。

　上述のような陸軍の出兵企図と計画は、武昌蜂起前に既に準備していたものであった。陸軍省と参謀本部は中国において「動乱」が近く起こることを予測し、一九一〇年十二月既に「対清政策案」を検討し、列強の干渉・共同出兵の可能性及び日本の核心的役割等を含む計画案を立てていた[②]。田中義一軍務局長が提出した「清国に対スル用兵ニ就テ」は、この計画案とほぼ一致するものであった。

　上述の事実は陸軍が武昌蜂起を契機に中国に対する出兵を企図していたことを確実に物語る。これは陸軍が大陸政策遂行の欲望を本能的に示したと同時に、辛亥革命という新しい事態に対する認識とこの革命をめぐる中国国内と国際情勢の変化に対する判断が欠けていたことを表明したものでもあった。だがこれは企図・計画であり、政策として決定されたものではなく、その決定過程における模索でもあったから、出兵の矛先を官革のどちらに向けるかも明確に示されていなかったばかりでなく、陸軍省と参謀本部には官革双方に対する政策においても相違があった。参謀本部は南方の革命軍に武器等を提供する意向を持っており、既に少量の雷管、ダイナマイト等を提供していた[③]。だが陸軍省はこれに反対し、首相・外相も陸軍省の意見に賛同した。首相・外相・陸相は清朝政府に武器を提供することに積極的であった。故に、彼らは参謀本部を牽制しようとして、石本陸相が「陸軍省を経由せざるものは総て取合くるゝ勿れ」[④]と要求した。これは陸軍内部においても官革双方に対する政策に

---

　①　陳春華ら訳『俄国外交文書選訳』（有関中国部分、1911.5－1912.5）、中華書局、1988 年、140 頁。

　②　北岡伸一『日本陸軍と大陸政策』東京大学出版会、1978 年、66 頁参照。

　③　原奎一郎編、前掲書第 3 巻、176－77 頁。

　④　同上書、178 頁。

おいて相違があったことを示す。

　次に海軍の対応を考究することにする。海軍は蜂起前に既に渤海・黄海に第二艦隊、長江と南シナ海に第三艦隊を派遣していたので、軍事的な行動の反応が速く、蜂起勃発の翌日から漢口に軍艦を集中し始めた。国内においてもその対応策を講じ始め、海軍次官財部彪は十月十四日呉及び佐世保鎮守府司令長官に「今般清国事変発展如何ニヨリ陸戦隊ヲ第三艦隊ニ臨時増加ノ必要アルヘキニヨリ少佐ヲ司令兼中隊長トスル二個小隊編制」①をするよう命令し、省内においては栃内曾次郎軍務局長に海軍の対応策を検討・起草するよう命じた。栃内軍務局長は十月十四日「時局第一策」を起草した。これは蜂起当初における海軍の対応を示す重要な文書である。海軍はまず情勢判断において陸軍と異なり「今回ノ事変タルヤ局部ノ小不平カ革命党ノ点火ニ因テ満漢ノ反目ヲ爆発セシメタルモノニシテ必スシモ組織アリ節制アリ大規模ノ反乱ナルヘシトハ軽々ニ臆断シ難シ」と判断し、この判断に相応しい対応策として「此ノ際我国ノ方針ハ暫ク形勢ノ推移ヲ看望シテ苟モ我権域ノ拡張スヘキアラハ乗スヘキノ機ヲ失セサルト同時ニ既ニ獲得セル所ハ毫モ之ヲ失フコトナク然モ清国ノ邪推ト列国ノ悪感トヲ避クルニ在リ」②と規定した。

　この方針に基づき斎藤実海軍大臣は十月十七日駐漢口の川島第三艦隊司令長官に海軍の方針を電訓した。その主な内容は次の通りである③。

　　　一　我艦艇ハ何分ノ命令アルマテハ清国官憲及反徒ノ双方ニ対シテ厳正中立ノ態度ヲ執リ単ニ我居留民並ニ諸外国居留民ノ生命財産ノ保護上必要ナル行動ヲ採ルニ止ムヘシ

---

① 坂野潤治ら編『財部日記』上、山川出版社、1983年、271頁。
② 栃内軍務局長「時局第一策」。防衛研究所所蔵。
③『日本外交文書』（辛亥革命）、47－48頁。坂野潤治ら編、前掲書上、273頁。

　二　大冶ハ暴動同地ニ波及スルニ至ラハ国家自衛権ノ名ニ
　　　依リ防護シ得ヘキ理由アリ其時機ニ至リ要スレハ居留民
　　　保護ノ範囲内ニ於テ該地ニ於ケル帝国特別利権ノ防護ニ
　　　勉ムヘシ

　三　長江ノ咽喉タル江陰ニ対シテハ充分ノ注意ヲ払ヒ機ニ
　　　臨ミ列国ニ後レヲ取ラサルノ覚悟アルヲ要ス之カ為メ南
　　　京居留民保護及通信連絡ノ名ヲ以テ該地方面ニ絶ヘス一
　　　艦ヲ配置スヘシ

　四　貴官ハ帝国及諸外国在留民及ヒ其財産ノ保護ニ関シテ
　　　ハ必要ニ応シ該地方行政ニ関スル責任者ト事実上ニ於テ
　　　直接交渉スルコトヲ得ヘシ但シ右直接交渉ヲ為スニ当リ
　　　テハ法律上帝国政府ニ於テ反徒ノ政権ヲ認ムルカ如キ態
　　　度ヲ避クルヲ要ス

　海軍は海軍艦艇が中国領海内で直接官革双方の官憲或いは軍
隊と接触することがあり得るため、これに対する具体策を制定し
現地の指揮官に訓令を下した。十一月六日財部彪海軍次官は第三
艦隊の川島司令長官に「現ニ叛軍ノ権下ニ陥レル地方ニ於テハ帝
国海軍指揮官ハ事実上ニ於テハ叛軍ノ権力ヲ認メ叛軍カ安寧秩
序ヲ維持スル為ノ実行スル必要ナル処分ヲ尊重スヘシ」[①]と命令
し、軍政府の権力の存在を認めた。当時軍政府は清軍を孤立させ
るために、日本と外国の船舶による清軍への兵器・弾薬・軍需品
の輸送を禁止したが、これに対し海軍は原則としてはこれを認め
ず、具体策として「叛軍カ自衛上前記物件清軍ニ到達スルヲ防止
スルノ手段ヲ取リタル時ハ強テ之ニ干渉スルヲ要セス」[②]とした。
もし蜂起軍がこれらの物件を没収しようとする時には、十分な代

---

① 明治44年11月6日、財部海軍次官より川島第三艦隊司令長官宛の電訓。防衛研
究所所蔵。
② 同上。

価を支払ってこれを買入れるを得ると規定した。蜂起軍に対する
このような措置は清軍にも同様に適用された。これは海軍が官革
双方に対し基本的に中立を守っていたことを示す。

　右のような海軍側の時局策を陸軍側の方針と比較した場合、
両者の間には共通点よりも相違点が多かった。第一に、陸軍は
武昌蜂起が大規模な全国的動乱に拡大して行くことを予測し、
これを前提とした対応策としての出兵計画を制定しようとした
のに対し、海軍はその蜂起を一時的・局部的「動乱」だと判断
し、その対応策も局部的な問題を重視し、長江と沿海における
既得権益保護のための軍艦配備等の具体的な問題を考慮してい
た。第二に、海軍は官革双方に対しまた蜂起そのものに対し中
立的態度をとったのに対し、陸軍は武力による干渉に乗出そう
とした。第三に、両者共に既得権益の保護や機に応じた新権益
の拡張という点では共通であるが、新権益拡張の規模とその積
極性においては大きな差があった。第四に、陸軍は列国との共
同・協調を重視しているが、海軍は共同出兵を想定していない
のでこの点に対し触れず、政治・軍事上の要衝の占拠において
は両者共に列強と争う意を強調した。上述のような両者の共通
点は、日本帝国の陸海軍としての共同的軍事任務とその本質を
表明したものであり、その相違点は政策決定過程においてあり
得べきことであり、異常な現象だとはいえない。

　海軍は上記のような中立・不干渉の政策をとりながらも、行
動においては積極的であった。十一月十三日までに第二・第三
艦隊から二十隻の艦艇を中国沿海の主要な港と長江流域に派遣
し、漢口には四隻の艦艇が碇泊していた。これは武昌蜂起直後
の五倍に当るものであった。中国の新聞も中国沿海と長江にお
ける日本海軍の艦艇の行動を非常に注意・警戒し、七隻の艦艇

が漢口に碇泊していると報道した①。これは革命軍に対する軍事的圧力であった。

　次に政府・外務省の対応を考究することにする。

　日本では桂太郎内閣が総辞職して、八月三十日第二次西園寺公望内閣が成立し、外相に駐米大使でめった内田康哉が任命された。内田は十月十四日東京に到着し、十六日その職に就き、中国情勢への対応策を検討し始めた。

　情勢に対する正確な判断は政策決定においての重要な前提である。外務省とその出先機関は武昌蜂起後の中国情勢に対し明確な判断をしていなかった。彼らは武昌蜂起を「武昌暴動」、「武昌兵変乱」、「南清変乱」、或いは「革命党蜂起」、「革命争乱」と呼び、これに参加した者を「暴徒」或いは「革命党員」だと呼び、蜂起の性格に対する認識も暖昧であり、その本質は勿論その趨勢に対しても明確な判断がなかった。故に、外務省とその出先機関は、この時期の中国の時代の流れがどの方向に進んで行くかすらわがらなかった。これは辛亥革命においての日本外交の根本的問題であり、これにより日本の対辛亥革命外交は失敗を重ねざるを得なくなった。

　これはまず辛亥革命における清朝の前途とその政府への対応において顕著に現れた。清朝はアヘソ戦争以来外圧と国内矛盾の激化により、この時期に既に滅亡の前夜に達していた。辛亥革命はこの王朝に対する最後の一撃であった。だが外務省とその出先機関は清朝政府が革命を鎮圧してその支配を維持出来ると判断し、その支持と援助に乗出した。清朝政府も日本と列強の支援を獲得して革命を鎮圧しようとした。これにより日本と清朝は革命への対応において、一時的に一致協力した。十月十

---

　①『申報』1911 年 10 月 17、21、11 月 2 日。

三日清朝政府は北京日本公使館付武官青本宣純少将に、日本よ
り「砲弾約三十万発小銃弾六千四百万発小銃一万六千挺ヲ至急
購入シタシ」①と内密に依頼した。伊集院彦吉公使はこの要請
に日本として応ずるよう内田外相に上申した。十六日内田外相
は伊集院公使に「帝国政府ハ清国政府カ革命軍討伐ノ為該銃弾
薬ヲ入手スル最緊切ナル必要アルヲ顧念シ本邦商人ヲシテ右ノ
供給ヲナサシムル為十分ノ助力ヲ与フルコトニ決シ既ニ右ニ必
要ナル諸般ノ措置ヲ取リ置キタリ」②と打電し、清朝を支持す
る姿勢を示した。これは内田外相の独断によるものではなく、
西園寺首相と陸軍省の支持の下で決定されたのであった。十六
日内田外相が石本陸相を訪れた時、石本は清朝のこの要請を承
諾するよう申入れた。首相・外相・陸相の協議により、二十日
閣議はこの件を正式に決定し③、二十三日清朝政府の陸軍部と
泰平組合の間に総計二七三万二六四〇円の兵器・弾薬売込契約
が締結された④。これは伊集院公使が述べたように平常の価格
より二割乃至八割高いものであった。故に伊集院は半額に引下
げるよう要請したが、内田外相は理由を挙げて拒否した。

　清朝政府はまた盛宣懐郵伝部大臣を通じ、漢冶萍公司の名義
で横浜正金銀行に六〇〇万円、萍郷・株州鉄道を担保として一
〇〇万円の借款を要請してきた⑤。東三省総督からも正金銀行
に五〇〇万円の借款要請があった⑥。これらに対しても伊集院
公使は積極的に対応する姿勢を示した。

---

　①『日本外交文書』（辛亥革命）、134 頁。
　②同上書、135 頁。
　③原奎一郎編、前掲書第 3 巻、177 頁。
　④『日本外交文書』（辛亥革命）、138−40 頁。
　⑤ 明治 44 年 10 月 24 日、在清国伊集院公使より内田外相宛電報、第 323 号。防衛
研究所所蔵。
　⑥ 明治 44 年 10 月 25 日、内田外相より在露本野大使宛電報、第 126 号。防衛研究
所所蔵。

　日本がこのように清朝政府を支援したのは、蜂起鎮圧という
政治目的の他に、清朝政府に満洲における日本の権益と地位を
尊重させるためでもあった。

　日本とは対照的に他の列強は清朝を支援しようとしなかった。
清朝政府は軍資金の調達のため、四ヵ国銀行団（英・仏・独・
米）に借款を要請したが、イギリス公使ジョルダンは拒否した。
これにより四ヵ国銀行団も十一月八日パリの会議で中国の内戦
に対し中立的態度をとることを決定し、借款の要請に応じよう
としなかった。それは彼らが既に清朝がこの動乱を経て衰退し、
滅亡する可能性があることを予測していたからであった。

　ドイツが清朝を支持・支援したのは特異なことであった。在
中国のドイツ銀行＝徳華銀行は清朝政府に一〇〇万両の白銀借
款を独自に提供した[①]。十一月下旬官軍が漢陽を攻撃した時、
ドイツの軍艦とドイツ人の軍事顧問が直接この戦闘に参加し指
揮をとった。日本とドイツが辛亥革命初期においてこのような
清朝援助策をとったのは、偶然ではなく、両国共に後進的な帝
国主義国家であり、また軍国主義国家だったからであった。

　日本政府は一応清朝政府に兵器を提供することを決定したが、
政府としての対清外交方針は未定であった。内田外相は石井菊
次郎次官と倉知鉄吉政務局長に対清方針の立案を指示し、自身
も元老・陸軍・海軍の要人を訪ね、各方面の意見の調整に取掛
かった[②]。中国の新聞も日本外務省が重要な会議を開いて、行
動計画を制定していると報道した[③]。内田外相は十七日西園寺
首相を訪ね、十九日には原敬内相と話合った。原は内田に「北

---

　① 蕭建東「徳国与辛亥革命」、呉剣傑主編『辛亥革命研究』武漢大学出版社、1991
年、381 頁。
　② 内田康哉伝記編纂委員会・鹿島平和研究所編『内田康哉』鹿島研究所出版会、1969
年、156 頁。
　③『申報』1911 年 10 月 18 日。

京政府又は革命軍何れにても其感情を害する事は外交上妙なら
ずと思ひ、……十分なる注意を要する事」①と述べた。原は「今
日の情勢は叛徒も官軍も如何なる情況となるや全く不明なれば、
外交上の理論一辺にては到底我国の不利を免がれざるべし」②
との情勢判断から内田外相にこのようなアドバイスをしたので
ある。原のこの判断は冷静なものであり、官革双方の力関係の
変化を見守りながら、双方に対する外交方針を決定しようとし
たものであった。二十一日内田外相は桂太郎と二時間ほど会談
した。その内容は不明だが、桂は原に「万一の場合は利益保護
の名義にて大冶地方を占領し之に因て満洲問題を解決すべし」③
と述べたことがあった。二十二日内田外相は海軍の長老であり
軍事参議官であった山本権兵衛を訪れ、両者は「満洲ハ永遠ニ
保持スルノ覚悟ナル事。中清ノ事ハ利権増進ノ為機宜ノ措置ヲ
取ル事」で一致し、「機宜ノ措置ナルモノニ就テハ随時更ニ相談
アルベシ」④と約束した。

　内田外相は右記のような意見をまとめて、最後に「対清政策
ニ関スル件」を起草し、二十四日の閣議においてこれを日本政
府の外交方針として採択・決定した。その主な内容は次の通り
である⑤。

　第一は日本の大陸政策においてもっとも重要なのは満洲問題
であり、「満洲ニ於ケル租借地ノ租借期間ヲ延長シ鉄道ニ関スル
諸般ノ問題ヲ決定シ更ニ進ンテ該地方ニ対スル帝国ノ地位ヲ確
定シ以テ満洲問題ノ根本的解決ヲナス」とし、この解決は「其
機会ノ最モ我ニ利ニシテ且成算十分ナル場合ヲ待チテ初メテ之

---

① 原奎一郎編、前掲書第3巻、176頁。
② 同上書、177頁。
③ 同上書、174頁。
④ 坂野潤治ら編、前掲書上、275頁。
⑤ 『日本外交文書』（辛亥革命）、50—51頁。

ヲ実行スルコトヲ得策ナリト思考ス」と決定した。これは日清・
日露戦争以来の大陸政策の継続であり、前内閣の「満洲ノ現状
ヲ永遠ニ持続スル」政策を継承したものであった。

　第二は中国本部に対する政策である。日清・日露戦争以来日
本は他の列強と共に中国本部、特に長江流域に対しその権益を
拡大していたため、この地方における「在留帝国臣民ノ多キ我
通商貿易ノ大ナル将又我ニ於テ関係ヲ有スル企業ノ増加シツツ
アル」事情に鑑み、「今後特ニカヲ支那本部ニ扶殖スルニ努メ併
セテ他国ヲシテ該地方ニ於ケル我優勢ナル地位ヲ承認セシムル
ノ方法ヲ取ルコトトナシ」と決定した。これは日露戦争後の山
県有朋の「帝国国防方針案」に沿うものであった。山県はこの
案で「楊子江河盂及其以南ノ地方ニ於ケル生産力ノ富饒」に注
目し、「今後我国利民福ヲ増進セント欲セハ北守南進ノ策ヲ講ス
ルヨリ善キハナシ」と主張し、「我主ナル目的ハ南清地方ヲ攻略
シテ利権拡張ノ基礎ヲ建テ」、「然ル後北京攻略ニ着手スルヲ有
利トス」と強調した。

　第三は中国における日本の「優勢ナル地位ヲ占メンコト」で
ある。閣議決定において、満洲或いは中国本部について「帝国
地理上ノ位置並ニ帝国ノ実力ニ照ラシ」、「一旦不測ノ変ノ此地
方ニ起生スルニ方リ之ニ対シテ応急ノ手段ヲ講シ得ルモノ帝国
ヲ措テ他ニ之ヲ発見スルコト能ハス」と自信を示し、「今後自ラ
叙上ノ地位ヲ覚認シ且之ヲ確立スルコトヲ努メサルヘカラサル
ノミナラス清国並ニ列国ヲシテ漸次之ヲ承認セシムルノ方策モ
亦今ヨリ是非之ヲ講セサルヘカラス」と定めた。

　第四は上記目的達成のための欧米列強に対する外交政策で
あった。方針は北のロシアに対しては満洲問題において「歩調
ヲ一ニシテ我利益ヲ擁護スルコトヲ計リ」、南方のイギリスに対
しては「飽迄同盟条約ノ精神ヲ徹底スルコトニ努メ」、フランス

等中国本部に利害関係を有する「諸国トノ間ニ調和ノ途ヲ講シ」、アメリカに対しては出来得る限り「我伴侶ノ内ニ収ムルノ策ヲ取」るように決定した。これは列強に対する協調外交を強調したものであった。

　第五は清朝政府に対する対応である。この方針は「出来得ル限リ清国ノ感情ヲ融和シ彼ヲシテ我ニ信頼セシムルノ方策ヲ取」るようにさせると規定した。これは情勢判断として清朝政府が依然と中国を支配し得ると信じ、その信頼を得ようとしたものである。だが南方の革命軍に対しては特に触れていない。しかし、閣議に参加した原内相は「前回の閣議にては叛軍には毫も同情をせず、正当政府なる北京政府のみに正直に同情する形勢ありしも、本日の閣議にては右様正直一辺も策の得たるものに非らざるを認むるに傾けるが如くなりき」[1]と述べた。これは革命軍に対しても一定の余地を残しておいたことを物語る。

　閣議で決定された日本の対清外交方針は、日本の伝統的実利主義的外交政策を再現し、満洲と中国本部における権益の維持・拡大を強調し、日露戦争以来の対清外交政策を継続して、行詰った清朝政府との外交交渉を打開しようとしたものであった。辛亥革命は清朝封建制の打倒と共和制樹立を目指す革命であったが、この外交方針は中国の政体と社会秩序の変革に対する認識がいささかもなく、この革命の舞台に登場した諸政治勢力に対する分析とそれらの力関係の変化に対する見通しもなかった。これは当時政府・外務省には辛亥革命に対する政治的判断がなかったことを意味する。これが辛亥革命における日本の対清外交の決定的問題点である。

　政府のこの方針を軍部、特に陸軍と比較した場合、両者間に

---

① 原奎一郎編、前掲書第 3 巻、178 頁。

は共通点かありながらも、また大きな相違点もあった。第一に、権益拡大の問題においては共にこの目的を強調したが、その規模と意気込みにおいては、陸軍の方がはるかに大きく強かった。第二に、この目的達成の手段として陸軍は出兵・干渉、海軍は一部の艦艇の出動と中立を主張したが、政府・外務省はこの問題を避けた。軍部の計画は戦略であり、政府・外務省の方針は政略であったかもしれないが、後者は出兵問題に対し慎重であった。故に、陸軍が要望した政戦両略の一致は実現されなかった。第三に、陸海軍共に列強に対し機先を制することを強調し、中国における列強との争奪を主張したが、政府・外務省は逆に協調外交を主張した。第四に、陸軍はまず政略を制定し、それに相応しい戦略を制定すべきだと主張したが、二十四日の政府決定は陸軍の要望に応ずるものではなかった。これは両者の上述の相違から出てきたものである。

　しかし政府・外務省と海軍を比較した場合、相対的に両者は共通点が多かった。これは政府の方針決定において海軍の影響が強かったからである[①]。財部海軍次官はこのことに関し「此方針ヲ早ク決定ノ事ハ山本伯（権兵衛——筆者）ヨリ安楽氏ヲ介シ首相ニ勧告アリ、首相ハ大ニ之ヲ徳トセラレタリ」[②]と述べている。これはその影響を立証するものである。

　上述の事実のように、武昌蜂起勃発以来半ヵ月間日本の対清外交は、政府・外務省と陸軍、海軍の三者間の調整により模索しながら進められたが、十六日前後陸軍の影響により清朝政府へ大量の武器が提供され、二十四日前後にはまた海軍の影響により前の時期より慎重な態度へ転換しつつあった。これはこの

---

① 波多野澄「辛亥革命と日本海軍の対応」、『軍事史学』第 21 巻第 4 号、14－22 頁参照。
② 坂野潤治ら編、前掲書上、276 頁。

時期の外交に対する軍部の力の強さを示す。

　この時期外務省とその出先機関との間にも外交政策上の分裂
があった。外務省は二十四日前後から慎重な政策に転換しつつ
あったが、北京の日本公使館は依然として清朝政府を支援する
政策を主張し、軍の出兵を要請した。伊集院公使は蜂起が拡大
し、南方の諸省が続々と独立を宣言し、清朝の支配体制が揺ら
ぎ始めた情勢に鑑み、十月二十七日内田外相に「此際兎モ角万
一ヲ予期シテ為念一面適当ナル軍艦ヲ旅順ニ備ヘ何時ニテモ天
津及秦皇島方面ニ迅速廻航シ得ル様致シ置カレ他面更ニ重大ナ
ル場合ニ至ラハ直チニ当方面ヘ相当優勢ナル軍隊ヲ急派相叶フ
様準備シ置カル、事必要ナリ」①と具申し、その翌日また内田
外相に、この際全速力をもってこの準備を急ぐよう要請し、「場
合ニ依リテハ優勢ナル軍隊ヲ直チニ当方面ニ出動セシメ以テ時
局ノ機先ヲ制セラル要アル」②と上申した。伊集院がこのよう
な上申をした原因は、彼が目前の中国における日本の現実的な
実力の欠乏を強く感じ、もし軍艦・軍隊の出動を得れば「局面
操縦ニ付余程ノ便宜ヲ得ヘキ」③だと思っていたからであった。
彼はこの機を利用して清朝政府と中国時局に対する日本の発言
力と影響力を強化しようとしたのである。

　だが内田外相は伊集院の出兵の要求を受入れなかった。その
理由は、第一に「清国ノ形勢混沌トシテ向後ノ趨向尚予測スヘ
カラサル今日取急キ我態度ヲ取極ムヘキ要モナク又之レヲ確定
スルニ由ナシ」④だからであり、第二に軍隊の出動は「世間ノ
耳目ヲ聳動スヘキ重大事項タルコト明カナルノミナラス清国政
府自身カ果シテ之レヲ歓迎スヘキヤ否ヤモ明カナラス況ンヤ革

①『日本外交文書』（辛亥革命）、52 頁。
② 同上。
③ 同上書、53 頁。
④ 同上書、57 頁。

命党其ノ他ノ輩ニ至リテハ之ヲ以テ帝国政府カ実力ニ依リ満洲
政府ヲ援助スルノ意志ヲ有スルモノト解釈スヘキハ必然ノ義ニ
シテ其ノ結果モ亦決シテ之ヲ軽視スルヲ得サル次第ニ有之」[①]
だからであり、第三に「英国政府トノ間ニ十分打合ヲ了シ万一
如何ナル重大ナル結果ヲ生スルモ日英共同之ニ当ルノ決意ヲ定
ムルヲ要ス」[②]だからであった。これはこの時期に至り外務省
が清朝支援一辺倒の策から官革双方を配慮する政策に転換し、
南北情勢の変化を傍観しながらイギリス等列強と協調して中国
に対応しようとしたことを示す。

　辛亥革命初期における陸海軍と政府・外務省の対応は、中国
における日本の権益維持と拡大においては共通でありながら、
その目的達成の方法と手段等においては相対的に異なっており、
一致していなかった。辛亥革命そのものが秘密裏に計画され勃
発したものであるから、日本は中国に何か「動乱」が起こるこ
とを予感しながらも、それに対する確固たる方策を制定してい
なかった。故に、革命勃発後の中国情勢の変化に伴い、その対
応策を模索しながら徐々に統一的な対革命政策が形成されて
いったのである。

　辛亥革命当初における日本の対応策を欧米列強と比較した場
合、日本の特異な点は陸軍の出兵・干渉の主張であった。欧米
列強には出兵・干渉の企図が基本的にはなかった。それは欧洲
は地政学的に中国から遠く離れており、またこの時期欧洲の均
衡が打破され、ドイツを中心とした同盟国とイギリス・フラン
スを中心とした協商国が形成されつつあり、その矛盾と対立が
日増しに激化していたので、中国問題を顧みる暇がなかったか
らである。だが中国においてはこれとは逆に、義和団事件以来

①『日本外交文書』（辛亥革命）、57−58 頁。
② 同上書、58 頁。

形成された列強間の均衡体制がそのまま維持され、列強の協調・一致の名分により日本の特異な出兵・干渉の主張が牽制され、実現されなかったのである。だが陸軍を中心とした一部の勢力は出兵・干渉の間隙を常に狙い、欧米列強も終始日本を出兵・干渉する可能性のある国だと見なし、日本を警戒していたのである。日本と列強のこのような相互関係は辛亥革命期において終始変化がなかった。その起点がここにあったのである。

　十月末、中国の革命情勢の急激な変化が始まった。武昌蜂起の蜂火は星火燎原の勢いで各地に波及し、十月二十二日湖南省と陝西省、二十九日山西省、三十日江西省と雲南省が相次いで清朝からの独立を宣言した。北方においては、十月二十九日北京東北部の灤州駐屯の第二十鎮（師団）の統制（師団長）張紹曾（日本陸士出身）と第二混成協（旅団）の協統（旅団長）藍天蔚らが皇族内閣の改組・責任内閣の樹立・国会の開催・立憲政治の実施等を掲げた十二項目の兵諫を上奏し、清朝政府に背後から政治・軍事的圧力を加えた。南北からの衝撃を受けた清朝宮廷と廟堂の大官は恐慌・狼狽の状態に陥リ、一部は日本公使館に身の保護を依頼した。このような急激な情勢変化は日本の対清外交に強い影響を与え、一時時局の変化を傍観していた対清外交は次の段階へ転換を始めた。

　内田外相は伊集院の出兵要請を受入れなかったが、他面においては陸海軍と共に出兵に必要な事前の準備をしながら、辛亥革命に対する干渉を企み始めた。日本の出兵はイギリス等列強の了解がない限り困難であったため、内田外相は外交的にまず他の列強の意向を打診した。十一月一日内田外相は来訪したイギリス大使マクドナルドに「変乱ニシテ久シキニ亘ルニ於テハ如何ナル事態ヲ起生シ同国ニ利益ヲ有スル諸国ノ干与ヲ余儀ナクスルニ至ルコトナシトセサルヘク」と語り「若シ万一右ノ如

キ場合ニ遭遇セハ帝国政府ハ英国政府ト十分ノ打合ヲ遂ケ時局ニ対スル処置ヲ講スヘキ決心ナルヲ以テ英国政府ニ於テモ之ヲ諒知シ置カレタ」[①]いと語った。十一月三日内田外相は駐日のアメリカ代理大使にも同様の意を示した[②]。これは内田外相が語ったように、変乱の長期化を理由に干渉の可能性があることをイギリス・アメリカに訴えたのであるが、これはまた当時清朝内部の一部の要請に呼応しようとしたものでもあった。この時期清朝政府内部には「此窮境ヲ脱センニハ須ラク列国ノ干渉ニ依リテ局而展開ノ手段ヲ試ムルノ外ナシ」[③]との意見があり、これを導く良策として、宮延蒙塵説を外部に洩らし、世間の関心を集めようとするものがあった。

　内田外相の出兵・干渉はまず第二十鎮の利用と京山鉄道（北京ー山海関）への増兵の名目でおこなわれた。伊集院公使は清朝に兵諫を上奏した第二十鎮を利用して辛亥革命への干渉に乗出そうとした。当時『大阪毎日新聞』の佐藤知恭が通信員として灤州に赴き、張の招聘により第二十鎮の書記官長の職に就いていた。張は行動を起こすに当り日本に何かを依頼しようとしたように思われる。伊集院は佐藤を通じて張と第二十鎮の動向を探り、それを日本の対清政策に利用しようとした。伊集院は張軍の行動は当面の時局に重大な関係を有するものだと注視していた。当時石家荘駐屯の第六鎮統制呉禄貞（張紹曾と陸士の同級生）も張紹曾と連合して清朝政府を南北から攻撃する計画を立てていた。黄興も張と連絡をとっていた[④]。だが張は今後の時局の発展を考え、袁の性情に鑑み、彼と事を共にしても事

---

　①『日本外交文書』（辛亥革命）、504 頁。
　② 同上書、505 頁。
　③ 明治 44 年 11 月 8 日、在清国伊集院公使より内田外相宛電報、第 456 号。防衛研究所蔵。
　④『申報』1911 年 11 月 13 日。

成れば或いは自分の首が切られる恐れがあるので、この際寧ろ
黎元洪と相呼応して官軍を牽制し、これを黄河以北に退却させ、
清朝政府をこの地帯以北に封じ、中清・南清に漢人の国家を組
織する一策を計画していた[①]。張軍はこの計画実施のため、天
津の革命党と連合してまず天津を襲撃しようとした。イギリス
公使ジョルダンも、二月九日グレー外相に張軍が天津・北京方
面に進軍し得る情況を報告している[②]。佐藤はこの行動計画を
伊集院に伝えその意見を尋ねたが、伊集院は「北京ヲ突ク如キ
ハ勿論成効覚束ナク天津ヲ兵燹ニ附スル如キ虞アル行動モ素ヨ
リ不可ナリ但シ部下ノ不平ヲ鎮撫スルノ手段トシテ軍糧城（天
津の東三十キロ―筆者）ノ地点ニ向ケ徐ロニ進軍シ自重スル方
可然」[③]と答えた。当時伊集院が清朝を支援しながら、また反
清朝的張軍を利用しようとしたその矛盾した行動は、張の南北
分裂計画を利用して後述のように中国における南北分裂策を推
進しようとしたものである。だがこの政策も袁世凱の出馬とそ
の妨害策により、実現されなかった。

　しかし第二十鎮の行動は、日本に京山鉄道一帯に増兵し、山
海関から奉天に至る鉄道沿線に出兵する権利を確保するチャン
スを与えた。京山鉄道は義和団事件後の協定により日本と欧米
列強の軍隊の「保護」下にあった。故に、日本と列強はこの一
帯に出兵或いは増兵する「法的」口実があった。第二十鎮の上
述の行動は日本と列強に出兵と増兵の口実を与えた。十月二十
七日伊集院公使は内密にジョルダン公使に「必要ノ場合ニハ団
匪事件ノ際ニセラレタル実例ニ基キ英国ヲ主トシテ該鉄道保存

---

①『日本外交文書』（辛亥革命）、18 頁。
②　胡浜訳『英国藍皮書有関辛亥革命資料選訳』上、中華書局、1984 年、48 頁。
③『日本外交文書』（辛亥革命）、60－61 頁。

ノ手段ヲ採ルヘキコトニ付予メ考究シ置ク様スヘキ」①旨を申
入れた。これに対しイギリスは一面においては協調しながら、
また一面においては日本を牽制する二重の態度をとった。十一
月五日ジョルダン公使はこれに賛成し。イギリス外務省も八日
これに同意したが、山海関から奉天までの鉄道に対する日本の
要求には賛成しなかった②。これは日本の南満における勢力拡
大を牽制しようとしたものであった。九日内田外相は駐英の山
座臨時代理大使に、イギリスが日本のこの鉄道沿線への出兵を
承認するよう、再度イギリス外務省に申入れるよう電訓した③。
同時に内田外相はこの鉄道沿線に対する日本の独占的地位を確
保するため、京山鉄道に対する「共同保全」の原則をここに適
用することを強調した④。このような執拗な要求に対しイギリ
スは「若シ山海関以東モ実際保護ノ必要起」こればとの条件付
きで「日本国ニ於テ単独其任ニ当ルヘキモノナルコト」⑤を承
認しながら、また「実際必要ヲ生セサル限リ日本国ノ提議ニハ
到底同意スル能ハス」⑥と回答した。イギリスはもし日本が南
満においてこのような行動をとれば、ロシアが北満においても
同様の行動をとるとの口実をもって日本を牽制した。交渉の結
果、日本は原則的にイギリスからの承認を受けた。これは新権
益の拡大であり、十月十四日岡市之助陸軍次官が提出した満洲
鉄道保護の名義で出兵しようという案に沿ったものであった。

　この時陸軍は京山鉄道占拠のため、ロシア側とも交渉をして
いた。十一月初め、田中軍務局長は東京駐在のロシア大使館付

---

① 『日本外交文書』（辛亥革命）、71 頁。
② 『日本外交文書』（辛亥革命）、73－74 頁。
③ 同上書、76 頁。
④ 同上書、75 頁。
⑤ 同上書、80 頁。
⑥ 同上書、83 頁。

武官サモイロッフに、満洲駐屯の第五師団から一個旅団を北京・天津・山海関に派遣してこの鉄道を占拠する意を表した[①]。田中はその目的は清帝の支持のためだと述べた。これは君主立憲制を主張する日本としては当然の言い分だが、実はこの派遣により武力を背景として中国政局に対する主導権を掌握しようとしたものであった。この軍隊派遣問題をめぐり田中とサモイロッフは一日（西暦、以下同）と二日の二回会談をし、双方中国情勢の情報を交換すると共に、両国が共同一致の行動をとることを強調した[②]。桂太郎も三日と四日の二回、東京駐在のロシア代理大使ホロニェブスキとこの問題に対する協議をし、同様の意を示した[③]。ホロニェブスキは桂が他国の北京に対する干渉を恐れ、ロシアと共に出兵の準備をすることを示唆したと、会談の印象をロシア外務省に報告した。これに対しロシア側も中国問題に関して日本に接近し、日本と共同一致の行動をとり出兵の準備をした。しかしロシアは率先して出兵することは戒めるべきだと決定した[④]。これらの会談において日本はイギリスとの協調をも重視し、その賛成を得たのである。日・露・英等列強交渉の結果、京山鉄道に一三三八名まで増兵することにし、日本の一個旅団派遣の計画は実現されなかった。しかし日本はその四・四割に当る五九九名を灤州から山海関間一帯に駐屯させることにした[⑤]。日本は列強と共に京山鉄道一帯に増兵したが、袁世凱の登場と官革停戦・南北和議により直接干渉するまでに至らず、ただ政治的・軍事的外圧として一定の影響を及ぼした。当時中国の新聞が、日本軍がこの一帯と南満に増兵

---

① 陳春華ら訳、前掲書、160 頁。
② 陳春華ら訳、前掲書、166、168 頁。
③ 同上書、168−71 頁。
④ 同上書、201 頁。
⑤ 『日本外交文書』（辛亥革命）、97 頁。

することを大きく報道したことは、これを説明する①。

　京奉鉄道への出兵・増兵の問題と同時に、外務省出先機関と
参謀本部の内部に中国分裂策が現れた。「分而治之」は従来植民
地帝国が採用した植民地政策であった。一九〇〇年の義和団事
件の時、日本と欧米列強は中国南方の総督らによる東南自保運
動を利用し、彼らと「東南保護約款」を締結し、南北分裂策を
とったことがある。伊集院公使と参謀本部の宇都宮太郎は中国
南北の力関係が急転する情況の下で、この旧植民地政策を中国
に適用しようとした。十月末と十一月初めの二回伊集院公使は
内田外相に「此ノ形勢ヲ利用シ中清ト南清ニ尠クトモ独立ノ
二ヶ国ヲ起シ而シテ北清ハ現朝廷ヲ以テ之カ統治ヲ継続セシム
ヘシ」との案を上申し、これは「帝国百年ノ長計ヲ定ムルモノ
ニシテ」、「永久皇国ノ隆運ノ基礎ヲ確立スルハ正ニ此ノ時ニ在
リ」②と強調した。伊集院がこのような分裂策を提案した目的
は何であったのであろうか。

　第一は、滅亡の途をたどる清朝の保護にあった。革命勃発以
来伊集院公使は清朝を援助して革命を制圧しようとする方針を
堅持した。その根拠は清廷が革命を鎮圧する可能性があると信
じていたことにあったが、十月末に至り伊集院は「現朝廷ハ到
底此ノ儘四百余洲ニ君臨スルノ威信ト実力トニツナカラ之ヲ有
セス一面仮令如何ナル懐柔融和ノ策ヲ施ストモ恐クハ到底動乱
ノ鎮定時局ノ収拾ハ得テ望ムヘカラサルニ似タリ」③との判断
から、このような保護策を提出したのであった。だがその最終
的目的は、伊集院が述べたように、「帝国ノ為得策ナリト思考ス

①『申報』1911 年 11 月 12、28 日。
②『日本外交文書』（辛亥革命）、377−78 頁。
③『日本外交文書』（辛亥革命）、377 頁。

ル」①からであった。この「帝国ノ為」とは、北清の一角に清朝を存し永く南方の革命派と対峙せしめるのが、日本の対満蒙政策の推進に有利だと考えていたからである。

　第二は、南北間の妥協を阻止し、欧米人の介入を排除しようとしたことである。十月末清朝政府は革命派に対し譲歩の態度を示し、袁世凱と黎元洪の間にも妥協の動きがあった。伊集院も「清国廟堂ノ時局救済政策ノ一部ハ蓋種々ノ手段ヲ尽シ革命軍ト友和妥協ヲ試ムルニアルコト疑ヲ容レス」と判断し、これは「米国人一派ノ慫慂ニ依レル跡アル」②と考え、それを排除・阻止する方策として、南北分裂策を提案したのである。

　第三は、南方革命派の現状を承認せざるを得なくなり、また中国を南北に分裂させる南方の条件が整ったと判断していたことであった。伊集院は「武昌ニ拠レル革命軍軍政ノ根拠ハ既ニ稍堅牢ナルモノト見テ早計ナラサルヘク而シテ広東総督モ何時独立ヲ宣言スルヤモ計ラレサル形勢ナル」③と思い、この情勢を利用しようとした。このため「中清武昌、南清広東方面ニ亘リ革命党ニ援助ヲ与ヘテ其ノ気勢ノ挫折ヲ防キ以テ北清中央政府ト融和妥協スルカ如キ念ヲ起サシメス飽ク迄耐久対峙セシムル途ヲ講セラルヲ要スト思料ス」④と上申した。

　第四は、新たに登場する袁世凱に対する牽制策であった。伊集院は中国の政治の舞台に登場した袁世凱を疑い、内田外相に「袁世凱ヲ以テ代表サルヘキ新内閣成立後ノ清国政府カ果シテ如何ナル態度ヲ以テ我ニ臨ムヘキヤ之レ未タ疑問ナキヲ得サル問題ナリトス然ラハ単ニ必要ノ場合我ニ有利ナル様之カ牽制ニ資スルノ策トシテモ亦右様ノ術策ハ之ヲ施シ置クノ必要アリト

①『日本外交文書』（辛亥革命）、378頁。
②『日本外交文書』（辛亥革命）、377頁。
③ 同上。
④ 同上書、149頁。

存ス」①と具申した。

　第五は、十月二十四日の対清政策に関する閣議決定により中国本部、特に中清・南清に対する日本権益の拡大を狙おうとしたのであった。しかし以上のような目的により提出された、伊集院公使の南北分裂策は、一つの外交政策としては内田外相に採用されなかった。

　南北分裂策は陸軍内部でも既に胎動が始まっていた。参謀本部第二部長宇都宮太郎は「対支那私見」（明治四四年十月十五日）として十月十九日第一四師団長上原勇作に「国際の儀礼上及我対清政策上表面には当然現清朝を援けて其顚を支へ、裏面に於ては極めて隠密に叛徒を援助し以て益々其強大を致さしめ、適当の時期を見計ひ居中調停、二国に分立せしめ、而して出来得れは其双方と特種の関係（例へは一は保護国若くは其類似、一は同盟国とする等にして、此間報酬的に満洲問題等を我れに有利に解決せしむへきは勿論なり）を結ひ以て時局再転の機を待つへきなり」②と分裂策を提出した。参謀本部の中でも重要な地位を占める情報部長であった宇都宮がこのような案を提出したのは、彼がこの書簡の追伸として「有力者間に根本の意見を決定せんとするものなり」③と記していることから、彼自身の私的なものではなく当時の参謀本部内部の傾向を反映したものであるといえよう。

　ではこの中国分裂策の目的と根拠は何であったのだろうか。

　第一は、「支那保証論」を掲げ、全中国を獲得することであった。このため宇都宮は「支那は我帝国生存の為め自大自強の政策上全部之を獲得するを得は勿論なり。然れとも列国対峙の今

①『日本外交文書』（辛亥革命）、149 頁。
② 上原勇作関係文書研究会編『上原勇作関係文書』東京大学出版会、1976 年、56 頁。
③ 同上。

日此事の一気直に実行し可らさることは、残念なから之を目下の実情と認めさる可らす。然り我れ直ちに之を取ること能はすとすれは、他にも之を取らしか可らす。是れ吾人の懐抱せる所謂支那保全論にして、支那の為めに支那を保全せんとするにはあらさるなり。支那を保全するには其様式は……二分三分若くは数分して之を保存する亦各其一法なり。帝国の見地より論すれは現形の儘にこの支那保全は、国土人口稍過大にして遠き将来に於ては或は却て我子孫の患を為すこと無きやの虞無きにしもあらす。幾何かの独立国に分割して之を保存せんことは帝国としては尤も望ましき所なり」①と述べた。

　第二は、右述のような方法により「彼れ支那人をして我国の恩義に感せしめ」、南北「分地内に於ける満漢両族の人心をして各其小朝廷を通ふして翕然我天皇に帰向せしめ置き」、「報酬として有利に満洲問題等を解決せしむること」②であった。

　第三は、「保全主義に拠リ列国の瓜分を抑制し、以て極力欧米勢力の対岸移植を妨害すへし」③ことであった。

　第四は、この保全・分裂策により、以後の対中国政策に対する準備をすることであった。宇都宮は「我分地には北に満人、南に漢人の小朝廷を作り之を囮として他列国分地内の全人心を我れに収攬し置き、以て他日第二齣を演出するの準備を為すこと」を述べながら、これは「第二齣の為め極て緊張なり」④と強調した。

　伊集院と宇都宮の南北分裂策を比較した場合、両者共に中国南北における日本の勢力を一層拡大しようとしたものであり、

---

　① 上原勇作関係文書研究会編『上原勇作関係文書』東京大学出版会、1976 年、55－56 頁。
　② 同上書、56 頁。
　③ 同上。
　④ 同上。

その目的と根拠はほぼ同様であった。この分裂策は事実上陸軍と外務省の清廷に対する武器提供と参謀本部の南方革命軍に対する軍事物資の提供という形で初期的に展開されていたが、袁世凱の登場による南北和議と妥協により、中国南北関係が対立から妥協に転換し始めたため、一外交政策としては実現されなかった。

　この南北分裂策は日本独特のものではなかった。ロシアも同時期にこの政策を画策した。駐北京のロシア公使コロストヴェツは十一月十五日（西暦）、外相代理ニェラトゥフに、南方の革命軍政府を承認し、正常な外交関係を成立させることを提案した①。その理由は、（一）に情勢判断において、袁は南方と妥協をせず、列強は南方における経済権益保障のため、南方を承認するであろうと判断したからであり、（二）にこの承認により南方はロシアの同盟者になり、ロシアは南北の対立を利用してロシアの権益が集中している北方におけるロシアと清朝との摩擦を解決しようとしたからである②。これは南北対立を利用して自己の権益を拡大しようとする点では、日本と同様であった。二十二日（西暦）ニェラトゥフはこの提案はロシアの利益に符合するとして、賛同の意を表した③。

　日本とロシアの南北分裂策は中国世論の非難を浴びた。『申報』は朱宝綏の「関于南北分治之謬」を掲載し、この分裂策を猛烈に批判した④。

---

① 陳春華ら訳、前掲書、189 頁。
② 同上。
③ 同上書、200 頁。
④ 『申報』1911 年 11 月 18 日。

三　袁世凱の出馬をめぐる対応

　十一月に至り南方の革命気運は一層盛りあがった。十一月三日上海市と貴州省、四日浙江省、六日広西省、八日福建省、九日広東省、十三日山東省等が続々と独立を宣言し、十一月末まで中国本土一八省のうち一五省が清朝の支配から独立した。これにより清朝政府は大打撃を受け、未曾有の政治危機に陥った。清朝政府は陸軍大臣廕昌の第一軍・馮国璋の第二軍と薩鎮冰提督の海軍艦艇を出動させて、武漢地方の革命軍鎮圧に乗出した。清朝政府は灤州駐屯の張紹曾の第二十鎮をも南方に派遣しようとしたが、命令通りに動こうとしなかった。軍隊内部には離反の兆候が濃厚となった。新軍として編成・訓練された北洋陸軍は、もと袁世凱の管轄・指揮下にあったが、一九〇八年西太后と光緒帝死亡後、清朝政府の権力争いにより袁世凱は排斥され、故郷の河南省彰徳に隠居していた。だが彼の北洋陸軍における地位は依然として高く、軍に絶対的な勢力を持っていた。当時の北洋陸軍の兵士は「ただ袁の号令を聴くのみ、満洲（清朝）を知らず」という状態であった。清朝政府は、このような北洋陸軍を統率して革命軍に対抗し得る人物は、袁世凱をおいてはないと思い、袁に出馬を要請せざるを得なかった。十月十四日清朝政府は袁を湖広総督に、二十七日には欽差全権大臣に任命し、武漢地域における北洋陸軍と海軍を指揮する権限を与えた。袁は南下して十一月一日革命軍占拠下の漢口で反撃し、翌日攻略した。これは袁に対する清朝の期待を一層高め、袁もこれにより政治の舞台への復帰の条件を整えた。清朝は五月に成立した慶親王奕劻を総理大臣とする皇族内閣を解散し、袁を総理大臣に任命した。これは袁世凱の政治の舞台への再登場を意味し

た。これにより辛亥革命は第二の段階に入った。

　袁世凱の登場は歴史の大転換期にある中国の政治・軍事情勢と辛亥革命に深刻な影響を及ぼし、国際的にも大きな波紋を起こした。袁は清朝の一員として登場しながら、清朝と革命派との「中間的人物」であり、政治的手腕を持った有力者として清末・民国初期の中国の政局を左右し、中国に君臨する新しい支配者の地位を目指したのである。故に、袁に対する対応、袁との関係如何が、日本と欧米列強の対中国外交政策の勝敗のキーポイントになり、また袁の対日・対欧米列強の姿勢が彼らの対中国外交に大きな影響を及ぼしたのである。しかしこれは一時的・主観的意志によって形成されたのではなく、近代史、特に日露戦争後の中国と日本・欧米との相互関係において形成されたのである。このように形成された日本と欧米の対袁観と袁の対日・対欧米観は総体的に対照的であった。これは辛亥革命をめぐる国際関係において重要な問題であるので、まずこれを歴史的に顧みながら考究する。

　欧米諸国は袁世凱を中国における信頼出来る政治家だと見なし、清朝政府に袁を起用して時局を収拾するよう期待していた。これは偶然のことではなかった。義和団事件の時、袁が山東巡撫として外国人の保護に懸命であったことは欧米人に広く知られており、一九〇二年直隷総督・北洋大臣の時代に推進した軍事・警察・実業・教育・人事制度等の改革、及びその後に推進した立憲運動は欧米人の高い評価を得ていた。一九〇七年外務尚書・軍機大臣の時代には英・米と連携して日本に対抗する「交遠制近」の外交政策をとり、そのためイギリスの長江流域における鉄道建設計画とチベットに対する要求を支持し、中国における米貨ボイコット運動を鎮圧した。一九〇八年にはアメリカが義和団事件賠償金を中国に返還する機を利用して、中・米・

独同盟結成の工作を推進し、中国東北においてアメリカの満洲鉄道中立化計画を支持して彼らの好評を得た。故に、駐北京のアメリカ代理公使ウィリアムスは国務省に清廷は速やかに袁を起用して南方の「叛軍」を鎮圧すべきだと上申した[1]。イギリス公使ジョルダンも、清朝政府が袁のような欧米に「友好」的である優れた人材を登用しないことに強い不満を抱き、十月二十一日にグレー外相に時局収拾のためには袁の起用が必要であることを上申した。イギリスは袁の出馬・登場を歓迎し、また彼に対する支持により中国時局に対する発言権と影響力を強化し、それにより辛亥革命に対する外交上の主導権を掌握し、その利益を得ようとした。

　しかし日本の袁世凱に対する態度は欧米列強と対照的であった。日露戦争前の日袁関係は大変良好であったが、その後の袁の対日姿勢と日本の袁に対する政策は大きく転換した。一九〇二年袁が直隷総督と北洋大臣の職に就いていた時期に彼は日本の近代化の進め方が欧米列強の方法より中国に適切だと思い、軍事・警察・教育等の改革において日本を模倣し、日本の軍事教官を招聘して北洋陸軍を訓練し、日本の教員と学者を招いて中国教育を改革し、優秀な青年を選抜して日本に留学させた。日露戦争後袁は慶親王らと共に「日清満洲に関する条約」に署名し、日本が日露戦争で獲得した満洲における植民地的権益を承認した。このような事情により当時（一九〇二—〇六年）天津総領事であった伊集院と袁世凱は肝胆相照らす間柄であった。この時期の袁は「親日的」であったといえよう。故に、駐中国の日本外交官や軍人らは「当今支那に於て袁以上の人材なく、他日支那の政権は必ず彼によって掌握されるのであるから、今

---

① 王綱領「英国対辛亥革命之態度与政策」、中華文化復興運動推行委員会主編『中国近代現代史論集』第17編辛亥革命上、台湾商務印書館、1986年、1010頁。

彼の立場を擁護しておけば彼は必ずその恩に感じて益々親日主
義を取るであらう。若し彼をその位置から失脚させるやうなこ
とがあつたら、親日の神は遂に滅却して我が対支外交は長へに
暗黒となる」①とまで袁を評価した。これは当時日本が袁に大
きな期待を抱いていたことを物語る。

　だが日露戦争後日本が中国に対する侵略を強化した時、即ち
一九〇七年外務尚書・軍機大臣の職に就いた袁は「交遠制近」
の外交政策をとり、英・米と連携して日本に対抗した。袁は彼
の腹心徐世昌を東三省総督に、唐紹儀を奉天巡撫に任命し、彼
らを通じて駐奉天のアメリカ領事と共に満鉄と並行する鉄道建
設の計画を立て、日本の安奉鉄道の建設を妨害し、南満におけ
る日本の植民地的権益に挑戦したのである。このため袁は一時
日本の対中国政策遂行の障害になり、一九〇九年袁が北京から
「追放」された時、英・米は彼に同情したが、逆に日本はそれは
その「罪」を問われたものとして歓迎した。故に、一時失脚し
た袁が内閣総理大臣に任命された時、日本は彼を相当警戒し、
伊集院は「袁世凱ヲ以テ代表サルヘキ新内閣成立後ノ清国政府
カ果シテ如何ナル態度ヲ以テ我ニ臨ムヘキヤ之レ未タ疑問ナキ
ヲ得サル」②と内田外相に打電した。内田外相も伊集院に袁の
「態度ニ注意セラレ」③るよう指示した。

　内閣総理大臣に任命された袁は武漢の前線から上京すること
になった。これに対する日本と欧米列強の姿勢は異なっていた。
駐北京イギリス・フラソス・ドイツの各公使は袁が早急に上京
して組閣することを熱烈に歓迎したが、日本の大陸浪人川島浪
速らは石家荘駐屯の第六鎮統制呉禄貞の軍隊を京漢鉄道に配置

---

①　黒竜会編『東亜先覚志士記伝』中、原書房、1966 年、538 頁。
②　明治 44 年 11 月 2 日、在清国伊集院公使より内田外相宛、電報第 409 号。防衛研究所所蔵。
③『日本外交文書』（辛亥革命）、72 頁。

し、袁の北上を阻止しようとした。だが袁はその腹心周符麟を
派遣して呉を暗殺した。川島らはまた日本軍の将校らと袁が
乗って北上する列車を爆破する計画を立てたが、実現されな
かった。

　袁世凱は上述のような障害を乗越え、十三日二〇〇〇人の兵
を率いて威風堂々と北京に入った。伊集院公使は「袁世凱ハ愈
本日午後五時着京セリ」[1]とごく簡単に内田外相に打電したが、
ここから伊集院の袁入京に対する冷淡さを窺うことが出来る。
それは「袁内閣成立の暁には吾対清関係は、満洲政府それより
も一層難しくなるに違ひない」[2]からであった。

　袁は十六日立憲派首領の梁啓超・張謇らを含む北洋軍閥官僚
内閣を組織し、清朝政府の政治・軍事の大権を一手に掌握した。
組閣後の袁の政略は、一方では南方の革命派と妥協しながら、
その力を借りて清朝を窮地に追込み、一方では掌握した権力で
清朝と革命派のバランスをとることによって、革命派を牽制し
ながら、全中国に君臨しようとする自己の政治的野望を達成す
ることであった。

　このためには、まず列強、特にイギリスの支持を得るのが何
よりも大事なことであった。袁は上京する前に、長子袁克定を
北京に派遣した。十一月二日克定は秘密裏にジョルダンと会い、
清朝の下で漢人を中心とした完全な立憲体制を樹立することに
より、革命派を説得して時局を収拾しようとする袁世凱の意を
伝えた[3]。入京した翌日袁はまた克定を派遣し、ジョルダンに
今全国の世論は清帝の廃位を強烈に主張し、清朝を救うことは
今や不可能な状態であり、黎元洪と革命派の領袖らは清朝覆滅

---

　　①『日本外交文書』（辛亥革命）、23 頁。
　　②『国民新聞』1911 年 11 月 9 日。
　　③ 臼井勝美「辛亥革命と日英関係」、『国際政治 58 日英関係の史的展開』有斐閣、
昭和 55 年、35 頁。

後に共和国を建て、その大総統に袁世凱が就任することを了
承・支持していると伝えた①。これは袁が当時の世論と革命派
の主張を利用して、共和政体と彼の大総統就任に対するイギリ
ス側の反応を打診したものであった。これに対しジョルダンは
清朝を名目的な主権者として維持しながら、立憲政体に移行し
て立憲君主制を確立するのが適当であり、共和政体を採択する
のは危険だと袁克定に勧告した②。

　政体に対するイギリス側の意向を打診した後、十五日袁は直
接ジョルダンと会談し、彼自身もジョルダンのように立憲君主
制を採択して時局を収拾する意があることを述べた③。袁の本
心は清帝の廃位によって、その権力を名実共に自分が掌握しよ
うとするものであったが、イギリス側の意見を無視することは
出来なかった。それはイギリスの全面的な援助を希望していた
からであった。その後袁世凱は政体問題のみならず、摂政王の
廃止・停戦協定等重大な問題に対しては皆ジョルダン公使と相
談して決定し、伊集院公使にはその情報さえ提供しなかった。
これは袁が日本を信頼していなかったからである。

　だが、袁は近隣である軍国国家日本を完全に無視することは
出来なかった。それは袁がイギリスと相談して決定したことを
執行するに当り、日本の妨害を排除し、日本の了解或いは支持
を得ることが必要であったからである。十八日袁は伊集院公使
に会談を要請した。日本も内田外相が伊集院に訓令したように、
この際内閣総理大臣に任命された「袁トノ関係ハ是非親密トナ

---

① 臼井勝美「辛亥革命と日英関係」、『国際政治 58 日英関係の史的展開』有斐閣、
昭和 55 年、35 頁。
② 臼井勝美「辛亥革命と日英関係」、『国際政治 58 日英関係の史的展開』有斐閣、
昭和 55 年、36 頁。
③ 同上。

リ置キタキ方針」①に転換せざるを得なくなったため、内田は
このチャンスを利用しようとして、十七日伊集院に袁との会談
の方針を指示した。その指示は袁に対する不信感に満ちており、
この時期の日本の対袁策と辛亥革命に対する外交方針を示して
いた。その内容は次の通りである②。

　第一に、袁と会見する「其際貴官ハ努メテ先方ノ意見若クハ
希望ヲ聞取ラル、ニ止メラレ……出来得ル限リ我態度ヲ『コム
ミツト』セラル様御注意相成」ること。

　第二に、「万々一袁ニ於テ帝国政府ノ力ニ頼リ時難ヲ救ハント
ノ意ヲ述ヘ貴官ニ於テ之ニ対シ何等ノ挨拶ヲナサヽルヲ得サル
ニ至リシトキハ貴官ハ……帝国政府ニ具申シ訓令ヲ請フニアラ
サレハ何等確的ナル回答ヲナスヲ得サル」旨を述べること。

　第三に、「話ノ都合上其必要ヲ認メラレ何等顧慮スル所ナシト
認メラル、ニ於テハ貴官一己ノ考トシテ」、次のような趣旨を内
談すること。

　まず「帝国政府ニ於テ一旦清国政府ヲ援護シ動乱ノ鎮定ニ助
力スルコトニ決心セルトキハ……先ツ十分ニ清国政府ノ決意ノ
在ル所ヲ承知セサルヘカラス即チ清国政府タルモノ誠意帝国政
府ヲ信頼シテ疑フ所ナク一部人民ノ反対又ハ外国ノ離間中傷等
ノ如キハ全然之ヲ度外ニ置キ帝国政府ヲシテ何等顧慮スルコト
ナク援護ノ実ヲ挙ケシムルノ決意ヲナスニ由ナカルヘシ」と袁
に要求すること。その理由として「内国民ニ対シ外清国ニ対シ
将又諸列国ニ対シ最大ナル責任ヲ負担スル」こと、革命党の「激
烈ナル反抗ヲ受クルコトモ之ヲ予想セサルヘカラサル」ことを
挙げているが、袁に対する不信感があったために、まず「誠意」、
「信頼」を援護の前提条件として提出したのである。これはこの

---

　①『日本外交文書』（辛亥革命）、58頁。
　②『日本外交文書』（辛亥革命）、164−66頁。

時期の日本の対袁策の第一の課題が袁の対日不信感を解き、その信頼感を獲得することであったことを示す。

次に「清国政府ハ一面速カニ動乱鎮定ノ策ヲ講スルト同時ニ他面深ク東亜ノ大局ヲ顧念シ徒ラニ実効ナキ外間ノ力ヲ借リテ事局ヲ紛糾スルカ如キ行動ヲ慎」むよう要求すること。この「実効ナキ外間ノ力」とは恐らくイギリスを指すものであろう。イギリスは東洋にごく僅かな軍隊しか駐屯させていなかったため、軍事的に有効な援助を与えるのは困難であった。故に、内田外相はこれを理由に、袁のイギリスに対する依存関係を打切り、袁を日本の手元に押えようとした。

十八日伊集院はこの方針により袁と第一回目の会談をおこなった。この時期北京と欧米の世論には、日本が中国動乱の機に乗じて野心を逞しくするとの噂が流れていた。故に、伊集院は会談でまず日本にはこのような野心はないと述べ、袁の対日不信感を解消しようとしながら、「貴方ニ於テモ徒ニ世評ニ迷ヒテ帝国ノ誠意ヲ疑フカ如キコトナク必要ノ場合ニハ虚心坦懐心情ヲ打明ケテ助力ヲ求メラルルコト得策ナルヘシ」[①]と勧告した。

次に、日本の対清政策を説明し、「帝国政府ハ直チニ貴国ニ援助ヲ与ヘテ鎮圧ノ手段ヲ講スル筈ナレトモ何分諸外国トノ関係最モ複雑セル現下ノ情態ニ在リテハ我国ノ一挙一動ハ延テ列国干渉ノ端ヲ誘起スルノ虞アルヲ以テ帝国政府ハ厳ニ中立的態度ヲ守リ他ヨリ干渉ノ余地ナカラシメ一面形勢ノ推移ニ留意シテ臨機ノ措置ニ遺算ナキヲ期シツアル次第ナリ」[②]と述べた。これは中国問題に対し干渉する意欲かあることを袁に表明したものである。

第三に「東洋ノ大局ハ東洋人限リニ於テ之ヲ維持シ速カニ秩

①『日本外交文書』（辛亥革命）、378－79 頁。
②『日本外交文書』（辛亥革命）378 頁。

序ヲ回復セシメテ東亜ノ平和ヲ確定センコトニ努ムル」[1]意を表明して、東洋における欧米の関与を排除しようとした。これはまず袁とジョルダンとの密接な関係を分断しようとしたものであった。

袁世凱はまず伊集院に「自分ニ於テモ此機ニ乗シ列国干渉ノ虞アルヘキヲ常ニ憂慮シ居リタル次第ナルカ幸ニ今日迄此事ナカリシハ全ク貴国ノ賜ナリ」[2]と感謝の意を表した。これは外交辞令であり、袁は本心において常に「日本ハ此際海陸共ニ出兵干渉ノ準備ヲ為セリ」[3]と思っていた。

次に、袁は時局解決の案として、（一）に「先ツ武昌ノ叛軍ヲ征服スルコト第一ノ急務ナリト信スルモ徒ニ兵力ヲ用フルコトハ策ノ得タルモノニ非ス」[4]と述べ、硬軟両様に革命軍に対応する意を表明した。（二）に「根本的時局解決案トシテハ自分ハ飽ク迄君主立憲政体ナラサルヘカラストノ主義ヲ有スルモノナルカ一方ニハ革命党等ノ側ニ於テ共和政治若ハ連邦政治等ヲ主張シ有力ニ反抗ヲ試ミツアル有様ナルヲ以テ結局希望ヲ貫クコト素ヨリ容易ノ業ニアラス」[5]として、立憲君主と共和連邦の政体に対する伊集院の意向を打診した。これは今回の会談の重要な話題であった。伊集院は「君主立憲ニヨリ全国ノ統一ヲ図ルコソ万全ノ策ナルヘシ」と断言し、「共和若ハ連邦政治ヲ布カントスル如キハ惟フニ国民ノ智識ノ程度ニ適応セサル無謀ノ策ト言フノ外ナク結局自滅ヲ招クニ至ルナキヲ保シ難シ」[6]と厳しく批評した。

①『日本外交文書』（辛亥革命）、378 頁。
②『日本外交文書』（辛亥革命）、379 頁。
③ 河村一夫『近代日中関係史の諸問題』南窓社、1983 年、188 頁。
④『日本外交文書』（辛亥革命）、379 頁。
⑤ 同上。
⑥ 同上。

　最後に、伊集院は政体問題に対する欧米諸国の干渉を排除しようとして、「彼等ハ如何ナル政体ニテモ頓着ナク要ハ自国臣民ノ生命財産ヲ完全ニ保護セラレ通商貿易ノ発達ヲ期シ利権ノ範囲カ拡張セラルレハ足レリト云フニ過キサルヘ」[1]しと忌憚なく批評し、袁に対する「好意」を示すために「彼我ノ間ハ務メテ密接ノ関係ヲ保チ若シ何等帝国政府ニ希望ノ筋等モアリ自然本官ヨリ取次ヲ望マルトキハ喜ンテ伝達致スヘキニ付随時申出ラレタシ」[2]と述べ、袁が日本側に傾くように説得した。これに対し袁も「必ス援助ヲ求ムヘキ時機之レアルヘキ」[3]旨を答えたが、これは本心からの言葉ではなかった。袁はその後、「此際日本ハ怖ルヘキ国ナリ又同国人ト交際スルハ即チ嫌疑ヲ受ケル所以ナリ」[4]と日本に対する警戒心を吐露した。

　会談後伊集院は「君主立憲及共和連邦等ノ政体論ニ付テハ袁世凱モ今ヤ其ノ選択ニ迷ヒ居ルモノ如ク而カモ君主立憲ヲ主張スルカ如キハ単ニ主義上ノ説トシテ世間に表白シ居ル」と判断し、また袁が「前途ヲ悲観シ居リ」、「心中頗ル苦悶シ」、「時局ニ関スル……苦心一方ナラサル」[5]と推測していた。これは袁に対する誤った判断であり、この会談において袁の本心をつかむことが出来なかったことを示している。

　袁との会談に対する内田外相の指示と袁と伊集院公使の会談から見ると、双方共に所期の目的を達成することは出来なかった。それは両者の会談の目的と会談のテーマが食違っていたからであった。このギャップは大きなものであった。日本はまず袁とイギリスとの密接な関係を分断し、日本に対する袁の信頼

---

①『日本外交文書』（辛亥革命）、379 頁。
② 同上書、380 頁。
③ 同上。
④ 河村一夫、前掲書、188－89 頁。
⑤『日本外交文書』（辛亥革命）、380 頁。

を獲得しようとしたが、袁はイギリスと相談した立憲君主制に対する日本の了解と支持を希望した。このような食違いは袁に対する日本とイギリスの外交次元の相違から出てきたものである。イギリスは既に袁との信頼関係を築き、袁の行動をコントロールする段階に達していたが、日本と袁との関係はまだ互いに相手に疑心を抱いている段階であった。この疑心は辛亥革命期において終始解除されず、一九一六年には袁の打倒へと転換した。

　伊集院もこの会談を通じ袁に対する所期の目的を達成出来なかったことを感じ、また袁に対する失望から中国に対し新たな積極策を講ずるよう上申した。十一月十九日伊集院は内田外相に「此際断然時局傍観ノ態度ヲ転シテ積極画策ノ措置ヲ執ラルコト必要ナリト信ス若シ然ラサルニ於テハ大勢全ク変リテ遂ニ帝国ニ有利ナル解決ヲ求ムルニ由ナキ破目ニ陥ルナキヲ保セス」[1]と上申した。この「積極策」とは、十一月二日上申した中国分裂策、即ち中国の「三分説ヲ以テ帝国ノ為将又極東平和ノ為最善ノ処理案ナリ」[2]というものであった。伊集院は時局が急転する情勢において、「外部ヨリ非常ノ圧迫ニテモ加ヘサル限リ……清朝ヲシテ斟クトモ黄河以北ノ地ニ国ヲ維持セシメントスル案ハ到底成立ノ見込立タス」[3]、そのまま放置しておけば満蒙等の地域に国家の命脈を保持するか、或いは悲惨な終焉を告げるかもしれないと述べた。伊集院は内田外相に帝国のとるべき方針は一定不変の処理案に執着するべきではなく、十一月二日の上申を第一案となし、「之ニテ到底見込立タサレハ（本使ニ於テハ前陳ノ通今日ノ形勢上外部ヨリ直接間接優勢ナル干渉ナキ限ハ成立ナシト認メ居ルコト勿論ナリ）第二案トシテ満廷

①『日本外交文書』（辛亥革命）、381 頁。
② 同上。
③ 同上。

ヲシテ十八省以外ノ地誠ニ国ヲ保持セシムル案ニ依リ之カ実現ヲ期シ右ニシテ尚不可能ナリトセハ第三案トシテ清朝ノ滅亡ト清国全土ニ共和国乃至連邦ノ実現スヘキコトヲ基礎トシテ我ニ最有利ナル事態ヲ誘致スルノ外ナシ」[①]と提案した。これは日本が単独で中国の時局をコントロールしようというものであった。

　伊集院のこの提案は袁とイギリスの立憲君主制による時局収拾の案を否定したものであった。日本政府・外務省はこの提案を受入れなかったが、伊集院が提唱した積極的な干渉により中国時局を収拾しようとした。十一月二十八日日本政府は廟議決定と天皇の裁可を経て日本の対清時局に関する方針を決定した。内田外相はその過程を日記に次のように記している[②]。

　　　九時桂公、九時半松方侯、十時過山本伯、十一時半井上侯を訪ひ、清国事件に関し山座行大方針に関する電案に賛成を求め、十二時過参閣、閣員一同の同意を得て十二時四十分総理同行御座所に至り御裁可を仰ぎ一時帰省

　協調外交を強調していた外務省は、山座臨時代理大使を通じてイギリス政府にその方針を提示した。その方針とは「今日ヲ以テ同国ニ重大ナル利害ヲ有スル諸国ノ最早拱手傍観スルヲ得サル時期ニ達シタルモノト認メ是等諸国ニ於テ速カニ其利益ヲ擁護スル為適当ノ手段ヲ取ルヲ以テ必要避クヘカラサルノ措置ト思考スルニ至レリ」[③]として、イギリスと共に中国問題に対し干渉しようとしたものであった。その理由として、（一）に「満洲朝廷ノ威力ハ殆ト地ニ墜チ政府当局ハ時難ヲ救フノ実力ト誠意ヲ欠キ叛乱ハ漸次各地に蔓延シ」、「時局ヲ救済スヘシト期待セラレタル袁世凱モ入京ノ後画策ノ見ルヘキモノナク首都ノ形

---

①『日本外交文書』（辛亥革命）、381 頁。
② 内田康哉伝記編纂委員会・鹿島平和研究所編『内田康哉』鹿島研究所出版会、1969年、160 頁。
③『日本外交文書』（辛亥革命）、384 頁。

勢スラ既ニ険悪トナリ遂ニ各国ヲシテ増兵ノ必要ヲ認メシムル
カ如キ状況トナリ『今ヤ清国政府ニ於テ独立以テ秩序ヲ回復ス
ヘキ望ハ殆ント是レナキニ至レリ』」であること、（二）に「清
帝国ノ大半ヲ風靡シ其勢力最旺盛ナルノ観アル革命軍モ其実力
ハ案外薄弱ニシテ官軍ノ為スナキ為僅カニ虚勢ヲ維持スルニ過
キサルヲ実際ノ状況ナリ」であること、（三）に「今後動乱ニシ
テ久シキニ亘ルトキハ通商貿易ノ之力為阻害セラルルハ勿論ト
シ或ハ遂ニ排外的傾向ヲ起生シ義和団事件ノ当時ヲ再現スルニ
至ルヤモ難計」[①]であることの三つを挙げた。

　あたかも二十七日漢陽が官軍に攻略され、官革関係は新局面
へ転換を始めた。内田外相は二十九日山座臨時代理大使に、中
国情勢の変化に伴ってイギリス外相との面会を再び訓令するま
で見合せるようにさせ、三十日には二十八日の方針の「今ヤ清
国政府ニ於テ独立以テ秩序ヲ回復スヘキ望ハ殆ント是ナキニ至
レリ」を、「今回官軍ノ漢陽ヲ回復セルハ一時革命軍ノ気勢ヲ殺
キクルコト疑ナシト雖直ニ之ヲ以テ大勢ヲ左右スルニ至ルモノ
トナスヲ得ス今後官軍ニシテ幸ニ武漢ノ地ヲ鎮圧スルヲ得タリ
トスルモ該地ヲ退散セル革命党力地方ニ於テ暴動ヲ継続スルハ
四川ノ事例ノ如クナルヘク清国政府ノ独立以テ秩序ヲ回復スル
ハ殆ント其望ナシト云フヘシ」[②]と改めた。これは漢陽陥落に
よる官革双方の力関係の変化と、袁世凱による双方の停戦・和
議への転換等に対する情勢変化についての予測がまったくな
かったことを示したものである。

　内田外相からの訓令に接した山座臨時代理大使は、十二月一
日その旨をイギリスのグレー外相に申入れたが、最初グレーは
この通告を武力干渉を意味するものと受取って極めて重大視し、

---

①『日本外交文書』（辛亥革命）、383-84頁。
② 同上書、388頁。

率直に「日本国ノ意嚮ハ武力ヲ用ユルニ非サルカ」①と山座に
質問した。山座は二十八日の訓令の後半部の翻訳をグレーに手
渡した。これは内田外相が二十八日の訓令において「先ツ先方
ノ意見ヲ知リテ後我意見ヲ先方ニ通スルヲ得策ナリ」②と指示
したからであった。その内容は、「清国ノ今日ニ応スヘキ最良ノ
方策ハ共和説ノ如キ実地ニ疎キ空論ヲ放棄スルト同時ニ満洲朝
廷専権ノ弊ヲ去リ大ニ漢人ノ権利ヲ重ンシ満洲朝廷名義上ノ統
治ノ下ニ実際漢人ニ依レル政治ヲ行フノ外ニナカルヘク」とい
うもので、これを実施する方法は、まず日本・イギリス等が介
入して清廷と革命軍側を説得して「両者ヲシテ互譲妥協先ツ干
戈ヲ収メシムルコトト為シ」、次に「清国ニ重大ナル利害ヲ有ス
ル諸国間ノ協調ニ拠リ朝廷ノ存立ト漢人ノ地位ノ尊重トヲ計ル
コト」③であった。これは依然として清朝を中心としたものであ
り、漢人の中に袁世凱が含まれているか否かも明確に示して
いなかった。グレー外相は熟読の上「大ニ安堵シタ」④が、日
本が提出した方針に応ずる態度を示さなかった。これは、この
時グレーは既にジョルダン公使からイギリスの漢口代理総領事
ゴッフェの仲介により官革間の停戦交渉が進行していることを
知り、これを「時局変転ノ一兆侯ニアラサルカトテ或ハ他ノ調
停ナクトモ両党間ニ相談纏マルヘキ望ミヲ有セラルヤニ解シ」⑤
ていたからであった。この時イギリスは既に中国政局に対する
イニシアチブを握り、清廷の名義の下に立憲政体を確立するた
め、袁世凱を通じ清朝の実権を掌握している摂政王の退位、停
戦の延長等の具体策を密かに推進していたのであった。故に、

①『日本外交文書』（辛亥革命）、383−84 頁。
② 同上書、384 頁。
③ 同上書、385 頁。
④ 同上書、389 頁。
⑤ 同上。

イギリスは日本の同盟国ながらも、日本がイギリスと共にこの
干渉に介入することを許そうとしなかった。

　十二月二日革命軍が長江の要衝南京を攻略した。これにより
官革の力関係にはまた変化が生じ、南北調停・妥協の気運が濃
くなった。内田外相は革命軍の南京攻略により南北「調停ノ好
機会自ラ其内ニ来ルコトアル」[①]と正確に判断し、四日駐日の
イギリス大使に日本の調停・干渉の必要性を申入れた。同日伊
集院公使もジョルダン公使に同様の意を伝えた。しかしジョル
ダンは「清国自身ニ於テ妥協ノ方法ヲ講スルコト望マシ」[②]と
して、日本の介入を再度拒否した。

　この時期袁世凱は日本に対し喜劇的な一幕を演じた。十二月
二日夕方袁は坂西利八郎中佐に来宅を求め、内密な話として「此
際日本人ノ手ヲ経テ革命軍側ノ重立チタル者等ノ意嚮ヲ聞キ合
セ進テ八日本人ヲシテ協商ノ任ニ当ラシ方ムル如キ法ニテモ講
スル途ナカルヘキカ」と尋ね、また財政困難の打開策として「何
カ名案ナカルヘキヤ」[③]と問いかけ、日本の協力と援助を期待
するような意を表明した。袁はまた坂西に「若シ公然ノ沙汰ト
シテ日本一国丈ケニテ居中調停ニ当リ得ルモノナラハ最モ妙案
トシテ希望スル」と語った。この時期袁世凱が既にイギリス側
の居中調停により密かに革命軍と停戦交渉をしていながら、ま
た日本にこのような依頼をした目的は、同日の南京の陥落に伴
う一時的画策であったが、袁から遠ざけられ官革の停戦交渉等
から排除されていた日本にとっては、袁のこのような斡旋依頼
は「福音」であった。伊集院公使はその翌日内田外相に「袁世
凱ノ依頼ニ応シ内密ニ確実ナル本邦人ヲシテ武昌ヲ初メ重ナル

---

　①『日本外交文書』(辛亥革命)、394頁。
　② 同上書、395頁。
　③ 明治44年12月3日、在清国伊集院公使より内田外相宛電報、第624号。防衛研
究所所蔵。

地方ニ於ケル革命団ノ首脳ニ就キ妥協上ノ意嚮ヲ探ラシムルコトトシテハ如何ナルヘキカ」と上申し、これにより「漸次袁世凱等ヲシテ深ク我ニ依頼セシムルコト得策ナルヘシト信」[①]じていた。この上申に対し、内田外相は四日伊集院に「帝国政府ニ於テハ出来得ル限リ居中調停ノ任ニ当リ以テ事局ヲ収ムルノ労ヲ執ルコトヲ辞セス」[②]と訓令した。だが内田外相は袁の依頼に疑問を抱き、「袁ニ於テ一面英国側ニ斡旋ヲ求メ置キナカラ我ニ対シテハ之ヲ以テ甚タ憂慮ニ堪ヘサル外国干渉ノ端緒ヲ啓キタルモノト告ツツ却テ我ニ調停ノ尽力ヲ請フカ如キハ如何ニモ平仄ノ合ハサル嫌アル」として、「今後各国間ノ離間中傷等漸々盛ナルニ至ルヘシト認メラルル折柄ニ付事実ノ真相ハ之ヲ確メ置クコト必要ナリ」[③]と指示した。これは確実な判断であり、的確な指示であった。だが内田には情報の伝達が遅れていたので、袁がイギリス公使に調停を依頼したのは事実であるか否かをも確認するよう伊集院に指示せざるを得なかった。

　内田外相は袁に対する不信感から前述のように疑問を抱きながらも、また袁に接近して彼をコントロールし、中国時局への干渉に乗出そうとした。内田外相は伊集院公使に、もし袁がイギリス側の斡旋をもってその真意に沿うものにあらず、是非とも日本側の手により公然と調停を遂げんと欲するにおいては「彼ニ於テ十分我ニ信頼スルノ誠意ヲ表彰スルコトヲ必要トス」[④]る前提条件の下に、袁に次のような具体的条件を提示す

　　① 明治44年12月3日、在清国伊集院公使より内田外相宛電報、第624号。防衛研究所所蔵。
　　② 明治44年12月4日、内田外相より在清国伊集院公使宛電報、第347号。防衛研究所所蔵。
　　③ 明治44年12月4日、内田外相より在清国伊集院公使宛電報、第347号。防衛研究所所蔵。
　　④ 明治44年12月4日、内田外相より在清国伊集院公使宛電報、第347号。防衛研究所所蔵。

るよう指示した①。

　　一　清国政府ニ於テ我ニ調停ノ尽力ヲ求ムルニ当リテハ
　　　　克ク我方針ヲ了解シ其態度ノ十分之ニ合致スルコトヲ必
　　　　要トス

　　二　清国政府ト革命軍トノ間ニ調停条項ノ成立スルニ至
　　　　リタルトキハ清国政府ニ於テハ必ス之ニ承認ヲ与ヘ以テ
　　　　我体面ヲ損スルカ如キ挙ニ出ルコトナキノ言明ヲ得ルコ
　　　　トヲ要スル

　　三　清国政府ニ於テ立憲ノ主義ヲ承認シ満廷専制ノ弊ヲ
　　　　去リテ大ニ漢人ノ地位ヲ尊重シ是迄発布セラレシ諸上諭
　　　　ノ如キモ誠実ニ之カ実行ヲ計リ

　　四　今回ノ変乱ニ干与セル官革双方ノ関係者ハ総テ其罪
　　　　ヲ問ハサルノミナラス将来永ク口実ヲ設ケテ之ヲ迫害ス
　　　　ルカ如キ措置ニ出ツルコトナキノ決意

　内田外相は伊集院公使に、以上の四つの条件を執行する決意
が袁にあるか否かを是非確認すると同時に、「清国政府ニ於テ我
ニ信頼スルノ決意確カナル上ハ」②財政的にも援助を与えるこ
とが出来る意を示すように指示した。

　以上のように、内田外相と伊集院公使は袁の斡旋依頼を受け
て、疑問を抱きながらも積極的に協力する態度を示したが、袁
はその後まもなくその申出を取消し、唐紹儀を調停の重任に当
らしめた。このことを知った内田外相は大いに憤激し、八日伊
集院公使に「貴官ノ申出方ノ当否ヲ論スルハ無益ニ属スト雖此
際特ニ貴官ノ御考慮ヲ促カシタキハ袁ノ我ニ対スル態度ヲ探求
スルノ一事ナリ」と指示し、袁に対し、もし「内実我ヲ疏外ス

---

　　① 明治 44 年 12 月 4 日、内田外相より在清国伊集院公使宛電報、第 347 号。防衛研
究所所蔵。
　　② 同上。

ルノ意ヲ有シ単ニ我ヲ利用シ若ハ我ヲ操縦セントスルモノナル
カ如キコトアルニ於テハ我ニ於テモ亦之ニ応スル覚悟ヲ要スル
義ナル」①ことを警告するよう訓令した。これは袁との交渉の
一時的決裂を意味した。

　上述したように、日本は袁の日本に対する信頼を獲得するた
めに外交的努力を尽しながら、またイギリスに日英の共同干渉
を呼びかけ、手を組んで列国を動かそうと試みたが、袁の権謀
術数的な行為とイギリスの日本排除の行動によって実現出来ず、
九日イギリス政府に対し「英国政府ニ於テ将サニ行ハレントス
ル官革代表ノ会合ノ結果ヲ待チ何分ノ措置ヲ執ルヲ得策ト思考
セラルルニ於テハ何等不測ノ事件ノ発生セサル限リ帝国政府ニ
於テ強テ之ニ対シ異存ヲ有スルモノニアラス」②と回答し、イ
ギリスの単独干渉に従わざるを得なかった。

　この時期の日本の外交行動は、中国情勢の急激な変化に伴い、
日本の辛亥革命に対する態度と政策に新しい変化があったこと
を示している。それは、（一）に従来の静観的態度から公然とし
た干渉に乗出そうとしたことであり、（二）に当初の満族を中心
とした清廷への全面的支援から清廷の名義上の統治の下に漢人
が政治をおこなう立憲君主制の支持へと方針を転換したことで
ある。この二点はその後の日本の辛亥革命への対応の上で注意
すべきことである。

四　南北和議と政体をめぐる対応

　日本がイギリスと共に立憲君主制を中国に強要しようとした
時、イギリスは既に袁の要請により密かに官革の停戦に介入し、

①『日本外交文書』（辛亥革命）、402 頁。
②『日本外交文書』（辛亥革命）、405 頁。

これを延長して南北平和会議（以下南北和議と略）に誘導し、
この会議を利用して中国政体の問題を決定しようとした。イギ
リスのこの外交方針は袁世凱の政治的欲望を実現するのに相応
しいものであった。故に、袁は終始イギリスに依存して、官革
停戦から南北和議へ、南北和議から政体問題へと画策を展開し、
最後に民国の大総統に就任した。本節では、日本とイギリスと
袁世凱の官革停戦・南北和議・政体問題への対応と、この問題
をめぐる三者間の外交関係を、南方の革命派の対応と比較しな
がら考究する。

　袁世凱とイギリスは、前の節で述べたように、まず停戦問題
をめぐって関係を結んだ。袁は内閣総理大臣に任命された時に、
腹心の一人である劉承恩を起用して湖北軍政府の都督黎元洪に
三通の書簡を出し、黎に平和的解決を呼びかけながら、一方で
はまた革命軍が占拠した漢口に反撃を始め、そこを陥落させた。
袁の軟硬両策により、黎らは袁を利用して彼の矛先を清朝に逆
さまに向けようとし、袁に対し好意的態度を示した。十一日劉
承恩と蔡廷幹が袁の書簡を持参して武昌に来て停戦問題を交渉
した。革命派はその前提として共和政体を主張し、劉・蔡は立
憲君主制を堅持し、双方は対立して停戦にまでは至らなかった
が、黎は袁に書簡を寄せ、清朝皇帝が退位する条件の下で、立
憲君主制も不可能ではないと述べた。黄興も袁に書簡を寄せ、
袁が清の皇帝を退位させるならば彼の命令に服従する用意があ
ることを表明した。袁はこの交渉と書簡を通じ、南方革命派の
自分に対する期待と態度を把握したので、南北交渉において有
利な軍事的地位を保つため、漢陽に対する反撃を開始し、十一
月二十七日これを陥落させ、引きつづき武昌を砲撃し始めた。

　官革停戦交渉に参加した蔡廷幹は十一月十六日北京で『ロン
ドン・タイムズ』の特派員モリソンに交渉の内容と袁の動向等

を具体的に紹介し①、イギリス側はその内幕を掌握した。二十
六日ジョルダン公使は袁と会見し、武漢における戦闘再開が漢
口居留のイギリス人に及ぼす脅威を訴えた②。ジョルダンはこ
の時期に停戦協約を締結しなければ、戦争は長期的な流血の事
態になると判断していた③。そうなれば、長江流域におけるイ
ギリスの権益と貿易が蒙る損害は巨大なものになるのであった。
袁はこの機を捉えてジョルダンに、南北双方が満足する条件に
基づき停戦協定を締結する意があることを示し、ジョルダソと
漢口駐在のイギリス代理総領事ゴッフェを通じて黎元洪にこの
意見を伝えるよう依頼した④。ジョルダンは当日ゴッフェに打
電して、非公式に口頭で即刻黎にこの意を申入れるよう指示し
た。ゴッフェは黎元洪に袁の意を伝え、二十七日には黎元洪の
十五日間の停戦・必要の場合にはさらに十五日間の延長・南北
全権代表の直接会談という三項目の意見をジョルダンと袁に伝
えた⑤。袁はこれを受入れることが出来ると述べた。ジョルダ
ンはこの機を利して、清朝軍が渡江して武昌を攻撃した場合、そ
れによる流血事件に対し責任を負うべきことを袁に警告した⑥。
袁はこの圧力により十二月一日第二軍団の総指揮馮国璋に武昌
攻撃停止の命令を発し、同時に漢口の黄道台にゴッフェ代理総
領事とまず三日間の停戦を手配するよう指示した⑦。こうして
ジョルダンとゴッフェが居中調停をおこなって、十二月二日に
三日間の停戦が実現した。この停戦協定にゴッフェが証人とし
てサインをし、グレー外相もこれらの行動に完全に賛成の意を

① 駱恵敏編『清末民初政情内幕』上、知識出版社、1986年、791−96頁参照。
② 胡浜訳『英国藍皮書有関辛亥革命資料選訳』上、中華書局、1984年、73頁。
③ 同上書下、484頁。
④ 同上書上、73−74頁。
⑤ 同上書上、96頁。
⑥ 同上書上、207頁。
⑦ 同上書上、103、105、207頁。

表した。

　その後袁はジョルダン公使・唐紹儀と共に長期的停戦協定を起草した。その内容は、停戦の十五日間延長、唐紹儀を袁側の代表として派遣し、黎元洪或いは他の代表と時局について協議をする等であった。袁は四日この内容を馮国璋に打電し[①]、ジョルダン公使も同日同様の電報をゴッフェ代理総領事に発し、彼に積極的な斡旋をするよう指示した[②]。この斡旋により、九日停戦がまた十五日間延長された。この停戦はその後南北和議につながって行った。この過程において、袁の権謀術数と南方におけるイギリスの権益保護をきずなとして、双方の関係が一層密接に結ばれたのである。イギリスはこうして官革停戦・南北和議における外交上のイニシアチブを掌握し、袁世凱と中国の時局を左右する基礎を固めたのである。

　イギリスとは対照的に、日本は中国の今後の時局を決定するこの重大な外交交渉からほぼ完全に除外されていた。内田外相は十一月二十八日付駐漢口の松村総領事の報告を受けて、袁の要請によりイギリス公使が調停の労をとっていることを知り、三十日朝第三艦隊川島司令長官の電信により停戦交渉がおこなわれていることを知って大いに驚愕した。内田外相は即刻伊集院公使に「今日此種重要事件ニ関シ在清英国公使ヨリ貴官ニ何等ノ打合ナキハ甚タ遺憾ノ次第」だと伝え、「至急同公使ニ会見シテ本件ノ消息ヲ内問セラレ且此種問題ニ付テハ今後日英両国常ニ協調ヲ維持スルノ肝要ナルコト」[③]を述べておくよう訓令した。しかし伊集院公使は依然として停戦交渉から排除され、それについての情報すら収集することが出来なかった。内田外

---

　① 胡浜訳『英国藍皮書有関辛亥革命資料選訳』上、中華書局、1984 年、133、208 頁。
　② 同上書、133 頁。
　③『日本外交文書』(辛亥革命)、387 頁。

相は十二月三日発の川島司令長官の電信により停戦協定が締結されることを知り、即刻伊集院公使にこの情況を伝え、袁に「此種事項ニ付テハ今後出先キ清国官憲ヨリ川島司令長官ニ打合」①をするよう要求することを訓令した。五日また伊集院公使に「袁世凱ハ最近在清英国公使ニ対シ時局ヲ救済センカ為ニハ摂政王ヲ廃位トナスノ必要益々明瞭トナレル」と打電し、一両日中に唐紹儀を南方に派遣してその地方の意向を確かめるようであるが、「貴官ニ於テ何等御聞込ノコトアラハ至急電報相成リタシ」②と要求した。これらの事実は、日本は上記のような重大事件に関与することが出来ず、袁とジョルダン公使も伊集院に何の情報も提供しなかったことを意味する。伊集院公使は「当地英国公使ノ本使ニ対スル態度ノ動モスレハ曖昧ニシテ」、「英国公使ニ於テ兎角ニ消極受身的ノ態度ヲ維持セルニ対シ本使ヨリ絶ヘス五月蠅迄ニ質問ニ出掛クルモ甚タ妙ナラス」③と内田外相に具申し、イギリス政府よりジョルダン公使に自分と十分意志の疎通を図るよう訓令してもらえるよう要請した。内田外相は対清外交において日本がこのような受動的状態から脱出するため、駐英の山座臨時代理大使を通じてイギリス政府に、駐北京のジョルダン公使を通じて清国政府に諸事につき隔意なく伊集院公使に相談し、意思疎通を図るよう伝えてほしいと要請した。

　内田外相と伊集院公使は中国の時局収拾においてイギリスの地位に追いつき、一日も早く同等の外交的地位を獲得するため絶え間なく努力した。十二月十二日伊集院は袁を訪問し、袁の「標榜セル君主立憲ノ主義ヲ援助シ此目的ヲ遂行シテ速ニ時局ヲ平定セシメムコトヲ希望」する意を伝えながら、摂政王退位

---

① 『日本外交文書』（辛亥革命）、390 頁。
② 同上書、393－94 頁。
③ 同上書、397 頁。

の如き重大なことに対し「上論ヲ発セラルル迄ハ事ノ真相ヲ承
知シ居ラサリシ位ニテ此点ニ付テハ政府ニ於テモ或ハ遺憾ニ思
ヒ居ル事ナルヘシト存ス」①と袁に不満の意を表した。袁は伊
集院に南北停戦等に対しイギリスに依存せざるを得なかった理
由を弁明し、日本側の了解を求めたが、それは弁明ではなく日
本に対する不信感を率直に述べたものであった。袁は「何分従
来ノ行懸上日本ニ対スル清国人ノ感情兎ニ角面白カラサル次第
ナルヲ以テ若シ此ノ際日本側ニ照会ヲ求ムルニ於テハ或ハ各方
面ニ故障ヲ生シ結局出来得ヘキコトモ出来サル破目トナリ且又
諸外国思惑モ如何ト気遣ハレタルヲ以テ……一先英国ヘ依頼ス
ルコトトナレル次第」②であると述べた。これは日露戦争以来
の日本の中国に対する侵略による中国人の反日的感情を表明し
たものであり、またイギリス等他の列強も中国に対する日本の
出兵・干渉を警戒し、それを阻止しようとした客観的外交情勢
を述べたものである。袁がこのように日本を排除してイギリス
を選択し、イギリスに依存しようとしたのは、袁が語ったよう
に偶然ではなく、日露戦争以来形成された日・英・清と日・英・
袁三者の二重的外交関係に起因するものであった。

　この時期における二重的外交関係とは一体どういうものだっ
たのであろうか。日・英両者の外交関係からいえば、両国は条
約による同盟国であり、極東と中国における植民地的権益を保
護する共通の目的とこの目的達成のための協調的関係を有して
いた。これは帝国主義国家の本質から出てくる共通の一側面で
あった。だが、両者はまた中国における勢力範囲と権益を拡大
しようとした。これにより両者は互いに争い、中国において争
奪し、それがため相手の行動を牽制しようとしたのであった。

①『日本外交文書』（辛亥革命）、406頁。
② 同上書、407頁。

これは別の一側面であるが、これも帝国主義の侵略的本質から
出てくるものである。南北停戦・和議及び政体問題に介入する
か否かの日・英の争いは、この一側面を端的に示したものであ
る。そしてこの問題における核心的な人物が袁世凱であったた
め、日・英はこの袁をめぐり争い始めたのである。だが、この
袁と日・英の関係も二重的であった。袁と日・英は、一面にお
いては、侵略と被侵略の問題に関して互いに対立的であったが、
他方では、日・英間の中国をめぐる争いにおいて中国に君臨し
ようとする袁を自分の手元に押えようとして、日・英は袁をめ
ぐって争いを始めた。この争いは侵略のためであった。袁はこ
の争いを利用してイギリスを選択し、イギリスに頼ろうとした。
それには前の節で述べたような袁・英の伝統的歴史的な関係の
他に以下の理由があった。（一）イギリスは欧洲の国際関係の緊
張化によりアジアを顧みる暇がないので、既得権益の保護に重
点を置き、その外交は相対的に防衛的な姿勢をとったのに対し、
日本は隣国として出兵・干渉を企み、攻撃的な外交の姿勢をとっ
たので、袁とイギリスは共に連携して日本を警戒し、その行動
を牽制しようとした。（二）日本は初めから清廷を支持し、その
後は立憲君主制により清廷を保護・保持しようとしたのに対し、
イギリスは相対的に保護・保持に消極的であったので、清廷に
対し政治的野望を抱いている袁にとってはイギリスが有利で
あった。（三）イギリスは日本の出兵・干渉の企みを牽制しよう
として袁を利用し、日本はイギリスと協調しながら袁を排除し
て対清外交における主導権を掌握しようとしたので、袁は必然
的に自分に有利なイギリスを選択し、それに頼ろうとした。こ
れはこの時期のこのような二重的外交関係により決定されたも
のであり、南北問題をめぐる伊集院とジョルダソ間の不調も、
伊集院が述べたようにジョルダンの「小心ニ過タル傾アル性格

ニ因由スル」①ものではなかった。このような二重的外交関係
から生ずる袁と日・英間の三者関係は一時的なものではなく、
この辛亥革命期に終始作用したものであった。故に、日本はそ
の後の南北和議と政体問題において終始受動的立場に陥り、外
交の主導権を失い、イギリスに服従せざるを得なかった。

　十二月上旬イギリスは南北和議開始を前に、袁世凱に借款を
提供しようとした。これはジョルダン公使が提案したもので、
袁はこの借款を利用して南北和議において南北を統一し、中国
に君臨することを期待していた。この借款をめぐるイギリスと
日本との外交からも、中国における両者の争いを窺うことが出
来る。イギリス外相グレーは十二月七日この企図をまず仏・独・
米三カ国駐在のイギリス大使に電訓し、十日にこの電訓の内容
を内田外相に伝えた。この借款に当り、イギリスは日本とロシ
アを排除し、仏・独・米との四ヵ国銀行団で独占しようとした。
これに積極的であったのは、辛亥革命勃発以来清朝援助に一番
積極的であったドイツであった。フランスもこれに同意した。
この借款は袁に対する政治借款であった。内田外相は十六日「斯
ル政治的借款ヨリ帝国政府ノ除外セラルハ不得策ニ付」②、こ
の借款に参加する意を表し、ロシアと連携してイギリス等四ヵ
国銀行団に対処しようとしてロシアの参加を勧誘した。ロシア
も参加に同意した。しかし日露両国が参加を求めた時に、イギ
リスは逆に「本件ヲ熱心ニ遂行スル考ナキ」③意を表した。こ
れには、南方革命派の反対と南方に大半の利権を持っているイ
ギリス財界の不賛成もあったが、日本の参加を好ましく思って
いなかったことも関係があった。これに対し内田外相は少額の

　　①『日本外交文書』(辛亥革命)、397 頁。
　　② 同上書、243 頁。
　　③ 同上書、244 頁。

借款でも提供するよう再度提案し、これにより対袁外交の仲間入りをしようとしたが、イギリスはこれに賛成しなかった。これによりこの借款は流産したが、これも袁をめぐる日本とイギリスの争いを示したものであった。

　十二月中旬から南北和議に関する準備が始まった。唐紹儀を団長とする北方代表一行は十二月十一日漢口に到着した。イギリスは初めから南北和議に対するイニシアチブを掌握した。南方の革命派は伍廷芳をその代表に選出し、上海で平和会議を開くことを要求した。この時、南方の革命派もイギリスの袁に対する影響力を感じ、伍廷芳は十一日駐上海のイギリス総領事フレーザーに書簡を送り、袁世凱が唐紹儀に対して上海に赴いて南方の代表と会談することを指示するようジョルダン公使に要請した[①]。この要請を受けたジョルダン公使は袁にこの旨を知らせ、袁は十二日唐に上海に赴くよう指示した。唐は十七日上海に到着し、イギリス人リットルの自宅に宿泊した。これはモリソンが手配したものであった。[②]

　南北和議に直面した内田外相は、この会議においてイギリスと同等の発言権を獲得するため、十五日伊集院公使にこの会議に対する日本の方針を袁に伝えるよう訓令した。その内容は次の通りである[③]。

　　一　「袁ノ共和政治ヲ排斥シテ君主立憲ヲ断行スヘシトノ
　　　　主張ハ全然帝国政府ノ賛同スル所ナリ」、「袁カ今後固
　　　　ク此主張ヲ保持シ其所説ヲ断行センコトヲ切望シ之
　　　　カ為何等我助力ヲ必要トスルコトアラハ帝国政府ニ
　　　　於テハ相等ノ援助ヲ与フルヲ辞セサル」。

　　①　胡浜訳、前掲書上、160頁。
　　②　駱恵敏編、前掲書上、813頁。
　　③　『日本外交文書』（辛亥革命）、411—12頁。

　二　「袁ニ於テハ常ニ日英両国特殊ノ関係ニ留意シ成ルヘ
　　　ク両国ニ対シ同時ニ諸事ヲ打明クル方得策ナルヘク
　　　帝国政府ニ於テモ亦袁ノ此ノ措置ニ出テンコトヲ望
　　　ミ居ル次第ナリ」。
　三　南北平和会議が不成功に終る時は「袁ニ於テハ能ク形
　　　勢ヲ達観シ列国中真ニ信頼スルニ足ルノ好意ト実力
　　　ヲ有スル国ヲ選ンテ先ツ之ニ調停ニ関スル協議ヲ遂
　　　ケ然ル後徐ロニ之ヲ列国ニ謀ルノ方針ヲ取ルコト最
　　　モ必要ナルヘシ」。

　この指示は日本が依然として立憲君主制を堅持し、このため
従来袁に反対した立場を改め、袁が立憲君主制を主張すれば袁
に援助を与えることを辞さない方針に転換し、これにより袁に
日・英に平等に対処するように要求したものである。この指示
において注目すべきことは、和議が不成功に終った時の対応策
を提示していることである。日本はどちらかといえば、和議の
失敗を期待していたといえる。それは和議はイギリスの居中調
停により準備・進行されたので、その失敗はイギリス外交の失
敗となり、これによりイギリスが受動的になった機に日本がそ
の外交的主導権を掌握しようとしたからであった。内田が述べ
た「真ニ信頼スルニ足ルノ好意ト実力ヲ有スル国」[1]とは、日
本を指したものであり、伊集院は袁に和議不成功後の方針を示
したのである。袁は「最後ハ各国ノ調停ヲ煩ス覚悟ナリ其ノ場
合ニハ先ツ第一ニ英国ノ意見ヲ求メ続イテ貴国ニモ御相談致ス
積リ」[2]だとの意見を述べ、その後に諸外国と相談すべきだと
答えた。これはイギリス優先主義であり、次に諸列強をも調停
に介入させようとするものであった。イギリスと同等の地位を

---

①『日本外交文書』（辛亥革命）、412頁。
② 同上書、408頁。

獲得しようとする日本としてはこれに賛成するはずがなかった。伊集院は袁に「如何ナル場合に於テモ貴国ヨリ調停ヲ望マルル際ニハ先ツ日英両国公使マテ之ヲ打明ケ直接他ノ諸外国ニ申出テラルルコトハ全然差控ヘラルル方可然」と要求し、「飽迄実着ノ態度ヲ以テ我政府ニ信頼シ我政府ヲ十分安心セシムル誠意ヲ表彰セラルルコト肝要ナリ」①と再三告げた。だが袁は表では伊集院の「所説ヲ首肯セルモノノ如ク見受ケラルルモ尚充分腑ニ落チサル様ノ態度ヲ」示し、伊集院も「袁世凱ニ於テ果シテ約ノ如ク実行スルヤ否ヤハ之ヲ従来ノ成行ニ鑑ミ聊カ疑ナキ能ハサル」②と考えていた。故に、内田外相は再度十五日に提示した三つの方針を袁に申入れるよう訓令した。十七日伊集院は袁に内田外相の十五日訓令の三つの方針を伝え、特に「貴国ニ於テ愈々調停ノ必要ヲ認ムルニ至リタル暁ニハ必ス先ツ之ヲ日英両国ニ議ルヲ得策トスル」③と勧告したが、袁は「自分ノ立場トシテハ既ニ英国ノ紹介ニ依リ事ノ端緒ヲ開キタル行懸トナリ居ルコトナレハ愈々講和不成立ノ後日英両国ニ之ヲ謀ラントスルニ方リ自分ヨリ英国ト同様ニ日本ニ之ヲ謀ルノ態度ニ出ルコトハ手続上聊カ妙ナラサルヤノ嫌ナキニアラサルヲ以テ寧ロ貴官ヨリ英国公使ニ打出サレテ何分ノ義ヲ纏メラレ之ヲ両国協同ニテ自分ニ告ケラルルコトトナシ呉ルルニ於テハ自分ハ必ス両公使ノ説ニ従ヒテ之ヲ行ヒ決シテ異議ヲ挟マサルヘシ」④と答え、依然としてイギリス優先主義をとることを表明した。同日伊集院はジョルダン公使に袁と会談した内容を伝え、彼の賛成を得ようと努力したが、ジョルダンは日本との協力を好まなかったため回答を避けた。

---

①『日本外交文書』（辛亥革命）、408-09 頁。
② 同上。
③ 同上書、421 頁。
④ 同上。

　南北和議を前に、ジョルダン公使は清朝存続を前提として南北双方を妥協させることは甚だ困難だと認め、十六日その解決案として、「此際孔子ノ子孫タル孔侯爵ヲ冊立シテ皇帝ト為サハ如何」[①]との意見を伊集院に提出した。伊集院は立憲君主制を強硬に主張する日本としては、満族の皇帝であろうと漢族の皇帝であろうと、皇帝を中心とした政体を確立するために、「之モ一案トシテ考量中ニ加ヘ置クコト亦無益ナラサルヘク夫ハ兎モ角右様ノ問題ハ是レ直ニ時局解決ノ基礎ノ関鍵タル要素トナルヘキモノナレハ随分重大ナル問題トシテ慎重ナル考究ヲ要ス」[②]と答え、この件を相談する意を表した。伊集院は十七日袁と会談した折にこの問題を提起したが、袁は「孔子ノ末孫ヲ皇帝ト為スノ説ニ対シテハ絶対的ニ之ヲ否認シ斯ノ如キ無謀ノ挙ハ到底一笑ニタモ値ヒセス」[③]と反対した。皇帝或いは大総統の夢を見ている袁が、このような案に反対するのは当然なことであった。袁と密接な関係を保っているジョルダンが袁にこの案を提示せず、伊集院が提出するようにしたのは、これによって袁にショックを与え、袁の日本に対する疑念を深めようとしたためであった。

　十五日駐北京の英・米・仏・独・露と日本の公使は「清国ニ於ケル目下争乱ノ継続ハ単ニ清国自身ノミナラス外国人ノ実質的利益及安定ニ対シテモ重大ナル影響ヲ来ス」故に、「成ルヘク速ニ現争乱ヲ終息セシムルニ足ルヘキ協商ヲ締結スル」[④]よう南北代表に要望する覚書を起草したが、これもジョルダン公使と米・仏・独三国の公使がまず相談し、その後伊集院公使の意見を聞いたのである。これは日本が米・仏・独の後に回された

①『日本外交文書』（辛亥革命）、419頁。
② 同上書、419－20頁。
③ 同上書、422頁。
④ 同上書、415頁。

ことを示すものである。この時期第三回日英同盟の条約改訂により英・米の関係が大いに改善され、英・米は徐々に連携して日・露に対抗しようとしていたのであった。伊集院はアメリカ等他の列強が介入するのを望まなかったが、このような情況ではそれに賛成せざるを得なかった。この覚書は二十日上海で南北代表に手渡され[1]、列強の南北和議に対する期待を表明したが、南方の革命派はこれを列強が南北双方を同等に見なすものだとして、南方革命派に対する承認だと考え、気勢を上げた[2]。

　十二月十八日南北和議が上海で開催された。第一回会議で休戦の延長問題について順調な交渉がおこなわれ、二十五日からまた一週間延長された[3]。二十日の第二回目の会議においては、政体問題が最大の争点になった。次に、政体問題についての南北代表の論争とこれをめぐる日本とイギリスの対応を検討することにする。南方代表伍廷芳は、和議において、中国には共和・民主を実施する条件が整っており、人民も共和を希望しているので、問題は大総統を選出することだけだと強調し、清皇帝の退位を主張した[4]。これに対し唐紹儀は「我ら北京から来たものは共和立憲に反対する意向はない」と表明し、袁世凱もこれに賛成しているが、その意を口に出すことが出来ないだけだと述べた[5]。唐のこの発言は彼と袁との間に何かの密約があったことを示す[6]。モリソンもこれについて、唐が袁の十分な賛同の下で表明したことにいささかの疑問もないと語った[7]。二十日モリソンは有吉上海総領事にも「唐紹儀ト袁世凱トノ間ニ密

①『申報』1911 年 12 月 21 日。
②『日本外交文書』（辛亥革命）、442 頁。
③ 中国史学会主編『辛亥革命』八、上海人民出版社、1957 年、71－74、82 頁。
④ 同上書、76－77 頁。
⑤ 同上書、77 頁。
⑥ 同上。
⑦ 駱恵敏編、前掲書上、815 頁。

約ノ存在スルアリ」と語り、外務省から派遣され二十一日上海に
到着した松井参事官も唐との数回の交渉を経て、「袁世凱ハ唐紹儀
ト内々初メヨリ黙契アリ其ノ意ヲ含マセテ唐紹儀ヲ当地ニ派シタ
ルニアラスヤトノ観察ハ当ヲ得タルモノナリト云フヘク」①と、
内田外相に上申した。このような分析は、袁の和議と政体問題へ
の対応とその後の彼の野望から見て、適切であったといえよう。
袁と唐のこの密約は、袁の和議と政体に対する態度を理解する
キーポイントである。この密約からすると、袁は唐を南方に派遣
する時、既に共和制に転換を始めていたが、これは共和制に賛成
したというより、寧ろそれを一手段として清朝皇帝に退位を強要
し、自分が中国に君臨しようとしたからであった。

　だが日本は終始立憲君主制を主張し、中国にこの体制を強要
しようとした。これにより日本はイギリス、袁世凱及び南方の
革命派と対立するようになり、和議遂行の最大の障害になった。
故に、この会議を遂行するには、まず日本を共和制賛成へ誘導
することが重要になった。これに真っ先に挑戦したのがモリソ
ンであった。二十日彼は有吉総領事に袁世凱を推奨して「時局
解決ノ最好手段ハ両媾和委員ヲシテ満洲皇室ヲ熱河ニ退却セシ
メテ共和政体ヲ樹立スルコトニ合致セシメ袁世凱ヲ大統領タラ
シムルコトト定メテ袁世凱ノ（脱語）確カムルニ在リ」②と述
べ、有吉を説得しようとした、彼はまた伍廷芳にも自己の意見
を説いた。この時モリソンは袁と革命派双方の要請により上海
に来て大いに活躍していたが、彼が北京を出発する折、袁は彼
に専用車輌を提供し、一将校を派遣して彼の保護に当らせ、彼
の南下を大いに喜び支援した③。それは袁が彼の上述のような

---

① 『日本外交文書』（辛亥革命）、456 頁。
② 同上書、435 頁。
③ 駱恵敏編、前掲書上、811 頁。

　主張と上海における彼の役割を良く了解していたからであった。上海では唐紹儀が高洲領事に右と同様の意を内談した。

　北京では二十日袁世凱が至急高尾通訳官に来訪を求め、「革命党ニ於テハ飽ク迄共和政体ヲ主張シ毫モ融通ノ意志ナキモノノ如シ……公然会議ノ場合ニハ彼我共ニ自説ヲ固執シ勢必ス決裂ニ至ルヘシ且ツ各国領事ノ外交方針既ニ変シ必スシモ君主立憲ヲ扶持スルノ意ナク毀棄セルモノト認ムルニ付速ニ内密ノ方策ヲ講セラレタシ」との唐紹儀からの来電を内示し、高尾に「日本国ニ於テ俄カニ方針ヲ変セラレ共和説ニ賛成ノ意ヲ表セラルルカ如キコト万無之ト信スルカ如何ヤ」①と尋ねた。これは日本の意見を尋ねたというより、寧ろ日本に共和制に賛成するよう要望し、各国のように立憲君主制の主張を放棄するよう勧告したものであった。だが伊集院公使はこれを「袁ニ於テハ我方ヨリノ好意的援助（立憲君主制に対する―筆者）ナルモノニ対シ幾分有形的ノ効果ヲ収メ得ヘキ望ミヲ有シ居ルヤノ模様」②だと受けとめ、内田外相に対応策を講ずるよう上申した。これは誤解であった。

　同日伊集院はすぐにジョルダン公使を訪れ、袁との会見の模様を伝え、立憲君主制に対する意向を打診した。ジョルダンはこの前に既に袁と会談し事情をよく知りながらも、「君主立憲云々ニ付テハ自分ニ於テ主張ヲ持ニ変更シタルカ如キコト無之」と軽く述べたが、その翌日伊集院に「満朝ヲ存続シテ妥協成立ヲ期スルコトハ殆ント望ナキカ如シ之ニ対シ如何ノ措置セハ可ナルヘキカ『モリソン』ノ説ノ如ク袁世凱ヲ大統領トシテ兎モ角一時ヲ収ムル案如何」③と自発的に提案して来た。ジョ

①『日本外交文書』（辛亥革命）、436 頁。
② 同上書、437 頁。
③ 同上書、437－39 頁。

ルダンは「共和制ノ到底鞏固ナル能ハサルコト」を述べながら
も「要ハ妥協不成ト共和国トノ二害悪内ニ就キ選択ヲ為ス外ナ
カルヘシ」①と語り、共和制を選択する意を表明した。これは
イギリスの在中国の植民地権益の四分の三が南方にあり、財界
と宗教団体がこの権益保護のため南方革命派を「支援」すべき
だと呼びかけていたため、イギリス政府としても革命派の共和
制の主張を重視せざるを得なかったからである。それ故ジョル
ダンは「南方ニ於ケル英国ノ貿易関係等を顧慮シ到底英国政府
ニ於テ圧迫ヲ加ヘテ迄君主立憲ヲ基トセル妥協ノ成立ヲ期スル
ノ決ナカルヘク」②として、圧迫・関与によって立憲君主制を
実現しようとする伊集院の主張に反対した。

　伊集院は依然として「満朝ヲ存続シテ君主立憲トナスヲ以テ最
良案ナリ」と強調しながら、ジョルダンとは対照的に「解決案ノ
遂行ヲ期スルニハ或ハ第三者ヨリシテ幾分ノ圧迫ヲ加フルコト
又タ免ルヘカラス或ハ之ニヨリ南方清国人ノ反感ヲ買フコトモ
アルヘシ乍去清国ヲ瓦解セシメ若クハ大混乱ヲ醸致セシメル因
ヲ作ル害悪ト之レヲ予防スルタメニ或ル程度ノ危機ヲ侵スノ害
悪トノ間ニ其ノ孰レヲ選択スルヘキカニ至リテハ事理自カラ明
瞭ナルモノアラン」③と述べ、干渉による立憲君主制の堅持を主
張し、共和制による解決を主張するジョルダンと対立した。

　　政体問題は日英双方の袁に対する政策と密接な関係があった。
日本は立憲君主制により袁を排除し、イギリスは共和制により
袁を大総統に推薦しようとした。そのため日・英双方は袁の大
総統問題をめぐってまた対立した。伊集院ら日本側は、袁は「全
国ニ亘リ一般ニ尊敬ト信倚トヲ払ハレ居ルモノトハ認ムルヲ得

---

①『日本外交文書』(辛亥革命)、437－39頁。
② 同上。
③ 同上。

ス南方二於テハ随分袁二対スル反感モアリトノ事実ハ掩フヘカ
ラサルニ因リ……袁ヲ大統領二戴キ果シテ長ク統治ヲ継続シ得
ヘキヤ之レ頗ル疑問ナリ」[①]として反対した。内田外相も二十
二日グレー外相に「袁ヲ大統領トシテ一時ヲ収メントスルノ方
案ハ其実行二於テ幾多ノ困難アル上決シテ清国二於ケル恒久ノ
平和ヲ保持スル所以ニアラスト思考セラル帝国政府ハ今尚君主
立憲ノ制度ヲ以テ清国ノ時局ヲ救済スルノ最良計ト認メ英国政
府カ之二同意シ該制度ヲ確立スル為十分尽力セラルル所アラン
コトヲ切望」[②]するよう申入れた。共和制と袁の大総統問題は
一つの問題の両面であるが、この時内田外相の袁に対する疑心
と反感はもっとも強かったといえよう。故に、内田外相は「仮
令共和政治ノ樹立ヲ見ルヲ得ルトスルモ袁二謳歌シ之ヲ大統領
二推挙スル迄ノ決心ヲナスヘキヤ否ヤ甚タ疑ハシ」[③]と述べた。
その理由として、（一）「袁二於テ其従来標榜セル所ヲ棄テ諸方
面ノ反感ヲ顧ミスシテ大統領ノ位二就クヲ承諾スルヤ否ヤ不
明」、（二）「満洲朝廷並二満人カ其袁ノ為二売ラレタルヲ忘レ袁
ノ皇位ヲ廃シテ自ラ大統領トナルヲ黙視スヘシトモ恩惟スルヲ
得ス」、（三）「革命軍ノ袁二対スル反感ハ極メテ劇甚ナルモノア
ル」[④]等を挙げた。これは日本の袁に対する従来の懸念と反対
の意を表示したものであった。

　この時日本の外交方針にまた一つの変化があった。従来日本
は日・英の協議・協調を主張し、両国間の意見が一致した後で
他の列国と協議する方針をイギリス側に提示していたが、日・
英の意見が真っ向から対立する情況の下で「日英ノ外二露米独

---

①『日本外交文書』（辛亥革命）、437－39頁。
② 同上書、441頁。
③ 同上。
④ 同上。

仏ヲ加ヘ是等六国間内議ヲ開クヘキノ時期既ニ到達セル」[1]と
の意をイギリス側に申入れ、他の四ヵ国の力を借りてイギリス
の行動を牽制しようとした。

　唐紹儀は平和会議における重要な人物の一人であった。二十
二日内田外相は立憲君主制を堅持するために有吉上海総領事を
通じ、松井参事官に「至急唐紹儀ニ面会シテ十分我主旨ノ在ル所
ヲ説明シ置ク」[2]よう指示した。松井参事官は同日まず唐を訪
れ、対唐工作を展開しようとしたが、唐は先に「革命党ノ共和
ヲ望ミ満廷ヲ廃スルノ意思頗ル鞏固ニシテ緩和ノ余地ナシ輿論
既ニ斯ノ如クナルニ於テ北京モ亦之ニ従フノ外他ニ解決ノ策ナ
キモノト認メサルヲ得ス」と断言し、「列国ノ力ヲ以テシテハ勿
論仮令一国ニテモ強ヒテ戦争ノ終結ヲナサシメントセハ能ク容
易ニ之ヲナシ得ヘキモ其結果大ニ憂慮スヘキモノアル」[3]と
語った。これは日本の干渉に対する警告であった。しかし松井
はその翌日また唐を訪れ、内田外相の訓令通り「帝国政府ハ立
憲君主擁護ノ為ニハ十分ニ袁ニ援助ヲ与フル積リナリ其何時如
何ナル援助ヲ与フルヤニ至リテハ袁ト臨時協議セラルヘキモノ
ナリ」[4]と述べ、袁に対する援助により立憲君主制を強要しよ
うとした。唐は松井の対袁援助を日本の出兵・干渉だと見なし、
「袁世凱ハ外国ノ兵力ニ拠ルコトヲ頼ミトシ居ルモ是レハ取リ
モ直サス満洲人ヲ助クルカ為ニ外国兵ヲ以テ清国人ヲ殺戮スル
ニ等シク甚タ不都合ニ付自分ヨリ委シク電報ニテ意見ヲ具シ借
兵ノ不当ナルコトヲ諌言シ置キタリ」と再警告し、「日本トシテ
モ外国ニ対シ其ノ政体迄モ指図スルハ実ニ謂レナシ……国民ノ
輿論共和トナレルニ際シ之ヲ無視シテ依然満洲朝廷ヲ援助セラ

①『日本外交文書』（辛亥革命）、437－39頁。
②　同上書、442頁。
③　同上書、440頁。
④　同上書、447頁。

レントスルハ自分ノ理解ニ苦シム所ナリ」[1]と日本を非難した。
松井の対唐工作は何の効果も挙げることが出来なかった。

　北京では袁世凱・伊集院・ジョルダンの三者が政体問題をめ
ぐって会談した。この会談において、まず袁が主導権を掌握し
た。二十二日袁は唐紹儀との間に交わされた電報三通を日・英
両公使に送付した。唐は電報で政体問題についての対立により
南北「談判破裂ニ終ル情勢ナル」ことを告げ、「速カニ国会ヲ開
キ君主民主問題ヲ議決」[2]するように述べた。国会での議決は
民主共和制を採択することであった。これに対し袁は返電で「共
和ハ最良政事タルコトノ電報ニ接シタルカ予モ嘗テ又之ヲ欣慕
シ研究シタルコトアリ只国人ノ習慣其ノ他困難甚タ多ク断シテ
一時ニ好ク緒ニ就ク所ニアラス」[3]と告げ、この意を事前に日・
英公使に印象づけようとした。袁は日・英公使に同道来駕する
よう希望し、イギリス公使と共に日本公使を説得しようとした
が、伊集院は別々に会談することを希望した。

　袁との会談に先立ち伊集院公使はジョルダン公使を訪れ、双
方の意見を調整しようとした。ジョルダンは「何レニモセヨ要
ハ清国保全ト永久ノ治安トヲ確保スルニ適フヘキ解決ヲ希望ス
ル次第ナリ」[4]と述ベイギリスの態度に変化があることを示唆
した。イギリスは立憲君主制或いは共和制にかかわりなく、強
大な統一政権を樹立し、中国における列強の権益と貿易が保障
されることを重視していた。伊集院は初めてこの変化を感じ、
その変化を阻もうとしてジョルダンに「共和制ノ到底永ク鞏固
ナル能ハスシテ或ハ間モナク大混乱ヲ醸ス可キ大危険ニ伴フ」
と繰返し説明し、日本独自の立場から「元来日本ハ本問題ニ関

①『日本外交文書』（辛亥革命）、447頁。
② 同上書、442－43頁。
③ 同上書、442頁。
④ 同上書、444頁。

シ他諸列国トハ異ナリ独特ノ関係ヲ有スル地位ニ立チ清国ニ於
テ共和制ノ実現延イテハ大混乱ヲ醸スカ如キ独リ実質上之ニ依
リ多大ノ影響乃至損害ヲ被ル可キノミナラス又我思想界ニモ至
大ノ影響ヲ及ホス如キコト万ナキヲ保セス」[①]と述べた。これ
は日本がなぜ強硬に立憲君主制を主張するかの政治的・思想的
理由を吐露したものであった。イギリスが政体問題において植
民地権益保護という現実的な態度をとったのに対し、日本はイ
デオロギー的であり、観念的な態度をとっていたのである。伊
集院はジョルダンに、政体問題と日本のこの独特の立場を了解
するよう特に切望した。伊集院はまた、中国人が自制を知らず、
共和制実現後利権回収熱或いは排外思想に発展する恐れを指摘
し、「尠クトモ或圧迫ヲ加フルヨリ他ニ道ナカルヘシ」[②]と提言
し、日・英が共同して関与する意見を率直に表明したが、ジョ
ルダンは「唯タ圧力ヲ加フルノ途ナキヲ如何ト再ビ繰返シ且本
問題ハ既ニ自分（英国公使）ノ頭脳トカノ及ハサル所」[③]なり
と述べ、これを拒否した。

　二十二日袁はまずジョルダン公使と会談したが、ジョルダン
は「君主立憲ノ主義ヲ援助スヘシトノ義ニ付テハ未タ本国政府
ヨリ何等明白ナル訓令ニ接シ居ラス」と述べ、立憲君主制を支
持しない意を表した。袁はこれを「英国公使ノ方針カ既ニ変更
セル」[④]と受けとめた。ジョルダンの表明は公然たる干渉を避
けるためだったが、袁の判断は正確であり、袁に対しては「勝
手ニセヨト言ハン許リノ始末」[⑤]であった。

　袁は上述のようにジョルダン公使の態度を確認した後に、伊

　①『日本外交文書』（辛亥革命）、444頁。
　②同上書、445頁。
　③同上。
　④同上書、450頁。
　⑤同上書、451頁。

集院公使と会談した。会談において袁はジョルダン公使の態度が変更されたことを述べながら、繰返し日本の立憲君主主義に変更なきかを尋ねた。袁は日本がイギリスと同様の態度に出たら、自分は「大任ヲ退クノ外ナシ」[1]と語ったが、これは真意ではなく、日本の態度を確かめようとしたものであった。袁は唐紹儀が提出した国会による議決案を紹介し、「之又一策タルニハ相違ナシ」[2]と述べた。袁は口先では立憲君主制を叫びながら、本心では共和制の採用により清皇帝を廃し、自分が中国に君臨する夢を見ていたのであった。これに対し伊集院も鈍感ではなかった。彼は内田外相に「袁モ窮迫ノ余彼ノ性行ニ照ラシ従来ノ態度一変シテ如何ナル挙ニ出ツヘキヤト保証シ難シ」と上申し、「此ノ上ハ我方ノ態度ヲ明カニシ具体的案ヲ示シ袁ヲシテ十分我ニ信頼セシムルノ手段ニ出」[3]るように要望した。伊集院は立憲君主制から共和制への転換を示唆し、これによって袁の信頼を得ようとしたのであった。

　北京・上海における情勢が激変した二十二日、内田外相は中国の政体問題を閣議に上程し、政府の方針転換を問わざるを得なくなった。原敬内相は閣議の模様を次のように日記に記述している[4]。

　　　閣議、内田外相より清国事件を報告し、英国は君主立憲の勧告を捨て共和政治となるも清人の自由に任かすべき内意を申越したり、依て一応君主立憲の前説を英国政府に申込ましめ夫れが行はれざるときは日本に於て英国に同意すべしと云ふに付、余は君主立憲は最良の政体なりとするも、時局を解決するには最良の方法にあらず、何となれ

----

① 『日本外交文書』（辛亥革命）、451 頁。
② 同上。
③ 同上書、452 頁。
④ 原奎一郎編『原敬日記』第 3 巻、福村出版、1981 年、198－99 頁。

　　ば君主立憲は革命党の同意せざる所にて、上海に於ける談
　　判は不調に終るの外なければなり、故に一応英国に申込む
　　事に強て異議なきも、此主義は之を放棄するを得策とすと
　　述べ、石本陸相始め閣僚異議なく之に決せり。

　これは閣議が立憲君主制による中国時局収拾方針を放棄し、
イギリスと歩調を合せるように決定したことを意味する。だが
日本の外交政策決定においては、日本独特の元老の発言権が強
かった。閣議決定には元老の再審査と批准が必要であったので、
二十四日元老会議が開かれ、中国問題が上程された。内田外相
は日記に次のように記している[1]。

　　　九時桂公を三田に訪ひ清国事件を談ず。午後二時半西園
　　寺侯を訪ひ、桂公と会見始末報告。三時元老会議を開く、
　　六時散会。山県公、桂公、大山公、松方侯、西園寺侯、山
　　本伯、斎藤海相、石本陸相来会。井上侯不参。

　元老会議は立憲君主制放棄の内閣決定を否認した。これは日
本で最後まで立憲君主制を主張したのが元老らであったことを
示す。会議直後内田外相は伊集院に元老会議の結果として日本
の立憲君主制支持に変更なきことを通告すると共に、「此際直ニ
英国ト協議ヲ進メ其ノ結果ヲ待チ更ニ何分ノ義申進スヘキニ付
夫迄ハ袁ニ於テ従来ノ態度ヲ維持シ局面ノ破裂ヲ防カンコト切
望ニ堪ヘサル」[2]旨を袁に伝えるよう訓令した。二十二日の閣
議の決定に背く内田外相のこの訓令の裏には、元老、特に山県
有朋の強い圧力があったと考えられる。故にこの時閣僚の中か
ら、元老の容喙に対する強い不満の声が出ていた。

　だが、この訓令が到着する前に、北京では元老会議と並行し

---

　　① 内田康哉伝記編纂委員会・鹿島平和研究所編『内田康哉』鹿島研究所出版会、1969
年、170頁。
　　②『日本外交文書』（辛亥革命）、455頁。

て慶親王と袁世凱が日・英両公使に国会において政体を決定する案を提示していた。二十二日午後慶親王と袁はまずジョルダン公使と会見し、国会での議決による政体解決案を唐紹儀に電訓する意を内示し、彼の意見を尋ねた。ジョルダンは「此際官革妥協商議ヲ進ムル道他ニナシトセハ右ノ電訓ヲ発セラルルコトニ対シ異議ナシ」[1]と答えた。ジョルダン公使の態度を確認した両者は、その後伊集院に同様の意見を表明し、袁は「英国公使モ之ヲ賛成セラレ……貴官ノ賛成ヲ得ハ直チニ発電スル積ナリ」[2]とイギリスの力を借りて伊集院を責めた。伊集院は「是非帝国政府ヨリ本官ヘノ御回訓ヲ俟テ今後ノ方針ヲ定メラルルコトニ決心セラレ唐紹儀ヘ国会案ヲ以テ妥弁ノコトハ一両日見合サレンコトヲ希望ス」[3]と切望した。慶親王と袁はこの意を了解したようであったが、伊集院が帰った後、また高尾通訳官の来訪を求め、一両日中に必ず政府よりの回訓に接し得べきか否かを確かめ、不安の意を表した。袁が日本に期待しているのは、立憲君主制の放棄と国会の議決による共和制に対する賛成であった。袁がこのように日本に迫ったのは、日本の賛成なしに国会の議決案の電報を発した場合、日本が武力干渉するのを恐れていたからであった。唐紹儀が二十四日袁と伊集院との会談の来電を受けた直後に松井参事官の来訪を求め、伊集院「公使ノ説ノ如クナレハ明カニ兵力使用ヲ意味シ実ニ容易ナラサル問題ナリ」[4]と語ったのは、このことを証明する。これは誤解であり、伊集院の強硬な姿勢の裏には軍事力のインパクトはなかった。

　このような緊迫した情勢の下で、内田外相は南方の革命派に

---

①『日本外交文書』（辛亥革命）、459 頁。
② 同上書、461 頁。
③ 同上。
④ 同上書、455 頁。

対する工作を重視し、圧力或いは説得により彼らに共和制の主張
を放棄させ、立憲君主制に賛成させようとした。二十五日内田外
相はイギリス大使マクドナルドに唐紹儀への電訓案に反対する
意を表明し、「今一応ノ処置トシテ例ヘハ革命軍ニ対シ詳細ニ利
害ヲ説キ結局立憲君主制ヲ採用シ事局ヲ収拾スルノ最得策ナル
コトヲ説示シ此基礎ニ依リ官革ノ協商ヲ為スヘキ旨ヲ勧告スル
カ如キ措置ヲ執ルコト適当トナスヘキヤニ思考ス若シ英国政府
ニシテ此意見ニ同意セラルルニ於テハ他ノ四国ニ対シテ協同ヲ
勧誘シ成ルヘク六強国ヨリ無形上ノ圧迫ヲ加ヘ以テ事局解決ノ
途ヲ開クコト可然」①と提案し、早速この趣旨を本国政府に伝え
るよう要望した。内田外相は同日伊集院に革命派有力者に対する
説得工作のため一、二の人員を上海に派遣することを告げ、この
意を袁のみに内報するよう訓令した。上海では有吉総領事と松井
参事官が革命派への工作に当っていたが効果は挙がらず、逆に日
本が袁を援助するとの情報が外部に洩れ、革命派は「有吉総領事又
ハ館員ニ対シ日本国ヨリ干渉セサル様切ニ希望ス」②と申入れた。

　前述のように、この時期日本は干渉・圧力等をイギリスに提
案していたため、世間には日・英出兵の噂が流れていた。イギ
リスは終始日本のこの提案に反対し、二十五日単独で「日英両
国ハ必要ナレハ兵力ニ依リテ迄モ清国ニ於ケル君主政体ヲ支持
セントノ目的ヲ以テ協同動作ヲ為シツツアリトノ報道ハ事実ニ
アラス英国政府ハ他ノ諸国ト共同ノ行動ヲ執リツツアルモ其努
ムル所ハ清国カ人民ノ賛同ヲ基礎トセル有効ナル政体ヲ樹立ス
ルニ援助ヲ与フルニアリ」③との政府声明を発表し、公然と干
渉に反対する立場を表明した。これは日本にとり大きなショッ

---

　　①『日本外交文書』(辛亥革命)、458−59頁。
　　② 同上書、457頁。
　　③ 明治44年12月25日、在英国山座臨時代理大使より内田外相宛電報、第261号。
外交史料館所蔵。

クであった。翌日山座臨時代理大使は「英国政府ヲシテ時局ノ
為メ有効ナル積極的手段ヲ採ルコトニ同意セシムル事ハ殆ント
望ナ」①しと内田外相に上申した。

　北京では二十六日午前袁が蔡廷幹を伊集院の下に派遣し、同
日午後五時までに日本政府の回訓なき時には国会議決案を唐紹
儀に電報で訓令する意を伝えた。これは最後通牒のようなもの
であった。伊集院公使はまずイギリス公使を訪れ、他の列強の
協力を得て袁の行動を牽制しようとし、ジョルダンに「若シ今
一歩ヲ進メ六国協調ヲ形成シ確然君主立憲ヲ基礎トスル妥協ヲ
以テ最良ノ解決案ナリト声明シ是非共此基礎ニ依リ妥協スヘキ
旨断乎タル勧告ニ及フニ於テハ設令実力的圧迫ヲ加ヘストモ其
ノ効果アルヘシト信ス」②と進言した。これに対しジョルダン
公使は「南方各地ニ於ケル外人ノ危害問題ヲ基礎トシ圧迫ノ措
置ヲ執ルコトノ容易ナラサルヲ繰返シ」③た。

　イギリスと共同で干渉をおこなう可能性がないことを知った
伊集院は、午後五時袁を訪れ、内田外相の二十四日の訓令を伝
えると同時に「国会案ノ訓令発電方ハ是非共見合ハスヘキ」④旨
を極力勧告した。だが袁は日本の反対にもかかわらず唐紹儀に
この電報を発する意を強く表明した。この時伊集院は初めて袁
と唐との間に政体問題に関してあらかじめ黙契があったことに
気づき、もしそうであれば「袁総理ノ真意ヲ明白ニ承知セサル
以上ハ軽卒ニ具体的援助ヲ確定シ難シ」⑤と袁に圧力を加えた。
袁は逆に「時局困難ノ極点達セル今日当ニ援助ヲ与ヘラルヘキ

---

　①　明治 44 年 12 月 26 日、在英国山座臨時代理大使より内田外相宛電報、第 265 号。
外交史料館所蔵。
　②『日本外交文書』（辛亥革命）、470 頁。
　③　同上。
　④　同上書、468 頁。
　⑤　同上書、474 頁。

時機ニ於テ尚且主義方針ノミヲ繰返ヘサレ何等実際ノ援助ヲ与ヘラルヘキ機会ニ到達セストス云フニ至リテハ自分モ聊カ意外ニ感スル所ナリ」①と述べ、公然と日本に対する不満と失望を吐露した。袁が日本に期待する援助は国会議決による共和制への支持であったが、伊集院は袁に「帝国政府ノ希望トシテハ断シテ賛成致難キコト」を言明し、「該訓令発電ノ結果生スヘキ今後ノ事態ニ付テハ全然貴官ノ責任タル」②と警告し、強硬な姿勢を示した。

　しかし内田外相と伊集院公使が立憲君主制の堅持のためイギリスと袁世凱、革命派に働きかけた外交努力は、何らの成果をも収めることが出来ず、逆に日本に対する疑心を深め警戒心を高めた。政体問題をめぐって日本は孤立状態に陥った。

　このような情況に至り、日本政府は中国政体問題に対する方針を変更せざるを得なくなった。二十六日、内田外相は伊集院に「帝国政府ニ於テ独リ立憲君主ノ主義ヲ擁護スヘキ理由ナキニ至リタル」③と告げ、日本は今後その成行きに委ねざるを得ない旨袁に伝言するよう訓令した。この訓令は元老会議を経て、同日の閣議で決定されたものであった。このことについて内相原敬は同日の日記に次のように記している④。

　　　閣議に出席せり、内田より清国情況を報告し、又西園寺より元老を集めて相談せりとて、其結果飽まで英国と協同し英国が清国共和となるも干渉せざる方針なるにより之に同意する事となし、伊集院に其旨訓令する事とせり。

　今回は前回と異なり、元老会議が先に決定し、その決定に沿って閣議であらためて決定したが、ここからも辛亥革命期

①『日本外交文書』（辛亥革命）、475頁。
②　同上書、469頁。
③　同上書、468頁。
④　原奎一郎編、前掲書第3巻、207頁。

の外交政策決定においての元老の強い発言権を再度窺うことが出来る。

　二十七日内田外相は閣議の決定を駐英山座臨時代理大使に打電し、「暫ク事態ノ発展ヲ観望スルコトトナシタル」①旨をグレー外相に申入れるよう指示した。同日イギリス外務省も外務大臣の意見として山座臨時代理大使に「両国政府ハ革命党ニセヨ袁世凱ニセヨ孰レノ一方ナリトモ承諾ノ意ナキ解決案ヲ強制スル如キ手段ニ引込マレサル様注意ヲ要ス従テ両国政府ノ行動ハ是迄通mediationニ止メ同時ニ両国ノ希望ハ清国人民ノ希望ヲ代表スル一改釐固ノ政府ノ樹立セラルルニアル事ヲ明白ナラシムルニアリ」と伝え、「聊カニテモ圧迫ラシキ行動ヲ執ルハ縦令列国ノ協同ヲ以テスルモ其以前ニ充分考量セラルヘキ重大ノ冒険事ナリ」②と述べた。これは日本が提案した六ヵ国共同の干渉に対する警告でもあった。

　この折に伊集院が信頼していた袁内閣の民政大臣趙秉鈞は日本側の説得に乗出した。趙は二十七日高尾を通じて「目下ノ雲行ニテハ君主立憲ノ遂行ハ到底不可能ニシテ結局ハ共和国政府ヲ樹立スルノ外ナシ」③と伊集院に伝え、明日皇族が参加した閣議で最終決定かおこなわれることを内報した。

　二十八日に政体の決定を国民会議の議決に付す旨の上諭が発せられ、二十九日に上海の南北代表も「開国民会議、解決国体問題、従多数取決。決定之後、両方均須依従」④等四ヵ条を決定した。三〇、三十一日双方代表は国民会議召集の具体的問題を検討した。伍廷芳は一九一二年一月八日に上海で開くよう提

---

①　明治44年12月27日、内田外相より在英国山座臨時代理大使宛電報、第241号。外交史料館所蔵。
②　『日本外交文書』（辛亥革命）、479頁。
③　同上書、478頁。
④　中国史学会主編、前掲書八、84頁。

案し、唐はこの意を袁に伝えてその回答を求めることを引受けた[①]。しかし袁は唐に「調印済ノ条項ハ承認シ難シ」[②]と返電し、唐はこれに対する反発として袁に辞職を申入れ、袁もそれを認めた[③]。これにより南北和議は一時「決裂」したかのようになった。イギリスは一貫して和議の成功を期待していたが、この「決裂」によりジョルダン公使は袁に「妥協問題ノ成行ヲ無視シテ再ヒ戦闘開始セラルルトキハ袁ノ責任ハ非常ニ重大ナルヲ免カレス之ニ関シテハ袁ニ於テ須ラク世界ヲシテ協商断絶ノ不当ナラサルヲ認メシムルニ足ル丈ノ用意アルヲ要ス」[④]と警告した。日本はこの決裂を歓迎したと思われる。だがこの「決裂」は決裂というより南北和議の一時的休会であり、袁はその後電報などで引きつづき協議することを革命派に約した。

　今回の南北和議の焦点であった政体問題について、国民会議での議決により決定することで一致し、中国の時局は一段階を画した。この和議をめぐって袁は国民会議による政体決定を清廷に承認させることに成功し、皇帝を廃位して自分が大総統になる地均しをした。イギリスは終始和議のイニシアチブを握り、南北双方からの好評を博して、辛亥革命において有利な外交的地位を築きあげた。日本は袁の真意を把握することが出来ず、逆に袁に翻弄され、強硬に立憲君主制を主張し、日本・イギリス等列強の圧力と干渉により和議に対するイニシアチブを握って目的を達しようとしたが、イギリスの支持を得ることが出来ず、その対中国外交は一時挫折せざるを得なかった。日本はイギリスとの協調により立憲君主制を中国に強要しようとしたが、

① 中国史学会主編、前掲書八、95 頁。
②『日本外交文書』(辛亥革命)、486 頁。
③ 中国史学会主編、前掲書八、108 頁。
④ 明治 45 年 1 月 2 日、在清国伊集院公使より内田外相宛電報、第 768 号。防衛研究所所蔵。

イギリスの協調の名目による牽制により所期の目的を達成することが出来なかった。

五　日本の民間・世論・帝国議会の反応

中国は日本の近隣であり、諸方面における日本との関係がもっとも深い国であり、それに辛亥革命は中国二〇〇〇年の歴史において最大の社会変革であった。故に、日本政府・軍部だけではなく、民間・世論と帝国議会もこれに関心を寄せた。本節では、辛亥革命に対し日本の民間人と世論及び帝国議会はどう反応し、またそれにどう対応し、政府・外務省及び軍部とどういう共通点と相違点があり、それが政府・外務省・軍部の対清政策決定にどの程度の影響力を及ぼしたかを考究する。

まず大陸浪人を中心とした民間人の反応と対応を考究する。辛亥革命には多数の日本の民間人と大陸浪人が関与していた。これは日本と中国の関係の特異な現象であり、他の列強にはあまり見られないことである。これは中国の革命運動がその初期から日本を根拠地に利用し、日本の民間人と大陸浪人の協力と支援を受けていたからである。孫文は辛亥革命に対する各国の対応を分析した時に、日本政府は革命に反対するが、民間は同情すると語った。民間とは民間人と大陸浪人とを指すものであった。では、民間人と大陸浪人の行動とその思想とはどのような関係であり、彼らの行動をどう評価すべきであろうか。

武昌蜂起勃発後、大陸浪人らは武昌に殺到し、直接対官軍の戦闘に参加して蜂起軍を支援した。大陸浪人らは統一された組織に属してはおらず、各々が所属している団体から派遣された。最初に武昌に到着したのは東亜同文会から派遣された大原武慶であった。大原は元陸軍中佐で、一八九七年から五年間、張之

洞の新軍の武備学堂において軍事教育に従事し、武漢地域に日
本の勢力を扶植するために大いに活躍した。大原は蜂起後一週
間目に原二吉を帯同して武昌に乗込んで、黎元洪都督の師とし
て大変な歓迎を受けた。彼は軍政府の付近に事務所を設け、蜂
起軍の幕僚として活躍した[①]。

　次に乗込んだのは末永節であった。蜂起勃発の時、彼は大連
にいたが、吉田・川村らを引連れて十月二十七日武昌に到着し
た。その翌日黄興が武昌に到着し、漢口の前線で戦闘を指揮し
た時、末永は軍隊生活の経験がある斎藤・石川らを督励して蜂
起軍に協力した[②]。その後末永は漢口の外国祖界で軍政府の外
交活動に協力した[③]。

　黒竜会の内田良平は、十月十七日上海の宋教仁から「革命軍
を交戦団体と認むるやう、貴国当局者へ交渉尽力を請ふ」[④]と
の電報を受取った後、北輝次郎（一輝）・清藤幸七郎・葛生能久
らを次々と中国に派遣し、蜂起軍と連絡をとりながら革命情勢
について情報を収集した。

　大陸浪人らがこのように辛亥革命にかかわるようになったの
は、過去の伝統的関係による自然的・自発的なものであったが、
南方の革命派の要請によるものが多かった。革命勃発後、香港
から武昌に急行中の黄興は船中から萱野長知に打電して武昌蜂
起のことを告げ、「爆薬を出来る丈け多量に購入して武昌に帯来
せよ」[⑤]と要望した。萱野は水野梅尭らと相談して注文の爆薬
を秘密裏に手に入れ、荷造りをすると、梅屋庄吉から七万円の

---

　① 黒竜会編『東亜先覚志士記伝』中、原書房、1966 年、403 頁。萱野長知『中華民国革命秘笈』帝国地方行政学会、昭和 15 年、155、170 頁。
　② 黒竜会編、前掲書中、403−04 頁。
　③ 萱野長知、前掲書、155 頁。
　④ 小川平吉文書研究会編『小川平吉関係文書』2、みすず書房、1973 年、397 頁。
　⑤ 萱野長知、前掲書、148 頁。

資金と旅費をもらい[1]、金子克己・布施茂・三原千尋・亀井祥晃・岩田愛之助・加納清蔵・大松源蔵らを召集して中国に渡り、漢陽の軍政府戦時総司令部に到着して、総司令官黄興と共に漢陽方面の戦闘に参加した[2]。萱野一行は上海駐在の本庄繁少佐の好意的協力と軍事的指導を受けた[3]。これは軍部の出先機関が大陸浪人の行動を支持していたことを示す。

　陸軍の現役軍人も革命軍の戦闘に参加した。歩兵大尉野中保教・工兵軍曹斎藤慶次郎・歩兵大尉金子新太郎・歩兵中尉甲斐靖らは漢陽前線で転戦した。張彪の元軍事顧問寺西中佐もこの時駐在武官として革命軍を支援した。

　漢陽の攻防戦は激戦であったため、金子新太郎大尉と石間徳次郎が戦死し、甲斐靖中尉が負傷した。

　漢陽戦線では大陸浪人と共に日本の大新聞社の特派員数名が取材していた。『大阪毎日新聞』特派員小山剣南は「革命軍奮戦大勝す」等の記事を日本に送り、革命軍の戦況を日本に伝えた。

　当時映画事業に従事していた梅屋庄吉は、自分の映画会社—Mパテー商会の撮影技師荻屋堅蔵を中国に派遣し、漢陽・漢口で革命軍兵士が敵と戦う場面等を撮影させた。これは革命の歴史を記録する貴重な映画で、現在中国と欧米で使用されている辛亥革命のフイルムは荻屋が撮影したものと見られる。

　日本の民間人はまた革命軍に軍資金を提供した。例えば、梅屋庄吉は一九一一年十月末までに十一万六〇〇〇円を、同年十一月七日には十七万円を革命軍に寄付した[4]。梅屋は革命軍の要望に応じ、東京で二五〇万元の軍票を印刷して中国に送った。

① 車田譲治『国父孫文と梅屋庄吉』六興出版、1975年、224頁。
② 萱野長知、前掲書、148－49頁。
③ 同上書、150頁。
④ 梅屋庄吉「永代日記」、「梅屋庄吉文書」。小坂哲瑯・主和子所蔵。

中国の新聞もこのことを国内で報道した①。

　日本国内では民間人や大陸浪人らが集会を開き、蜂起軍を支援する活動を展開した。十月十七日頭山満・内田良平ら二〇〇余名が東京日比谷公園の松本楼で浪人会の大会を開き、「隣邦支那の擾乱は亜洲全面の安危に関す、吾人同志は之れを時勢の推移に艦み、之れを人心の向背に察し、最も慎重に其の手を措く所を慮り、一去一就苟もせず、我国をして厳正中立、大局の砥柱となり、以て内外支持の機宜を誤らざらしめん事を期す」②との決議を採択し、政府に中国革命に対し厳正中立の態度をとるよう申入れた。その翌日内田は外務省政務局長倉知鉄吉に蜂起軍に対し好意的態度をとるよう要望し、清朝を庇護して漢人の反感を招き将来商工業への打撃なからんことを欲すると勧告した③。時あたかも、東京市における衆議院補欠選挙があった。同大会は「吾々同志より対清問題に定見ある人物を議政府に送るは、吾人の義務ならずや」として『万朝報』の記者古島一雄を候補者に立て、彼らの意見と主張を政界に訴えようとした④。

　内田良平らは政府・軍部・財界に、清朝に対する援助を中止し、蜂起軍を支援するよう働きかけた。内田は朝鮮併合に際し朝鮮の一進会を利用して大活躍をしたので、桂太郎・寺内正毅の信頼を得ていた。内田は桂・寺内→山県→西園寺首相のルートを通じて日本政府の蜂起軍への援助を実現しようとして、杉山茂丸を通じて山県と桂にこの意を訴え、次に朝鮮に渡り寺内総督と明石元二郎憲兵司令官に蜂起軍支持を説いた⑤。内田はまた朝鮮に渡る途中の十月二十六日、三井の益田孝に書簡を寄せ、

　①『申報』1911 年 10 月 18 日。
　②『日本及日本人』1911 年 11 月号、10 頁。
　③『東京日日新聞』明治 44 年 10 月 20 日。
　④『東京朝日新聞』明治 44 年 10 月 19 日。
　⑤ 黒竜会編、前掲書中、439—40 頁。

三井・大倉・高田三家による清朝への武器供給の中止を要請し、革命軍に対する援助を希望した。益田はこの書簡を披見した後、井上馨に内田のこの意を伝え、その賛成を得て桂と共に西園寺首相に働きかけた[1]。同時に内田は宮崎滔天を通じて孫文と黄興に西園寺・井上・桂宛に適当な要望を電報で打つよう促した。益田の努力と政府の賛同により、三井の南方革命派への三十万両借款がその後実現した[2]。益田はまた内田の書簡を井上馨に渡し、井上は十月二十九日に内相の原敬を訪問してこの書簡を内示し、清朝に武器を売渡すことは革命派に非常な反感を与えると述べ、相応の処置をとるように希望した[3]。内田のこのような活動は日本政府・軍部に力を及ぼし、辛亥革命に対する政策決定において一定の影響を与えたのである。

　上述のように、民間には革命派に対する援助を叫ぶ気運が澎湃として起こり、この目的を達成するために政治団体が続々と結成された。十一月上旬まず内田良平・小川平吉の発議により有隣会が組織され、宮崎滔天・古島一雄・三和作次郎・福田和五郎ら有力者が参加した。有隣会はその構成・資金の来源から、玄洋社系統の団体であったといえよう。この会は萱野長知らの他に、宮崎滔天を上海に、尾崎行昌を漢口に、伊東知也を武昌に派遣し、中国革命の情報を収集すると同時に、革命派を支援した。有隣会は牛丸友佐を隊長とする救護隊を戦地に派遣し、山科多久馬・吉住慶二・吉賀五郎・浜野譲らの医師が革命軍の傷病者の治療に当った[4]。有隣会は直接行動を主とし、陸軍省軍務局長田中義一の武器供給による支援と日本郵船会社の無料

---

① 黒竜会編、前掲書中、440－41頁。
② 明治44年12月21日、在南京鈴木領事より内田外相宛電報、第173号。外交史料館所蔵。
③ 原奎一郎編『原敬日記』第3巻、福村出版、1981年、181頁。
④ 黒竜会編、前掲書中、463－64頁。

同然の割引船賃の優遇を受けた①。これはこの会と軍部・財界
とのつながりを示す。

　太平洋会は大陸政策推進団体として以前から存在しており、
その中心的メンバーは大竹貫一・五百木良三・中野二郎であっ
た。武昌蜂起勃発後、中国保全と革命軍援助を決議し、軍関係
者や政治家・官僚と頻繁に交流してその決議と主張を訴えた。
この会は法学博士寺尾亨を革命派の法律顧問として中国に派遣
した。

　十二月二十七日根津一を中心とする東亜同文会、財界の白岩
竜平及び国民党・太平洋会等の団体が提携して、根津一・頭山
満・杉田定一・河野広中らを発議者として善隣同志会を結成
した②。この会は東京・大阪で大演説会を開き、中国革命派を
支援すべき理由を力説して、革命党がその精神を貫徹し早期
に成功するよう希望し、日本政府は武力干渉を中止するよう
訴えた③。

　行動は思想を具現したものである。大陸浪人と民間人の革命
派に対する支援は、彼らのこの革命に対する見方とも密接な関
係があった。頭山満は「今度の革命乱は外部の刺戟とか他人の
煽動とかの為に起ったものぢやない。全く時運が之を促したの
で、革軍は廃帝や共和政を頑固に主張してゐろから生易しい事
ではウソト言ふまいよ」④と語った。犬養毅は孫文の革命派は
急進派であり、「一挙にして満洲朝廷を倒すと共に、有ゆる政治
上の改革を断行して、文明的新国家を創建しやうと言ふ一派で
ある」⑤と評価した。萱野長知は十月十日の武昌蜂起は「支那

---

　　①　黒竜会編、前掲書中、464頁。
　　②　同上書、481-82頁。
　　③『申報』1911年12月29日。
　　④『大阪毎日新聞』明治44年12月25日。
　　⑤『太陽』大正元年12月号、111頁。

の歴史に於て永久に記念さるべき、民族独立の日である」①と
述べ、一九一二年一月一日の南京臨時政府の樹立により、「実に
是れ同志と共に三十年一日の如くに従事した所の中華を恢復し
民国を創立するの志は竟に成った」②と喜んだ。池亨吉は「今
回武漢の乱は突発なりしにもせよ、其運動は悉く革命方略の約
束を守リ、又其策戦は着々孫文の意に従って実行せられて居る
のである」③と述べた。

　民間人と大陸浪人らはこの革命の指導者であった孫文・黄興
を高く評価した。犬養毅は、孫文は「自説を信ずること極めて
篤く、共和主義を把持し平等を以て其旗幟となす。……深く彼れ
を知って居る僕は彼れを以て得難い人傑とするに躊躇せぬ」④と
評価した。東亜同文会の幹事長であった根津一は「孫逸仙とい
ふ人は智略もあり、胆力もあり又学問もあって実に立派な人物
である。……特に孫逸仙は多数の革命党の首領として、十年一
日の如く熱心に其信念を貫徹しやうとして居る。其志操の堅固
なることは感服するの外はない。先づ一代の大人物と称して宜
しからうと信ずる」⑤と評価した。根津は黄興も「なかくの人
物で、此人にも大抵の美点が備って居る。……実行的人物で、
あらゆる危険に身を曝して、共目的を達せんとする犠牲的精神
が非常に盛んである」⑥と評価した。小川平吉は「孫逸仙其人
はどうしても先づ偉人といってよからうと思ふ。……不屈不撓
の精神と共に才幹も力量もある人間といはなければならぬ」⑦
と評価した。

---

①　萱野長知、前掲書、169 頁。
②　同上書、160 頁。
③　『新日本』明治 44 年 12 月号、111 頁。
④　『太陽』明治 42 年 1 月号、69～70 頁。
⑤　『中央公論』明治 44 年 11 月号、141 頁。
⑥　同上。
⑦　同上雑誌、149 頁。

　内田良平もこの時期孫文を高く評価し、「学問も該博、智識も広汎で、落着いた立派な紳士である」とし、「且つ孫が自ら陣頭に起って革命を行はふとする決心のあることは一昨年の鎮南関の乱で孫自ら兵を督してやった事でも分る事で、革命党の大首領として恥からぬ人であると信ずる」①と述べ、十一月に発表した「支那改造論」と「支那革命調停案」においても孫文が指導したこの革命を高く評価した。内田は「支那の革命は、第二十世紀における世界変局の最とも大なるものなり。第十八世紀に於ける仏国の革命が欧洲大陸の変局を促したると等しく。支那の革命は亜細亜諸邦の変局を促し、其結果、世界機運の消長に影響すること少小ならざるべし」という世界史的意義を有しており、「今回の革命動乱に至ては義和団の如く、一時突破的乱に非ずして、永久的継続の性質を帯べる国民的革命」②という新しい性格を持った動乱であると述べた。内田は辛亥革命に対するこのような分析の上に、日本のとるべき政策は列国の「支那分割」の野心を未然に制して「支那分割」の禍を除き、「革命党をして、確乎たる新政府を建設し、国家の秩序安寧を維持し、支那改造の大業を大成せしめ、列国をして之を承認せしむること是なり」③と主張した。内田は日本のなすべきこととして、次のようなことを主張した④。

　　一　列国を指導して、支那の連邦的共和政治建設に協力させ「支那分割」を避けること。

　　二　清朝をして、連邦的共和政治に同意するように助言すること。

　　三　列国と共同して、革命党と清朝との調停者となり、戦

①『中央公論』明治 44 年 11 月号、160 頁。
② 初瀬竜平『内田良平の研究』九州大学出版会、1980 年、137 頁。
③ 同上。
④ 同上書、137−38 頁。

　　　局の早期終結を実現すること。

　　四　革命党をして、門戸開放・機会均等・外国既得権益擁

　　　　護を宣言させること。

　内田はこのように革命と革命派を支持・支援し、その共和政
治を実現しようとした。

　大陸浪人らは清朝三〇〇余年の支配の覆滅と共和政治誕生の
喜びを革命派と共有した。黒竜会編の『東亜先覚志士記伝』は
この喜びを次のように記述している①。

　　　さしもの老大帝国も秕政百出、治世の弾力を失して民の怒
　　りを被り、茲に覆滅を見るの日が来たのである。亡び行く清
　　朝の末路を観ては、支那人の所謂国破れて山河ありの感を深
　　くし、五族共和の五色旗が忽ち黄竜旗に代って、満都を埋む
　　るの光景に感慨無量ならざるを得なかったのである。日支の
　　志士が多年苦辛惨憺、今日の一日を期して心魂を捧げ来り、
　　今や志漸く酬ひられたる喜びに歓呼するさまもさる事なが
　　ら、四百余州に君臨せる愛親覚羅三百年の天下が、茲に脆く
　　も覆滅するの情景を目のあたりに見て、日本人としてのみ持
　　ち得る側々として迫まる感慨に胸を打たれ……

　彼らの革命へのこのような態度には任侠の精神による側面が
あったが、彼らも一定の経綸の持主であったことを示す。

　大陸浪人らは上述のように共和革命を謳歌し支援しながら、
中国における日本権益の擁護と拡大をも主張した。例えば、内
田は日本の満洲における勢力的地歩の確定、東清・中清・南清
における利益的基盤の扶植、日清提携の経済的基盤の確立、対
清貿易の拡大、政治・経済・軍事・教育等の機関への日本人顧
問・技師の招聘等を主張した②。これは辛亥革命に対する二重

　　①　黒竜会編、前掲書中、500頁。
　　②　初瀬竜平、前掲書、138頁。

的態度であり、前者と矛盾するものであった。従来の研究では、後者は前者の目的であり、前者は後者の目的を達成する手段にすぎないと分析されている。これも正しい分析ではあるが、両者は従属的な関係でなく、並行的に存在する可能性もあると思う。それは思想と行動は必ずしも因果関係にあるのではないからである。故に、大陸浪人の辛亥革命に対する謳歌と支援を具体的に分析し、肯定すべきことは評価し、否定すべきことは批判すべきである。

　しかしすべての大陸浪人が内田らのように辛亥革命に対し二重的態度をとったのではない。元自由民権派に属してした宮崎滔天らは、中国と世界革命のために中国革命を支援した。滔天は「人類同胞の義を信ぜり、故に弱肉強食の現状を忌めり……世界一家の説を奉」①じ、中国をこの世界革命遂行の根拠として、まず「支那をして理想的国家たらしむる事が出来たらば、その力は以て宇内に号令して万邦を道化」②し得ると信じた。滔天も一時軍部・財閥と革命派との「取次」の役割をしていたが、その目的は革命派に対する援助であり、主観的にはこれにより中国における日本の権益を拡大しようとする目的はなかった。だが客観的には日本の権益拡大に利する側面があったことを否定することは出来ないであろう。これは孫文の日本と大陸浪人に対する期待が矛盾していたために、彼の革命を支援した滔天らの対応もこのように矛盾せざるを得なかったからである。

　梅屋庄吉は民間人として特異な存在であり、辛亥革命に対して理解と共鳴心はあったが、他の一面では人生哲学と任侠の精神に基づいて行動したともいえよう。

　上述のように、大陸浪人と民間人の辛亥革命に対する支持・

---

①『宮崎滔天全集』一、平凡社、1971 年、12 頁。
②『宮崎滔天全集』三、平凡社、1972 年、248 頁。

支援という表面的な現象は同一であったが、その裏面の思想と
目的は多様であり、客観的には共に辛亥革命に有利なもので
あった。それ故南方の革命派は彼らに支援を要請し、またそれ
を受入れたのである。彼らの態度は二面的であったため、その
結果も、一面においては革命派に精神的・物質的・財政的援助
を与え、一面においては、この援助と彼らを通じての政府・軍
部との微妙な関係により、清朝政府と袁世凱及び他の欧米列強
に日本が孫文と革命派を支援するとの強い印象を与えた。この
印象はある意味においては誤解でありながらも、また長い間つ
づき、日本と清朝政府・袁世凱政権及び欧米列強との外交関係
に重要な影響を及ぼし、彼らが常に日本を牽制する一つの原因
にもなった。

　ブルジョア民主主義国家において、世論はある時は国家の外
交を支持し、ある時はそれに反対・牽制し、国家の外交政策決
定と遂行に影響を及ぼしている。では天皇制国家でありまた軍
国主義国家であった日本においては、外交と世論の関係はどう
なっており、世論は中国の政体問題に対しどう反応したであろ
うか。

　ジャーナリズムでは、十月十三日『東京朝日新聞』が「武昌
陥落　支那革命擾乱」、「支那革命党＝遂に崛起す　四川暴動に
関係なき独立運動」①というタイトルで辛亥革命の勃発を報道
したのを皮切りに、翌年の二月まで新聞・雑誌等に大きく取上
げられた。初期には革命の実情・原因と孫文・黄興・黎元洪ら
の人物に対する論評等が主であったが、袁世凱の登場と南北停
戦・和議に伴って政体問題とそれに干渉するか否かが重要な地
位を占めるようになった。

---

　①『東京朝日新聞』明治 44 年 10 月 13 日。

　外交はある意味において内政の延長だともいえる。日本政府・外務省がこれほど立憲君主制に固執し、それを中国に強要しようとしたのは、日本の近代天皇制と密接な関係があった。近隣である中国に共和制の新国家が建設されることは、政治・思想的に天皇制国家である日本に対する無言の脅威であった。また近代天皇制思想によって教育された国民の多数は共和制に馴染まず、それに抵抗する気分が強かった。このような日本国内の情況は、日本の対中国外交だけではなく国内の世論にも反映され、また世論として日本の立憲君主制保持の外交方針を支えたのである。

　中国の共和政体に反対し、中国の政体選択に干渉すべきことを世論に訴えたのは徳富猪一郎（蘇峰）でかった。徳富は「ペストは有形の病なり、共和制は無形の病なり」として、「清国における共和制体の新設は、わが帝国の国是たる皇室中心主義と果して衝突するところなきか」と述べ、清国の共和革命が日本の天皇中心主義に影響を及ぼすことを「対岸の火」として見物していることは許されないと論じた[①]。彼は中国に共和政体が確立する前に、中国の革命を押潰して共和政府が出来ないようにすべきだと強調した。これは藩閥勢力の立場を示したものである。慶応義塾大学教授向軍治は「勢ひを制するは人にあり」で、徳富のこの主張は、「東洋のビスマークを気取った大政治家、大策士が裡面から徳富に旨を授けて」[②]書かせたものであると推測している。この大政治家・大策士とは桂太郎を指すのである。

　向軍治は同文で「支那の革命も勢ひなら、共和政府の成立す

---

　① 野沢豊「辛亥革命と大正政変」、由井正臣編『論集日本歴史—大正デモクラシー』第12巻、有精堂、1977年、54-55頁。
　②『早稲田講演』明治45年1月号、146頁。

ることも勢ひ、其の結果として日本にどういふ影響が及ぶかも
知れないが夫れも亦勢ひだ。大勢に逆行して計を定めてはいけ
ない。……寧ろ其の及ぼす影響を善良なる方面に導く方法でも
考へるがよろしいと思ふ」と述べ、「一体日本の社会は、外から
這入って来た思想を直ちに日本化してしまうだけの強い同化力
を有って居る」、「仮令支那の革命や共和政治の影響を受けやう
とも、之れを日本的に同化すること位は何の雑作もないことで
ある」と述べながらも、また「未来の日本には革命騒ぎは兎に
角、共和騒動位は全然ないとは保証は出来兼ねる。支那の革命
が若し成功して共和政府が愈々出来上ったとしたなら、日本は
之れが為めに大影響を受けるに違ひない」として、「之れを善
良な方面に導く様に考へることが今日の大事である」と強調
した①。向軍治のこの論調は徳富の主張と同様に中国共和革命
とその思想の日本への影響を認めながらも、そのために中国の
政体選択に干渉するよりも、その影響を善良な方面に導くこと
を主張したものである。

　だが、一部の世論は、中国の共和革命は絶対に日本の国体に
影響を及ぼさないと強調した。早稲田大学教授島村抱月は「今
回の支那革命の如きが、如何に日本人を刺戟しても、もともと
種子のない所へ漫然と違った感情を植ゑつけることは容易にあ
り得ないことゝ信ずる」と述べ、その理由として「吾々日本民
族が其の首領として戴く皇室といふものに対する本当の気持は、
決して敵対感情ではない。皇室其物に対して反感を抱くなどゝ
言ふ気分が微塵も起らないのが疑ふべがらざる事実である」、
「即ち日本臣民は其皇室に対する感情は極めて温かな好意的な
ものであって、其の気分唯だ一つが所謂日本国体の支那其他の

①『早稲田講演』明治45年1月号、146−47頁。

国体と異る根本と信ずる」等を挙げた①。このような見解は共和制の中国と天皇制の日本とが共存し得るという論調であり、当時普遍的なものであった。中国の共和制に賛成する人さえもこのような論調を述べていた。共和制と天皇制とは対立する政体であるが、共和制に賛成しながらまた天皇制を賛美する矛盾した論調は、共和制賛成によって天皇に対する不敬罪に問われる恐れがあったからだと思う。

　一部の世論は中国の共和革命の影響を積極的に認めていた。大正政変の一年前に勃発した辛亥革命は、あたかも日本の反藩閥勢力が台頭する時期に当っていたので、反藩閥勢力はその影響を歓迎し利用しようとした。例えば、島村抱月はこの革命が「日本の社会に好影響をこそ及ぼす也、決して一派の国体論者が言ふ如き危険な影響を及ぼすものでない」②と期待していた。それは天皇と国民の間の中間階級―藩閥に対する衝撃である。島村はこの一団が「今回の事件で、如何に中心に狼狽し警惑したが其の点は実に痛快である。我々一般の日本臣民としては、今回の支那革命は、之等の階級が支配して居る日本の社会に対する一大反語であるとして、之を歓迎する情に堪へない」③と述べた。金丸子筑水も「支那革命と我国思想界」で島村と同様に「我国が帝政であるといふことは、それを誇にこそすれ、決して支那革命のために其根拠がゆるぐといふ様なことはない。もし支那事変の為めに多少目立った影響があるとすれば、それは国体に関する問題でなくして、今日の官僚政治に対しての疑問である」として、中国の共和革命の官僚政治に対する衝撃を歓迎したのである。

---

①『早稲田講演』明治45年4月号、120-21頁。
② 同上。
③ 同上。

　中野正剛も十二月十八日より五回にわたって『大阪朝日新聞』に「対岸の火災」を連載して徳富の「対岸の火」に反論しているが、上述の論調と同様に日本の近代天皇制を肯定し、中国の共和革命が天皇制政体に影響を与えないという前提の下で、この共和革命が藩閥打倒に及ぼす影響を強調した。中野は中国共和革命の「気運が東西に影響して、所在の民心の激動を来すあるも、吾人は毫もこれを恨るるに足らざるなり。電気は良導体に非ざれば通ぜず、我国民は断じて共和政電気の良導体に非ず、もしそれ、隣邦革命の気運が我国に影響するありとせば、そは天下の命を革むるの革命に非ずして、政界の現状を打破するの革新運動たらんのみ。詳言すれば藩閥の打破のみ、腐敗政党の改造のみ。これ寧ろ吾人の快として歓迎する所なり」①と述べ、中国の政体選択に対する日本の干渉は藩閥の現状維持と結びついていることを指摘した。そして中野は徳富の説く中国革命への干渉に強く反対し、中国において如何なる政体を選ぶこともその国民の自由であり、国法によって政体を運営する有力者が腐敗堕落し、これを改革することが出来ない特殊な国においては「国民の法律の範囲を超脱して立国の真意を根拠とし、一時国法を破りても、根本的改革の実現を期するを得」②ると主張し、内政不干渉の原則を強調しながら、中国革命に干渉することを説く徳富の言に従うことは国際義務の原則からしても出来ないことだと論じた。

　中国政体に関する干渉反対論は、共和制に対する理解・同情ともつながっていた。過去宮崎滔天らと共に革命評論社を結成した和田三郎は板垣退助の下で『社会政策』誌を編集していたが、彼はこの雑誌に「国際上の社会政策」を発表し、「国際上の

①　中野泰雄『政治家中野正剛』上、新光閣書店、1971 年、109 頁。
②　同上書、108 頁。

社会政策の根本義」は「第一に各国がその国の生命として、独立の基礎とするところの国民性を尊重する。第二にその国はその国民が自ら治むるというのをもって原則とする」という民族自決主義の論理から内政干渉論に反撃を加えると共に、中国政体問題については「他人が自分と同じ帽子を冠らないという理由の下に、その頭を殴るのは野蛮である。乱暴である」と非難し、中国の共和制の日本に対する影響として「わが邦の人民は愚かなりといえども、眼前にわれより進んだ国ができ、自由の政を布いて見せつけらるるならば眼が覚めぬという訳にはいかぬ、眼が覚めれば官僚打破をやる。……今の官僚政治家はこれが恐ろしい故に、名を皇室の安危に籍りて支那の共和制に干渉しようというのではあるまいか」[1]と述べた。和田はまた「日本の満洲朝廷」において、日本の藩閥を「日本における満廷」と決めつけ、共和制に対する羨望の情を披露しながら「明治もすでに四十五の齢をかさね、わが邦の社会も大いに変ぜんとするの時に際す。この時にあたり隣邦支那に独立の戦おこり、頑冥不霊の代名辞たる満洲朝廷を覆し、その羈絆を脱して共和政体を樹立せんとするに至った。しかるにわが邦は何時までこの半身不随の立憲政体に甘んぜんとするか、僕は支那の独立が、わが邦に多大の教訓を与うべきを信じて疑わないのである」[2]との強い信念を披瀝した。

　上述のような、天皇制に対する影響を否定しながら、中間階級或いは藩閥政治に及ぼす影響を積極的に肯定する論調は、天皇制の枠組みの下でのブルジョア的改良を主張したものであり、その後の大正政変での藩閥打破・憲政擁護に一定の影響を及ぼしたといえよう。

---

① 野沢豊、由井正臣編前掲書第 12 巻、55 頁。
② 同上書、55－56 頁。

　また日本の世論には共和体制が中国に適切であるか否かの問題については否定的論調が多く、立憲君主制が中国の実情に相応しいものだとの主張もあった。例えば、早稲田大学の教授で法学博士であった浮田和民は「清国目下の事情やに徴して見て共和政治より外ながらうと思はれる」と論じながらも、また「共和政体は中々容易な業ではない」と述べ、「寧ろ支那の為めに計るに、今の清朝の継続する限り之を保持して行って、漸次立憲政治を施すことがよいと思ふ。袁世凱の意見通りに行けば、支那保全の為めに最も都合がよいであらう」①と記した。だが「日本は立憲君主国であるから、支那の共和政治は日本の政体に反するからと言って、革命党に反対するが如き事は、日本の不利益である」②と主張し、政体干渉論に反対した。このことは立憲君主制の主張者の中にも政体干渉反対論者がいたことを物語る。早稲田大学学長高田早苗も、中国において「共和政治を行ふなどに言った所で、それは空言に過ぎぬ。共和政治などは文明の程度高く国民の知識が発達して居る国でなければ到底成立しないものである。今支那で共和政治を行ったとしても、それはほんの一時の間で、直に専制政治になって了ふ。……だから君主制を廃って共和制にするといっても、結局実行し得ないに相違ない」③と明言し、立憲君主制が適切だと述べた。同時に高田は「清国事変の終結は講和か然らずんば外国の仲裁若しくは干渉に俟って始めて決すであらう」④と予測していた。早稲田大学法学部教授であり後に南京臨時政府の法制顧問になった副島義一でさえも立憲君主制が中国に適応していると述べた。青柳篤恒らも立憲君主制を主張し、中国は共和政治をおこなう

①『早稲田講演』明治45年1月号、143頁。
② 同上雑誌、144頁。
③ 同上雑誌、明治45年新年号、139頁。
④ 同上。

条件を具備していないと断言した。

　だが、一九一二年二月清朝皇帝が退位して共和体制が実現されようとする頃には、共和体制に賛成する世論も現れた。例えば、平野英一郎は「清国将来の政体を論ず」で、立憲君主「政体が支那に於て望なきに近きこと既に斯の如し」であり、中国「三千年の歴史が殆んど立憲制度を以て成立して居ることは明かであるが、それと同時に共和的思想も亦大に上古より存在して居ったことは到底否認することは出来ない所である」として、「米仏両者の長短を互いに補足したる立派な共和制が出来ると思ふのである」と述べ、イギリスのような連邦体制が樹立されることを希望した①。立憲君主制を主張していた早大学長高田早苗もこの時期には共和賛成論に転じて、「一大民主連邦国を建設すべし」との論文を発表し、「支那は民主国体共和政体の国とするのが支那の利益、東洋の利益、世界の利益であるといふのである。而して其組織は亜米利加流の連邦制度若くはそれに近いものにするのが宜しいといふのである。……自分は漢民族其ものに対し、短刀直入この際断乎として一大民主国一大連邦国を起す可しと勧告せんと欲するのである」②と述べた。高田のこのような主張は学界に影響を及ぼした。

　特記すべきことは、早稲田大学で中国の政体問題をめぐり活発な学術活動が展開されたことである。一九一一年十一月と一九一二年の二月の二回学術講演会が開かれ、それに参加した人数は予定の三、四倍に上った。講演会で早大の学長は「今日は此問題を研究するに最も好き時機である。何時でも政体論国体論は只理論的丈けの研究であるが、今日は実際に近く研究が出来るのだから、大に張合がある」と呼びかけ、「今日は微細なる

---

① 『早稲田講演』明治 45 年 1 月号 2 月号、901−12 頁参照。
② 同上。

学術上の区別をなして、学究的応用を試む可き時機では無い」①
として、国際政治上の実際問題として中国政体を考究するよう
要望した。講演会は法学部の教授らが主体になっていたが、上
述した引用の一部はこの講演会で発表されたものである。

　十二月下旬上海の南北和議で政体問題が焦点になり、日本が
それに対する干渉を主張した時、日本国内のマスコミを中心と
した世論は、団体を結成して干渉に反対した。例えば、マスコ
ミの斯波貞吉（『万朝報』）・浅田工村（『太陽』）・工藤日東（『日
本新聞』）・鵜崎鷺城（『東京日日新聞』）・上島長久（『報知新聞』）・
古島一雄（『万朝報』）・福田和五郎、（『二六新報』）・岩佐渓竜（『万
朝報』）と法曹家の塩谷恒太郎・加瀬禧逸・平松市蔵らが糾合し、
浮田和民（早稲田大学法学部教授、『太陽』を編集）・松山忠次
郎（『東京朝日新聞』）・上島長久・相島勘次郎（『東京日日新聞』）・
斯波貞吉・加瀬禧逸・平松市蔵・石山弥平太らが発起人となっ
て、支那問題同志会が結成された。この会は二月二十六日日比
谷松本楼において第一回集会を開き、次のような宣言②を採択
した。

　　本会は帝国の執るべき対清政策の大綱として左の二大方
　針を決議し朝野に警告して之を貫徹せん事を期す
　　一　帝国は世界の平和の為め清国の領土保全を保障すべし
　　二　帝国は隣邦の民意を敬重し濫りに政体問題に干渉す
　　　べからず

　右の決議には上述の各新聞・雑誌関係者の他に、『大阪毎日新
聞』・『大阪朝日新聞』・『東洋経済新報』・『日本及日本人』・『実
業之日本』・『新日本』等各紙誌の代表が参加した。集会後の二
十八日、平松・工藤・鵜崎・岩佐らの諸幹事は西園寺首相・内

①『早稲田講演』明治45年1月号2月号、901－12頁参照。
② 曽村保信『近代史研究—日本と中国』小峰書店、1962年、139頁。

田外相を歴訪し、中国政体に対する不干渉を訴えた[1]。これに
は内政不干渉の意味もあったが、共和制に対する渇仰もあった。

　上述のように辛亥革命と政体問題に対する世論は多様であっ
たが、これは大正政変勃発前夜における日本の各階層の政治的
立場と傾向が辛亥革命と政体問題を通して現れたものであった。
それは大正政変へつながると共に、辛亥革命と政体問題に対し
て世論という形で間接的影響を及ぼし、その不干渉論は辛亥革
命に対する声援として歴史的意義を有するものであった。

　最後に、帝国議会における反応を考究することにする。

　一九一一年十二月二十日第二八回帝国議会が開催された。辛
亥革命と政体問題は日本外交が直面した一大課題であったので、
議会で論議されるのは当然のことであった。翌年の一月二十三
日西園寺首相は貴族院と衆議院における施政方針演説において、
辛亥革命について「隣邦に於ける目下の騒然は、諸国と共に憂
慮に堪へざるところでございます、政府は東亜の大局に鑑み速
に秩序の恢復を切望すると共に、絶えず時局の推移に注意致し
まして、苟も必要なる措置を執るに於て遺漏なからんことを期
して居ります」[2]と簡明に述べた。内田外相は外交方針演説に
おいて「我隣邦清国に於きまする擾乱は帝国政府の甚だ痛心に
堪へざるところであります、帝国政府は帝国の清国に於て有し
まする政治上及び経済上の重大なる利害関係に鑑みまして、速
に秩序の回復を見るに至らんことを切望致しまして、是がため
同国に利害関係を有しまする諸国との間に意見を交換致しまし
て、禍害の未だ甚だ大ならざるに先も和平の解決をなすことに
尽力致しまして、即ち英吉利と共に官革両者の協商に対し好意

---

　①『申報』1911 年 12 月 31 日。
　②　大日本帝国議会誌刊行会『大日本帝国議会誌』八、大日本帝国議会誌刊行会、昭
和 3 年、913 頁。

的斡旋の労を取りまして、更に又英吉利、露西亜、亜米利加、仏蘭西、独逸の五箇国と共に官革双方の代表に対しまして、平和回復の必要に関し注意を喚起するところがございました、帝国並に他列国の是等努力に拘りませず、清国の状勢未だ和平の途に進まざるの有様にありまするのは、甚だ遺憾に堪へざる次第でございます、帝国政府は今後尚引続き事態の発展に注視致しまして、東洋平和の確保に努めまするのを怠りませぬのは勿論、同時に清国政府及其国民に於きましても、大局を顧みまして速に擾乱を収め、和平を計るに至らんことを切望して居る次第でございます」[①]と報告した。これは表面的な日本の対中国外交政策を大雑把に述べたものであり、裏面における具体的政策についての発言を避けたものであった。

　この演説を前に犬養毅を党首とする国民党は一月二十日党大会を開催し、その宣言書で既に政府の対中国政策を痛烈に批判していた。一月十五日上海より帰国した犬養も同大会において声を大にして政府を攻撃した[②]。首相・外相の大雑把な演説は犬養ら反対党議員を一層憤激させ、政府の対中国外交政策に激烈な非難を浴びせた。その内容は次の通りである。

　第一は、孫文と革命党員に対する態度である。過去孫文ら革命党員を庇護し援助した犬養は二十日の国民党大会で「大統領となった孫文は日本を追はれたものであり、今回事を挙げた革命党の多くはかつて東京在留当時罪人扱ひされたものである。政府が長く昨非を悟らないのは遺憾である」[③]と非難した。竹内正志議員は前年の十一月孫文が渡日を希望した時、外相らが

---

① 大日本帝国議会誌刊行会『大日本帝国議会誌』八、大日本帝国議会誌刊行会、昭和３年、914頁。

② 内田康哉伝記編纂委員会・鹿島平和研究所編『内田康哉』鹿島研究所出版会、1969年、173−74頁。

③ 同上書、174頁。

それを拒否したことを取上げ、「孫逸仙などを冷遇し、一方に於ては袁世凱などを過信して非常に失態を致して居る」と指摘し、「南部の者を軽蔑して冷遇をしたと云ふことは確に此対清外交を誤った根本である」[①]と批判した。これは孫文と革命党に対する同情心を表したものでもあった。

　第二は、中国に対する領土保全と武力干渉排除問題である。犬養は衆議院の予算委員会で「清国に対する領土の保全の主義は今日尚ほ之を保持しつつあるか」と内田外相に質問し、内田は「終始一貫変る所なし」と回答したが、犬養は陸軍大臣の第十二師団動員令に対する答弁を取上げ、「何の必要ありて更に十二師団の出兵を動かさんとするか又若し果して出兵の必要ありとせば之によりて領土保全は打破られつつありと推せらるるにあらずや」[②]と非難し、山県有朋と軍部の南満洲に対する出兵企図を牽制しようとした。

　第三は、中国政体選択に対する干渉の問題である。この問題については竹内正志議員が衆議院において「政府は猥に他国の政体に干渉して失誤を演したる事実なきや」[③]と質問し、石田孝吉ら五〇人の議員が賛成者としてまた同様の質問を衆議院に提出した。犬義も衆議院予算委員会で「政府は官革両軍に対し好意的の尽力を尽たりと聞く所謂好意的尽力には一種の主義換言すれば或種の政体を強要するの意を含みたるには非ざるか而して其効果如何并に今日も尚其主義を継続しつつあるや否や」[④]と内田外相に質問した。これに対し西園寺首相は「帝国政府に

　　① 大日本帝国議会誌刊行会、前掲書八、942頁。
　　② 内田康哉伝記編纂委員会・鹿島平和研究所編、前掲書、175−77頁。
　　③ 大日本帝国議会誌刊行会、前掲書八、937頁。
　　④ 内田康哉伝記編纂委員会・鹿島平和研究所編、前掲書、175−76頁。

於ては清国の政体に干渉したることなし」と回答し、内田外相
は予算委員会で正面からの回答を避けた。前述のように、日本
は立憲君主制に固執し、それを中国に強要しようとした。これ
は明白な事実であった。犬養は「好意的尽力と云ふ間には同国
に一の政体を強ひんとする意思を以て之に臨みたることなきや
否や蓋し其事たる袁世凱より唐紹儀に電報し唐亦た之を伍廷芳
に致し斯くて革命軍全般に知れ渡りたる事実にして既に公然の
事実なれば今に及んで当局が之を秘するの必要ながるべし願く
は誠実なる答弁を得たし虚偽は神聖なる議会の容れざる所な
り」①と内田外相の態度を批判した。竹内議員も「他国の領土
関係に於て立憲君主でなければならぬと云ふ一の政治上の主義
を掲げて交渉されたと云ふことも、是も今日は隠れもない事実
である」とあばき、その結果「北部の人にも余り有り難く思は
れて居らぬのみならず、随分不信を買うて居る、……南部に対
してもやはり不信を買って居る、喜ばれて居らぬと云ふことも
事実である、或は南北双方を較べましたならば北部より南部の
人は余程日本を恨んで居ると云ふことも事実である」②と述べ
た。犬養・竹内は日本政府の中国政体に対する干渉は「政治上
の主義を掲げて以て一方から交渉を致すとか、之を強ゆると云
ふやうな外交の下手なやり方」だと批判し、このようなやり方
は「共和政体の確立すると云ふ今日の場合に於ては……四億万
の人間を殆ど敵にすると云ふやうな、殆ど下手の外交」③であ
ると非難した。これは彼らが国際関係における内政不干渉の原
則を堅持すると同時に、共和政体に対する同情を表したもので
あった。

---

① 内田康哉伝記編纂委員会・鹿島平和研究所編、前掲書、176頁。
② 大日本帝国議会誌刊行会、前掲書八、942頁。
③ 同上。

　第四は、欧米列強との協調外交への非難である。竹内ら五十一人の議員は「政府は我が同盟国に機先を制せられて外交上の機宜を誤りたる事実なきや」[①]との質問を提出し、竹内は日本政府が同盟国イギリスと提携して中国問題について協力しようとした時、「英吉利は疾くにやって居った、独力で日本に相談をせずして独力を以てやって居った」[②]と述べ、日本は同盟国イギリスに出し抜かれたと非難した。日向議員も民国承認問題で欧米に協調するのではなく、独自の外交により率先して承認することを主張した。しかし政府は依然として協調を強調し、独自の外交を展開しようとはしなかった。

　衆議院では政府の「清国事変費支弁に関する法律案」が提出され、山本達雄大蔵大臣より既に支出した八四万八〇〇〇円とこの後の追加予算として九二万四〇〇〇円余、合計一七七万三〇〇〇円の請求があった[③]。これらは外務省の電信料五〇万円、陸軍省の軍隊派遣費、海軍省の軍艦派出費及び清国事変により通信の数が甚だ多くなったため電信線を増加する逓信省の三十三万円等であった。この問題はその後特別委員会で秘密裏に検討・可決され、特別会計の貨幣整理基金より繰込むことになった。

　辛亥革命に関する問題は議会において上述のように論議されたが、それは議会においての主要な議題ではなく、ただ論議にとどまった。このような議論はその後の日本政府・外務省の対中国外国政策決定に特別な影響を与えることが出来ず、社会における一世論のような役割しか果さず、日本の議会政治の弱さを示したのであった。

---

① 大日本帝国議会誌刊行会、前掲書八、937頁。
② 同上書、942頁。
③ 同上書、789頁。

第二章　南京臨時政府と中日外交

　南京臨時政府は辛亥革命の産物であり、その主体は孫文を中心とした革命党であった。革命勃発の当初、孫文と革命党は日本の出兵・干渉を警戒し、外交的にこれを牽制しようとしたが、南京政府成立前後には警戒・牽制から期待へと転換した。本章では、革命党の日本に対する警戒・牽制が期待へと転換する過程と孫文と南京臨時政府の日本に対する期待を孫文の外交活動・南京臨時政府の承認問題及び武器・借款等の問題を通じて究明すると共に、これらへの日本の対応の変遷過程を欧米列強と比較しながら考究し、南北妥協による中国政局の収拾と日本の対応を検討する。

一　孫文の外交活動と日本

　孫文が武装蜂起のニュースを知ったのは、十月十二日アメリカのコロラド州デンバーにおいてであった。この時孫文は直ちに帰国して革命を指導するか、それとも外国滞在という有利な条件を利用して列強の革命に対する干渉を阻止し、革命軍に対する援助を獲得する外交活動に従事するか、二者択一を迫られていた。孫文はまず日本を経由して帰国の途に就こうとしたが、最後には後者を選択し、アメリカとヨーロッパにおいて外交活

動を展開した。この外交活動は辛亥革命において特異なもので
あり、武昌蜂起後の湖北軍政府の外交活動と比較した場合、共
通点がありながらもまた相違点があった。本節ではまず欧米に
おける孫文の外交活動を考究すると共に、この時期における日
本の出兵・干渉に対する孫文の警戒心と牽制策を究明し、これ
が対日期待に転換する過程を検討する。

　辛亥革命の勃発は孫文の国際的地位を一層高めた。それはこ
の革命が、清朝の専制支配を打倒し共和政体の中華民国を樹立
しようと孫文が長期間従事してきた闘争の継続でありながら、
またその結果でもあったからであった。故に、革命勃発と共に
日本外務省の駐米出先機関は孫文の片言隻語と一挙一動とを非
常に重視し、彼の活動情報を収集して逐次外務省に報告した。
これらの報告はアメリカにおける孫文の活動を研究する重要な
史料である。この報告によれば、孫文は十二日デンバーで講演
をした後[1]、翌日カンザスシティーを経由してシカゴに来て中
華街に身を潜め、十四日より十六日まで秘密会議を開いた。十
八日『東京朝日新聞』は「目下在米中なる孫逸仙氏は、太平洋
沿岸には向はずして、十五日市俄高市に来り、故国革命優勢な
るより、祝賀的に清国人の会合を開き、大に声援の方法を講じ
たる由」と報道した[2]。孫文は二十日シカゴからワシントンを
経由してニューヨークに向った[3]。ニューヨークでは華僑らに
共和政治の講演をし、アメリカの有志に中国革命の趣旨を紹介
し、彼らの支持・同情を願った。孫文はフランスの『ル・マタ

---

　① 明治44年10月24日、在桑港近藤総領事代理より内田外相宛電報、第73号。外
交史料館所蔵。
　② 明治44年10月23日、在市俄古山崎領事より内田外相宛電報、機密10号。外交
史料館所蔵。『東京朝日新聞』明治44年10月18日。
　③ 明治44年11月14日、在桑港近藤総領事代理より内田外相宛電報、第75号。外
交史料館所蔵。

ン』紙のニューヨーク駐在の記者と会見して「予ハ革命軍最後
ノ成功ヲ信シテ疑ハス」、「予ハ欧米歴遊ノ結果暴戻ナル現朝ヲ
打破スルノ決心ヲ固メタリ」と語り、記者の今回の動乱が排外
的暴動になるか否かの質問に対し「吾カ党カ清国ノ要路ニ配置
セル新人物ハ勿論西欧文明ノ何物タルヲ解シ責任ヲ知ル上ニ於
テ多ク人後ニ落チス彼等ハ巴里ヲ知レリ倫敦ヲ知レリ米国ヲ知
レリ而シテ彼等ハ憲政ノ要義ト個人ノ自由トヲ学ヒ得テ遺憾ナ
シ豈敢テ排外的暴動ノ続発ヲ懸念スルノ要アラン」と断言し、
「極東新共和国ノ為メ列強ノ厳正中立ヲ希望スル」①と訴えた。
この訴えはマスコミを通じ欧米各地に伝えられた。

　サンフランシスコの近藤総領事代理は、孫文は「五六ノ同志
ト共ニ目下華盛頓ヲ去リ紐育ニ滞在中ノ趣ニテ革命軍ノ為メ当
国政府ニ対シ画策運動スル所アリタルカ如シ」②と内田外相に
報告している。孫文は当時アメリカ政府は革命に同情している
と判断し、アメリカ政府の支援を確実に得ようとして国務長官
ノックスに書簡（十八日付）を寄せ秘密会談を希望したが、ノッ
クスは拒否して、その理由を孫文が現在政府を転覆しようとし
ている首領であるからだと述べた③。ノックスは「叛乱」がす
ぐに清廷に鎮圧されると判断していたのである。北京のアメリ
カ代理公使ウィリアムスも清廷が袁世凱を起用して「叛乱軍」
を速やかに制圧するよう望んでいた。アメリカは中国における
既得権益が侵害されない情況の下での中立的態度をとっていた
ので、辛亥革命と孫文を支援しようとはしなかった。しかし、
アメリカの世論、例えば『コマーシャル＆ファイナンシャル・

---

①　海軍『清国革命乱特報』付録8、明治44年12月8日。外交史料館所蔵。
②　明治44年11月14日、在桑港近藤総領事代理より内田外相宛電報、第75号。外
交史料館所蔵。
③王綱領「美国対辛亥革命之態度与政策」、中華文化復興運動推行委員会主編『中国
近代現代史論集』第17編辛亥革命下、台湾商務印書館、1986年、1011頁。

クロニクル』、『グローブ&コマーシャル・アドバタイザー』、
『ニューヨーク・ヘラルド』、『アウトルック』、『アメリカン・バ
ンカー』等は革命の進歩的意義を評価し、その成功を期待して
いた①。

　アメリカの華僑らも孫文のアメリカにおける多年の革命宣伝
活動の影響の下で革命を支援した。サンフランシスコの革命党
本部は祝勝会を催して二〇〇万ドルの募金活動を展開し、アメ
リカ政府に「本国に於て目下進行中なる争擾に就て中立の態度
を執り以て清国ノ国威を保ち新政府の創立を得せしめられん
事」を要望した②。ホノルルの華僑らも大会を催し、国務長官
ノックスに「米国政府カ列国ニ対シ先ツ厳正中立ノ例ヲ示サレ
ムコトヲ切望シ」③、日本の出兵・干渉に警戒を示した。

　ニューヨークにおける孫文の重要な活動の一つは、まず日本
に渡航しようとしたことである。これは萱野長知と関係があっ
たと考えられる。萱野が漢口から在シカゴの親戚大塚太郎を通
じ孫文に即帰来を懇請する電報を発し、孫文が十月二十二日大
塚に「萱野よりの電報は確かに受取りたり」④との返電を出し
たことはこの関係を説明するであろう。孫文はニューヨークで
欧洲より来た萱野長知の友人鶴岡永太郎と密会して渡日の希望
を吐露し、その意を駐米の日本臨時代理大使に伝えるよう依頼
した。この依頼の前に孫文は宮崎滔天に打電し渡日に対する日
本政府の内意を尋ねた。十月二十五日板垣退助が原敬内相を訪
ねてその意を尋ねたが、原は「変名して来るときは知らずして

---

① 薛君度「武昌革命爆発後的美国輿論和政策」、中国孫中山研究学会編『孫中山和
他的時代』上、中華書局、1990年、500—21頁参照。
② 明治44年10月19日、在桑港近藤総領事代理より内田外相宛電報、機密第40号。
外交史料館所蔵。
③ 明治44年10月25日、在ホノルル上野総領事より内田外相宛電報、第35号。外
交史料館所蔵。
④ 萱野長知『中華民国革命秘笈』帝国地方行政学会、昭和15年、155頁。

居るやも計られざれども、余は如何なる場合にも黙認すべしとは明言すること能はず」[1]と答えた。板垣と萱野との関係は不明だが、萱野から「変名シテ上陸滞在ナレハ差支ナキ」[2]との返事が孫文に届いた。萱野の返事と原の回答から見れば、日本政府は孫文渡日の件を検討し、変名での来日を許可するように決定したのである。

　日本政府はなぜこのような決定をしたのか。辛亥革命勃発後日本政府は清朝に武器を提供し清朝一辺倒であったが、十月二十四日の閣議は「今後特ニ力ヲ支那本部ニ扶植スルニ努メ」[3]、「北辺のみに勢を限らずして本部に向っても相応の政策を施すべし」[4]と決意して、南方の革命党にも相応の政策を施すようになり、今後の対革命党政策と対孫政策に一定の余地を残しながら、その渡日を許可しようとした。しかし清朝と列強との関係を考慮し、孫文が公然と来日することは許可せず、変名で来日するよう求めたのである。孫文はこれに賛成せず、たとえ短期間にしても公然と滞在することを要請し、その理由を、そうすれば「日本ノ同情アル態度ハ革命軍ノ士気ヲ振作シ同時ニ日本国政府ハ陰然北京政府ヲ庇護スルトノ疑ヲ解キ得ヘク双方ニ於テ利益ア」[5]るからだと語った。革命勃発前日本の中国侵略を疑っていた孫文は、この時期日本の民間人に期待を抱きながらも、日本の出兵・干渉を特に警戒していた。この出兵・干渉は革命の勝敗にかかわる重大な問題であったので、彼の渡日の目的の一つは、公然と滞在することによって日本の出兵・干渉

①　原奎一郎編『原敬日記』第 3 巻、福村出版、1981 年、178 頁。
②　明治 44 年 10 月 26 日、在紐育水野総領事より内田外相宛電報、第 160 号。外交史料館所蔵。
③『日本外交文書』（辛亥革命）、51 頁。
④　原奎一郎編、前掲書第 3 巻、178 頁。
⑤　明治 44 年 10 月 26 日、在紐育水野総領事より内田外相宛電報、第 160 号。外交史料館所蔵。

を牽制することであった。この目的達成のため、孫文は再度鶴岡にヨーロッパからインド洋を経て帰国するつもりであるが、もし日本政府が変名せずして上陸するのを許せば「再ヒ米国ヲ経テ『シアトル』経由日本ニ渡ラントス」[1]と述べた。しかし日本政府はこれを許さなかった。日本政府の孫文に対するこのような態度は、第二八回帝国議会の二月六日の会議において竹内正志議員らの批判を浴びた[2]。

　十一月二日孫文はニューヨークを出発し、イギリスに向った[3]。当時孫文は列強について、「アメリカ・フランス二ヵ国は革命に同情し、ドイツ・ロシア二ヵ国は反対するに違いない。日本は民間が同情を示し、政府は反対しているが、イギリスは民間が同情し、政府は態度未定である。それ故に、我が外交のキーポイントとなり、成敗存亡にかかわるところとなるものはイギリスである。もしイギリスが我を支持するならば、日本を憂うる必要がない」[4]と判断していた。この判断は彼がイギリスに行く理由でもあった。二月十日孫文はロンドンに着き、ビッカーズ社の社長を通じ外相グレーに、(一) 清国に対するいっさいの借款中止、(二) 日本の対清援助の抑制、(三) イギリス植民地政府による孫文追放の取消し等を要求した[5]。この三つの要求のうち、(一)については、孫文がロンドンに到着する前の八日、四ヵ国銀行が既に清朝への借款提供を中止することを決定していた。(二) については、イギリスは既に日本の干渉を牽制する

　① 明治 44 年 10 月 26 日、在紐育水野総領事より内田外相宛電報、第 160 号。外交史料館所蔵。
　② 大日本帝国議会誌刊行会『大日本帝国議会誌』八、大日本帝国議会誌刊行会、昭和 3 年、942 頁。
　③ 明治 44 年 10 月 31 日、在紐育水野総領事より内田外相宛電報、第 166 号。外交史料館所蔵。
　④『孫中山全集』第 1 巻、中華書局、1981 年、209-10 頁。
　⑤ 同上書、210 頁。

措置をとっていた。（三）については、グレーが了解の意を表明した。これにより、孫文の三つの要求はイギリス政府に了承されたことになった。ロンドンではホーマ・リーが孫文を案内し、孫文は彼と共に四ヵ国銀行団に革命派に対する借款を交渉したが、銀行団は婉曲に拒絶した①。ロンドンにおける孫文の活動の目的の一つは、英・米と連携して日本を牽制することであった。孫文はホーマ・リーと共にグレー外相に革命政府と英・米が同盟を締結することを提案し、その代償としてイギリスから顧問を招聘して中国海軍を指揮させるというような特別な優待条件を提供しようとした②。孫文はもしイギリスが革命政府と英・米との同盟締結という提案に応ずるなら、アメリカのノックス国務長官と元国務長官のルートが一〇〇万ポンドの借款を提供してくれると述べた。しかしこれは実現されなかった。孫文はまた革命政府の対日姿勢はイギリスの建言に従うと付加えた③。これは中国におけるイギリス・アメリカと日本との対立と争奪を利用して、日本の出兵・干渉を牽制しようとしたものであった。しかしイギリスは中立と協調を唱えながら日本の干渉を牽制し、袁世凱を支持して中国政局に対するイニシアチブを掌握していたため、これに応じようとはしなかった。

　孫文はホーマ・リーと共にロンドンを出発した④。『大阪毎日新聞』も二十三日「孫逸仙倫敦を発し帰国の途に上る」と日本国内に報道した⑤。孫文は二十一日パリに到着した。パリでは代議院の議員マスと私的に接触し、『ル・ジャーナル』、『ル・ク

---

① 韋慕廷『孫中山─壮志未酬的愛国者』中山大学出版社、1986年、80頁。

② 同上書、81頁。

③ 同上。

④ 明治44年11月22日、在英国山座臨時代理大使より内田外相宛電報、第235号。外交史料館所蔵。

⑤ 『大阪毎日新聞』明治44年11月23日。

リエ・ヨーロピアン』紙の記者とも会見し、革命党の内外政策を表明した。孫文は中国においてアメリカのような連邦制の政体を採用し、外国の資本を導入し、外国の技術者を招いて鉱山を開発し、鉄道を建設し、清朝政府と外国間に締結された条約・借款を尊重する旨を表明し、中国革命に対する世論[①]の支持を訴えた。

　パリにおける孫文の主要な外交活動は、東方匯理銀行の総裁シモンとの会談であった。孫文はシモンに短期間で革命政府に借款を提供するように要望したが、シモンは「中立」の名目で拒否した[②]。それは、この時中国国内では袁世凱の新内閣が組織され、フランス政府が四ヵ国銀行団に即刻袁に借款を提供するよう要求していたからであった。故に、孫文は金融帝国フランスからも財政援助を受けることが出来なかった。

　孫文がパリを訪問した他の目的は、ロシアが日本と連携して中国革命に対して出兵・干渉するのを牽制することであった。フランスはドイツ・オーストリアの同盟に対抗するため、既に一八九一年にロシアと同盟関係を結び、ロシアとの関係が密接であった。孫文はこのフランスとロシアの関係を利用して、まずロシアと日本との連携を牽制しようとして、フランス政府が日本と共に行動をとらないようにロシアに勧告してくれるようにシモンに依頼した[③]。しかしシモンは満蒙におけるロシアの権益を擁護し、この要望を拒否した。シモンのこのような態度はフランス政府の対露政策を表明したものであった。十一月四日パリのロシア大使は中国北部におけるロシアの行動と自由とこの地域における権益と地位を保障する措置に対するフランス

---

　　① 張振鵾「辛亥革命期間的孫中山与法国」、中華書局編輯部編『紀念辛亥革命七十周年学術討論会論文集』中、中華書局、1983年、1460頁。
　　②『孫中山全集』第1巻、563－64頁。
　　③ 同上書、565頁。

側の承認をフランス外務省に要望したが、フランス外相はその
要望を保証する意を表明した[①]。これはフランスがその後ロシ
アと日本が結託して満蒙における勢力範囲とその権益を再分割
することを承認したのと同じことであった。

　孫文は二十四日マルセイユから帰国の途に就いたが、同日在
仏の革命党員胡秉柯が孫文の代理としてフランス外務省アジア
局長ベルトロを訪れ、フランス政府は中国の新共和国成立後こ
れを承認するか否かを尋ねた。胡はパリ大学で法律を専攻し、
孫文とは一九〇五年孫文がパリに来て留学生の中で革命党を組
織した時からの知己であった。このような関係から見れば、孫
文のパリ訪問の目的の一つは、新共和国政府に対する承認を獲
得しようとしたことであった[②]。しかしフランス政府は孫文と
革命政権を支持しようとはしなかった。この時フランスはイギ
リスと共に袁世凱とその立憲君主制の主張を支持していたた
め[③]、共和制を主張する孫文に一顧をも与えようとはしなかっ
たのである。

　欧米における孫文の外交活動は、国内、特に武昌の湖北軍政
府の外交活動と、清朝の孤立・列強の中立・承認獲得等におい
て共通点があったが、その外交次元は国内より一層高度なもの
であった。それは、（一）に孫文の辛亥革命をめぐる国際的視野
が広く、その日本と欧米列強の革命に対する姿勢の分析と判断
は、アメリカ・フランス政府に対しては不正確であったが、日
本・ロシア・ドイツ・イギリスに対してはほぼ正確であったか
らである。このような分析と判断は革命政府の対外政策決定に
重要なものであった。（二）に辛亥革命は外国借款による鉄道国

---

　①呉乾兌「1911年至1913年間的法国外交与孫中山」、中国孫中山研究学会編、前掲
書上、423－24頁。
　② 張振鵾、前掲論文、1469－73頁。
　③ 呉乾兌、前掲論文、421頁。

有化政策に対する反対をきっかけとして勃発したため、ある意
味においては反帝国主義的であり、外国の支援或いは外国の借
款と技術を導入しようとするような考えは初期においては毛頭
なかったが、孫文がこれを欧米諸国に要望したからである。国
内の革命同志も孫文が帰国の節に革命の資金を持参してくるの
を期待していたので、孫文のこの活動は肯定・評価すべきこと
であった。しかし孫文は欧米で所期の目的を達成することが出
来なかった。それは孫文の分析と判断に錯誤があったというよ
りも、寧ろ欧米諸国の対応に問題があったのである。だが孫文
の対日牽制策は欧米列強の対日牽制策と一致していたため、成
功したといえよう。この成功は日本と欧米列強の中国における
矛盾と対立を正確に分析して利用したからである。孫文のこの
対日牽制策はシンガポールにおける談話に明確に示されている。

　孫文は十二月十四日にペナンを経由し、十五日シンガポール
に到着した。ここでも孫文は近代均衡外交論の視座から日・露
両国を非難する談話を発表した。ペナンで孫文は某紙の記者に、
清国が衰弱する前提の下に、もし日本が大権力を有する場合に
は、東洋における政治上の勢力均衡が崩れ、これを克服するに
は「日本ヲ打破スルカ若クハ清ヲ鞏固ナラシメ其兵力ヲ旺盛ニ
シテ露国ノ膨張ヲ防止スルヲ必要ト」し、中国における露国勢
力の拡大は太平洋とインドにおけるイギリスとアメリカの勢力
の崩壊を意味するものであり、「若シ日本カ最上権ヲ保留シ清国
弱国タラハ米国通商上ノ機会獲得ノ時期ヲ後レシムルモノナ
リ」①と述べた。駐シンガポール領事代理岩谷譲吉は孫文のこ
の談話は「偏ニ米国利益ニ重ヲ置キテ日露両帝国ヲ批難シ名ヲ
清国ニ籍リテ暗ニ英国人ヲ煽動スルカ如キ愚論を吐キ散ラシ

---

①　明治44年11月18日、在新嘉坡岩谷譲吉領事代理副領事より内田外相宛電報、
第269号。外交史料館所蔵。

候」①と内田外相に報告した。シンガポールでは「政事上運動
ニ付何等意見ヲ発表セス只欧米在留中諸外国カ清国図債ニ投資
スルヲ防止シ革命政府未来ノ国債引受ノタメ基礎ヲ立テタルニ
努メタル」②と語った。孫文のこれらの言論は欧米における彼
の外交活動の目的とその内容を裏づけるものであった。

　前述のように、孫文はアメリカにおいて渡日を希望する活動
からその外交を展開したが、帰国の最後にはまた日本との関係
でその外交活動の幕を閉じた。十一月二十四日マルセイユを出
発した孫文は、二十八日宮崎滔天に十二月二十二日香港に到着
する予定であるから、池亨吉と共に香港まで出迎えに来てくれ
るよう打電した③。これは偶然のことではなかった。常に日本
の出兵・干渉を警戒していた孫文は、まず早急に辛亥革命に対
する日本の動向を知りたかったからであった。滔天は池亨吉・
山田純三郎・郡島忠次郎（高田商会）・太田三次郎（予備役海軍
大佐）らと上海から香港に行き、香港総領事代理船津辰一郎と
共に二十一日朝七時香港に到着した孫文を訪問した④。船津総領
事代理は翌日内田外相に孫文と会見した模様を次のように報告
している⑤。

　　孫文ハ大ニ日本ノ意向ヲ疑ヒ日本ハ英露ト連合シテ革命
　　軍ニ圧迫制肘ヲ加フル如キコトナキヤヲ慮リ居リタル由
　　宮崎寅蔵ヲ見ルヤ劈頭第一日本政府ノ意向ヲ問ヒタルニ
　　宮崎ハ其着用セル日本服ヲ指シテ之ヲ見ヨト答ヘ列国環

---

　①　明治44年11月18日、在新嘉坡岩谷譲吉領事代理副領事より内田外相宛電報、
第269号。外交史料館所蔵。
　②　明治44年1月14日、在新嘉坡岩谷領事代理副領事より内田外相宛電報、第226
号。外交史料館所蔵。
　③『孫中山全集』第1巻、566頁。
　④『申報』1912年1月1日。
　⑤　明治44年12月22日、在香港船津辰一郎総領事代理より内田外相宛電報、機密
第47号。外交史料館所蔵。

視ノ中ニ公々然日本服ニテ而モ数多ノ同志同道シテ君ヲ
出迎フルニ日本政府ハ何等ノ干渉或ハ注意ヲ加フルコト
ナキハ以テ日本国民同情ノ在ル所ヲ推知スルニ難カラザ
ルベシトノ意ヲ暗シタルニ彼モ直チニ其意ヲ諒解シタリ
ト見ヘ我之ヲ解セリトテ宮崎ノ手ヲ緊握シテ大ニ喜悦ノ
情ヲ表シタル由其後池亨吉カ孫ヲ別室ニ招キ会談セシ時
モ孫ハ矢張リ同様ノ事ヲ繰返シタルニ彼ハ自分ノ帯ヒ居
ル親中義会ノ徽章ヲ指示シ本邦朝野ノ人士革命党ニ同情
スル者即チ予ト同感ノ士甚ダ多シ日本政府カ圧迫若クハ
制肘ヲ加フル如キコト万々之レナキヲ説明シタルヨリ孫
モ大ニ安心シタル由

　船津は十二日にも同様の意の電報を内田外相に発し[1]、駐広
東の細野中佐も二十三日孫文が「日英露三国カ共同シテ革命軍
ニ圧迫ヲ加フルコトナキヤヲ疑フ語気ヲ漏シ」[2]たことを参謀
本部に報告した。これらの報告はこの時期の孫文の対日観を端
的に示し、またその対日観が転換しつつあることを物語ってい
る。

　孫文は同日午後五時香港を出発し海路上海に向った。滔天ら
一行五人がこれに同行した。これは孫文としては日本への新た
な対応策を講ずるためであり、日本人としては孫文が日本側に
傾くよう説得するためであった。故に、中国のマスコミは彼ら
の随行と多数の日本人が孫の帰国を迎えたことを重視してい
た[3]。『大陸報』記者は孫文に彼らが随行する目的を問い、日本
と何らかの交誼があるかと質問した。これに対し孫文は日本は
我が蜂起に友誼を尽したとはいえない、我らは各国政府と友誼

---

　① 明治44年12月21日、在香港船津辰一郎総領事代理より内田外相宛電報、第123
号。外交史料館所蔵。
　② 参謀本部『清国事変特報』付録24。外交史料館所蔵。
　③『申報』1911年12月28日。

を結びたいと答えた①。

　船中孫文は依然として日本に対する不満の意を表した。これに対し駐上海の宗方小太郎は海軍軍令部に次のように報告した②。

　　　拝啓昨日電報ノ通リ孫文ハ昨十二月二十五日午前九時上海着……香港ヨリ上海迄ノ船中ニテ孫が人ニ語リシ所ヲ聴クニ概要左ノ如シ

　　　余ハ甚ダ日本ヲ怨メリ何トナレバ曾テ日本政府ヨリ説論的退去ヲ命ゼラレ昨年帰来スルヤマタ復タ追出サレタリ其後人ニ托シテ百方日本ニ居住許可ノ運動ヲ為セシモ一モ成功セズ因テ余ハ日本ニ断念シテ英国ニ赴キタルモノナリ我ヨリ進ンデ握手セントスル時ニハ手ヲ引イテ応ゼズ自分ノ都合ノ好キ時ニハ来ッテ握手ヲ求ム余ノ怨ム所以ナリ之ニ対シ一二邦人ノ弁解ニテ日本人カ革命党ニ対スル同情ノ厚キヲ知リ始テ釈然タル体度トナリ……上海着ノ後日本ヨリ陸軍将官其他ノ有力者ヲ聘シテ援助ヲ仰ガザル可ラズ

　孫文の日本に対するこのような不満と非難は日本との決裂を意味したものではなく、「日本人カ革命党ニ対スル同情ノ厚キヲ知」った後に話したものであり、欧米における外交が所期の目的を達することが出来なかった情況で日本からの援助を期待する心情を吐露したものであった。孫文は船中で日本の功業を論じ、日本軍隊の精神を賛美した③。孫文はこの他に、南北和議・政体・新政府の首都と土地国有政策・大統領の人事等について滔天らに私見を語った。

　孫文と滔天ら日本人との接触は中国南方、特に広東地区にお

───────────

　①『申報』1911 年 12 月 28 日。
　② 明治 44 年 12 月 31 日（着）、在上海の宗方小太郎より軍令部長宛書簡、機密報第3 号。外交史料館所蔵。
　③『申報』1911 年 12 月 28 日。

ける反日的傾向を大いに緩和させた。武昌蜂起勃発後日本政府
が清朝に武器を提供したため、広東では一時これに抗議する日
貨ボイコットの動きが発生したが、孫文と滔天らとの会見によ
り、「一般士民ノ本邦人ニ対スル態度ハ大ニ融和シ来リツツアル
傾向アリ」[①]と台湾銀行広東出張所は報告した。

　二十五日孫文は上海に到着した。孫文を出迎えた萱野長知は
「中山が上海上陸の時は岸辺には人の山を築いた。革命党の同志
は波の如く押し寄せ内外人の知友は恰も凱旋将軍を迎ふる以上
に建国の大偉人を歓迎した」[②]と当時の歓迎の模様を記してし
る。孫文帰国後上海滞在の外務省出先機関と大陸浪人及び軍部
の将校らは、孫文の対外姿勢とその関係を特に注意した。彼ら
は孫文が欧米における外交活動と借款を持参して来たか否か、
これらの資金をどの国のどの企業が提供したか等の情報を外務
省と参謀本部に報告した。これは帰国後の孫文が国際関係にお
いてどちら側に傾くかが重大な問題であったからである。

　それ故に、日本側は特に孫文に同行して来たアメリカの将軍
ホーマ・リーと彼との関係を監視した。ホーマ・リーは『日米
戦争』の著者で排日的人物として知られていたからであった。
このような人物が孫文と共に中国に来たことは日本側としては
好ましからざるのみならず、何らかの脅威をも感じていたよう
である。彼が孫文と共にロンドンを出発すると、駐英の山座臨
時代理大使は即刻内田外相にその件を報告し、駐シンガポール
の岩谷領事代理・駐香港の船津総領事代理・駐広東の細野中佐
らも内田外相と参謀総長に次々とホーマ・リー同行の件を報告
した。駐上海の本庄繁少佐は二十六日参謀総長に「孫逸仙カ香
港通過ノ際米国総領事アンダーソンハ船中ニ米人ホーマ・リー

① 明治45年1月、台湾銀行広東出張所情報、第16信。外交史料館所蔵。
② 萱野長知、前掲書、154頁。

ヲ訪ヒ同人ヲシテ革命軍ノ為メ助力セシムヘキ旨本国国務卿ノ
ノックスノ訓電ヲ得タリト伝ヘタリ」①と、三十一日には「孫
文ハ目下敢テ我国ヲ信頼セサルニ非サルモ偽少将『ホーマリー』
ヲ自党ノ最高顧問ト称セルノミナラス日、英、仏等各国ヨリ平
等ニ軍事顧問ヲ招聘セント称、軍事ニ対シ黄興ノ如ク絶対ニ我
ニ依ラントスルノ意思ナキハ注意スヘキナリ」②と報告した。
逆に在上海のアメリカ人は香港から同行して来た日本人と孫文
との関係に注目し、上海で発行されていたアメリカの新聞『大
陸報』の編集長は孫文とのインタビューで公然とその関係につ
いて質問し③、孫文と日本との関係を牽制する姿勢を示した。
これは中国における日米間の争奪の一側面を表したものだとも
いえよう。しかし、これは誤解であった。アメリカ国務省の極
東局はリーに対して悪い印象を抱いており、彼と孫文との行動
を重視していなかった。イギリスもそれほど重視せず、モリソ
ンはホーマ・リーは偽将軍であり、嘘つきだと軽蔑し、彼が孫
文と革命党に与える影響を無視していた④。その後モリソンが
語ったように、孫文は帰国後日本に対して警戒から接近に転換
し始めたため、ホーマ・リーは孫文からも敬遠され、その存在
の意義がなくなり、孫文と革命党に特別な影響を与えることな
く、翌年死去した。

　中国のマスコミもホーマ・リーが、孫文と共に来華したこと
を重視していた⑤。当時上海には孫文の帰国を待受けていた日
本の大人物がいた。それは孫文の友人である犬養毅と頭山満で

---

　①　明治44年12月27日、在上海本庄繁少佐より参謀総長宛電報、第155号。外交
史料館所蔵。
　②　明治44年12月31日、在上海本庄繁少佐より参謀総長宛電報、第284号。外交
史料館所蔵。
　③　『孫中山全集』第1巻、257頁。
　④　駱恵敏編『清末民初政情内幕』上、知識出版社、1986年、823頁。
　⑤　『申報』1911年12月15、24、25日。

あった。犬養は静養中の病躯をおして十二月十九日上海に到着
し、頭山は二十七日到着した。彼らはなぜ孫文帰国前後に来華
したのであろうか。

　犬養・頭山の来華は在中国の萱野長知が両人に「天下を取っ
ても後の方法がつかぬから誰か来てくれ」①と来援を要望した
のに応じたのであるといわれているが、この時期は南北和議が
開かれ中国の前途を決定する重大な時期であり、またあたかも
孫文が帰国する時であり、南京臨時政府が成立する直前でもあ
ることから、彼らは革命党と孫文・黄興らにアドバイスを与え
るために来華したといえる。

　犬養と頭山は、当時中国政局の焦点であった政体と南北和議
と妥協に対するアドバイスを孫文と黄興に与えようとした。帰
国したばかりの孫文もこれらの諸問題への対応策を迫られてい
た。犬養はその後の回想において、この件に関し「革命の時に
行って、第一の仕事はどういうことをやったかというと、共和
政治にしようという孫文、黄興らの議論と、立憲君主政治にし
ようという康有為、梁啓超、岑春煊、そんな者を抱き合せるこ
とに非常に苦心した。……私の考えでは革命が出来たら、日本
類似の議院政治が出来る。まァ此位のところに落着いて来るだ
ろうというつもりでやった」②と述べている。この回想から、
犬義が政体問題で「日本類似の議院政治」つまり立憲君主制を
孫文に勧告しようとしたことを窺うことが出来る。犬養は出発
前の十四日に西園寺首相を、その二、三日後に内田外相を訪れ、
政府の中国政体問題に対する方針を尋ねたが、内田外相は「支
那に共和政治がおこなわれるようになっては、はなはだ困る。
日本は極力これに反対するつもりで、場合によっては武力を用

　① 黒竜会編『東亜先覚志士記伝』中、原書房、1966年、428-29頁。
　② 鷲尾義直編『犬養木堂伝』下、原書房、昭和43年、70頁。

いても君主国体を維持させる考えである。そしてこの方針は南方の革命党にも通じてもらいたい」[①]と答えた。犬養は「そんな馬鹿な伝言が革命党に伝えられるか、もう一度考え直してはどうか」[②]と述べた。内田の「君主制」とは、当時日本の中国政体問題に対する方針から見れば、立憲君主制を指すものであり、犬養が反対したのは立憲君主制に対する反対ではなくて、政体問題に対する武力による干渉であった。これは帝国議会における犬養の発言からも窺うことが出来る。故に、犬養の立憲君主制の主張と勧告は共和制を目指す孫文・黄興らの反対を受けざるを得なかった。

　次に犬養は孫・黄ら革命派と康・梁ら立憲派を連合させ、南北和議において北方の袁らに対抗しようとした。これには南北の力関係を踏まえた一つの政略として評価すべき側面があったが、単純な「統一戦線」ではなく、上述のような犬養の立憲君主制の主張を伴っていることから、否定すべき側面もあった。犬養は中国渡航前に康・梁との連絡を担当していた柏原文太郎と共に兵庫県須磨に滞在していた康・梁（梁は十一月十五日頃満洲から帰日[③]）を訪れ、この問題を相談したと思われる。康・梁は当時「虚君共和制」を唱え、岑春煊らとの連合を策していた。犬養が康・梁・岑と孫・黄らを連合させようとした政略はこの線に沿ったものだといえよう。犬養は黄興にも「岑春煊列ヲ革命党ニ引入ル事ヲ勧告」[④]した。犬養のこのようなアドバイスに孫・黄が耳を傾けるはずはなかった。孫文は「岑春煊は

---

①　岩淵辰雄『犬養毅』時事通信社、1986 年、115 頁。
②　同上。
③　明治 44 年 11 月 15 日、在旅順白仁民政長官より内田外相宛電報、秘第 143 号。外交史料館所蔵。
④　明治 44 年 12 月 31 日（着）、在上海の宗方小太郎より軍命部長宛書簡、機密第 3 号。外交史料館所蔵。

湖南総督時代たくさんの同志を殺した。康有為は西太后に使われながら、朝廷を改革しようとしている男だ。この二人との協力は、真っ平だ」①として犬養のこの勧告にも反対したのである。

犬養が来華する時期に南北和議が開かれ、南北妥協の気運が濃くなった。犬養はこの南北妥協に反対し、武力による南北統一を孫文に勧告し、その準備として「彼ニ兵器購入ノ急務ナルヲ説」②いた。これに対し孫文は「敢テ急ヲ要セサルヘシ」と答え、「軍資調達ノ緊急ナルヲ勧メシ」に対し「米国『モルガン』等ト黙約アリ政府成立セハ借款容易ナルヘシ」③と答えた。この情報を参謀総長に報告した本庄繁少佐も孫文は戦争を唱えながらも密かに平和的方法で全局の勝利を勝取ろうとしていると推測した。犬養もなるべく平和に局を結ばんと希望せる孫のやり口はまったく彼の米国において仕込まれたる結果なるべしと述べた。

南北和議はイギリスの居中斡旋によっておこなわれ、日本は和議から排除されていた。犬養と頭山がイギリスの介入に強く反対したのはそのためであった。頭山満は「一体今度の革命乱は外部の刺戟とか他人の煽動とかの為に起ったものぢやない。全く時運が之を促したので、革軍は廃帝や共和政を頑固に主張してゐるから生易しい事ではウント言ふまいよ」と革命情勢を語りながら、「日本の対清政策さ、列国の鼻息ばかり窺って居て、怪しからん次第ぢや。対清政策といふ以上、清国を本位として事に処さなければならぬのに、コノ頃の態は何だい、マルデ列

---

① 岩淵辰雄、前掲書、117 頁。
② 明治 44 年 12 月 31 日、在上海本庄繁少佐より参謀総長宛電報、第 284 号。外交史料館所蔵。
③ 同上。

国本位ぢやないか、根本から間違って居る」①と批判しながら
上海に着いたのである。

　頭山らが上海に到着した日、黄興は頭山を訪れ、「多年の好意
を謝し、猶日本有志の同情に縋りて、列国をして支那の政体に
干渉するの端を啓かしめざるやう、助力あらんこと」②を要請
した。これに対し頭山は「日本国民の輿論が一般に無偏不党に
決せる事実を述べ、且友邦の識者が速かに時局を解決し、土匪
流賊をして蜂起するに暇あらざらしめ、以て列国の杞憂を解き、
以て東亜永遠の平和を確立せられんこと」③を望んだ。

　二十八日頭山一行は孫文を訪問した。この時上海には百数十
名の民間人或いは大陸浪人がおり、ごく少数の浪人の中には中
国革命の機会を利用して「火事場泥棒的活躍を為して非倫背徳
を敢てし、其私腹を肥するものあり」、頭山の一つの任務はこの
「不徳の浪人輩ヲ懾伏せしめ」④ることであった。

　二十九日孫文は臨時大総統に選任された。三十日孫文は上海
のパレス・ホテルに犬養毅・頭山満ら日本人百余名を招待し、
新任の披露をした。孫文は「中華民国が成立して外国の名士と
款を交ふるは今日を以て始めとす。身親しく欧米を巡遊せしに、
各国人民の同情は皆革命党に注がれたり、今後諸君の尽力によ
りて、益々日本政府と親しみ更に欧米各国との交際を一層親密
ならしめんこと余等の真に希望する所なり」⑤と挨拶し、犬養
がこれに対し答辞を述べた。

　その後、孫文は日本との関係を重視し、日本に期待を寄せ、
臨時政府が掲げた諸問題を日本に頼って解決しようとしたの

---

①『大阪毎日新聞』明治 44 年 12 月 25 日。
② 緒方竹虎『人間中野正剛』鱒書房、昭和 26 年、110 頁。
③『大阪朝日新聞』明治 45 年 1 月 6 日。
④ 玄洋社社史編纂会『玄洋社社史』明治文献、昭和 41 年、581－82 頁。
⑤ 緒方竹虎、前掲書、111－12 頁。

である。

二　南京臨時政府と日本

　帰国した孫文の第一の仕事は統一的な共和政権を樹立することであった。この作業は孫文の帰国前から進行していた。南方諸省の独立と軍政府の成立に伴い、十一月七日湖北軍政府は都督黎元洪の名義で武昌で臨時政府準備会議を開催するよう提案したが、十三日上海都督陳其美も上海で同様の会議を開催することを提案した。双方協議の結果、三十日漢口のイギリス租界で第一次会議が開かれ、十二月三日「中華民国臨時政府組織大綱」が採択された。これにより臨時政府体制の基本原則が決定された。十二月二日革命軍が南京を攻略すると、漢口に集結した代表らは臨時政府を南京に樹立することを決定した。一四省三十九名の代表は十四日から南京で準備会議を再開し、大総統の地位は一時空けておき、黎元洪を大元帥に、黄興を副元帥に選挙し、帰国した孫文が二十九日大総統に選任されて、一九一二年一月一日南京臨時政府が正式に成立した。本節では、日本政府・軍部のこの政権に対する政策の変遷過程と、孫文及び南京臨時政府の承認等の問題に対する対日期待と、この政権に対する日本民間人の支援を考究する。

　日本と革命軍・軍政府及び南京臨時政府との関係は、革命情勢の変化に伴って双方共に変遷した。革命勃発後日本政府と軍部は清朝政府と兵器供与の契約を締結し、革命軍に対し敵対的な姿勢を示したが、十月二十四日の閣議においては原敬内相が語ったように「前回の閣議（十月二十日の閣議を指す─筆者）にては叛軍には毫も同情をせず、正当政府なる北京政府のみに正直に同情する形勢ありしも、本日の閣議にては右様正直一辺

も策の得たるものに非らざるを認むるに傾げるが如くな」①っ
た。十一月に至り双方の関係には新しい変化が起こった。それ
は革命軍と軍政府側が日本にその政権に対する承認を要望した
からであった。湖北軍政府は十一月上旬統一的な臨時政府の樹
立作業に着手すると同時に、この政府に対する承認を要望する
意を日本に示した。十一月十三日黎元洪は中華民国中央政府の
代表者として駐漢口の松村総領事に「今後貴国トノ交渉事件ニ
シテ事中華民国全局ニ関係アルモノハ是非一切本都督に御協
議」あるよう要求し、さらに「我軍未タ義旗ヲ挙ケサル以前ニ
於テ清朝政府カ各国ト締結シタル条約及一切ノ借款ノ債権ニ関
シテハ皆其有効ナルヲ認ムヘク候ヘ共武漢ノ義旗挙揚後ニ於テ
清朝政府ノ借入レタル借款及其訂結シタル条約ニ関シテ其如何
ナル国家ト関係アルニ拘ラス我政府ニ於テハ一切之ヲ承認セサ
ル」と言明し、これに対し「貴国政府ニ於テ承認ヲ与ヘラル」②
よう要望した。これに対し内田外相はこの新政権を承認する考
えは毛頭なかったが、二十五日陸・海相の同意を得て駐中国の
外務省出先機関に対し「革命軍ニ於テ事実上権力ヲ行使シ居ル
上ハ同軍トノ間ニ諸般ノ交渉を為スコトアルハ已ムヲ得サル義
ニ付今後必要ノ場合ニ於テハ革命軍ニ対シ適宜交渉ヲナサルル
モ差支ナシ」とし、「革命軍カ交戦者トシテ有スルコトヲ主張セ
ル権利ニ付テハ……我ニ於テ何等実質上ノ損害ヲ受クルコト無
キモノニ付テハ之ヲ黙認セラレ差支ナキ」とし、「革命軍ニ対シ
テハ此際徒ラニ其感触ヲ害スルカ如キ措置ヲ執ルコトヲ避ケラ
ルヘキコト」③等と指示した。これは外務省と軍部の革命軍と
その政権に対する姿勢が当初より変化し、革命軍と軍政府の存

---

① 原奎一郎編『原敬日記』第3巻、福村出版、1981年、178頁。
②『日本外交文書』（辛亥革命）、109−10頁。
③ 同上書、111−20頁。

在とその権利を黙認したことを物語る。その目的は、まず軍政
府管轄下にある日本の既得権益の保護にあり、次に混迷してい
る時局を踏まえて、余裕を残しながら革命勢力の変化を見守る
ことであった。

　上海では有吉総領事が王正廷・李平書らと連絡をとっていた。
有吉は彼らとの接触により臨時政府成立、孫文帰国の期日等の
軍政府内部の情況を探り、池亨吉らも軍政府とのかけ橋の役割
を果していた[1]。

　日本には黄興の代理として何天炯が十二月五日派遣された[2]。
何は日本到着後一時横浜の中華街に滞在し、十二月十二日入京
して有隣会と連絡をとり、犬養毅ら二、三人を歴訪し、軍資金・
銃器・防寒具の調達をすると同時に[3]、翌年の一月九日には和
田三郎の紹介により板垣伯に面会した[4]。何は内田外相にも面
会を求めたが、内田は謝絶した。何天炯はまた元大蔵大臣であっ
た阪谷芳郎らと日中合弁の中央銀行設立の件を交渉した。上海
の都督府からは文梅村・呉崍が日本に派遣され、三井と兵器購
入の交渉等をしていた[5]。当時東京には各省の軍政府・都督府
から派遣された代表十数名がいたので、行動の統一のため、十
四日革命党の公使館に当る倶楽部を設けた[6]。

　革命党はまた日本人有志を通じて対日工作を展開した。神戸
の三上豊夷は孫文・黄興らと密接な関係があったので、黄興の
依頼により、十二月二十四日原敬内相を訪れ、日本政府の革命

　① 明治44年12月7日、在上海有吉明総領事より内旧外相宛電報、機密第104号。
外交史料館所蔵。
　② 小川平吉文書研究会編『小川平吉関係文書』二、みすず書房、1973年、431頁。
　③ 明治44年12月22日、乙秘第1917号、「清国革命党員渡来ノ件」。外交史料館所
蔵。
　④「清国革命叛乱ノ際ニ於ケル同国人ノ動静、態度及輿論関係雑纂」一。外交史料
館所蔵。
　⑤ 同上。
　⑥ 同上。

党に対する意向を尋ねた。これに対し原敬は「我政府に於ては
決して革命党を排斥するの考あるに非らず、北京政府存在の間
は此政府と交渉をなす事当然なるも、之が為めに革命党を忌む
ものと解するは誤解なり」①と語り、革命党に対する微妙な態
度を示した。

　軍政府側がこのように対日接近に積極性を示したのは、十二
月以降のことである。これは南北情勢の変化及び黄興の対日姿
勢の変化と密接な関係があった。十一月初め黄興は武漢の戦線
で波多野通訳官に「革命軍ニ対スル日本ノ態度ニ就キ頻リニ懸
念シツツアル」②意を表し、その後も「若シ外国ノ干渉起ル場
合ハ一ハ湖南ニ一ハ広東ニ拠リ飽迄抗拒ヲ継続スル」③旨を言
明していたが、十一月二十七日漢陽に敗れ宮崎滔天・萱野長知
らと共に上海に来た時、彼の対日態度には変化があった。それ
はドイツが漢陽戦線で官軍を支援していたからであった。当時
新聞は革命軍が漢陽を官軍に奪われたのは、ドイツの援助によ
り官軍が新兵器によって武装され、またドイツの将校が官軍を
指揮していたからだと報道した④。これは黄興らにとっては大
きなショックであった。黄興は「革命軍失敗ノ最大原因ハ兵器
ノ不良ニ依ルモノトシ爾来極力新式兵器ヲ日本ヨリ購入セン事
ヲ主張シ其第一着手トシテ小銃二万挺野砲五十四門機関銃七十
余挺及之ニ対スル弾薬ヲ購買セン事ヲ申込」⑤んだ。彼の対日
態度は変化し始めた。孫文帰国後、黄興は孫文に日本に接近す
べきことを主張した。これに対し駐上海の本庄繁少佐は参謀総

　① 原奎一郎編、前掲書第3巻、202頁。
　② 明治44年12月6日、「在漢口川島第三艦隊司令長官ヨリ斎藤海軍大臣ニ提出セ
ル清国事変ニ関スル警備報告要領」第18回。外交史料館所蔵。
　③ 明治44年12月23日、「南京特派員情報（甲）」。外交史料館所蔵。
　④『申報』1911年12月11日。
　⑤ 明治45年1月17日、参謀本部『清国事変特報』付録28。外交史料館所蔵。

長に、帰国後の孫文は「今ニ在リテハ黄興等ノ熱心ナル説明
ト主張ニ服シ実際我日本ニ依ラサレハ到底成功見込ナキヲ
悟」①ったと報告した。

　この転換は当時の国際環境とも密接な関係があった。イギリ
ス等は革命と革命軍に対して割合に好意的な評価を下し、革命
の性格・意義に対しても論理的に一定の理解があったけれども、
行動に関しては袁世凱に期待を抱き、革命軍と軍政府に対し何
らの接触もなかった。逆に日本は革命の性格・意義については
それほどの理解がなく、評価も低かったが、中国との地理的接
近、民間人の革命介入、中国南方における権益拡大の意欲等の
諸要因により、イギリス等に比べ相対的に革命軍や軍政府と直
接・間接の関係を保っていた。故に、孫文・黄興らが他の列強
からの支持・援助を得られない情況の下で、日本に頼ろうとし
たのも不思議なことではなかった。

　大総統に選任された孫文は十二月三十日犬養・頭山ら日本人
を招宴した後、一月一日南京に行き、大総統に就任すると共に、
共和制の中華民国臨時政府の成立を世界に宣言した。南京には
山田純三郎・末永節ら五人の日本人が同行した。三日中華民国
臨時政府が組織され、副総統に黎元洪、陸軍総長に黄興が就任
した。孫文は「大総統宣言書」で、対内方針として民族の統一、
領土の統一、軍政の統一、財政の統一を主張し、対外方針とし
ては「文明国として尽すべき義務を尽し、文明国として享受す
べき権利を享けるよう努力する。満清時代の国辱的行為と排外
的心理を一掃し、わが友邦との親睦を増進し、和平主義を持し、
中国をして国際社会に重からしめ、かつ世界を徐々に大同に赴

---

①　明治45年1月8日、在上海本庄繁少佐より参謀総長宛電報、第172号。外交史
料館所蔵。

かしめる」^①ことを訴えた。

　一月五日孫文は「対外宣言書」を発表し、日本と世界各国に
中華民国が満清の専制政府を打倒し共和国を樹立したことを宣
言し、革命前に清朝政府が各国或いは個人と締結した条約は満
期まで有効であり、清朝政府の借款及び賠償金については民国
が返還の責任を負い、清朝政府が各国及び各国の個人に与えた
権利については民国政府はこれを尊重し、各国人民の生命財産
は共和国政府の法権が及ぶ範囲において民国政府が尊重するこ
とを保証した^②。しかし革命勃発以後清朝政府と各国が締結し
た条約或いは借款に対しては、民国政府はその責任を負わない
ことを言明した。

　この「大総統宣言書」の「文明国として享受すべき権利を享
けるよう努力する」ことと「満清時代の国辱的行為……を一掃」
することは「対外言言書」において列強の既成権益を承認・保
証するのと矛盾するものであるが、前者は孫文の長期的理想を、
後者は目前の現実的政策を示したものである。このように既成
の権益を承認したのは、発足した共和国に対する列強の干渉を
排除し、新政府に対する列強の承認を獲得するためであった。
孫文はこのような矛盾が最終的な理想を実現する過程において
解決されると思っていたから、このような宣言を発表したので
ある。この宣言書は各国に伝えられた。臨時政府の伍廷芳はこ
の宣言書を直接有吉上海総領事に渡し、日本政府に伝えるよう
要請した^③。

　中華民国臨時政府成立後の一課題は列強の承認を獲得するこ
とであった。臨時政府はまず日本政府に正式な承認を要請した。

---

①『孫中山全集』第 2 巻、中華書局、1982 年、113 頁。
② 同上書、8－10 頁。
③『日本外交文書』（辛亥革命）、123－24 頁。

それはこの承認獲得によって列強の支持・支援を得、これによっ
て清朝を国際的に孤立させることが出来るからであった。辛亥
革命期日本の対中国政策は内閣においては西園寺首相と内田外
相が決定・処理し、裏では元老、特に山県有朋が実権を握って
いた。孫文が日本の対中国政策決定の内情を知っていたかどう
かは不明だが、一月（？）に黄興と共に、山県に「東亜の平和
のために、民国に対する日本の賛成を必ず得べき」①だとの電
報を発した。一月十七日臨時政府の王寵恵外交総長も内田外相
に「民国政府確立セラレタルヲ以テ外国トノ我国交ヲ便ニシ国
際間ノ義務履行ヲ容易ナラシメムカ為速ニ我政府ヲ承認セラル
ルコト得策ナルヘキニ付右ニ対シ御考量ヲ切望ス」②との意を
表した。二十日孫文は秘書池亨吉を日木の南京領事館に派遣し、
他の列強に通告する前に、まず日本に「最先ニ新政府ヲ承認ス
ル強国ニ対シ或種ノ重大ナル利権ヲ提供セントスルノ内意」③
を伝え、日本が率先して承認するよう要請した。これは孫文の
日本に対する期待と、日本を突破口として次に他の列強の承認
を得ようとする戦略を示したものである。このため孫文は、次
のような宣言を発表する意を表した④。

　　第一　府ノ所在地ニ於テハ外国人ニ商業ヲ許ス外国人及
　　　　　会社ハ借地ヲ為スコトヲ得ル
　　第二　商業ノ発達ヲ妨クヘキ税ハ一切之ヲ取ラス輸入ノ
　　　　　貨物ニ付テハ規則ニ定メタル外ハ課税セス
　　第三　外国商人及商事会社ハ其ノ営業地ニ登録スルヲ要
　　　　　ス共和国政府ハ外国人カ墨銀二万五千両ヲ提示スル

---

　①　李廷江「孫文と日本人」、『日本歴史』1987年8月号、88頁。
　②　明治45年1月17日、民国外務大臣より内田外務大臣宛電報。防衛研究所所蔵。
　③　『日本外交文書』（辛亥革命）、127—28頁。
　④　明治45年1月21日、在南京鈴木領事より内田外相宛電報、第10号。防衛研究
所所蔵。

　　　ニアラサレハ第一ノ特権ヲ与ヘサル……
　第四　共和国政府ハ鉄道敷設ヲ努ムヘシ殊ニ外国資本ノ
　　　　経営ヲ望ム
　第五　共和国政府ハ貨幣制度ヲ改良スルコトヲ努ム
　第六　法律ト裁判制度ヲ改良シ治外法権ノ撤回ヲ為スニ
　　　　足ル条件ヲ高ムルコトヲ努ム
　第七　外国人ニモ内地人ト同様ノ内地航行権ヲ拡張スヘシ

　これに対し日本はどう対応しようとしたのであろうか。南京臨時政府の顧問であった副島義一はこの宣言の発表に反対したが、駐南京の鈴木領事はこの絶好のチャンスを利用して南方における日本の権益を拡大しようとした。彼は二十二日右記の内容を内田外相に報告すると同時に、「到底彼等ノ予期スルカ如キ結果ヲ齎ラスノ不可能ナルハ固ヨリ明白ノ次第ナルモ此際何等カノ方法ニ依リ優先権ヲ獲得シ置クハ将来ニ於テ利便尠カラス」[1]として、「何等カノ方法ニヨリ此際帝国ノ利権拡張ヲ計ルヲ必要ト御認メ相成ルニ於テハ全然不可能ノ事ニ非ス」[2]と具申した。鈴木領事は同日また池亨吉から得た情報として、「英仏米各国ハ目下競争的態度ヲ以テ利権獲得ニ努メ其ノ結果是等ノ各国ニ於テ共和承認ノ危機目前ニ迫リ居ル趣ナル諸種ノ事情ヲ綜合スルニ最近当地ニ於テ各国カ孫ニ接近セントセルノ形跡アルハ注目スヘキ事実ナル」[3]と打電した。孫文と臨時政府は欧米諸国にも承認を要請した[4]。イギリスは「右ニ対シ何等ノ回答ヲナサル積ナリ」との姿勢をとって日本の行動を牽制しようとしたが、従来清朝を支援していたドイツはこの時期孫文に接

　　①　明治45年1月21日、在南京鈴木領事より内田外相宛電報、第12号。外交史料館所蔵。
　　②　『日本外交文書』（辛亥革命）、128頁。
　　③　明治45年1月22日、在南京鈴木領事より内田外相宛電報、第13号。外交史料館所蔵。
　　④　『孫中山全集』第2巻、16−17頁。

近しようとして、一月二十二日駐南京ドイツ領事が孫文を訪れ、「従来革命軍ノ独逸ニ対スル悪感ハ如何ニセハ之レヲ一掃シ得ヘキヤ」と尋ね、孫文は「暗ニ共和国政府承認ノ当然ナル」[1]旨を述べた。鈴木領事はこのことを内田外相に打電し、「此際本官ニ於テ孫ニ対シ何等カ積極的手段ヲ講シ置クノ必要アリ」[2]と再度上申した。鈴木領事は南方における日本の勢力圏と権益を拡大するために、欧米諸国に先立って承認問題を利用しようとしたが、日本政府・外務省はそれに応じようとはしなかった。

　このような情況の下で、孫文と黎元洪は自ら直接日本側に臨時政府への承認を求めた。二月三日黎元洪は漢口の松村総領事に特使を派遣し、「従来ノ親交上日本カ此際率先シテ中華民国ヲ承認セラレタキ」[3]旨を申込んだ。これに対し松村総領事は「帝国政府カ適当ノ時機ニ於テ本件ニ関スル主動的措置ヲ執ラルルヲ希望ス」[4]と内田外相に進言した。二月十一日孫文は南京の鈴木領事と直接会談した。日本政府が臨時政府を承認していない情況の下で外務省出先機関の代表が孫文と会談するのは珍しいことであり、興味あることでもあった。会談の主な内容は正金銀行の債務保護問題であったが、孫文はまず鈴木領事に「共和国政府ニ対スル承認ニ関シ各国ノ意饗如何」[5]と尋ねた。鈴木領事は回答を避け、「右ニ関シ貴下ニ於テ期待スル処果シテ如何」と反問したが、孫文は「目下共和国政府ハ南方ノ実権ヲ握リ居ルニ各国ニ於イテ未タ承認ヲ与ヘサルハ思フニ各自互ニ他

---

① 明治45年1月23日、在南京鈴木領事より内田外相宛電報、第14号。防衛研究所所蔵。
② 同上。
③ 明治45年2月4日、在漢口松村総領事より内田外相宛電報、第28号。防衛研究所所蔵。
④ 同上。
⑤ 明治45年2月14日、在南京鈴木領事より内田外相宛電報、機密第12号。外交史料館所蔵。

ノ態度ヲ観測シ居ルノ結果ナラントテ暗ニ狐疑スルノ不必要ヲ
諷シ」[1]、アメリカの中国艦隊司令長官が彼を訪ね共和国承認
の意を表したことを伝え、日本政府の承認を衷心から希望して
いる意を暗に示した。在上海の柴少将の報告によれば、この会談
で孫文は「日本カ承認ヲ与フル端緒ナラント楽観シ」[2]ていた。

　孫文は日本の民間人にも臨時政府への支持を訴えた。当時犬
養毅と頭山満が来華していた。孫文は犬養に、帰途アメリカ・
イギリス・フランス三国の主権者に新政府を樹立したら承認を
与えるか否かを尋ねたが、英・米両国は何ら確答せず、フラン
スは率先してこれを承認すべしと答えたと語りながら「之ニ関
スル日本政府ノ意向如何ト尋ネ」、「個人トシテ屡々日本ニ頼ラ
ントシテ常ニ其政府ヨリ苛酷ノ待遇ヲ受ケ不満無キニ非ラサル
モ支那ノ立チ場ニ稽ヘ日本ト提携セサルヘカラストノ意見ハ従
来ト毫モ変ハル無シ」[3]と述べ、犬養の協力を希望した。これ
に対し南京から帰国した（一月十六日東京に着）犬養は、一月二
十日開催された国民党大会において孫のもっとも憂うるところ
は列国の中華民国承認、特に日本が承認するや否やであると述
べ、我が外交当局は他国に遅れることなく承認を与えんことを
望むと政府に訴えた。

　南京臨時政府承認問題は会期中の日本の衆議院においても取
上げられた。日向輝武議員は共和国政府承認問題は日本政府の
対清政策の中でもっとも重要なる問題だとして、「此新政府なる
ものは建設日極めて浅いにも拘らず、支那の大多数の民族の意

---

　① 明治45年2月14日、在南京鈴木領事より内田外相宛電報、機密第12号。外交
史料館所蔵。

　② 明治45年2月12日、在上海柴少将より参謀総長宛電報、第37号。防衛研究所
所蔵。

　③ 明治44年12月27日、在上海本庄繁少佐より参謀総長宛電報、第155号。外交
史料館所蔵。

思を代表して居るものである、我国は此善鄰の国に於ける民衆
の大多数の意思を尊重し、其意思を迎へることは善鄰国との将
来の関係に於て、多大の影響を及ぼし、良好なるところの感情
を大多数の民衆に与ふること実に甚大なり」[1]と述べ、政府が
如何なる理由によりその承認に躊躇しているかを質問した。日
向議員は日本と中国は歴史的に、地理的・人種的に特殊な関係
がある故に、欧米列強に率先して新共和政府を承認するように
要望した[2]。これに対し石井菊次郎外務次官は「今日の支那に
於ける事態が承認するや否やと云ふことを決定するまでに進ん
では居りませぬ、又進んで居らぬと認めて居りますので、因て
今日まではまだ承認しないと云ふ事情であります」と述べなが
ら、「列国に先んじて事をすると云ふことは有利なる手段とは認
めませぬ、因て列国に先んじて承認すると云ふことは、政府に
於て決定しない」[3]と答え、承認問題に対する外務省の姿勢を
明確に表明した。

　臨時政府は二月中旬参議院の決議に基づき宋教仁を日本に派
遣して日本の朝野に働きかけ、共和国に対する承認を獲得しよ
うとした。中国の新聞『申報』（二月二十三日）も宋の渡日とそ
の任務等を報道した。宋教仁は「列国ニ対スル該承認運動ヲモ
日本国ニ依頼」[4]しようとした。日本においては内田良平ら黒
竜会系統の浪人と政友会議員でありまた有隣会の責任者でも
あった小川平吉が宋教仁の渡日に深い関心を示した。小川平吉
は宋を「第一革命に付て非常な功労者であり……国民党中第一

　　① 大日本帝国議会誌刊行会『大日本帝国議会誌』八、大日本帝国議会誌刊行会、昭
和3年、995頁。
　　② 同上。
　　③ 同上。
　　④ 明治45年2月4日、在南京鈴木領事より内田外相宛電報、第28号。外交史料館
所蔵。

の人物」①だと高く評価して二月二日上海で夜を徹して時事を
相談し、日中同盟を締結することを約した。小川は帰国後日本
政府と世論に訴え、臨時政府に対する承認を獲得しようとした。
小川は宋教仁に「承認時期到来前に来朝して各種の問題に付双
方の意見を疎通するを便利なりと信ず。政友会は勿論各方面皆
君の来朝を歓迎す」②と打電し、二月二十九日には「日本政府
ハイヨイヨ率先シテ列国ニ対シテ中華民国共同承認ノ運動ヲ開
始シタルモノノ如シ之レ実ニ将来必然締結セラルベキ日華同盟
ノ第一着歩ト見ナスベキモノナリ予ハ中華民国諸公カ唇歯輔車
ノ特別ナ関係ニ鑑ミテ大局ノ為メ特ニ両国ノ親善ニ留意セラ
レンコトヲ望ミ又此意味ヲ以テ貴君ノ早ク来京セラレンコトヲ望
ム」③と打電した。三月一日小川は孫文と黄興にもほぼ同様の
電報を発した。しかし宋教仁の渡日は南北和議が達成されたた
め実現しなかった。

　日本政府は中華民国臨時政府を承認しようとしなかったが、
民間ではその承認運動が盛りあがった。当時有隣会に属してい
た梅屋庄吉らは大総統に選任された孫文に祝電を打って、「貴共
和国の早期承認のため、奮励努力せんこと」④を誓い、東京に
支那共和国公認期成同盟会の事務所を設置し、一月二十八日築
地の精養軒で七二人が参加して会を開き、一日も早く中華民国
臨時政府を承認するよう政府に働きかけることを決議した⑤。
大阪では一月二十九日石崎酉之丞・永易三千彦ら七人が発起し
て支那革命政府承認期成同盟会を成立させ、「革命新政府を承認
するの大運動を開始するに決」し、二月四日には「吾人ハ我カ

　①「小川平吉文書」。国会図書館憲政資料室所蔵。
　② 小川平吉文書研究会編、前掲書2、443頁。
　③ 同上書、451頁。
　④「梅屋庄吉文書」。小坂哲郷・主和子所蔵。
　⑤ 車田譲治『国父孫文と梅屋庄吉』六興出版、1975年、234頁。

政府ヲシテ速ニ中華民国政府ヲ承認セシメム事ヲ期ス」[①]との
決議文を採択した。中国の新聞と世論も南京政府承認に対する
日本政府の動向を注目していた。『申報』は日本の内閣が十二日
の閣議において承認問題を討議したことを報道し[②]、民国に同
情する有志が「支那共和国承認同志会」を結成して承認運動を
展開し[③]、議会において一部の議員が承認を訴える情況等をも
伝えた[④]、これは世論も日本が率先して承認するよう要望して
いたことを示す。

　国際法上では中華民国臨時政府の承認は新国家承認の問題で
はなく新政府承認に属する問題であった。臨時政府が成立した
後でその正式承認を求めるのは、国際法上当然なことであった。
これにより新政府は国家を代表する資格を与えられ、国際法上
の権利を主張し、義務を負う地位に立つのである。しかし臨時
政府承認の問題には、この他にも臨時政府が北京の清朝政府と
対立している情況の下で、この承認により清朝政府を国際的に
否定し、孤立させ、それを打倒しようとする狙いがあり、また
清朝皇帝退位後の情勢を予測する、南北和議において袁世凱と
対抗する国際的情勢をつくり出す、列強との外交が再開されれ
ば緊急の借款交渉等を進行させることが出来るなどの目的が
あった。このような意図から孫文と臨時政府はその承認獲得を
急いだのである。

　しかし日本と列強はこの政府を承認しようとはしなかった。
日本は政策上共和制に反対しており、また新政府に対して「今
後混雑ヲ免レサルヘシ財政ハ依然窮乏シ其善ク基礎ヲ持続シ来
レルヲ怪マシムルモノアリ……其他各種ノ状況ニ顧ミテ革命党

---

① 辛亥革命研究会編『辛亥革命研究』八、78頁。
②『申報』1912年1月28日。
③『申報』1912年2月9日。
④『申報』1912年1月28日、2月29日。

ノ前途尚寒心ニ堪ヘサルモノアリ」①と判断して、その安定さ
えも認めていなかったので、この新政府を承認しようとしな
かった。それに加えてイギリスの牽制もあった。承認問題にお
いても日本はイギリスと協調的態度をとり、まずイギリスの意
向を打診したが、イギリスは「何等ノ回答ヲナサ、ル積ナリ」②
と回答した。しかしイギリスは原則的に共和制に賛成し、新共
和国政府の成立により「革命派の活動が新段階に入った」③と
評価し、またモリソンのように孫文が組織した内閣は袁の内閣
より優れた内閣だと評価しながらも④、この政府を清朝皇帝退位
後袁世凱を大総統とする政府までの過渡的な政府だと見なし、承
認しようとしなかったのである。このように日・英間では不承認
という現象は共通していたが、その理由には相違点があった。

　日本政府は臨時政府を承認しようとしなかったが、民間の有
志は依然としてこの政府を支持した。これは日本政府の指示に
よるものではなく、革命党との伝統的友誼と個人の意思による
ものであった。日本政府は彼らの支持を黙認し、有吉上海総領
事は個人名義で協力することを阻むことは出来ないと語った⑤。
臨時政府は一月六日犬養毅を政治顧問に⑥、寺尾亨と副島義一
を法律顧問に、阪谷芳郎と原口要を財政顧問に招聘した。だが
犬養は拒否した。そのほかに、池亨吉は孫文の秘書、萱野長知
は黄興の秘書、北一輝と北豊次郎は宋教仁の秘書として臨時政
府で仕事をしていた⑦。彼らは秘書として主に対日関係の諸問

　①『日本外交文書』（辛亥革命）、123頁。
　② 同上書、545頁。
　③ 胡浜訳『英国藍皮書有関辛亥革命資料選訳』下、中華書局、1984年、443頁。
　④ 駱恵敏編『清末民初政情内幕』上、知識出版社、1986年、823−24頁。
　⑤『申報』1911年12月29日。
　⑥ 明治45年1月21日、在南京鈴木領事より内田外相宛電報。防衛研究所所蔵。
　⑦ 明治45年1月18日、在南京鈴木領事より内田外相宛電報、機密第五号。外交史
料館所蔵。

題を取扱っていた。

　早稲田大学の法学博士副島義一は中華民国の憲法に相当する「臨時約法」の制定に直接参加し、重要な役割を果した。「臨時約法」の制定において孫文や各省の代表の中には連邦制を主張する者がいたが、副島は黄興と共に単一国家の制度を終始支持し、それを「臨時約法」で規定した[①]。国名について副島は辛亥革命が「排満興漢」という旗幟でおこなわれたのであるから「大漢国」或いは「支那共和国」と名づけることを主張したが、それは採用されず、国名は「中華民国」に決まった[②]。内閣総理大臣を置くか否かの問題で副島はフランスのように大統領の下に内閣総理大臣を置くことを主張したが、これは参議院で否決され、アメリカのような大統領制になった[③]。このようにして制定された「臨時約法」は三月八日参議院で可決された。「臨時約法」は七章五六条で構成され、立法・行政・司法三権の分立と責任内閣制を規定し、ブルジョア共和国の政治体制を確立し、中国の憲政史において重要な歴史的意義を有した。

　臨時政府の軍関係の機関にも日本の軍事顧問と教習がいた。彼らは民間人と異なり、軍部の命令或いは許可の下で臨時政府の軍事機関で任務に就いていたのである。孫文は帰国の折に「英仏米等各国ヨリ軍人ヲ招聘スヘシ」と語ったが、その後訂正して犬養毅に「将来軍事ノ指導ハ全然日本ニ師事セサル可ラス」[④]と述べた。南京等の陸軍学堂では日本の軍人が教習に当っていた。寺西中佐は黎元洪の軍事顧問として活躍していた。海軍は陸軍と異なりイギリス・フランスに留学した者が多数であった。

---

　①『早稲田講演』大正元年5月改巻記念号、46-47頁。
　② 同上雑誌、50頁。
　③ 同上雑誌、50-51頁。
　④ 明治45年1月8日、在上海本庄繁少佐より参謀総長宛電報、第172号。外交史料館所蔵。

海軍次長湯薌銘（フランス留学生）と海軍参謀王時沢が南京領事館を訪れ、「臨時政府ハ此際日英両国ヨリ一人宛ノ顧問を聘シ根本的ニ海軍組織ヲ改革セントス」①の意を表明した。これに対し財部彪次官は「相当ノ時機ニ達セバ之ニ応スルヲ得見込ナルモ」②、それに応ずる条件として、海軍省は第一に「此際革命軍ヲシテ充分我ニ信頼シ全然我指導ニ一任スヘキコトヲ予メ確約セシムル」、第二に「革命軍海軍ノ要部ニ相当ノ数ノ我武官ヲ配置シ万事右武官ノ意見ヲ諮詢実行スヘキコト」、第三に「招聘セル英国武官アラハ必スシモ之ヲ排斥スルヲ要セサルモ……将来他国武官ヲ招聘セサルコト」③等を付した。この三つの条件は「若シ其全部ヲ実行スルヲ得サル情勢アルトキハ此際適宜其一部ノ実施ニ止ムルモ妨ナシ」④としたが、実は革命軍の海軍に対する影響力を確保しようとしたものであった。

　この時期各省の軍政府と日本との関係も徐々に親密になってきた。特に広東省では「当地在留人ト軍政府役員ノ交渉ハ却テ旧政府時代ヨリハ親密ニ相成居随テ商業上及其他関係上ニ於テ当地ニ在ル本邦人ハ他ノ諸外国人ニ優越セル便宜ノ地位ヲ占ムルヲ以テ目下当地在留本邦人ハ一般ニ軍政ニ対シ同情ヲ有シ窃ニ其成功ヲ期待シ居ル次第ニ有之候」⑤と駐広東の瀬川総領事は内田外相に報告した。広東革命軍の師・旅団長と軍務部長・参謀長らは皆日本陸士出身であり、広東講武堂教習細野中佐から内々に指導を受けており、「同中佐ト広東ノ軍事当局者間ニハ今尚頗ル密接ナル関係ヲ保持」⑥していた。広東軍政府の外交

---

① 明治 45 年 1 月 3 日、新高船長より海軍大臣宛電報。防衛研究所所蔵。
② 明治 45 年 1 月 5 日、海軍次官財部彪より新高船長宛電報。防衛研究所所蔵。
③ 明治 45 年 1 月 8 日、外波内屋海軍少将宛□達覚。防衛研究所所蔵。
④ 同上。
⑤ 明治 45 年 2 月 5 日、在広東総領事瀬川浅之進より内田外相宛電報、機密第 7 号。外交史料館所蔵。
⑥ 明治 45 年 2 月 5 日、在広東総領事瀬川浅之進より内田外相宛電報、機密第 7 号。

部長陳少白と軍務部長は三井洋行と密接な関係を保っており、
広東軍の武器輸入は三井系の銀行がほぼ独占していた[①]。広東
軍政府の財政当局者と台湾銀行との交流も密接であった[②]。

三　武器提供と北伐軍をめぐる対応

　南京臨時政府と革命軍の第二の大きな課題は武器の獲得と北
伐の挙行であった。日本は革命勃発の当初に清朝に大量の武器
を提供したが、十二月以降は革命軍と南京臨時政府に武器を提
供する唯一の国になった。本節では、南京臨時政府を公然と承
認もせぬ日本が密かに臨時政府に武器を提供した事実と両者の
微妙な関係及びその原因を考究すると共に、山東半島と遼東半
島における北伐軍と日本との特異な関係を究明する。

　辛亥革命は暴力＝武力によって清朝の支配体制を打倒しよう
とした革命であったから、革命勃発と共に大量の武器・弾薬が
必要となった。武器・弾薬を確保することは革命の勝利につな
がる重要な問題であるため、革命軍はその獲得に努力した。十
月中旬北京に潜入した革命軍の決死隊は小銃三万挺の密輸入を
日本商人に委託したが[③]、当時日本は清朝政府を支持してこれ
に武器を提供しようとしていたため、この要求は拒否された。
しかし参謀本部は密かに革命軍にダイナマイト等を提供し[④]、
武漢で黎元洪の軍事顧問をしていた寺西中佐も田中義一軍務局
長に「革命軍ノ抵抗ヲ永カラシムルハ我国ノ対清政策上極メテ

外交史料館所蔵。
　① 同上。
　② 同上。
　③ 明治 44 年 10 月 13 日、在北京日本公使館付武官青木宣純少将より参謀総長宛電
報。外交史料館所蔵。
　④ 原奎一郎編『原敬日記』第 3 巻、福村出版、1981 年、177 頁。

必要ナリ」と上申し、「機関銃二十弾薬二十万発三十一年式榴散弾五万発密輸入サレタシ其方法ハ三井山本ト相談アレ其代金ノ取レルト否ヤハ未定ナルニ付我政府ヨリ支出ヲ承認スル覚悟ヲ要ス」[①]と提案した。この結果は不明であるが、清朝政府は十一月初め日本公使館付武官青木少将から三井物産が革命軍にしきりに武器を売込んでいることが事実であるかとうかを探り、これを牽制しようとした[②]。これはこの時期に日本から革命軍側に武器が流れていたことを示すが、この時期には個別的・部分的な提供にとどまり、大量の提供は翌年の一月からであった。

　当時清朝側は武器の大半をドイツから輸入し、ドイツの将校が漢陽戦線で官軍の軍事顧問として活躍していた。このことに関し本城安太郎は上原勇作宛書簡で「這般の支那内乱独逸本腰にて北京軍を援助、我日本は半腰的遠慮勝の弱腰にて革命軍に力を効し居候。公然言明せば日本と独逸の尻押戦争の感御座候」[③]だと述べていた。ドイツが官軍を支援したのは革命軍にとっては大きなショックであった。十一月二十七日漢陽が官軍に攻略された時、黄興も伝統的な関係を有する日本に支援を求めざるを得なかった。黄興は「今回ノ敗因ハ官軍ニ与ヘタル独逸士官ノ援助並独逸ノ供給セル軍器ノ為メナル」[④]と分析し、十二月一日上海に来た時に「漢陽ノ敗戦ハ全ク革命軍カ兵器ノ劣レルニ起因セルモノ」[⑤]であるとして、「極力新式兵器ヲ日本ヨリ購入セン事ヲ主張シ其第一着手トシテ小銃二万挺野砲五十

---

　　① 明治 44 年 11 月 3 日、在蕪湖奥田領事より内田外相宛電報、第 89 号（在漢口の松村より）。防衛研究所所蔵。

　　②『日本外交文書』（辛亥革命）、150 頁。

　　③ 上原勇作関係文書研究会編『上原勇作関係文書』東京大学出版会、1976 年、454 頁。

　　④ 三井物産株式会社『社報』明治 44 年 12 月 2 日。三井文庫所蔵。

　　⑤ 明治 44 年 12 月 7 日、在上海有吉総領事より内田外相宛電報、機密第 104 号。外交史料館所蔵。

四門機関銃七十余挺及之ニ対スル弾薬ヲ購買セン事」①を日本
側に申込み、また三井物産に三十万ドルの借款を要請した②。
このように漢陽における敗北をきっかけに、革命軍は日本に大
量の武器と借款の提供を要求し始めた。革命軍中央が日本に武
器とその購入に必要な借款の提供を要請したことにより、各地
方の革命軍も同様の要請を日本側に提出した。湖南の革命軍は
駐長沙の大河平領事に武器補充のため三〇〇万ないし五〇〇万
元の借款を要請し、江蘇の革命軍と浙江の革命軍も日本から武
器と馬匹を購入しようとした③。広東軍政府も三井と小銃一万
挺、機関銃三十挺及び弾薬購入のための交渉をおこなった④。

　各省の軍政府・革命軍は武器と軍資金調達のため日本に代表
を続々と派遣した。黄興・黎元洪は何天炯（変名して中林繁）
と黎の幕僚であった日本の陸軍大尉与倉太郎・元『読売新聞』
記者中井喜太郎・神戸市の太田信三らを東京に派遣し、銃器・
防寒具・軍資金等の調達に従事させた⑤。どの省から派遣され
たかは不明だが、何浜東・譚済川ら四人も東京で武器を購入し
ていた⑥。上海都督府から派遣された文梅村・呉嵎は内田良平
を通じ三井物産と銃器・防寒具調達の交渉をおこなった⑦。上
海では内田良平が派遣した北一輝・清藤幸七郎が三井物産上海
支店を通じて宋教仁らと軍資金・兵器購入の交渉をおこたって
いた。上海の大倉組支店は革命軍側と武器購入のための四〇〇

　①　明治45年1月17日、参謀本部『清国事変特報』付録28。外交史料館所蔵。
　②　明治44年12月17日、在上海有吉総領事より内田外相宛電報、第413号。防衛
研究所所蔵。
　③　明治45年1月17日、参謀本部『清国事変特報』付録28。外交史料館所蔵。
　④　明治44年12月21日、在香港船津総領事代理より内田外相宛電報、第123号。
外交史料館所蔵。
　⑤　上原勇作関係文書研究会編、前掲書、454頁。
　⑥　「清国革命叛乱ノ際ニ於ケル同国人ノ動静、態度及輿論関係雑纂」一。外交史料
館所蔵。
　⑦　明治44年12月7日、内田外相より在上海有吉総領事宛電報、第132号。外交史
料館所蔵。

万円の借款を交渉していた。日本滞在中の文人章炳麟も帰国の途に就く前に小銃五万挺・弾薬数百万発を購入した[①]。

革命軍の武器提供の要望に対し、参謀本部はそれに応ずるような姿勢を示したが、政府・外務省が難色を示したので、密かに少量の武器が提供されただけであった。しかし一九一二年一月に南京臨時政府が成立した後は、日本政府も武器とその購入費としての借款の提供に乗出し、一月十二日の閣議において「革命軍に対しては今少しく進んで援助的関係をなすの政策を取る」[②]ようになった。この折にこのような政策転換を始めたのは、十二月下旬の南北和議において、イギリスが日・英協調一致の原則を破り、率先して共和制を支持したため、日本も協調一致の原則による束縛を離れて自由な行動をとるようになり、革命軍に武器を提供し、それによってイギリスの勢力範囲内に自己の勢力を扶植して日本の権益を拡大しようとしたのである。これは一九一一年十月二十四日の閣議決定における中国本部、特に南部における勢力拡大方針と一致するものであり、その方針を具体化したものでもあった。この方針が具体化されるには客観的条件が必要であった。それは革命軍の勢力の拡大と南京臨時政府の樹立であった。もしこのような客観的条件が具備していなければ、このような政策の転換は不可能であった。

このような日本政府の対革命軍とその政府に対する政策の転換により、一月二十四日三井物産と上海都督府との間に三十万円の借款契約が成立し、上海都督府の代理人として内田良平が署名した[③]。その三十万円のうち二十五万円余は直接に三井物産から武器を購入することが規定されていた。これにより上海

---

① 明治44年11月7日、乙秘第1773号、注（13）。外交史料館所蔵。
② 原奎一郎編、前掲書第3巻、212頁。
③ 初瀬竜平『内田良平の研究』九州大学出版会、1980年、145−46、162−63頁。

都督府は三一年式野砲六門・三一年式速射山砲六門・機関銃三挺と各種の砲弾一万発・実包十五万発を購入した。その後蘇省鉄道（上海—杭州間）借款等が成立し、それによってまた大量の武器が革命軍に送られた。

　これらの武器がどのように革命軍に輸出・輸送されたかの全体像は具体的史料の欠如により不明であるが、一九一一年十二月八日頃日本の雲海丸が銃一万挺・帯剣・短銃等約三〇〇万トンの兵器を上海に[1]、一月八日頃には巴丸が歩兵銃一万二〇〇挺・機関砲六門・山砲六門とそれらの弾薬を南京に陸揚げした[2]。これらは革命軍と大倉組との借款によって提供されたものである。一月二十三日には三井物産から汕頭の革命軍と商団に提供される小銃一九〇〇挺と銃剣・弾薬がミヨ丸で汕頭に陸揚げされた[3]。一月二十八日には三井物産から広東と汕頭の革命軍に提供される村田銃七五〇〇挺が広東の黄浦江に陸揚げされた[4]。二月二十四日頃には栄城丸が村田銃三万挺・弾丸八〇〇万発を積載して広東の虎門に入港した[5]。上述のように日本からは大倉組・三井物産両社が主に提供した。三井物産の場合、一九一二年上半期に上海に輸出した武器と軍用品の総額は二八五万円余に達していた[6]。これに関し三井物産は「我々ハ南方革命派幹部ニ特ニ接近シツアリシカ、革命ノ始マリタル後モ一層親密ノ関係ヲ結ヒ軍器引合上ニハ非常ニ利器ヲ有シ、革命騒乱時代ニ南京政府ノ使用シタル軍器、軍需品ノ取扱ハ殆ト十中ノ八九

①『日本外交文書』（辛亥革命）、169 頁。
②　同上書、181−82 頁。
③　明治 45 年 1 月 25 日、在汕頭矢野領事より内田外相宛電報、第 1 号。防衛研究所所蔵。
④　明治 45 年 1 月 29 日、在広東瀬川総領事より内田外相宛電報、第 7 号。防衛研究所所蔵。
⑤　明治 45 年 2 月 24 日、在広東瀬川総領事より内田外相宛電報、第 19 号。防衛研究所所蔵。
⑥　三井物産株式会社「第五回（明治 45 年上半期）事業報告書」。三井文庫所蔵。

我々ノ手ニ帰シタル有様ナリ」[1]とその支店長会議において報告している。

　しかしこれらの武器には日露戦争期の廃銃・廃砲が多かった。尾崎行昌は小川平吉宛書簡で「輸送せる軍器の廃物たる大事件問題」[2]をあばき、北一輝も内田良平宛書簡で「各商館ハ南京ニ廃銃ノ甚シキモノヲ売附ケタリ」[3]とあばいた。大倉・三井等の商社側は、革命軍に対する支援というよりも、寧ろ武器を利益の高い新商品として取扱った。三井の場合には陸軍省が四、五円で払下げた銃を二十五円で革命軍に売渡した[4]。日本政府・軍部は革命軍を支援する名目で中国南部における日本の勢力と権益を拡大しようとした。これは革命軍とその政府が革命戦争勝利のために新式武器の提供を要請した意図と大きな食違いがあったが、他の列強が兵器と借款を提供しない情況の下で、このようなものも無用ではなかったし、客観的には「支援」だといわざるを得ないであろう。

　日本とは逆にドイツは官軍に武器を提供した。一九一二年中国が外国から輸入した武器のうち、ドイツが五・四六割、日本が二・五九割を占めていた[5]。これは日本が対中国の武器輸出において四分の一強を占めていたことを示す。

　上述のように、武器問題において革命軍と南京臨時政府側は自発的に武器の提供を要請し、初めは個別的であったのが、十一月末漢陽が攻略された後、特に一九一一年一月南京臨時政府が成立して以降、その要求は積極的になり大量になった。この

　① 大正2年7月、三井物産株式会社「第二回支店長会議議事録」97頁。三井文庫所蔵。
　②「小川平吉文書」。国会図書館憲政資料室所蔵。
　③ 明治45年2月6日、在上海の北輝次郎より内田良平宛書簡。外交史料館所蔵。
　④ 乙秘第1938号、「清国革命党関係者ノ談」、注（13）。外交史料館所蔵。
　⑤ 陳存恭「民初陸軍軍火之輸入」、中華文化復興運動推行委員会主編『中国近代現代史論集』第23編下、台湾商務印書館、1986年、105頁。

ような変遷過程は革命軍と日本との微妙な関係の変化を促進し、またこの変化によって日本からの武器の提供が可能になったのである。これと対照的に日本政府・軍部による武器の提供も個別的で小規模なものから大量のものに変化したが、これも日本政府・軍部の対革命軍政策の変遷に伴うものであり、武器の輸出・輸入そのものがこの時期の日本の革命軍・臨時政府に対する微妙な政策を象徴していた。しかし日本は公然と南京臨時政府に武器を提供しようとはしなかった。これらは中立厳守の陰で密かにおこなわれたからであった。これは中国における日本と欧米列強間の相互牽制による争奪によって起きた現象であった。

　武器の要望と提供は革命軍側と日本との異なる目的によって実現された。異なる目的が一時的ながらも融合・統一されたのは、対立的な事物が一定の条件の下で統一される歴史変化の法則を立証し、対立そのものが共にその融合・統一から利を得ることがあることを物語る。

　次に北伐軍と日本との関係を考究する。

　辛亥革命の最終的目標は、清朝を打倒し、中国全土に共和国政権を樹立することであった。このため南京臨時政府の成立に伴い、清測を打倒する北伐の要求が高まった。特に広東・上海・浙江・江蘇では自発的に北伐軍を組織し、北伐を挙行しようとした。一九一二年一月陸軍総長黄興は六つの北伐軍団を組織した。第一軍団は湖北・湖南軍であり、京漢鉄道に沿って北上、第二軍団は南京駐屯の各省と安徽省の軍団であり、津浦鉄道に沿って北上、第三軍団は淮揚の軍団であり、第二軍団と平行して北上、第四軍団は煙台の軍団、第五軍団は東北地区の軍団、第六軍団は山西・陝西省の連合軍団であっ

た①。しかし第二・第三と第四・第五軍団は局地的ながら前進
したが、種々の原因、特に南北停戦協定と和議により、他の二
軍団は本拠地にとどまっていた。

　北伐の挙行によって戦線が拡大することは、この地域におけ
る列強の権益と貿易を脅かすばかりでなく、以後の中国の南北
情勢に大きな影響を及ぼす可能性があった。故に、イギリスは
その勢力範囲に接する第二・第三軍団の北伐の動静に注意を払
い、ジョルダン公使と駐南京の領事はイギリス外務省にその動
静を逐次報告した②。日本は自国の勢力圏内で軍事行動を展開
する第四・第五軍団の北伐に注目していた。

　第五軍団の司令官は藍天蔚であった。彼は元奉天駐屯の第二
混成協の協統であり、武昌蜂起後同地区の革命党員らと共に武
装蜂起を策動し、まず奉天都督趙爾巽を打倒して奉天省の独立
を宣言し、次に灤州駐屯の第二鎮張紹曾らと連合して北京に進
撃して、清廷に決定的一撃を加えようとした。しかしこの計画
は部下の告発により発覚した。軍権を剥奪された藍は、十二月
二十三日大連に潜入し③、当地の革命党と共に革命蜂起を画策
した。大連と満鉄付属地では革命党員が蜂起を準備していた。
中国東北部は清朝発祥の地であり、北京の背後に当るが故に、
この地区の革命蜂起を防止することは清廷の安全に不可欠で
あった。袁世凱は北京の坂西利八郎中佐を通じて伊集院公使に、
藍が大連で「何等画策スル所アルカ如キ情報ニ接シタルカ」④と
尋ねた。この電報に接した内田外相は十一月二十八日伊集院に、

　①『孫中山全集』第2巻、中華書局、1982年、14頁。
　②　胡浜訳『英国藍皮書有関辛亥革命資料選訳』下、中華書局、1984年、382、383、
456、570頁。
　③　明治44年12月23日、在旅順白仁民政長官より石井外務次官宛電報、公第76号。
防衛研究所所蔵。
　④『日本外交文書』（辛亥革命）、270—71、273頁。

藍が大連を「政治的運動ノ策源地トナスカ如キハ帝国政府ニ於テ固ヨリ之ヲ認容スルコト能ハサル義ニシテ万一右様ノ事実アルニ於テハ厳重ニ之カ取締ヲナスヘキコト勿論ナル」[①]とし、この意を袁に伝え安心させるよう指示した。石井外務次官も駐旅順の白仁民政長官に藍天蔚の行動を調査するよう命じた[②]。日本のこのような対策はまず関東州の「安全」を保つためであったが、客観的には清朝政府と袁に有利であった。

　藍天蔚はその後上海・南京に行き、南京臨時政府から関外（山海関以北の東北地区）都督と北伐軍の第五軍団司令官に任命された。藍天蔚は上海で上海学生軍を中心とした北伐軍二〇〇〇余名を組織して海容・海琛・南琛の三隻の軍艦に分乗させ、一月十六日山東半島の芝罘に碇泊した。この北伐軍団の任務は山東地域における革命党の活動を支援すると同時に、遼東半島に上陸して南満と東北三省における革命蜂起を促進して東北の独立を達成し、次に北方から清朝政府に軍事的打撃を与えることであった。

　山東省は一九一一年十一月十三日独立を宣言したが、二十四日巡撫孫宝埼は独立を取消し、革命党の活動を弾圧した。翌年の一月中旬大連で活躍していた同盟会会員徐鏡心らは緑林軍と連合し、日本汽船十九永田丸を利用して山東半島北部の登州に上陸し、県城を占領した。藍天蔚の北伐軍の到来は山東の革命派を大いに鼓舞した。その後南京臨時政府は上海軍と福建軍の一部を支援のため山東に派遣した。

　藍天蔚の第五軍団は山東の芝罘を基地とし、まず遼東半島の北側に上陸しようとした。この地域は関東州に接し、また日本の勢力範囲である南満の南端にもなっていた。故に、この上陸行

---

　①『日本外交文書』（辛亥革命）、272頁。
　② 同上書、273頁。

動は日本の権益にかかわることになるため、日本との関係をどう
処理するかが重要な問題になった。藍天蔚は一月十七日関外都督
の名義で駐旅順の大島関東都督に次のような電報を発した①。

　　　弊国共和軍ハ専制政府の改造ヲ目的トシテ起リ其旨トスル
　　所ハ人民ノ幸福及ヒ世界ノ平和ヲ図ルニアリ依テ外国
　　人民ノ生命財産ハ勉メテ保護セムコトヲ期ス而シテ当省
　　一切ノ施設ハ多ク貴国ニ関渉ス然ルニ今弊都督ハ中華民
　　国臨時大統領ノ命ニ依リ関外ヲ都督スルニ至レルヲ以テ
　　自ラ応ニ力ヲ尽シ以テ保護ノ任に膺ラン然レトモ当省ニ
　　於ケル鉄道ハ貴国ノ所有ナルヲ以テ貴国ハ平和維持ノ為
　　南満鉄道ノ中立ヲ確保シ以テ民国ト清国トノ軍隊ニ対シ
　　同一ノ取扱ヲナサンコトヲ請フ

この照会は、（一）に北伐軍の清朝打倒の目的を表明し、（二）
に東北における日本の権益の尊重を表明し、（三）に北伐軍と清
軍との軍事衝突に際し日本に中立を保つことを要請したもので
ある。これは北伐軍の対日方針を示したものである。この時期
南京臨時政府は政治的には新政府の承認、軍事的には武器の提
供、財政的には借款の提供を日本に要請していたが、北伐軍は
このような要請を示さなかった。これはこの方針の一つの特徴
であった。

　これについて日本はどう対応しようとしたのだろうか。日本
政府・外務省は北伐軍が山東半島に到着する以前から対策を講
じていた。内田外相は北伐軍が秦皇島に上陸するとの情報に接
し、日本軍が京山鉄道のこの付近を警備しているため「我ニ取
リ最痛切ナル利害ヲ有スル」として、「前以テ革命軍ニ警告ヲ与
フルカ又ハ愈々上陸ノ際実力ヲ以テ之ヲ阻止スルノ外ナシト認

①『日本外交文書』（辛亥革命）、294頁。

メラルル」①とし、一月九日伊集院公使に関係国公使とその対策を講ずるよう訓令した。伊集院公使はまず支那駐屯軍の阿部司令官と協議の上イギリス公使ジョルダンと相談したが、彼は上海独立後上海—南京間の鉄道を中立化したように、京山鉄道にも官革双方共に利用させない処置をとるという意見を表明した。これは北伐軍そのものには直接反対しない態度であった。しかし伊集院はこの意見に反対し、十三日の各国公使会議で協議するよう提案した。だが十三日内田外相は大島都督に、北伐軍が遼東半島の中立地帯に上陸することを予測して「同隊指揮官ニ対シ穏ニ中立地帯ノ性質ヲ説明シ若シ彼等ニ於テ上陸ヲ強行セントスルトキハ我ニ於テ之ヲ阻止スルノ措置ヲ取ルノ已ムヲ得サル旨ヲ述ヘ成ルヘク其上陸ヲ断念セシメラル様シタシ」とし、中立地帯以外の地点に上陸する場合は「上陸ヲ阻止スル手段ヲ取ラサルコトニ決シタル」②と指示した。これは北伐軍がもし中立地帯以外の秦皇島付近に上陸してもそれに干渉しないとの意味であり、数日前の政策に変化があったことを示す。

　海軍も外務省とほぼ同様の対策を講じていた。黄海と渤海湾を巡航している第二艦隊の古松茂太郎司令長官は一月十六日斎藤海相に「革命軍カ満洲沿岸ノ中立地帯ニ上陸ヲ企図スル場合ニコレカ阻止ノ手段トシテ第一勧告第二声明第三兵力ヲ以テスルノ直接威圧ノ三段ニ分チ革命軍ニ申込ミ其上陸ヲ断念セシメントス」と上申し、十七日財部彪海軍次官は旅順要港部司令官に「帝国政府ハ革命軍ノ中立地帯以外ノ満洲ニ上陸スルニ対シテハ必要ナキ限リハ干渉セサル方針ナリ」③と指示した。

　日本政府と軍部がこのような方針と対策を講じたのは、まず

①『日本外交文書』（辛亥革命）、280頁。
②同上書、284頁。
③同上書、289頁。

北伐軍の上陸により関東州と満鉄を中心とした南満に蜂起が起こるのを防止してこの地域における日本の植民地的権益を保護し、次に南京に革命党の統一的政府が成立し、日本が暗に財政的「援助」と武器を提供する情況の下で、出来得る限り北伐軍との正面からの軍事衝突を避けるために、事前に中立地帯への上陸を断念させ、中立地帯以外の地点に対しては不干渉の態度をとることによって、一石二鳥の目的を達成しようとしたからである。

　故に、北伐軍と渤海に遊弋していた日本海軍は微妙な関係を保っていた。当時第二艦隊は艦艇常盤・音羽らを芝罘に派遣して北伐軍の動向を監視すると共に、藍天蔚と連絡をとっていた。双方は互いに警戒的な姿勢で睨みあっていながら、また互いに訪問しあい意思の疎通を図った。当時南京臨時政府には北伐軍の「海軍ニ対シ日本ノ軍艦カ追尾シ干渉ガマシキ事ヲ為シタリ」[①]と抗議する者もあったが、一月十八日には常盤の艦長が海容に藍天蔚を訪問し、二十日に音羽の将校がまた藍を訪問し、二十二には海容の艦長と艦隊参謀が音羽の吉田艦長を訪問し、二十六日には藍天蔚が吉田艦長を訪問した。この相互訪問において藍天蔚は北伐軍の目的を説明すると共に、清軍の駐屯していない花園口から中立地帯に上陸し、そこを拠点として軍事行動を遼南地区に拡大する作戦計画を吐露し、日本側の了承を得ようとした。しかし日本側は「中立地帯並ニ租借地帯ニ於ケル官革両軍ノ軍事的行動ヲ絶対ニ承認シ難キ理由」を述べ、双方の意見が対立したが、最後に「中立地帯ニ兵ヲ上陸セシメントスル場合ニハ予メ日本ノ承認ヲ受ク可シ若シ日本ノ承認ヲ得サル

① 明治45年2月12日、在上海柴少将より参謀総長宛電報、第37号。防衛研究所所蔵。

時ハ之ヲ行ヒ得サルヘシ」①と口頭で約束した。これは北伐軍
の中立地帯への上陸を許す可能性がある意を表したものである。

　このような情況で、北伐軍は作戦上有利な中立地帯にまず上
陸を始めた。一月二十九日先遣隊が庄河の尖山口子に上陸し、
二月一日には高麗城及び大孤山・安東・貔子窩一帯に六〇〇人
が上陸し、二月上旬までに一七〇〇人が上陸した②。この情報
を受けた清朝政府は外務部の曹汝霖を伊集院公使の下に派遣し、
日本軍に北伐軍の上陸を阻止するよう要求した。これに対し伊
集院は「右様ノ事実アルヘキ筈ナク……革軍上陸地点ハ多分中
立地帯外ノ誤ナルヘシ」③と返答した。曹汝霖はこの回答に不
満を抱き、中立地帯外でもその上陸を拒むべきであり、官軍増
援隊の上陸地点への輸送を満鉄が承諾するよう要請した。伊集
院はこの要求に応じようとせず、「中立地帯外上陸防止ハ当然貴
国ノ責任ニシテ我方ノ関スル所ニアラス」と答え、官軍の輸送
に対しては「革軍ニ対抗セシムル目的ノ下ニ之ヲ承諾スルコト
ハ到底不可能ノコトナルヘシ」④として拒否した。伊集院のこ
のような回答と措置は客観的に北伐軍に有利であった。

　しかし北伐軍が中立地帯に上陸し、官軍と交戦状態に入った
時、日本は北伐軍に撤退を求めた。現地においては常盤の艦長
から北伐軍司令部に、また旅順の民政署長から大連滞在の藍天
蔚に、「其ノ誓約違反ヲ責メ速ニ中立地帯退去ノ手段ヲ執ルヘ
キ」⑤旨を厳しく通告した。この時官軍も中立地帯に出動し、
双方は交戦状態に入っていたので、藍天蔚は至急撤退すると述
べながらも「官革両軍ノ戦闘既ニ開始セル今日ニ於テハ革軍独

---

① 『日本外交文書』（辛亥革命）、295 頁。
② 栗原健編著『対満蒙政策史の一面』原書房、昭和 41 年、303－04 頁参照。
③ 『日本外交文書』（辛亥革命）、308 頁。
④ 同上。
⑤ 同上書、324 頁。

リ撤兵スルハ事実行フヘカラサル」旨を伝えた。これに対し大
島関東都督は一定の了解を示し、これは「目下ノ状況ニ照シ至
当ノ事ト存ス若シ誤リテ革軍ニ対シテノミ兵力ヲ用ユルトセハ
従来執リ来レル公正ノ態度ニ違ヒ革軍ニ大圧迫ヲ加フル事トナ
ル」①として、内田外相に官軍に対し適当な処置をとるように
上申した。内田外相はこれに対し「差支ナキ」と回答しながら
も、「官革両者ニ対スル措置ノ寛厳ハ我警告ヲ無視シテ上陸シ一
ハ我承認ヲ経テ入兵シタル事情ニ鑑ミ此際多少手心ヲ要ス
ル」②と訓令した。しかし大島関東都督は二月十三日藍天蔚と
奉天都督趙爾巽に共に七日以内に中立地帯から撤兵するよう要
求した③。これは官革双方に中立的態度を示したようであるが、
実は北伐軍には一大打撃であった。藍天蔚は官軍がまず中立地
帯より撤退し、次に北伐軍が中立地帯から非中立地帯に撤退す
る計画を日本側に提案したが、日本側はそれに応じなかったの
で、北伐軍は二月二十日から非中立地帯に撤退を始めた。

　折しも南北が妥協し、二月十二日清朝皇帝が退位することに
なった。南京臨時政府陸軍部は藍天蔚に戦闘の中止を命令した。
君主制に固執していた趙爾巽都督も共和国の旗を掲げて南北妥
協に賛同の意を表した。政局のこのような激変により、北伐軍
は所期の目的を達成することが出来ず、二月二十五日芝罘に撤
退した。しかし一時的ながらも北伐軍の遼東一帯への上陸は背
後から清廷に一撃を加え、清皇帝の退位を促す一要因となった
のである。

　また上陸した北伐軍に対し、日本側は撤退の警告を発しなが
らもそれに武力を行使しなかった。これには日本の企みがあっ

①『日本外交文書』（辛亥革命）、327 頁。
② 同上書、328 頁。
③ 同上書、330−31 頁。

た。内田外相は駐奉天の落合総領事に「満洲朝廷譲歩ノ大勢已
ニ定マリタル今日ニ於テハ趙総督ノ態度モ今後如何ニ変更スル
ヤモ計リ難キ情勢ナルヲ以テ此際革命党ニ対シ加フヘキ圧迫ノ
程度ニ付テハ大ニ考慮ヲ要スヘキモノアリ将又万一革命党ノ勢
力強盛トナリ満洲ノ秩序紊乱スルニ至ルコトアリトスルモ右ハ
或ハ我満洲政策ノ発展ニ一歩ヲ進ムルノ動機トナルモ計リ難キ
ニ付已定ノ方針ハ方針トシテ其実行振ニ付テハ此際多少ノ手心
ヲ用ヰラル様致シタク」①と訓令した。このことからその企み
を窺うことが出来ると共に、北伐軍への日本の対応は一面にお
いてはその上陸行動を阻止しようとしながら、また一面におい
てはそれを利用しようとした二面策であったことを見出すこと
が出来る。この両面は同等ではなく、前者が主であった。この
ような二面策により、日本と北伐軍の関係は大変微妙であり、
北伐軍もこの微妙な関係を利用しようとしたのであった。

四　漢冶萍公司借款

　孫文が武昌蜂起後欧洲を経由して帰国した目的の一つはイギ
リス・フランスからの経済的援助か借款を獲得するためであっ
たが、一銭も得られずに帰国した。上海での記者会見において、
彼は「革命は金銭によるものではなく熱心によるものである。
我今回帰国の節に金銭を持ち帰っていない。持ち帰ったのは精
神だけである」②と語り、革命における精神の役割を強調した
が、南京臨時政府成立後、数十万の軍隊と革命政権を維持・確
立するために数千万元の資金が必要であった。例えば、一九一
二年三月の陸・海軍部支出だけでも九〇三万元余であったが、

　①『日本外交文書』（辛亥革命）、321 頁。
　②『孫中山全集』第 1 巻、中華書局、1981 年、573 頁。

この巨額の支出を支える財源はまだ確保されていなかった。これには種々の原因があった。（一）に南京臨時政府は地方からの税金などに依存しなければならなかったが、地方軍政府は相対的に独立性を維持し、また地方の軍隊と政権維持のために中央を支持する余裕もなかったこと。（二）に海関収入は主権国家の主要な財源であるが、中国ではその全部が列強に掌握され、外債・義和団の賠償金等の返還にあてられ、南京臨時政府はそれを使用する権利さえなかったこと。（三）に辛亥革命は革命運動である故に、革命の敵対階級を処分して財源の一部を補うべきであったが、この革命は私有財産を否定する革命でなく、またこの革命の陣営に清朝の立憲派・旧官僚層も参加し、一時革命の同盟者になっていたため、このような方法も採用されなかったことである。

　孫文と南京臨時政府は財政問題を解決するために二つの方法を講じた。一月八日参議院が「中華民国八厘公債章程」を制定し、政府は一億元の軍需公債を発行した。もしこれが実現されれば政府の財源は確保されるはずであったが、国内外総計で七三七万元しか得られなかった。これでは計画の一割にも及ばなかった。南京臨時政府は金融体制を確立するために大清銀行を改組して中国銀行＝中央銀行を成立し、五〇〇万両の株を募集すると同時に一〇〇万元の軍用紙幣を発行し、その流通を市場に強要した。しかしこの紙幣は銀行の硬幣を元にして発行されたものでなかったため、三ヵ月以内に現金に交換することが出来ず、南京では一時流通したが、地方では流通しなかった。このように二つの財政策でも南京臨時政府は財源を十分に確保することが出来ず、財政危機に陥った。

　孫文は財政問題を解決するか否かを革命勝敗のキーポイントだと見なし、革命の敗北か外債の導入かの二者択一を迫られた。

孫文は革命の最終的勝利のため後者を選択し、日本と四つの借款交渉を同時に進行させた。

　孫文は、まず漢冶萍公司の借款に取掛かった。この公司は漢陽鉄廠・大冶鉄鉱山と萍郷炭鉱から構成される中国最大の近代企業であり、日本と特に密接な関係があった。日本にとって満鉄が満蒙侵略の牙城であったとすれば、漢冶萍公司は長江流域に浸透する一大拠点であった。故に、辛亥革命前までに既に一三五二・七万円を投資・借款していた[①]。日本最大の八幡製鉄所は一九〇〇年から一一年までにこの公司から九七・一万トンの鉄鉱石を輸入したが、これはこの時期八幡製鉄所が使用した鉄鉱石の六・五割を占め、その発展に大きな意味を持っていた。こうした意味で、この公司は日本の製鉄業と軍需工業の生命線であったといっても過言ではない。

　武昌蜂起を皮切りに辛亥革命が長江流域を中心に勃発すると、漢冶萍公司は革命軍と軍政府の管轄下に置かれた。かかる情況の下で、日本はまず大冶鉱山を日本の「保護」下に置こうとした。伊集院公使は十月十三日林外務大臣に「大冶トノ我関係ハ前電ノ漢陽鉄廠トハ異ナリ更ラニ重大密接ナル上公然ノ秘密ニ属スルヲ以テ此ノ優ニアランニハ同地ニ帝国軍艦ヲ派シ冥々裏ニ我ノ保護ノ実ヲ暗示シ置カレ然ルヘキカト思考ス」[②]と上申し、斎藤海相も漢口の川島第三艦隊司令長官に「大冶ハ暴動同地ニ波及スルニ至ラハ国家自衛権ノ名ニ依リ防護シ得ヘキ理由アリ其時期ニ至リ要スレハ居留民保護ノ範囲内ニ於テ該地ニ於ケル帝国特別利権ノ防護ニ勉ムヘシ」[③]と命令した。駐漢口の松村総領事も十一月二十五日黎元洪に革命軍が大冶を占拠しな

　① 外務省編『日本外交文書』大正2年第2冊、936-37頁参照。
　②『日本外交文書』(辛亥革命)、46頁。
　③ 同上書、48頁。

いよう警告した。十二月末湖北軍政府が大冶鉱山を管理し、内外の鉱務はすべて軍政府が直接これに当るとの噂が流布した。内田外相は松村総領事に、軍政府当局に「我方ノ利権ハ之カ為毫モ影響ヲ受クヘキモノニアラサル」①旨を厳重に申入れるよう訓令した。三十一日松村総領事は黎元洪にこの訓令の意を伝え、「該鉄山ハ兼テ申入レタル通帝国政府ト重大ナル関係アルニ付貴軍ニ於テ之レヲ侵害スルカ如キ行為アラハ面白カラサル状態ニ立到ルヘシ依テ貴国政争確定スル迄ハ従来ノ儘ニシテ置カレタシ尚今後ハ誤解ヲ避クル為メ該鉄山ニ関スル件ハ先ツ本官若クハ西沢②ヘ相談アリタキ」③旨を申入れた。これにより黎元洪は一月初め大冶鉄山に派遣した委員を撤収した。しかし日本は大冶の権益「保護」のため、一月中旬大冶に河川用砲艦一隻を派遣し、若干の陸戦隊を同地に上陸させた④ので、大冶鉱山は日本軍の半占領下に置かれた。

　漢陽鉄廠に対しては日本は大冶とは異なり慎重な姿勢をとった。漢陽は武昌蜂起の中心地であり、官革双方の激戦地でもあったので、漢冶萍公司側は自らその［保護］を日本に要請した。十月十一日漢冶萍総理盛宣懐は実相寺正金銀行北京支店長を通じて伊集院公使に「此際日本側ヨリ其利害関係ヲ有ストノコトヲ根拠トシテ直接叛徒ト折衝シ何トカ鉄廠ノ保全ヲ図カルノ途ナカルヘキヤ」⑤と申出た。この公司の協理李維格も松村総領事に「鉄政局ハ日本ノ力ニ依リ保護ヲ加ヘラレタキ」旨を申入れたが、伊集院はこれに対し「差当リハ如何トモシ難シ」⑥と

①『日本外交文書』（辛亥革命）、118頁。
② 西沢公雄は大冶鉱山の駐在員。
③『日本外交文書』（辛亥革命）、119頁。
④ 明治45年1月17日、内田外相より在漢口松村総領事宛電報、第5号。防衛研究所所蔵。
⑤『日本外交文書』（辛亥革命）、133頁。
⑥ 同上書、133、135頁。

難色を示した。松村も「頗ル慎重ナル考量ヲ要ス」[1]と上申した。その理由は、（一）に軍政府との関係を考慮し、（二）に革命軍が秩序頗る整然と占拠している鉄廠に日本軍が力で「保護」を加えるのは「却テ面白カラサル結果ヲ生スルヤモ計リ難」く、（三）は当時漢口の領事団は官革双方に対し中立・不干渉の態度をとっていたため、日本が単独に軍隊を出動して該鉄廠を占拠すると他の列強との対立を引起こす恐れがあるからとされた[2]。これらの理由により日本は結局漢陽鉄廠に軍隊を派遣しなかった。

　盛宣懐・李維格による日本に対する漢冶萍公司「保護」の要請は、彼ら自身の財産の保護とも密接な関係があった。漢冶萍公司は民営ではあるが政府が監督官を派遣している企業であり、盛は清朝政府の郵伝部大臣でありながら、この公司の総理でもあり、公司財産の三分の一を有していた。故に、盛は伊集院に、日本に「財産ノ保全ヲ計リタシ」[3]と依頼し、李維格も「自分一身及家族ノ保護等ニ付或ハ貴官ニ依頼スル必要ヲ生スルヤモ知レサル」[4]と懇請した。盛・李はこの「保護」を日本からの借款によって実現しようとして、武昌蜂起勃発直後正金銀行に六〇〇万円の借款を申入れた。この借款の申入れには官軍の軍資金を調達する狙いもあった。当時盛は清朝政府の大官僚であったから、革命軍の早期鎮圧を要望していた。

　日本は公司の「保護」に対しては慎重であったが、借款には応ずる姿勢を示した。伊集院は「漢冶萍ニ対スル我カ勢力利権ノ確保ニ資スルモノト信スルヲ以テ機ヲ逸セス本件ノ成立スル

---

①『日本外交文書』（辛亥革命）、135 頁。
②『日本外交文書』（辛亥革命）、135－36 頁。
③ 明治 44 年 10 月 13 日、在清国伊集院公使より林外相宛電報、第 255 号。
④『日本外交文書』（辛亥革命）、134 頁。

様特ニ御詮議ノ配意ヲ仰キタシ」①と内田外相に上申し、その契約には苛酷な条件を付けるよう提案した。

盛宣懐はまた郵伝部の名義で湖南省の萍郷・株州間鉄道を担保に一〇〇万両の借款を正金銀行に申入れた。これに対し伊集院は内田外相に「湖南ニ於ケル我勢力利権ノ扶植ノ本拠トナスニ足ルモノニシア……此際是非共成立スル様特ニ御詮議ヲ仰キタ」②き意を申入れた。

折しも十月二十五日清の資政院は盛宣懐の川漢（四川―漢口）・粤漢（広東―武昌）鉄道の外国借款による国有化の責任を問い、彼を弾劾し、翌日清廷は彼の郵伝部大臣の職を解いた。それは辛亥革命がこの鉄道国有化反対即ち保路運動を導火線として勃発したので、清廷は革命側をこの免職でなだめようとしたからであった。

盛宣懐は免職されたが、彼は近代中国の大実業家であり、列強の中国への経済的浸透において重要な役割を果し、今後もその役割を果し得る大人物であったために、列強は盛の行方に強い関心を払い、彼を自分の手元に押えようとして、所謂盛争奪戦を展開し始めた。免職された盛は身の安全のため、まず密かに正金銀行北京支店長の社宅に身を隠した。実相寺支店長は特別列車を用意してまず塘沽に直行し、次に三井物産の福星丸で大連に赴かせようと画策したが、アメリカ公使館がこれを察知し、清の慶親王と結託してアメリカ側が用意した列車で天津に送り、ドイツの汽船に乗せて青島に赴かせた。これは米・英・独・仏四ヵ国銀行団が画策したものであり、伊集院は「四国ノ行動ニ至リテハ本使ノ頗ル不快トスル所」③だと述べ、内田外

①『日本外交文書』（辛亥革命）、142頁。
②『日本外交文書』（辛亥革命）、143頁。
③『日本外交文書』（辛亥革命）、145頁。

相に「盛宣懐ヲ大連ニ避ケシムルコトハ漢冶萍等ニ関シ我画策上多大ノ便アルモ一方一般人民ノ反感ヲ蒙ムラントスルノ虞モア」[①]り、また盛が「仮令青島其ノ他米独等ノ勢力範囲内ニ赴クトモ彼等ノ為直ニ致サルカ如キコトナカルヘシトノ見解ニ基キ手強ク勧メサリシ次第ナリ」[②]と報告した。これは盛の争奪をめぐる競争において日本が一時受動的立場に陥ったことを物語るものである。しかし日本側は盛に対する誘致工作を緩めず、三井物産の高木陸郎と正金銀行の川上市松が盛を追って青島に向った[③]。青島はドイツの勢力範囲に属していたから、盛もドイツ・アメリカ側と接触していた。高木らは盛に対する工作を強化すると同時に、上海にいる李維格に対しても誘致工作をおこなった。盛は私産を軍政府の没収から保護するために、日本人の名義を借りて財産を守リ、徐々に日本に傾いた。盛は三井物産を通じて山県有朋と桂太郎に書簡を送ったが、山県は内田外相に「帝国政府ハ此際充分之ヲ庇護スル様適切ノ手段ヲ執ラル様」[④]指示した。盛は正金銀行の小田切万寿之助に青島に来るよう要請したが、小田切は青島がドイツの勢力範囲であるため得策でないとして難色を示し、日本の植民地である大連で盛と交渉するよう要望した。このため内田外相はまず上海滞在中の李維格を大連に誘致しようとした。李維格は十一月十三日上海で大冶鉄山日本側駐在員西沢公雄と、漢陽鉄廠を上海に移転して揚子江機器局と合併し、日中双方の合弁企業を設立する意見を交換していた。これは李維格の方が盛宣懐よりもはるかに日本に傾いていたことを示す。故に、内田外相は十一月二十四日上海の有吉明総領事に小田切が二十九日大連に着くことを通

①『日本外交文書』（辛亥革命）、146 頁。
② 同上。
③ 高木陸郎『日華交友録』救護会出版部、1943 年、21 頁。
④『日本外交文書』（辛亥革命）、158 頁。

告すると同時に、李維格をして「速ニ大連ニ赴キ両人ト会見セシムル様勧告」①するよう訓令した。この意を聞いた李維格は、盛が大連で小田切と交渉すると世論の反対を惹起する恐れがあるから、小田切が上海に来て会談するよう要望した。小田切は十二月三日上海に赴く準備をしたが、突然高木陸郎から、交渉に対する革命党の圧迫を避けるため、李と高木が大連に赴くようにとの電報を受けた②。その結果十二月十日頃李と高木がまず上海から大連に到着した。盛は李の独走を懸念し、十四日病身をおして大連に来た③。こうして日本は盛と李を自分の手元に掌握し、漢冶萍に対する受動的外交から脱出し、合弁と借款交渉に乗出した。

　この交渉の過程を次のような三つの段階に分けて考究する。

　第一段階は、十二月十五日頃から年末までの大連における予備交渉である。小田切は大連に赴く途中で八幡製鉄所所長中村雄次郎から李維格と西沢の上海における会談の内容を聞き、また中村所長も合弁に対し考究の価値があるとの意見を表明した。そのため、小田切は先述の六〇〇万円借款の時起草した契約草案に沿って、盛と李に上海に日中合弁の新製鉄所を建設する案を提出したが④、これに対し盛は難色を示し、時局が平静にもどり外国と合弁する場合にはまず日本と合弁するとの意を表した⑤。小田切は李が盛よりも積極的であるとして李に接近し、漢冶萍の内部事情と交渉に対する相手側の本音を探り、次期の正式交渉の準備をした。

　①『日本外交文書』（辛亥革命）、167頁。
　② 武漢大学経済系編『旧中国漢冶萍公司与日本関係史料選輯』上海人民出版社、1985年、247頁。
　③ 武漢大学経済系編『旧中国漢冶萍公司与日本関係史料選輯』上海人民出版社、1985年、247頁。
　④ 同上書、275頁。
　⑤ 同上書、276頁。

　第二段階の交渉は、一月初めから二月上旬まで神戸でおこなわれた。日本側は大連よりも日本本土の方が交渉上有利であり、また安全だとして、交渉地点を神戸の舞子に移すように決定した。李維格と高木は二十六日朝鮮経由で陸路神戸に赴き、小田切と盛宣懐は台中丸で一月三日神戸に到着した。予備交渉では上述のように盛はその私産保護のため借款という形で日本の力を借りようとし、日本はこの機会を狙って漢冶萍公司を日中合弁企業に改組しようとした。交渉の性格は本来公司と日本の銀行或いは企業の関係であったが、一月からは日本政府と南京臨時政府が直接介入して、双方の交渉は四者関係に発展し、その交渉の性格も民間と政府が結びついたものに変化し始めた。

　孫文と南京臨時政府がこの借款交渉に介入したのは十二月の末であった。欧米から帰国した孫文が山田純三郎・宮崎滔天ら大陸浪人らの斡旋により、上海で三井物産上海支店の森恪と藤瀬支店長と借款を交渉した時、漢冶萍公司の日中合弁問題が話題になり、「一月上旬南京臨時政府カ合弁ヲ予約シ三井ニ資金ノ調達ヲ求メタル砌孫黄ハ三井ニ対シ合弁案ハ必ス株主総会ヲ通過セシムヘキ」[①]ことを三井に約束したことがあった。この交渉は盛・李と小田切の交渉と並行して進行していたが、一月下旬神戸において合流することになった。一月十三日頃何天炯が孫文の電報を持参して神戸に到着し、盛に日本側が提出した条件を承諾し革命政府に五〇〇万円献金すべき旨を伝えた[②]。孫文は十七日王寵恵らを通じて盛に盛とその財産を保護する意を伝えた。二十二日黄興からまた盛に日本から五〇〇万円借款して臨時政府に提供するようにとの

　　①　明治45年3月14日、内田外相より在南京鈴木領事宛電報、第8号。外交史料館所蔵。
　　②『日本外交文書』（辛亥革命）、187頁。

電報が届いた①。この電報は合弁のことに対して触れていなかったので、盛は二十五日黄興に、日本側の代表小田切は日中合弁によらざれば借款を提供しない、しかし貴電は合弁に触れていない、もし合弁にする場合には政府の批准が必要であるが、政府の意見如何と返電した。盛宣懐は経済的には近代的思想と管理方法を主張していたが、政治的には保守的で辛亥革命勃発後それを鎮圧するよう主張し、革命党とは対立的であった。この時南京臨時政府の批准を仰いだのは、政治的というよりも、経済的に私有財産の保護に臨時政府を利用しようとしたからであった。このため盛宣懐は臨時政府の交渉への介入を容認せざるを得なかったのである。

　日本側においては外務省と政府が直接かかわり、八幡製鉄所の中村所長の依頼によって外務省の倉知鉄吉政務局長が立案した漢冶萍公司の日中合弁案が、十二日の閣議において採択された。この閣議決定案に基づき、十七日小田切は合弁大綱を李維格に提出し、盛宣懐は二十三日これへの対案を提出した②。

　漢冶萍公司の合弁案には日本の資金からまず三〇〇万円を南京臨時政府に提供しようとする切迫した目的があった。故に、日本政府としても南京臨時政府の合弁に対する意向を確かめ、またその政府の保証を確保しておく必要があった。一月二十六日内田外相は南京の鈴木領事に「此際貴官ハ適当ノ人ヲ介シ我カ政府カ革命軍政府ノ権力ヲ承認スルヤノ形跡ハ十分之ヲ避ケ単ニ我資本家側ノ問合セニ依ルモノトシテ合弁ニ関スル軍政府ノ意嚮ヲ確メラレ電報アリタシ」③と訓令し、鈴木領事は「既

①　武漢大学経済系編、前掲書、291頁。
②　外務省編『日本外交文書』第45巻第2冊、99－100、102頁。
③　『日本外交文書』（辛亥革命）、194頁。

ニ孫ニ於テ之ヲ承諾シ盛宣懐ヘモ其旨ヲ通シ置キタル」[①]と返
電した。黄興はこの借款の成立を急ぎ、二十六日盛に「今ニ
至テ未タ確切ナル回答ヲ得サルハ、必ス閣下カ誠心民国ヲ賛
助セサルモノナランカ……然ラサレハ民国政府ハ閣下ノ財産
ニ対シ没収命令ヲ発セントスルナリ、其レ早ク之ヲ図レ」[②]と
強く迫った。

　孫文・黄興の介入により合弁交渉は急ピッチで進行し、二十
七日双方の合弁案がまとまった。これには三井物産の山本条太
郎も参加していた。二十九日神戸において小田切と盛宣懐は次
のような合弁仮契約を締結した[③]。

　　一　　漢冶萍煤鉄廠鉱有限公司ノ組織ヲ改メテ日支合同株
　　　　式会社トナス

　　二　　新会社ハ支那農工商部ニ於テ登記シ総テ支那ノ商法
　　　　鉱山条例ヲ遵守スヘシ
　　　　　本店ヲ支那国上海ニ設立ス

　　三　　新会社ノ資本金ハ三千万円ト定メ支那株五割即チ支
　　　　那貨幣一千五百万弗日本ノ株五割即チ日本貨幣一千五百
　　　　万円(此株金及将来配当ノ利益ハ都テ金貨ヲ以テ計算ス)
　　　　トシ支那株ハ支那人ノミニ限リ日本株ハ日本人ノミニ限
　　　　リ売買ヲナスコトヲ得
　　　　　新会社ハ株主損益ヲ平等ニ負担シ官利ヲ定メス総テ
　　　　　　各国ニ於ケル普通株式会社ノ規定ニ準シ処理スヘシ

　　四　　新会社ハ鉱山条例ニ準拠シ三十ヶ年ヲ営業期間トス
　　　　満期後株主総会ニ於テ延期ヲ欲スル場合ニハ鉱山条例ニ
　　　　拠リ更ニ二十ヶ年継続スルコトヲ得

---

①『日本外交文書』(辛亥革命)、204 頁。
②　同上書、200 頁。
③　外務省編『日本外交文書』第 45 巻第 2 冊、116-17 頁。武漢大学経済系編、前
掲書、316 頁。

　五　新会社ハ株主中ヨリ重役都合十一名ヲ公選シ其内六
　　　名ハ支那人五名ハ日本人トシ更ニ重役ハ此十一名中ヨリ
　　　社長トシテ支那人一名副社長トシテ日本人一名並ニ専務
　　　重役トシテ日支人各一名ヲ公選スヘシ
　　　　株主ハ別ニ監査役四名日支各二名ヲ選任スヘシ
　六　会計課長トシテ日本人一名ヲ使用シ重役会ヨリ選任
　　　シ専務重役ノ指揮ヲ受ケ事務ヲ取扱ハシムヘシ将来支那
　　　人一名ノ会計課長ヲ置クコトヲ得
　七　漢冶萍煤鉄廠鉱有限公司カ従来負ヘル総テノ債務及
　　　責任ニシテ確実ナル証拠アルモノハ一切新会社ニ於テ之
　　　ヲ引受クヘシ
　八　漢冶萍煤鉄廠鉱有限公司所有ノ一切ノ財産物件及権
　　　利並ニ既得ノ特別利益ハ総テ新会社ニ於テ之ヲ引継クヘ
　　　シ但シ鉱山条例ニ拠リ外国鉱山業者ハ土地ノ所有権ヲ獲
　　　得スル能ハサルモノトス
　九　新会社登記前ハ日支両国ノ発起人ニ於テ事務ヲ弁掌
　　　スヘシ総テノ定款等ハ右発起人ニ於テ相談取極ムヘシ
　十　右列記セル新会社ノ日支合同ハ中華民国政府ヨリノ
　　　電許ヲ受ケタル上漢冶萍煤鉄廠鉱有限公司ハ直ニ此方法
　　　ヲ株主ニ通知シ若シ株主過半数ノ賛成アラハ即ニ日本側
　　　ニ通告シ又日本側ニ於テモ右ニ対シ賛成ノ意ヲ会社ニ通
　　　告シテ本契約書ヲ作成シ直ニ実行スヘシ
　　　右通告ノ期間ハ一ヶ月ヲ逾ユヘカラス
　契約の内容から、資本金総額・割当及び回収期間の延長等に
おいて日本側の主張が盛込まれ、日本側が交渉の主導権を終始
掌握していたことが窺われる。
　この合弁契約の直接の目的は南京臨時政府が三井から借款を
得るためでもあったから、南京臨時政府・漢冶萍公司と三井物

産との間に「事業契約書」①（即ち借款契約書）が締結され、これを南京臨時政府が承認し保証するための「認書」②に孫文が署名することになった。

　この「事業契約書」と「認書」は孫文が南京臨時政府を代表して署名するものであるから、二十九日神戸で仮合弁契約書が締結された直後、上海三井物産の森恪がこれらの書類を持参して二月一日上海に到着し、二日南京に赴いて孫文の署名を得た③。

　この一連の契約により、漢冶萍公司は三井物産より三〇〇万円（そのうち二五〇万円は南京政府に提供）の借款を獲得したが、この借款の返還保証として二月十日李維格と小田切及び八幡製鉄所所長の中村雄次郎が「礦石代価前借ニ関スル契約」を締結し、八幡製鉄所に既定各種契約の数量以外に三十年間毎年十万トンの礦石を売却することを契約した④。最後に、これらの契約の実施と借款の使用を保証する「特別契約」⑤が締結された。こうして漢冶萍公司合弁をめぐる五つの契約が締結され、日本は公司において権益を大いに拡大出来ることになった。

　第三段階は、二月中旬から五月までであり、合弁契約の取消しをめぐる攻防戦が展開された時期である。

　辛亥革命は清朝の支配を打倒する反封建的革命運動であると同時に、また列強の中国侵略に反対する反帝運動でもあった。武装蜂起の導火線は外国資本の導入による鉄道国有化に反対する保路運動であり、この意味では辛亥革命はまず外国からの借款に反対する運動でもあった。しかし南京臨時政府は財政難を

---

① 外務省編『日本外交文書』第45巻第2冊、132－33頁参照。
② 同上書、133頁参照。
③ 明治45年2月5日、森恪より益田孝宛書簡。三井文庫所蔵。
④ 外務省編『日本外交文書』第45巻第2冊、120－22頁。
⑤ 同上書、123－24頁。

解決して革命軍と新政府を維持するため、日本に借款を求めざるを得なかった。これは現象としては革命の性格と矛盾するものであったから、秘密裏に進行されたこの借款交渉が外部に洩れた時、それに対する反対が起こるのは当然であった。

　社会団体・株主の代表らはこの合弁と借款に猛烈に反対した。民社・湖南共和協会・江西連合分会・四川共和協会・国民協会・中華民国連合会等は、これは盛宣懐の「大逆不道の罪」だと非難し、その私産を没収し、交渉に介入した者を死刑に処することを厳しく要求した①。湖南省共和促進会は孫文と政府の各部総長に、この契約はこれ以上ないほど国を辱め権威を貶めるものであるから、湖南省人民は絶対にこれを承認せず、即刻取消しを望むと電報した②。馬維桂ら株主十人は盛宣懐に、公司の章程では外国人が公司の株を持つことは禁止されているのに、閣下が独自に外国人とこのような契約を締結するのは承認しがたい、即時に取消すよう要望すると打電した③。公司取締役会も株主総会の過半数の賛成を得なければこの契約が無効であることを盛宣懐に告げ、国権と商業に損害を与えるこの契約を取消すよう要望した④。

　南京臨時政府内部においても合弁反対の意見が盛りあがった。湖北軍政府は孫文に反対の意見を通告し、外交部副部長を漢口の日本総領事館に派遣して公司と日本との従来の関係につき開示ありたき旨を要求した。南京の参議院は二十二日秘密会議を開き、「参議院ノ承認ヲ経スシテ之レヲ専行セルハ甚タ不合理ナル処置ナリトシ該借款契約ノ取消及政府カ已ニ入手セル金額ヲ

---

① 『申報』1912 年 2 月 25 日。
② 『申報』1912 年 2 月 28 日。
③ 『申報』1912 年 2 月 25 日。
④ 陳旭麓ら主編『辛亥革命前後—盛宣懐檔案資料選輯之一』上海人民出版社、1979年、225 頁。

返却スヘキ」①ことを議決した。

　欧米列強もこの公弁・借款交渉に反対した。漢冶萍はイギリスの勢力圏内にあるため、二月五日駐日本イギリス大使マクドナルドは内田外相に本国政府の訓令として日本国政府がこの交渉を阻止するよう要求した②。

　中国国内におけるこのような反対・取消しの要望は、即時小田切或いは漢口・上海総領事を通じて外務省に伝えられた。小田切と内田外相はこの局面への対応策を講じ始めた。小田切は孫文の態度如何が問題のポイントだと思い、彼の動静に注意を払い、「若シ孫総統ノ態度ニシテ今日モ亦昨日ノ如クナラシメハ事ノ前途憂フルニ足ラサルモ目下果シテ如何ナル意見ヲ有スルヤ不明ナリ」③と懸念していたが、孫文は二十二日の参議院の議決に従い、「合弁ノ言明ヲ取消シタルノミナラス更ニ該契約ノ不成立ヲモ認メタ」④のである。

　これによって株主総会において合弁契約が否決されるのは不可避となった。小田切は「最モ地歩ヲ先占シテ敵ノ為メニ乗セラルルコトヲ避ケサルヲ得ス因テ遅クモ二十八日迄ニハ先方ニ対シ当方ノ決意ヲ通告」⑤して強硬な姿勢で対抗しようとして、三月十二日内田外相に「近キ将来ニ於テ時機ヲ視テ善後策ヲ講スルノ要アリ」⑥と上申した。善後策とは「或手段ヲ取リ本問題ヲシテ死滅ニ帰セシメスシテ之ヲ半死ノ情態ニ保留シ置キ他日ノ一陽来復ヲ待ツコトヲ可トセン其ノ手段トハ他ニアラス不取敢其筋ニ於テ南京政府ニ交渉ノ上本問題全体ヲ挙テ民国政府

　①『日本外交文書』(辛亥革命)、227 頁。
　② 明治 45 年 2 月 8 日、内田外相より在清国伊集院公使宛電報、第 26 号。防衛研究所所蔵。
　③ 外務省編『日本外交文書』第 45 巻第 2 冊、129 頁。
　④ 外務省編『日本外交文書』第 45 巻第 2 冊、139-40 頁。
　⑤ 同上書、129 頁。
　⑥ 同上書、141 頁。

ニ引継カシムルニ在リ」①ということである。小田切のこのよ
うな構想は契約締結の時にも考慮されていた。日本は南京臨時
政府の安定性と長期性に疑問を抱いていたので、小田切も各契
約に「中華民国政府」と国名を明示し、袁世凱の政権に交替し
ても適用出来るようにしておいたのである。

　小田切はまた内田外相に「民国政府ノ引継ト同時ニ同政府ヲ
シテ株主総会ヲ一時中止セシムルコト必要ナリ」②と上申した。
この上申を受入れた内田外相は十四日南京の鈴木領事に「此際
株主総会ノ開会ヲ見合ハセ合弁案ノ否決ヲ防キ該案ノ儘之ヲ新
政府ニ引継クコトトナスニ於テハ我ニ於テモ強テ何分ノ措置ニ
出ルヲ見合ハスコトトナスヘキ旨ヲ非公式ニ孫黄ニ申入レラ
レ」るよう訓令し、孫・黄に対し「株主総会通過ノ保証ヲナス
カ又ハ総会開会ノ中止ヲナサシムル」③かと二者択一を迫った。
これに対し駐南京の鈴木領事は「此ノ際孫黄ニ総会通過又ハ延
期セシムルハ不得策」④であると反対した。その理由は、三月
十六日孫文が森恪に総会中止を要求する場合には「已ムヲ得ズ
公然三井トノ契約迄モ取消スニ至ルベシ」⑤と語ったことに
あった。内田もこれを恐れ、致し方なしと思い、二十日鈴木領
事に「出来得ルナラハ孫黄ニ於テ合弁案ヲ新政府ニ引継ク様懇
談ヲ遂ケラレ」るようにし、これも不可能な場合には「同人等
ニ於テ今後好機会ヲ見合弁案ノ成立ニ至ル様十分尽力スヘキ旨
ヲ内約セシムル」⑥よう指示した。鈴木領事もこの指示に賛成
し、正金銀行との借款契約と孫文と三井物産との契約を利用し

---

① 外務省編『日本外交文書』第45巻第2冊、141頁。
② 外務省編『日本外交文書』第45巻第2冊、142頁。
③ 同上。
④ 同上書、144頁。
⑤ 同上。
⑥ 同上書、145頁。

て、「世論ノ喧々タル間ハ寧ロ華ヲ去リ実ヲ執リ暫ラク形勢ヲ観望
シテ機ノ乗ズベキヲ待タムコソ却テ策ノ得タルモノナラン」①
と上申した。このような対応は、日本が一歩後退しながらも、
なお漢冶萍における将来の利権拡大の欲望を強烈に吐露したも
のであった。

　三月二十二日漢冶萍公司株主総会が上海で開かれ、出席者四
四一名（総株数の八割強に当る）一致で合弁契約を否決した。
これによりこの契約は廃案になった。しかし日本は上述の善後
策に基づき、引きつづき孫文に迫った。二十三日南京の鈴木領
事は総統府に孫文を訪れ、「合弁案ヲ新政府ニ引継クヘキ確保ト
合弁ノ実行ニ関スル尽力」②を要求した。これに対し孫文は「株
主総会ニテ否決ノ運命確実ナル以上合弁案ハ既ニ消滅ト見ルノ
外ナキヲ以テ最早何等手段ノ施スベキモノナシ」③と返答した。
鈴木領事は三井物産との密約を引いて孫の責任を追及し、孫文
に日本の要求を承諾するよう迫った。孫文は致し方なく、「兎角
唐紹儀来寧ノ後ヲ俟ツテ彼ニ本件ノ成行ヲ説キ新政府ニ之レカ
引継方ヲ懲憑スベク猶ホ将来該合弁ノ成立ニ関シ充分ナル努カ
ヲ怠ラザルベキ」④旨を答えた。鈴木はこれを言質として止め
おき、陸軍部に黄興を訪ねて同様の言質を得た。その後唐紹儀
が新内閣の総理に任命され、組閣のため南京に来たが、孫文か
らはこれについて何の連絡もなかった。鈴木領事は二十六日再
度孫文を訪ね、合弁案の新政府への引継ぎ方を尋ねたが、孫文
は「唐来寧後日尚ホ浅ク公務多事ヲ極メ談合未ダ本件ニ及フノ
暇ナキガ故ニ近日適当ノ時期ニ於テ之ヲ唐ニ語リ其引継ヲ懲憑
シタル上密使ヲ貴官ノ許ニ派シテ何分ノ結果報告旁々今後ノ処

---

① 外務省編『日本外交文書』第 45 巻第 2 冊、147 頁。
② 外務省編『日本外交文書』第 45 巻第 2 冊、149 頁。
③ 同上。
④ 同上。

置ヲ協議セシムベキ」①と答えた。四月二日鈴木領事は孫に書
簡を送り、その後の成り行きを追及し、「書信ノ往復ニヨリ本件
ノ新政府引継ト合弁ノ実行トニ関スル彼ガ将来ノ尽力ヲ確保ス
ルニ足ルベキ証拠文書ヲ得置カン」②としたが、孫からは返信
がなかった。孫文は三日上海・武漢・福州経由で広州に赴くこ
とになった。鈴木領事は三日朝村上領事官補と吉原書記生を孫
の下に派遣して、孫の回答を求めた。孫は二日付で返信したと
答えた。同日午後日本領事館に「曩ニ商議セル某件ハ余輩（孫）
之レヲ賛成スルニ便ナラサル旨并ニ目下解職勿々公私多忙委曲
之レヲ述フルノ暇ナキ」③との極めて簡単な書簡が到着した。
鈴木はこれを日本側の要求を全然無視したものとして、内田外
相に「此際一応広東総領事ニ御下命ノ上孫ノ同地ニ到着スルヲ
待チ彼ニ対シ其不信ヲ責メ併テ本件ニ対スル彼レノ責任ヲ明ニ
スルト共ニ重ネテ本件ノ経過ヲ質シ合弁ノ実行ニ対スル彼レノ
立場ヲ明ニシ置カル」④よう上申した。上述の事実は鈴木領事
が日本の善後策の貫徹のためどれほど必死であったかを物語り、
漢冶萍における日本の権益拡大を目指す決意がどれほど強かっ
たかを表す。しかし内田外相は「此際孫文ノ言責ヲ捕ヘテ之ヲ
追求スルモ何等益スル所ナシト思考セラレ候ニ付広東総領事ヲ
シテ孫文ニ交渉セシムル義ハ暫ラク之ヲ見合ス」⑤とした。孫
文も四月一日正式に臨時大総統を辞任し、孫文と漢冶萍公司の
日中合弁の件は一応終焉した。

　しかし孫文の合弁についての考えは、その後の実業計画と対
外開放政策において、その実利性が認められたといえよう。孫

---

① 外務省編『日本外交文書』第45巻第2冊、150頁。
② 同上。
③ 外務省編『日本外交文書』第45巻第2冊、151頁。
④ 同上。
⑤ 同上書、152頁。

文は三月二十三日南京の鈴木領事に「遠カラズ広東ニ於テ中外合同ノ事業ヲ興シ」、彼または彼が代理人の直接経営者として「其利害得失ヲ事実ニヨリ合弁反対論者ニ示シテ其蒙ヲ啓カム事ヲ欲スルモノニシテ今後支那ニ於テハ合弁の簇出ヲ見ルベキヲ信スル」①旨を語った。これは孫文の対外開放思想を立証していると思われる。

　三月二十九日唐紹儀は新内閣を組織し、袁世凱を臨時大総統とする北京政府が成立した。北京政府は漢冶萍公司の問題をめぐり、引きつづき日本と交渉を進めた。大冶に上陸・駐屯していた日本軍も北京政府との交渉の結果、大冶から撤退することになった。五月十日斎藤海軍大臣は川島第三艦隊司令長官に「在大冶陸戦隊ハ適宜之ヲ引揚ケ」②るよう命じた。北京政府は早期撤退を要望した。しかし海軍は自己の面目を維持するため、この撤退は「我国ノ任意ノ発意ニ出テタルモノ」だと強調し、六月七日財部海軍次官は「此際直に陸戦隊ヲ引揚クルコトハ面白カラサル結果ヲ来スノ慮アルニ依リ今暫クハ現状維持ノ状態ヲ継続スル」③よう川島司令長官に命令した。

　七月北京政府は、南京臨時政府の三井物産からの二五〇万円の借款を返済する意を表明した④。十二月漢冶萍公司は北京政府の批准を得て正金銀行から一五〇〇万円の借款を受入れ、その条件として日本人の技術及び会計の顧問を招聘することにした⑤。

　辛亥革命に際しての漢冶萍公司の借款交渉においては、その

---

　①　外務省編『日本外交文書』第45巻第2冊、149頁。
　②　明治45年5月10日、斎藤海軍大臣より川島第三艦隊司令長官宛電報。防衛研究所所蔵。
　③　明治45年6月7日、財部海軍次官より川島第三艦隊司令長官宛電報。防衛研究所所蔵。
　④　『日本外交文書』大正2年第2冊、946−51頁参照。
　⑤　同上書、962−63、967頁。

日本との交渉相手が封建的清朝政府から共和制の南京政府、軍閥独裁の北京政府へと変転し、その内容も変化したが、日本の公司に対する既得権益の維持と新権益拡大という目的は終始変化しなかった。変化する中で終始変化しないものこそ事物の本質である。辛亥革命における日本の根本的目的はまさに既得権益の保護と新権益の拡大にあった。

五　蘇省鉄路公司と招商局借款

　南京臨時政府と孫文は漢冶萍公司の借款交渉をすると同時に、蘇省鉄路公司と招商局の借款交渉をも並行して進行させた。本節では、この二つの借款交渉の過程を究明すると共に、この交渉をめぐる中国側株主の動向と欧米列強の対応を考究する。

　南京臨時政府と日本との借款交渉において、最初に成立したのは蘇省鉄路公司と大倉組との三〇〇万円の借款であった。この鉄路公司は借款のうち二五〇万円を南京臨時政府に提供したから、この借款は公司の名義で南京臨時政府が大倉組から借款したのと同様であった。

　この借款は上海軍政府が成立した後、軍政府の商務総長であった王一亭がまず大倉組上海支店に申込んだものであるが[1]。宋教仁らが異議を唱えたので一時頓挫した[2]。しかし軍政府の財政が益々窮境に陥ったので、十二月中旬にイギリス系のサミル商会と七〇〇万元の借款の内談を始めたが[3]、十二月末その交渉は放棄された。帰国した孫文は十二月末上海で三井物産の

---

　① 明治44年11月20日、在上海有吉総領事より内田外相宛電報、機密90号。外交史料館所蔵。
　② 明治44年11月25日、在上海本庄繁少佐の電報報告。外交史料館所蔵。
　③ 明治44年12月18日、在上海本庄繁少佐より参謀総長宛電報、受831号。外交史料館所蔵。

山本条太郎と浙江省の鉄道を抵当とするか、或いは中日合弁の
形式で日本側から借款することを話合った[①]。この話合いが縁
であったかどうかは不明であるが、翌年の一月初めから王一亭
は上海—杭州間の鉄道を担保とする借款の斡旋を、日清汽船上
海支店長を通じて有吉明上海総領事に依頼した。当時王一亭は
日清汽船の買弁を兼任していた。王が有吉に提案した条件は次
の通りである[②]。

　　一　借款額　二、五〇〇、〇〇〇両
　　一　利子年八朱
　　一　元金五ヶ年据置キ五ヶ年ノ後十ヶ年及至十五ヶ年ニ
　　　テ全部償却
　　一　担保ハ蘇省鉄路公司ノ鉄道車輌及一切ノ財産
　　一　債主ハ該鉄道会社ノ営業ニ干渉セサルコト

　一月三日有吉総領事は内田外相に王の借款要請とその条件を
電報で知らせ、十日内田外相は外相官邸で大蔵次官、高橋日銀
総裁、三井・三菱・台湾・正金・第一の諸銀行及び大倉組の大
倉喜八郎・門野重九郎らが参加した蘇省鉄路公司借款に関する
会議を開き、政府・外務省の支持の下で大倉組が単独でこの借
款を引受けることになった[③]。これは政府・外務省が始めから
この借款に介入して、主導的役割を果していたことを物語る。
軍部もこの借款を支持していたようである。駐上海の加藤中佐
は参謀総長に「将来ノコトヲ考フレハ同鉄ヲ我手ニ入ルルコト

　　①　武漢大学経済系編『旧中国漢冶萍公司与日本関係史料選輯』上海人民出版社、1985
年、293 頁。
　　②『日本外交文書』(辛亥革命)、179 頁。
　　③　臼井勝美「辛亥革命—日本の対応」、『国際政治 11　日本外交史研究—大正時代』
22 頁。

肝要ナリ」①と上申している。十日大倉組は蘇省鉄路公司に次のような対案を提出した②。

　　一　蘇省鉄路公司ハ其鉄道車輛及一切ノ財産ヲ担保トシ二百五十万両ヲ借入ルルコト

　　二　利子ヲ年七朱トシ六月及十二月ノ二回ニ支払フコト

　　三　元金ハ五ヶ年据置キ以後十五年ヶ年ニテ全部償還スルコト

　　四　償還不履行ノ場合ニ於テハ償還ヲ終ル迄債主ニ於テ該鉄道ノ営業ヲ管理スルコト

　　五　外国ヨリ鉄道材料ヲ購入ノ際ハ債主国側ヨリ購入スルコト

　　六　外国人ヲ傭聘スル場合ニハ債主国人ヲ採用シ其他外国人ヲ備入ル場合ニハ債主ノ承認ヲ経ル事

　　七　更ニ起債セント欲スル場合ニハ先ツ債主ト商議スル事

　この双方の案を比較した場合、利子は大倉組の案の方が一朱低いが、その四・五・六・七項はこの鉄道に対して日本側が独占的地位を確保し、この鉄道事業の経営に干渉しようとする意欲を示している。故に、王一亭らは「鉄路公司ハ其期限内ト雖トモ何時ニテモ本借款ヲ償還シ本契約ヲ解除スルコトヲ得」、「第五項五鉄道材料購入ノ件ニ関シ若シ該品価格不廉ナルカ或ハ品質不良ノ場合ニハ他ヨリ購入スルコトヲ得」③との修正を加えるよう要求し、日本の独占的条項を改正しようとした。

　この借款交渉において外務省は外交的に交渉の成立を保障するため、特にイギリスとの関係を重視していた。この交渉はイギリスの勢力圏内でおこなわれ、またイギリスの利権を侵害す

---

① 明治45年1月3日、在上海加藤中佐の電報。外交史料館所蔵。

②『日本外交文書』（辛亥革命）、184頁。

③『日本外交文書』（辛亥革命）、184頁。

るものであった。イギリスは一八九八年からこの鉄道借款の交
渉をおこなっていた。一九〇八年三月にはイギリスの英清組と
清朝政府の郵伝部・外務部が借款契約を締結し、この鉄道がイ
ギリスの抵当とされたことがあっだので、イギリスのこの借款
交渉への干渉・反対を防止するため、十一日内田外相は有吉総
領事に、この際「鉄路公司ヨリ大倉組ニ対シ本借款ハ英国側ノ
利益ヲ侵害スルコトナキ旨ノ書面ヲ提出セシメ置タ方可然」①
と訓令した。内田外相はまた外務省とその出先機関がこの南京
臨時政府に提供する借款の交渉に直接介入していることが外国
に洩れることを恐れ、「本借款資金ノ用途ハ革命軍ト密切ナル関
係ヲ有スルコト否定シ能ハサル次第ナルヲ以テ帝国政府若クハ
帝国官憲ニ於テ之ニ援助ヲ与ヘ又ハ之ニ干与スルカ如キ形跡外
間ニ現ハル、様ノコトアリテハ甚タ面白カラサルニ付貴官ニ於
テ特ニ此点ニ注意ヲ払ハル様」②指示した。

　この借款交渉に対する外務省内部の意見も一致したものでは
なかった。内田外相が積極的であったのに対し、有吉総領事は
相対的に消極的であった。有吉は内田外相に「飽迄英仏側トノ
関係ニ重キヲ置カルニ於テハ或ハ寧ロ全ク手ヲ引ク方安全ナル
ヘシ」③と上申した。その理由として有吉は、（一）にイギリス
とは「従来ノ幾多行懸モアリ特ニ勢力範囲ト自認シ居レル地方
ノ鉄道ニ対スル我方ヨリノ借款カ必スヤ好感情ヲ以テ迎ヘラレ
サルハ明白ナルノミナラス」、（二）に借款は「革軍ノ用ニ供セ
ラル事モ亦否定スヘカラサル」ため、「各種ノ点ヨリ多少ノ物議
ヲ醸ス恐アル」④からとした。しかし内田外相はこの上申を受
入れなかった。

---

①『日本外交文書』（辛亥革命）、185頁。
② 同上。
③ 同上書、186頁。
④ 同上。

　予想通りイギリス・アメリカ等列強はこの借款交渉に反対した。一月二十六日駐日本イギリス大使マクドナルドは内田外相に、この借款は「厳正不干渉ノ方針并ニ官革何レヘノ借款ヲモ奨励セサルノ方針ニ違背スル所ナキヤ」①と尋ねてきた。これは日本に対する抗議であったが、内田外相は「該借款ノ如ク個人ノ冒険的企画ニ属スルモノハ政府ニ於テ之ヲ抑遏スルニ由ナキ次第」②であると弁明して、イギリスが招商局に一五〇万両を貸出している事実をあばき、イギリスと対決する姿勢を示した。アメリカ国務省も駐米の埴原臨時代理大使に、大倉組の鉄道借款の風説があるが、これは「列国協調ノ方針ト扞格ヲ来スノ虞アル」③と警告した。埴原は「右ハ根拠アル風説トモ思ハレサルカ抑モ其出所ハ何レナリヤ」④と反問し、その事実さえも認めようとしなかった。この借款交渉を知った英清組も公司に、この「借款契約存在ノ事実及之ニ関スル英国側ノ主張ヲ告ケ且何人タリトモ右契約ヲ無視シテ本鉄道ニ対シ別ニ借款ヲ行フヲ得ス而シテ若シ公司ニ於テ斯ル行為ヲ敢テスルコトアリトモ英国側ハ断シテ之ヲ認ムル能ハス」⑤と厳重な警告を与えた。

　外務省は英米等の右のような抗議・警告にもかかわらずこの交渉を推進し、大倉組と蘇省鉄路公司は十七日仮契約を、二十七日本契約を締結した。その概要は次の通りであった⑥。

　　一　借款金額三百万円利息年八厘
　　二　償還期限ハ五年据置十年間ニ年賦償還ノコト
　　三　債権者前記契約期限内ニ若シ正式公債発行ヲ希望ス

　①『日本外交文書』（辛亥革命）、193頁。
　②同上。
　③『日本外交文書』（辛亥革命）、194頁。。
　④同上書、195頁。
　⑤明治45年2月7日、在上海有吉総領事より内田外相宛電報、第94−1号。外交史料館所蔵。
　⑥『日本外交文書』（辛亥革命）、204−05頁。

　　　　ルトキハ予メ先ツ公司と商議シ公司ヨリ政府ノ承認ヲ経
　　　　タル公債券ヲ発行シ債権者ニ交付シ本契約ヲ無効トス
　　四　　公司若シ契約後五年内ニ何時タリトモ本借款ノ返還
　　　　スルトキハ本契約ハ無効タリ右ノ場合ニハ其返還額ノ一
　　　　百円ニ付五円ヲ加ヘテ償還スルコト
　　五　　公司一切ノ動産不動産及鉄道営業権ヲ抵当トス
　　六　　公司若シ期ニ至リ利息ヲ仕払ハス或ハ遅滞スルトキ
　　　　ハ其返還ヲ終ハル迄債権者ハ公司ノ会計ヲ監督ス
　　七　　公司若シ外国ヨリ材料ヲ購買シ或ハ工事ヲ起ストキ
　　　　ハ先ツ債権者ニ商議シ若シ其価格高ク或ハ物品適当ナラ
　　　　サレハ他ヨリ購買ス
　　八　　若シ外国技師ヲ備聘スルトキハ公司ハ債権者ト協商
　　　　シ日本技師ヲ用ユ
　　九　　公司若シ再ヒ借款ヲ為ストキハ先ツ債権者ト商議ス
　この契約は双方の妥協案であり、六・七・八項において日本
側の元来の主張を牽制しながらも、日本の一部の権利の独占と
経営への干渉を認めたのであった。
　この三〇〇万円のうち大倉組は一〇〇万円を負担し、残額は
正金・興業・台湾・安田・第一の五銀行から融通された模様で
ある。借款を得た蘇省鉄路公司は翌二十九日南京臨時政府と契
約を締結し、そのうちの二五〇万円を革命政府に提供した。そ
の相当の部分は大倉組からの兵器供給代金と相殺された。
　イギリスは日本の資本がイギリスの勢力圏内に浸透すること
に強く反対し、三十一日駐日本マクドナルド大使は外務省に、
大倉組の借款は一九〇八年英清組が締結した「契約ニ違反ス
ル」[1]として抗議した。二月六日同大使はまた内田外相に「一

　　①『日本外交文書』(辛亥革命)、203頁。

時本借款金額ノ交付ヲ見合セシムル」①よう申出た。しかしこ
の時大倉組は既に二五〇万円を交付していた。内田はイギリス
の抗議により、残りの五〇万円の交付を見合せさせる考えであ
ることを表した。北京では七日ジョルダン公使が政府の訓令に
より伊集院公使に日本がこの借款より手を引くよう強要した。
ジョルダンは同鉄道に対するイギリスの交渉過程を詳細に説明
しながら、「本件ノ英国関係タル天下周知ノ事実ニ属シ日本国政
府初メ大倉組乃至ハ有吉総領事ニ於テ之ヲ知ラサリシ道理ナ
シ」として、日本の「措置ノ公明ナラサル」②ことを指摘し、
イギリス側の憤慨の意を表した。これに対し伊集院は「大倉組
借款ノ全然私人ノ行為ナルコト日本国政府ニ於テ与カリ知ラサ
ルコト又有吉総領事ノ如キハ恐クハ本件英国側ニ就キ然カク詳
細ナル事情ヲ知悉セサリシナラントノコト」③等と述べて弁明
した。

　日本と協調的であったロシアもこの借款に疑義を表明した。
一月末駐北京のロシア公使コロストヴェツは伊集院公使に、こ
の借款は政治的借款であり、ロシアはそれを黙認することが出
来ぬ、事前にロシアと協議すべきだと述べた④。

　このような抗議と反対にもかかわらず、日本はこの借款を堅
持し、招商局の借款のように放棄しなかった⑤。

　蘇省鉄路公司借款の成立後、孫文は各地方政府も省内の諸般
の事業を抵当として借款を起こすように指示した。例えば、孫
文は広東の鉄路公司に粤漢鉄道（広東一武昌）を抵当として借

---

①『日本外交文書』（辛亥革命）、208 頁。
②『日本外交文書』（辛亥革命）、210 頁。
③『日本外交文書』（辛亥革命）、210－11 頁。
④ 明治 45 年 1 月 31 日、在清国伊集院公使より内田外相宛電報、第 71 号。防衛研
究所所蔵。
⑤ この借款は、1914 年 2 月中英公司から返済した。

金を起こし、「以テ中央政府焦眉ノ急ニ応センコトヲ望ム」[1]と打電した。二月六日孫文は江西省都督にも江西鉄道を抵当として二五〇万ドルを借入れるよう指示した[2]。江西鉄道に対しては一九〇七年日本興業銀行が一〇〇万両を貸付けたことがあり、一九一二年一月中旬東亜興業公社と江西軍政府との間で借款交渉がおこなわれたが、その結果は不明である[3]。

　しかし鉄道を抵当として外債を導入する方針は地方の株主の反対に遭った。辛亥革命は外債による鉄道国有化に反対する保路運動が引金となっていたため、民衆は鉄道借款には大変敏感であった。蘇省鉄路公司の借款は株主の反対により、その理事らは辞職にまで追込まれた。三月には蘇省鉄道の一部である杭州一寧波間の鉄道敷設費として立案された外債導入計画が、一部株主の強硬な反対により中止された[4]。これらの事実はこの鉄道借款が国内外の複雑な対立と競争の中で成立したことを物語る。

　一方、招商局の借款交渉はこの借款交渉より一層激烈な対立と競争の中で進行し、最後にはその契約が取消された交渉であった。次に招商局の借款交渉を考究する。

　招商局は一八七二年に成立した航運会社であり、一九一〇年頃には資産一四〇〇万両に達し、中国沿海と河川の航運と貿易において重要な地位と役割を占める近代企業であった。この企業は当時清朝政府の郵伝部管轄の民営企業であり、郵伝部大臣であった盛宣懐も相当の株を有していた。

　招商局借款は同局の資産を担保とする借款であった。この借

① 明治45年1月29日、在広東瀬川総領事より内田外相宛電報。防衛研究所所蔵。
② 明治45年2月15日、在上海有吉総領事より内田外相宛電報、第86号。防衛研究所所蔵。
③ 『日本外交文書』（辛亥革命）、188頁。
④ 明治45年3月15日、在杭州池部事務代理より内田外相宛電報。防衛研究所所蔵。

款を最初に持出したのは黄興であった。漢陽戦線で失敗した黄
興は十二月初め上海にもどり、借款を起こして兵器を購入しよ
うとした。黄興は三井に三十万円の借款を申入れると同時に、
駐上海の井戸川中佐を介して、まず大倉組に四〇〇万円の借款
を申入れた。大倉組は日本郵船・日清汽船の後援を得てこの交
渉に取掛かった①。この借款の成立を外交的に保障するため、
十二月七日に内田外相は上海の有吉総領事に「右資金調達ノ見
込ハ確実ナル趣ニ付……本件成立ノ為御尽力相成ル様致シタ
シ」②と訓令した。内田外相はその後衆議院での答弁において、
「此の招商局は揚子江其の他支那沿岸に於ける貿易上最も重要
なる場所を占めて居る。従て此の招商局の運命は我対清貿易及
清国に於ける航運業に非常に影響を及ぼす問題でありますが故
に南京側から之を抵当にして借款を致したいと云ふ問題が起り
ましたときには是は他の問題とは違ひまして我当局に於ても非
常に注意を払った問題でありますのみならず此の借款に対しま
しては非常な競争が起って若し万一他国に之を取られたならば
我航運業に非常な影響を及ぼす話であります故に政府は他に競
争がある間は之を阻止する訳には往きませぬ」③として、政府・
外務省がこの借款に積極的に介入した目的と理由を述べた。

　この招商局の借款交渉は南京臨時政府が成立した後、他の借
款交渉と共に本格化した。南京臨時政府は軍資金調達のため、
招商局にその資産を抵当として一〇〇〇万両の借款を受入れ、
政府に提供するよう強要した。これに対し招商局は難色を示し、
その対応策を講じた。武昌蜂起以来の革命動乱により招商局の
経済活動は影響を受け、二ヵ月間の欠損が約一二万両に達し、

①『日本外交文書』（辛亥革命）、169 頁。
② 同上。
③ 田村幸策『最近支那外交史』上、外交時報社、昭和 12 年、42 頁。

加えて一五隻の船舶が革命軍に徴用されていた。辛亥革命はブルジョア民主革命であり、招商局のような近代企業の長期的発展に有利な政治情勢をつくるはずであったから、招商局は経済面で革命を積極的に支援すべきであったが、その経営陣は政治的に保守的であったため、一時的な経済的損失の他、その保守的立場からも革命政権と対立する姿勢を示した。彼らは革命軍の占領から免れる方法として、まず天津・煙台・漢口・福州・広州等各地方分局の地上財産を抵当として香上銀行より一五〇万両を借款し、この借款契約締結と同時に抵当とした財産を香上銀行に移転し、一〇〇万両の現金を前受けし[1]、そのうち二五万両を革命軍に提供した。招商局はこのような方法により革命政権の借款要求に抵抗した。これには上述の政治的要素の他に、経営上債権者から監督されたり、或いはその所有財産の使用についていちいち認可を受けたりしたのも原因であることを見逃すことは出来ない。招商局総弁王子展は上述の事情を有吉総領事に洩らしながら、一月六日有吉に革命政権に抵抗する一方策として、三月の株主総会において局の売却を議決する意を表し、その折に有吉に斡旋を依頼すべしと述べた[2]。有吉総領事はこれを日本側が招商局に浸透する好機だと考え、王に「香上銀行ヨリノ借款百五十万両利子年六分五厘ヲ先以テ我方ヨリ低利ニテ借替ユルコト為シテハ如何ト」[3]勧告したが、王は滞日中の盛宣懐と打合せの上返答するとした。有吉は内田外相に「予メ盛宣懐ニモ内々御勧告」するよう上申し、同時に革命政権の招商局に対する圧迫の情況を別紙で報告した[4]。

---

① 明治 45 年 1 月 30 日、在上海有吉総領事より内田外相宛電報、第 57 号。防衛研究所所蔵。
② 『日本外交文書』（辛亥革命）、179、183 頁参照。
③ 同上書、179 頁。
④ 同上書、180－81 頁。

　一月中旬以後招商局と革命政権との対立は日増しに激化した。一月二十日上海都督陳其美は革命軍の各方面総司令官と師団長らが署名した一〇〇〇万両の借款要求を招商局に提出し、四八時間以内に返答するよう強要した①。招商局は会長に任命された臨時政府の外務総長伍廷芳と孫文・黄興に、十日以内に株主総会を開催して、この重大な問題を議決する意を申入れたが、黄興は二十七日までに確実な返答をするよう強く要求した。二十五日招商局は孫文に二月一日株主総会を開いて株主の賛成を得る意を表明した②。二月一日招商局は上海張園で株主総会を開いたが、出席者の持株数は総株数の一割にとどまり、半数以上の株主は反対或いは棄権して出席しなかった③。出席者の中には反対者がいなかったので、総会は三〇分たらずで簡略に議決を終えた。しかし招商局の定款には株主総会は株主の半数以上が出席しなければ無効だとの規則があったので、この決議は無効だった。有吉総領事も「其決議ノ効力如何ニ就テハ疑義少ナカラズ」④と述べた。招商局はこの借款に反対する株主らの書簡を南京に送り、間接的に反対の意を表明した。総弁王子展らは次の株主総会で局の売却を議決することを計画していた。王らはこの売却により出資金を回収し、その残金を革命政権に貸付けようとした。有吉総領事は内田外相に、招商局に対し借款よりも「売買ノ形式ヲ取ラシムル外我方ノ手段ナキニ至ルベキ」⑤と上申した。

　このような情況の下で二月六日孫文は招商局に次のような三

①『民国檔案』1984 年第 2 期、43 頁。
②『民国檔案』1984 年第 2 期、46 頁。
③『民国檔案』1984 年第 2 期、48 頁。
④『日本外交文書』（辛亥革命）、207 頁。
⑤ 明治 45 年 1 月 26 日、在上海有吉総領事より内田外相宛電報、第 47 号。防衛研究所所蔵。

つの条件を提出した①。

　　　一　この借款は、その元金利子共に中華民国政府より担保
　　　　を提供し、返還をおこない、招商局がいささかも損害を
　　　　被らないようにする。

　　　二　もし招商局が今回の借款を承諾すれば、中華民国は招
　　　　商局を民国国家郵船公司として承認する。

　　　三　招商局の外洋航路を拡張し、政府より補助金を提供す
　　　　る。詳細な方法は後に協議して決定する。

　このような優遇条件の下で招商局はこの借款に当ることを承
諾し、二月六日南京で日本郵船株式会社と概要次のような仮借
款契約を締結した②。

　　　一　招商局は自己の自由意志で営業上の必要により本借
　　　　款契約を締結する。

　　　二　招商局は自己に属する動産・不動産・土地・建物・埠
　　　　頭・船舶・水面権・付属品等一切の財産を抵当として日
　　　　本郵船株式会社から日本金貨一〇〇〇万円を借款する。
　　　　利子七・五厘、五ヵ年後一五年間で償還する。

　　　三　招商局がもし期に至っても元金・利息を支払わない時に
　　　　は、日本郵船株式会社はその営業権を獲得し、招商局当局
　　　　者の干渉を受けずにその営業を進めることが出来る。抵当
　　　　物一切は日本郵船株式会社が売却・貸出・抵当移転の処分
　　　　をすることが出来る。

　　　四　招商局は抵当とした財産の全部或いは一部を他人に
　　　　抵当とすることが出来ない。

　この仮契約は他の契約と異なり、招商局が日本郵船株式会社
から借款をするために、中華民国政府と日本郵船株式会社が契

---

①『民国檔案』1984 年第 2 期、50 頁。
②『民国檔案』1984 年第 2 期、50 頁。

約を締結することをその第一条で規定し、孫文・黄興が民国政府を代表して両者と共に署名した。

　この契約は多数の株主・清朝政府及びイギリス等列強が強硬に反対する中で締結されたため、その第二条に相互に絶対に秘密を保持することを明記したが、契約は外部に洩れ、株主・清朝政府・イギリスの反対と妨害を受けざるを得なかった。この借款は革命政権に対する借款であるが故に、二月七日まず清朝政府外務部が伊集院公使に覚書を送り、この借款は「明カニ中立ヲ破壊スルモノト認メサルヲ得ス」として、「本件借款ヲ差止メラレタク何分ノ回答ヲ望ム」①と要求した。伊集院はこの要求を内田外相に電報すると同時に、「若シ政府ニ於テ今後中清地方ニ我利権ヲ扶植セシムル準備トシテ内密我資本家ニ此種事項ヲ勧誘セラレ居ル行懸リ等モ有之ニ於テハ絶対ニ世間ニ洩レサル様注意ヲ与ヘラルコト必要ナル」②旨を上申した。この借款は長江流域と招商局におけるイギリスの利権に対する挑戦であったから、イギリス大使マクドナルドは政府の訓令として、「該借款金額ノ一部ハ革命軍ノ用ニ供セラルコト疑ナキ次第ニ付」、日本国政府は「之ヲ阻止セラレンコトヲ希望ス」③と要望した。イギリスは日本と対抗・競争するため、香上銀行等を動員して南京臨時政府財務総長陳錦濤に一〇〇〇万乃至一五〇〇万両の借款を提供する意を申入れた。これに対し上海の『デイリー・ニュース』は、十三日「日本カ揚子江航運上至大ノ勢力ヲ有スルニ至ルヲ防カンカ為英国某商会ハ本借款ノ競争ヲ始メ

---

　①　明治45年2月7日、在清国伊集院公使より内田外相宛電報、第93号。防衛研究所所蔵。

　②　明治45年2月7日、在清国伊集院公使より内田外相宛電報、第93号。防衛研究所所蔵。

　③　『日本外交文書』（辛亥革命）、211頁。

タ」①旨を公表し、イギリスの実業家に日本に対抗・競争するために行動を起こすよう呼びかけた。内田外相はイギリスのこのような妨害・競争に対抗する姿勢を示し、二月八日マクドナルド大使に概要次のような覚書を渡した②。

> 両日本会社ハ清国ニ於ケル航運業ニ重大ナル利害関係ヲ有スルヲ以テ右申込ヲ受諾スルノ方針ニ依リ考量ヲ加ヘ目下本交渉中ナリ帝国政府ハ本計画ヲ幇助セサルコトニ決シタルモ前記両会社ハ帝国政府ノ異議ニ答フルニ他ノ外国筋モ亦現ニ清国ニ於テ之ト同様ノ借款計画ニ従事シ居ル旨ヲ以テ其実例ヲ挙ケタル後若シ両社ニシテ本交渉ヨリ手ヲ引クトキハ清国ノ航運業ニ関シ同一程度ノ利害関係ヲ有セサル他ノ外国筋ハ直ニ両社ニ代ハルヘキ旨ヲ申出タリ叙上ノ事情ナルカ故ニ日本国政府ハ前記日本国会社ノ行為ニシテ唯一ノ例外ナリト云ヒ得ヘクハ格別然ラサル限リハ其ノ諭止方法ヲ有効ナラシムルハ条理上為シ能ハサル所ナリ

この覚書において、日本政府・外務省が借款に対して異議を唱えたというのは事実ではない。政府・外務省がまず会社の方を勧誘し、またそれを積極的に推進したのである。この覚書は日本がイギリ入と対抗・競争する固い決意を示した対英挑戦状でもあるといえよう。

内田外相は外務省の出先機関がこの本契約の成立に積極的な外交的保障を与えられるよう、二十二日上海の有吉総領事に「我ニ於テ之ヲ引受ケルコトナリタル上ハ万事手落ナキ様致度ニ付……貴官ニ於テ伊東（日本郵船上海支店長—筆者）ト連絡ヲ

---

① 明治45年2月13日、在上海有吉総領事より内田外相宛電報、第80号。防衛研究所所蔵。

② 明治45年2月8日、内田外相より在清国伊集院公使宛電報、第26号。在倫敦山座代理大使宛電報、第36号。防衛研究所所蔵。

保チ内密ニ必要ナル援助ト注意トヲ与ヘラレタシ」^①と訓令した。だがイギリスはまたアメリカと連携して、列強一致の原則により、日本とロシアを四カ国銀行団に受入れて南京臨時政府に借款を提供し、その単独行動を牽制しようとした^②。招商局もやむなくこの借款に応じて、イギリスの申入れに応ずる姿勢を示した。内田外相はこれに対抗する態度をとり、「新借款ニ関シ各国資本家間ニ交渉ヲ進ムルハ妥当ヲ欠クノ嫌モ有之」とし、伊集院公使にイギリス等の「借款談ノ進行ヲ渋ラシメ其間上海ニ於ケル我資本家トノ交渉ヲ進マシムル様致シタク貴官ハ右ノ趣旨ヲ体シ本件ニ関シ英公使ヘ可然御応対相成タシ」^③と訓令し、この借款契約の成立を最後まで堅持する意を表した。

　しかし外務省とその出先機関との意見は一致していなかった。借款交渉の第一線に立っていた有吉総領事は、二十八日内田外相に「我方借款ハ到底見込ナキモノ」であるから、「速カニ断念スル方得策ナリト思考ス」^④と上申した。有吉はその理由として、（一）に黄興ら革命政府当事者との間で交渉行悩み、（二）に南京の参議院が反対し、（三）にこの借款に抵抗して招商局の重役らが辞任したため重役の調印を得ること目下不能であり、（四）に中国南北の力関係において袁の勢力益々拡張し、孫・黄らの実力いよいよ減退しつつある情況の下で契約に明記した彼らの保証を楯として孫・黄に迫ってもまったく効なく、ただ彼らを窮境に陥れるにすぎず、（五）に北方の袁世凱の感情を害するのみならず南方において伍廷芳ら進歩的革命党員の反感を買い、（六）にイギリス側にも甚だ面白からざる結果を生じついに

---

①『日本外交文書』（辛亥革命）、223頁。
② 田村幸策、前掲書上、43－45頁参照。
③『日本外交文書』（辛亥革命）、228－29頁。
④『日本外交文書』（辛亥革命）、229頁。

徒労に帰する恐れがある等を挙げた[①]。この六つの理由は当時の複雑な内外関係を的確に分析し、日本の将来の利権獲得のためには借款を一時放棄するのが得策だと説明したものである。

内田外相は有吉の分析と説明に耳を傾けざるを得なくなり、有吉に「此際仮契約ヲ根拠トシテ本契約ノ締結ヲ迫ルモ到底成功ノ見込ナキ事確メラレタルヲ以テ我資本家ニ於テハ他日ノ画策ノ余地ヲ存スル為メ先方ヲシテ招商局財産ヲ他ニ抵当トナサル事ヲ約セシメ本契約ノ締結ヲ見合ハスヘキ事ニ決定セリ」[②]と通告した。これは日本が招商局借款を完全に放棄したものではない。この時袁世凱は既に孫文に替り臨時大総統になり、四ヵ国銀行団に二〇〇万両の善後借款を要請し、これをまず南京臨時政府と革命軍の解散等の善後策に流用しようとした。これは政治的借款であった。内田外相は三月二日伊集院公使に「帝国政府カ政治的性質ヲ有スル借款ニ参加スル」[③]決心を伝え、この借款に参加する意図を表明した。

六　南北妥協をめぐる対応

孫文と南京臨時政府はこの共和制の政府を堅持し、北伐を挙行して南北を統一しようとしたが、国際情勢と南北の力関係の牽制により、共和制の維持と清帝の退位を条件に北の袁と妥協し、袁の北京政府に統合されざるを得なかった。本節では、この妥協の過程における南北と日本との対応を考究する。

南北和議は袁世凱の国民会議による政体決定への反対により一時「決裂」した。一月元旦ジョルダン公使が袁を訪れた時、

①『日本外交文書』（辛亥革命）、229頁。。
②　同上。
③『日本外交文書』（辛亥革命）、230頁。

袁は平和的に解決するために尽力したが失敗し、北方の将軍ら
が再戦の準備をしているため、自分は明日辞表を提出するつも
りだと語った[①]。これは袁の本心ではなかった。袁は表面では
立憲君主制を主張し、馮国璋・張勲ら一五人の将軍をそそのか
して共和反対・立憲君主制堅持の主張を内閣に上呈させ、清廷
の親王・貴族らに金銭を与えて南北再戦の準備を促すような姿
勢を示したが、これは南方の革命党に対する恫喝であり、これ
により南方側により一層の譲歩を強要しようとしたものであっ
た。しかし南京には一月一日共和制の臨時政府が成立し、孫文
が臨時大統領に選任された。これは袁にとっては一大脅威であ
りながらも、これを利用して清廷に皇帝退位を迫るには有利な
要素でもあった。故に、袁は裏面では密かにその腹心梁士詒と
唐紹儀のルートを通じて伍延芳と孫文との交渉を継続していた
のである[②]。

　孫文は帰国の折に南北和議に反対したようである。宗方小太
郎の海軍軍令部宛の秘密報告によれば、「孫ノ意見ハ絶対ニ講和
ヲ排シ若シ列国ニテ武力ノ干渉ヲ行ヒ其結果支那ガ四分五裂ニ
至ルトモ君主政体ノ名義ノ下ニ和ヲ講スル事ヲ為サス飽迄共和
ノ目的ヲ達セザレハ已マズ十年ニテ成ラザレバ二十年三十年ノ
後ヲ期シテ之ヲ争フベシ」[③]と語ったが、孫文のこの主張はそ
の後南京臨時政府内の有力者の非難を浴び、彼自身も自己の主
張に固執しなかった。これには客観的原因もあったが、主観的
要因もあった。孫文は十二月二十一日香港を経由した折、胡漢
民に「袁世凱が信頼出来ないというのは、まことにその通りで
ある。しかし我々がこれを利用して二六〇年の貴族専制の満洲

---

①　胡浜訳『英国藍皮書有関辛亥革命資料選訳』上、中華書局、1984 年、200－01 頁
参照。

②　駱恵敏編『清末民初政情内幕』上、知識出版社、1986 年、835－36 頁。

③　明治 44 年 12 月 31 日（着）、在上海宗方小太郎よりの書簡。外交史料館所蔵。

を転覆するとすれば、十万の兵を用いるよりも賢明である。た
とえば彼が満洲の後を継いで悪事をなさんとしても、その基礎
はもとに及ばず、これをくつがえすのはおのずから容易である。
だから現在はまず円満な結着をなすべきである。私がもし上
海・南京に行かなければ、この対内的対外的大計をとりしきる
のは、他の人では決してなし得ないことである」①と語り、清
朝打倒のため袁を利用する意を表した。一月二日孫文は袁に南
北戦争を避けるため和議に反対しないという態度を表明し、袁
の力により、戦争によらざる方法によって国民の念願を達し、
民族の調和・清廷の安楽を図ることが出来るとの電報を打った。
モリソンの史料によれば、一月二日南方の代表伍廷芳は袁世凱
に、もし袁が清帝を退位させたならば、孫は大総統の位を袁に
譲渡する用意があることを伝えた②。孫の態度のこのような変
化は袁に大変有利であった。

　孫文の意を受けた袁は、早速清帝退位の工作を開始した。袁
は腹心梁士詒らを中心に清帝に退位を迫ると共に、袁政権の樹
立を画策し始めた。これは前年末の南北和議における政体問題
が一歩発展し、中国の南北情勢が新たな段階に転換し始めたこ
とを示す。

　清帝退位は袁と孫が共に希望していた共通点であり、両者が
密かに交渉する政治的な基盤でもあった。これはまた袁政権樹
立の前提条件でもあったので、袁はまずこの問題の解決に取掛
かった。これには列強の承認と支持が必要であった。袁は列強、
特にイギリスの顔色を窺わざるを得なかった。一月十一日袁は
梁士詒を派遣して、ジョルダン公使に中国の各層は皇帝退位の
他に途がないとの意見であることを伝え、皇帝退位後袁が仮政

① 羅家倫主編『革命文献』第3輯、「中央文物供応社」、1978 年、総第 426 頁。
② 駱恵敏編、前掲書上、850 頁。

府を樹立したならば、列強はこれを承認するか否かを尋ねた[①]。ジョルダンは正面からの回答を避け、袁は各国から信頼されており、袁と南方との論争は中国内部の問題であり当然協議は達せられると思うと述べた。これは袁の工作に対する支持を示唆したものであった。これにより袁はイギリスの支持を獲得したと考えたのである。

　しかし問題は日本側にあった。日本は国民会議の議決による政体選択に賛成したが、本音は依然として立憲君主制を希望していたので、日本を説得して立憲君主制の主張を放棄させ、清皇帝の退位と袁政権の樹立に賛成させる必要があった。このため一月十二日ジョルダンが梁士詒との内談の内容を密かに伊集院に伝え、その意を尋ねた[②]。袁も対日説得に乗出し、同日坂西利八郎に対し、「時局益困難トナリ而シテ英国政府ハ君主政体ヲ支持スルノ意ナク列国モ亦傍観ノ有様ナレハ此儘ニテハ到底満洲朝廷ハ瓦解ノ外ナキトコロ日本国政府ハ君主立憲ヲ賛成スルト声言シナカラ南方ニ在リテハ有力ナル日本人続々革命軍ノ謀議ニ与リ居リ内実日本国ハ官民共ニ共和ニ賛成セル模様ナルコト新聞其他ノ報道ニ徴シテモ明カナリ日本国政府ハ結局時局ニ対シテ如何ナル考ヲ有シ居ルヤ」[③]と尋ねた。これは日本側の意向を探りながら、日本が立憲君主制の主張を放棄して、袁の仮政府樹立の構想を支持してくれるように示唆したものであった。これに対し伊集院は、坂西に「満洲朝廷ノ瓦解ハ重大ナル結果ヲ生スルヲ覚悟セサルヘカラス」[④]と袁に伝言するよう申含め、依然として立憲君主制の立場を堅持していることを表明した。伊集院は十二日にジョルダン公使・坂西との談話の

----

① 胡浜訳、前掲書上、241 頁。
②『日本外交文書』（辛亥革命）、543 頁。
③ 同上書、543－44 頁。
④ 同上書、544 頁。

内容を内田外相に報告すると同時に、「譲位蒙塵ノ実現ハ自然ノ勢ニシテ時日ノ問題」であることを中国の現状から分析し、「若シ此ノ大勢ニ抗シ朝廷及袁世凱ヲシテ現状ヲ維持セシメントスルニハ外部ヨリ実力ヲ以テ飽迄之ヲ援助スル決心ナカルヘカラス」[①]と上申した。これは内田外相に清皇帝の譲位を認めるべきか、それとも実力行使による干渉によって現状を維持するのかの二者択一を迫ったものである。

　イギリスもこの重要な時期に日本が干渉することを大いに恐れ、その対策を講じた。イギリス外務省は十六日駐日イギリス大使マクドナルドを通じてジョルダン・梁士詒会談の内容を通告すると同時に、梁の内密の談話として「何分ニモ日本政府カ共和政府ノ設立ニ対シ強硬ナル反対意見ヲ有スルコトハ御承知ノ通リナルカ如上ノ政府ヲ設立スルト仮定スレハ最憂慮スヘキハ此方面ナリ」[②]との意を再度内田外相に伝え、日本の姿勢を警戒している意を示唆した。これに対する内田外相の態度は不明であるが、イギリス大使は同日グレー外相宛に「本使ノ推測ニ依レハ愈共和政府設立ノ暁ニ至リ之ヲ承認スルノ問題ニ逢着シタル時ニ於テ日本政府カ我英国政府ヨリ分離シテ特殊ノ態度ヲ取ルカ如キ意響ハナカルヘシ」[③]と打電した。モリソンも袁世凱らがもっとも憂慮している対象は日本であるけれども、日本人が現在の帝政を支持するために干渉することはあり得ないと[④]ロンドンに伝えた。

　この時袁は列強に対し二面的政策をとった。一面においては日本の実力行使による干渉を事前に排除しようとし、他面においてはイギリス等列強の干渉を要望していた。袁は皇帝の退位

---

　　①『日本外交文書』（辛亥革命）、544頁。
　　②『日本外交文書』（辛亥革命）、545頁。
　　③同上。
　　④駱恵敏編、前掲書上、832頁。

に対する列強による外部からの圧力を強化するため、在中国の
外国人商業団体を利用した。このため袁の腹心である蔡廷干は
九日モリソンと秘密会談をおこない、まず南北紛争の継続により
外国商人の正常な商業活動と貿易が損失を蒙り、その生命財
産も脅威を受けているから、国民会議において国体を決定する
前に民主的仮行政機構を設置し、その前に専制権を放棄（即ち
皇帝の退位）すべきことを上海の外国人商業会議所が元摂政王
慶親王及び袁世凱に提案するよう画策した[①]。その翌日蔡はモ
リソンにこのことを上海の外国人商業会議所に示唆するよう要
望し、上海が率先すれば他の港湾都市の外国商人も呼応し、そ
の影響は大なるものであると語った。モリソンの工作により[②]、
十二日上海の外国人商業会議所がまず上述の内容の電報を元摂
政王慶親王と袁に発した[③]。同日清朝政府外務部大臣胡惟徳は
ジョルダン公使にこの電報を渡し、イギリスの上海総領事を通
じてこの電報の真偽を確認するよう要請した。ジョルダンはそ
の電報は上海商業会議所の理事会が会員の絶対多数の賛成を得
て発したことを胡惟徳に伝えた。この電報は清廷に外国が干渉
するサインと見なされ、皇帝の退位に圧力と拍車をかけた。

　このような情況の下で清廷は皇帝の退位を検討し始めた。袁
は十五日書記官をジョルダソ公使に派遣して、「皇太后ハ多分数
日間ニ皇位譲位ノ上諭ヲ発セラルコトナルヘシ」[④]と内報した。

　同時に袁は十四日梁士詒を通じ唐紹儀に、孫文の総統譲位を
再確認するよう指示した。孫文は十五日もし清帝が退位し共和
制を発布すれば、南京臨時政府はその約束を取消さない、自分
は即時に総統を辞任し袁を総統に推薦するとの電報を伍廷芳を

通じて袁に送った①。袁は清帝退位後の善後策を講ずるため、唐紹儀と伍廷芳を北京に寄こすよう要求したが、孫文は袁に「譲位ノ詔下ランカ他人ヲ待タス自ラ北上シテ親シク袁ニ面会スヘキ」②旨を電報した。

　この時期、この問題に関する日本の外務省出先機関と民間人の対応は正反対であった。北にいた伊集院が袁が孫文と妥協して共和制を採用するのに反対したのに対し、南にいた頭山満らは孫文が袁に譲歩するのに強硬に反対した。この時頭山は上海にいたが、孫文は袁との交渉内容を頭山に通告しなかった。日本にいた内田良平がこの噂を聞き、「折角今まで力を尽したのに今更袁に政権を譲るやうなことがあっては、老獪なる袁が如何なることをするか測られず、結局革命の目的を水泡に帰せしむることになるから、この際妥協などさせてはならぬ」③として、葛生能久を南京に急行させた。葛生はまず上海に赴き、頭山に南北妥協のことを伝えた。頭山はそんなことはないとして信じなかったが、それは事実であった。頭山は宮崎滔天・萱野長知・寺尾亨と共に南京総統府に孫文を訪ね、「革命の主人公は貴方ではないか、兵は足らず金はなし、困ることは困るだらうが、困る位にまで来たのが元来優曇華の花なのだ。どんなことがあらうとも楽しんでコゝを持ち耐へて、天下の耳目を此処に引きつけなくちやならぬ大事な時だから、直ぐ軽々に行くなんといふことは宜しくない。何としても袁世凱を一度此方へ呼んで、貴方が革命の主人公であるといふことを一応明瞭にして、それから行くことにしたら宜からう。軽々に動くことは絶対に反対だ」④と止めた。葛生も南京に赴き、宋教仁に妥協不可なる所以を述べ

①『孫中山全集』第 2 巻、中華書局、1982 年、23 頁。
②『日本外交文書』（辛亥革命）、546 頁。
③ 黒竜会編『東亜先覚志士記伝』中、原書房、1966 年、446 頁。
④ 頭山満翁正伝編纂委員会編『頭山満翁正伝』（未定稿）葦書房、1981 年、248 頁。

て忠告を試みたが、宋は「袁世凱によって目的を達する方がよいと思ってゐる」[①]と自己の見解を堅持していた。葛生は重ねてその熟考を求めたが、南北妥協を阻止することが出来ず、一日も早く宋教仁を東京に来させて対策を講じようとした。南京臨時政府にも南北妥協に反対の革命党員がおり、頭山ら大陸浪人らと共に孫文の対袁政策に一定の影響を及ぼした。

　北京においてはジョルダン公使が立憲君主制に固執している同志連合会のメンバーらに、立憲君主制によって南北戦争と中国の分裂が避けられるかどうかには疑問があるとして、立憲君主制の放棄と南北妥協を説得した[②]。これは南方の頭山らと対照的であった。

　南北で南北妥協に反対する勢力は、共和制か立憲君主制かということでは対立していたが、袁世凱に反対することでは一致していた。鉄良・良弼ら皇族の中堅層は袁に反対し、革命党の急進派も袁に反対した。十六日袁が宮中から退出して来た時、革命党員黄沢萌ら三人が袁に爆弾を投じて爆殺しようとしたが失敗した。これはこの時期の反袁勢力の活動を公然と表明したものであったが、逆に清廷に圧力を加えることになり、袁はこれを清帝の退位に利用した。

　十七日宮中で御前会議が開かれた。その内容は不明であるが、時局収拾策が検討されたのは確実である。会議後袁は即刻ジョルダン公使の来訪を求め、彼に清帝退位・新政権構想を内談した。構想の内容は、旬日中に清帝退位の上諭を発し、その上諭の主旨により彼が天津で仮政府を組織して時局を収拾し得れば、清帝は直ちに退位する、その後南北の代表が袁を大総統に選出して正式な新政府を組織する、退位の上諭発布から新政府成立

①　黒竜会編、前掲書中、448 頁。
②　胡浜訳、前掲書下、346－47 頁。

までは十日ばかりというものであった。袁はこの構想を十八日
ジョルダンと内談すると共に、「英国政府ニ於テハ右ノ仮政府ヲ
承認シ之ニ対シ十分助成アランコトヲ望ム」[①]と要請した。ジョ
ルダンは終始袁を支援していたから、当然好意的な姿勢を示し
た。しかし構想の実現には日本の了解或いは協力が必要であっ
たから、ジョルダンは伊集院の説得に取掛かった。これに対し、
伊集院は同日「慎重ナル考量ヲ用ユヘシ」[②]と内田外相に内報
した。二十日内田外相は「右承認の件ハ大勢ノ定マルヲ待チ徐
ロニ審議ヲ尽クスモ遅カラサルコトト思ハル」[③]と指示した。
その理由は、(一)に「万一取急キ袁ノ仮政府ヲ承認シ間モナク
其瓦解ヲ見ル」可能性があること、(二)に「袁ノ対革命党策略
ニ右承認ヲ利用セラルルカ如キコトアリテハ面白[④]カラス」と
いうものであったが、日本としては親イギリス的である袁が清
帝退位後の中国支配の大権を掌握するのを好まないというのが
本音であった。伊集院はまた「革命党トノ妥協ニ依リ成立セン
ト思ハル新政府ハ追々利権回収税関法改正治外法権撤廃等の問
題ヲ提起スヘキハ自然ノ勢ニシテ……其傾向ノ排外的殊ニ排日
的ナルハ予見ニ難カラス」[⑤]とその理由を付加えた。これは伊
集院が最後まで共和制に反対した理由を表明したものでもある。

　日本は清皇帝の退位、袁政権の樹立に賛成しようとしなかっ
たが、大勢は着々とその方向に傾いていった。日本はこれに対
する新たな対応策を迫られた。伊集院公使は内田外相に「帝国
ニ於テハ別ニ独立ノ地歩ヲ占メ以テ日本国ノ憚ルヘキアルヲ知
ラシメ日本国ヲ外ニシテ事局ヲ収拾スルノ不可能ナルヲ（英国

　　①『日本外交文書』(辛亥革命)、600 頁。
　　②　同上書、601 頁。
　　③『日本外交文書』(辛亥革命)、601 頁。
　　④　同上。
　　⑤　同上書、602 頁。

に一筆者）感得セシメ置カハ我カ将来ノ行為行動ニ利益アルヘシ」①と上申した。伊集院はまたロシア公使と連携してジョルダンの行動を牽制しようとした。十九日ロシア公使は伊集院に「本国政府ノ明白ナル訓令ナキ以上ハ承認セサルハ勿論」だとし、「退位ノ暁朝廷熱河ニ蒙塵セハ満洲王公ノ中然ルヘキ者ヲ見立テ貴我両国ニテ何トカ利用スル道ハ有ル間敷キヤ」②とまで提案した。伊集院はフランス公使コンチイとも会談し、両公使は「若シ革命党主張ノ如キ政府成立セハ種々突飛ナル排外的措置ヲナシ面倒ナル外交問題ヲ惹起スヘキハ必至ノ勢ニ付此際或ハ列国ニ於テ予メ之ヲ掣肘シテ時局ヲ救済スル方有利ナラン」③との意見で一致した。

　このように複雑な情況の下で、内田外相は伊集院に、早急に袁と会見して現下の実情及び将来の見込み等について袁の真意を確かめるよう訓令した。折しも二十日前後中国南北の政治情勢には急激な変化が起こった。

　孫文は袁世凱を大総統に選任する前提条件として、清帝の退位と共和制の発布の二つの条件を提出していたが、二十日前後からこの他に、（一）清帝退位後その全権力は同時に終息し、これを私的にその大臣に委ねることを得ず、袁は民国から推挙されるべきであり、清朝からその権力を授かるものにあらず、（二）北京に臨時政府を樹立すべからず、南京臨時政府は絶対に解散することを得ず、（三）清帝退位のことを袁が北京駐在各国公使もしくは上海駐在の領事を通じて民国政府に通告し、孫文は外交団或いは領事団が清帝退位の通告を受取った後に（或いは列国が中華民国を承認した後に）辞職する、（四）南京の参議院が

　①　『日本外交文書』（辛亥革命）、602 頁。
　②　同上書、603 頁。
　③　『日本外交文書』（辛亥革命）、603−04 頁。

袁を臨時大総統に選任し、袁は参議院が定めた憲法を宣誓して初めて権限を接受することが出来る等の新条件を付加えた①。これらの条件は、孫文があくまで南京臨時政府を中心として清帝退位後の中国政局を処理し、かつ南方を中心とした南北統一を達成しようとしたものであり、同時に袁世凱に対する不信感と警戒心を表明し、それに対する具体策を講じ始めたことによる。

　袁世凱とイギリスは、孫文の対袁姿勢がこのように急激に変化したのは、裏で孫文の秘書・顧問であった日本人が彼を使嗾しているからだと判断した②。故に、袁は日本の態度を再打診しながらその支持と賛成とを得ようとした。一月二十一日袁は伊集院と会見し、清帝退位と立憲君主制を放棄せざるを得ぬ理由を挙げ、伊集院を説伏しようとした。しかし伊集院は「飽迄君主立憲ノ目的ヲ貫徹シ之ニ因リテ事局問題ノ解決ヲ告ケシムルコソ万全ノ策ナリト確信スル外他意アルニアラス」③と固執した。袁は「孫逸仙ノ意嚮ハ皇位退讓後ハ直ニ北京政府ヲ撤廃シ南京ニ新政府ヲ設クヘシトノコトナリ果シテ右様ノコトトモナレハ貴国政府ハ之ヲ承認シ公使館ヲ同地ニ移サルヤ」と問い、「又若シ当方面ニ新政府ヲ設ケ真面目ノ人物カ其局ニ当ルコトトナレハ如何」④と尋ね、孫と袁、南と北のどちら側を支持するかを打診した。伊集院は「孰レノ地孰レノ人ニ依リテ組織セラルルトモ要ハ新政府カ果シテ内治外交ノ衝ニ当リ内乱ヲ鎮定シ国交ヲ繋キ得ヘキ実力ヲ有スルヤ否ニ付充分ノ見込立タル上ニアラサレハ容易ニ承認ヲ与ヘサルヘク夫レ迄ノ間ハ結局貴国

---

① 『孫中山全集』第2巻、26−27、30、38頁。
② 駱恵敏編、前掲書上、842頁。
③ 『日本外交文書』（辛亥革命）、550頁。
④ 同上書、550−51頁。

ヲ無政府国トシテ遇スルノ已ムヲ得サルニ至ルヘシ」[①]と答え、袁にも孫にも、南にも北にも反対する姿勢を示した。

　袁と会見した時、伊集院は孫文の新条件の提出によって中国情勢が急激に変化していることを知らなかった。二十二日伊集院はジョルダン公使を訪ねた際に初めてジョルダンからその情況を聞き、十二日袁が話した背景を理解することが出来た。これは当時伊集院が袁と北京の政治・外交の場からどれほど疎外されていたかを物語る。伊集院はジョルダンに「退位ノ沙汰モアラハ清国ハ全然無政府ノ状態トナル……袁ニシテ何ノ成算モナクハ清国ノ統一ハ遂ニ不能ニ帰スヘク事態ハ愈々重大トナリテ列国ノ其ノ利益保護ニ必要ナル手段ヲ執ルノ已ムナキニ至ラン」[②]と述べ、清皇帝退位に反対する意を表した。ジョルダンは伊集院のこのような強硬な態度に対応するため、各国公使会議を開くことを提案した。これに対し伊集院は前回の六カ国勧告のようなものは何の効果もなく、「若シ目下ノ時局ヲ救ハントナラハ列国ニ於テ責任ヲ負フテ十分ニ其ノ提案ヲ遂行スル覚悟ヲ要スル」としながらも、目下その意見をまとめること困難なるを理由に「今暫ク傍観ノ儘形勢ノ推移ニ注意シ一面ニハ必要ニ応シ自国人民ノ生命財産ヲ保安シ得ヘキ手段ヲ講シ置クノ外ナカラン」[③]と述べた。伊集院は中国における日本の既得権益保護の優先を口実に傍観しながら、到来する混乱を利用して中国の時局を収拾するイニシアチブを掌握するチャンスを窺っていたので、内田外相に「事態紛糾シテ非常ノ混乱ヲ来スヘキモ或ハ却テ帝国ニ於テ之ヲ利用スル機会到来セストモ限ラサルニ依リ申迄モナキコト乍ラ帝国政府ニ於テ予メ如何ナル事変ニモ

---

①『日本外交文書』（辛亥革命）、551頁。
②『日本外交文書』（辛亥革命）、552頁。
③ 同上。

応シ得ヘキ様充分御用意置アラン事ヲ乞フ」^①と具申した。

　この時期北京では皇族の中堅層であった鉄良・良弼らが反袁運動を展開していた。彼らは君主立憲維持会の名義で「北京旗漢軍民公啓」を発布し、袁世凱の清廷に対する不忠を猛烈に攻撃した。これにより袁も一時総理を辞職し、退京して天津の外国租界に閉寵もろうとした。これはイギリスの対中国政策に予想外の打撃を与えた。イギリスは、伊集院と公使館付武官であった青木宣純少将が日本陸士出身であった鉄良と良弼を使嗾してやらせたものだと判断し、二十三日モリソンが日本公使館の松岡洋右二等書記官を訪ね、公然と「鉄良ノ背後ニハ伊集院公使アリ良弼ノ背後ニハ青木少将アリテ夫々使嗾セリ」と指摘し、「若シ袁世凱ニシテ一度退京シ重大ナル事態ヲ惹起スルニ至ランカ其批難ノ当否ハ暫ラク措キ兎モ世間ハ前陳ノ情報ニ基キ之ヲ以テ日本ノ責任ナリトスヘシ」^②との主旨をそれとなく述べた。モリソンは松岡に、この際「日英両国代表者ニ於テ袁世凱ノ辞職退京ヲ中止セシムル様取計ハレテハ如何アルヘキカ」^③と尋ねた。ジョルダン公使も同日伊集院に同様の意見を述べ伊集院の協力を要請したが、伊集院は袁を「今自ラ窮境ニ立ツヤ忽チ部下ヲシテ斯カル虚構ノ事ヲ『モリソン』ニ告ケ諸方ニ流布セシメ以テ責任ヲ他ニ嫁セントスル狡猾手段ヲ執ルカ如キハ其小策ニ腐心シテ誠意ヲ欠クノ甚シキ実ニ呆ルノ外ナシ」と非難し、袁の辞職の噂は「辞職ヲ吹聴シテ外国ノ後援ヲ得ントスルノ策タルヤノ疑ヲ免カレレス若シ此際列国ニシテ進テ袁ヲ引留ムル如キ手段ヲ執ラハ之実ニ彼ノ術中ニ陥ルモノナリ」^④として、ジョルダンの要請を拒否した。翌日伊集院は内田外相に袁

---

①『日本外交文書』（辛亥革命）、
②『日本外交文書』（辛亥革命）、553-54頁。
③ 同上書、553頁。
④ 同上書、554-55頁。

の退京について、「我ヨリ進テ何等手段ヲ執ルヘキ場合トハ思ハレス寧ロ尚傍観シテ自然ノ推移ニ任カサハ或ハ帝国カ活動スヘキ機会ヲ促シ来ルヤモ計リ難シト思考ス」①と上申した。これは袁の失脚は日本の対辛亥革命外交に有利なチャンスをもたらすので、歓迎すべきだとの意である。

　天津でも革命派と日本の大陸浪人らが反袁運動を展開していた。革命党員白逾桓らと大陸浪人平山周・小幡虎太郎らは袁世凱が天津に潜入する機会に彼を暗殺しようと計画し、ある日天津駅で袁らしい大官を襲撃したが、それは袁ではなく天津道台の張懐芝であった。これに失敗した彼らは天津占領計画に着手した。平山周ら大陸浪人は一月初めより革命軍の北伐に合せて天津・北京占領と袁狙撃のプランを立て、一月三十日支那駐屯軍の阿部貞次郎司令官の支持の下で、天津の革命党員と共に天津鎮台衛門を攻撃したが失敗し、日本人一名が死亡し、二名が逮捕された②。

　しかし袁世凱は掌握した実力と権謀術数を行使して、これらの勢力に反撃を始めた。袁はまず曹錕の第三鎮の一部を北京城内に駐屯させ、次に代弁者楊度らを使嗾して共和促進会を組織し、世論を喚起して共和制に反対する皇族らに一撃を加えた。あたかも二十六日革命党員彭家珍が宮中より退出する良弼に爆弾を投じ、良弼は翌日日本人病院で死亡した。この事件は立憲君主制に固執する皇族らに恐怖感を与えた。彼らは天津・青島・大連等に逃亡を始めた。次に二十七日北洋の将軍段祺瑞らが皇族と内閣に共和制を要求する電報を発し、清廷に政治的・軍事的圧力を加えた。このような猛烈な反撃の下で、清廷は二九、

---

　①『日本外交文書』（辛亥革命）、556 頁。
　②『日本外交文書』（辛亥革命）、556－57、560－61 頁参照。黒竜会編、前掲書中、492－98 頁参照。

三十日連続の御前会議を開き、皇帝退位後皇帝・皇族を優待す
ることを条件として、退位の意を表明し、袁をこの件について
南方と交渉する全権代表に任命した。袁は早急に孫文らと優待
条件を検討した。清廷は二月五日南京参議院が採択した皇帝退
位後の皇帝・皇室の待遇条件を受入れ、十二日に南方の張謇が
起草した「清帝退位詔書」を発した。この発布により、二六〇
余年の清朝の支配と二〇〇〇年にわたる封建君主専政制が崩
壊・終焉し、中国は共和政治体制に転換した。辛亥革命の意義
はまさにここにあった。

　袁と孫、南と北は妥協により双方共に清帝退位という第一の
目的を達成した。しかしこの妥協により、統一された南北政権
の樹立をめぐり、袁と孫、南と北はまた新たな戦いを始めた。
十三日孫文は参議院に臨時大総統辞任の教書を提出し、袁を大
総統に推薦したが、付帯条件として次のような三つの条件を提
出した①。

　　　一　臨時政府を南京に設けることは各省代表により議定
　　　　　されたことであり、変更することは出来ない。
　　　二　辞職後、参議院選出の新総統が自ら南京に来て就任し
　　　　　た後に、大総統及び各国務員が離職する。
　　　三　臨時政府の約法は参議院が制定したものであり、新総
　　　　　統は公布されたすべての法律・規約を遵守しなければな
　　　　　らない。

　この条件のうち、一、二の二つは、首都を南京に置いて袁を
南に引張り出し、これによって旧勢力が蟠踞する北京との関係
を分断し、南京臨時政府を基盤とした南北統一の共和政府を樹
立しようとしたものであった。これは単なる首都の選択問題で

---

①『孫中山全集』第2巻、84頁。

はなく、北京と南京のどちらを中心として新政権を樹立するか
という重大なことであったため、南北双方はまずこの問題をめ
ぐって攻防戦を展開した。

　袁は孫文の南下の要請の背後には日本人の使嗾があると考え
ていた。頭山満ら大陸浪人は孫文の北上に反対し、袁の南下を
孫に勧告していたため、これが孫に一定の影響を及ぼしていた
ともいえよう。袁はイギリスと共にこの内情を探ると同時に、
伊集院の説得に取掛かった。二十四日袁は曹汝霖を派遣して、
伊集院に袁の南下が不可能である理由を説明した。伊集院は南
方の共和制に反対なので、「孫ノ要求ハ道理上甚夕無理ナル注文
ニシテ皇帝既ニ辞位ヲ行ヒタル以上ハ従来ノ成行ニ徴スルモ宜
シク南方側ヨリ委員ヲ北方ニ派遣スヘキカ順序ナルヘシ」①と
して、孫文の要請を非難し、間接的に袁の南下に不賛成の意を
表明した。伊集院は反袁的でありながらも、また袁の主張を支
持する矛盾する姿勢をとった。

　イギリスはその主な権益が南方にあるにもかかわらず南京首
都説に反対し、側面から袁を支援した。モリソンは蔡廷干らと
画策して孫に対抗する策を講じた②。駐南京のイギリス領事は
南京臨時政府の王寵恵外交総長に北京首都説を吹込んだ③。
ジョルダン公使も二十四日伊集院を訪ね、彼に協力を要請した
が、伊集院は［例ノ手段ヲ以テ体善ク列国ノ援助ヲ求ムル策ニ
アラスヤ］として、「今暫ク成行ヲ観望スルヲ上策トス」④と述
べ、直接の回答を避けた。伊集院はその理由として、「袁ノ主張
ヲ貫ク為ニ列国ノ干渉シタルコト南部人種ニ知レ渡ル時ハ袁ハ
自己ノ利益ノ為ニ列国ノ援助ヲ求メタリトテサラテタニ心中袁

_____

①『日本外交文書』（辛亥革命）、570 頁。
② 駱恵敏編、前掲書上、888 頁。
③ 胡浜訳、前掲書下、485－87 頁。
④『日本外交文書』（辛亥革命）、571 頁。

ニ対シ快カラサルモノ多キ南方ニ於テ袁ニ対スル反感ヲ一層激シクシ反テ事態ヲ困難ナラシム虞アル」[①]ことを挙げたが、これは袁のためというよりは袁に対する反感から出たものであった。

　孫文らは袁の南下を依然として主張し、二月十八日蔡元培・宋教仁・汪兆銘らを北京に派遣し、袁を迎えて南下させようとした。一行は二月下旬北京に到着した。袁の腹心蔡廷干は一行がモリソンを訪問することを予測し、彼らに首都を南京に移す危険性と各国公使館が遷都に反対していることを示して説得するようモリソンに要請した[②]。日本側の対応はこれと反対だった。内田良平らは帰国した葛生の内報を聞き、桂太郎と相談の結果、葛生を再度南京・上海に派遣して蔡・宋らの北上を阻止しようとしたが、葛生が上海に到着した時、彼らは既に北京に向っていた。葛生は北京のホテルに宋教仁を訪ねて内田らの意見を伝え、対応策を講ずるため宋に日本に渡航するよう勧告したが、宋は応じなかった[③]。小川平吉は二月九日宋教仁に「袁世凱が時局を左右するに至る事は我々の絶対に反対する所なり。袁に欺かれず断乎として初志を貫徹するやう、孫、黄二君にしかと注意を乞ふ」と勧告し、同日また在上海の宮崎滔天にも「袁世凱時局を左右せば万事休すべし。袁に欺かれず断乎初志を貫徹する様南京に警告せよ」[④]と要望した。これらは日本側の反袁的な姿勢を端的に示したものであった。

　この時一時帰国（一月十六日東京着）していた犬養毅は、第二十八回国会が開催されていたにもかかわらず、二月十六日東京を出発し南京に来た[⑤]。犬養は来華の目的について、「我邦外

① 『日本外交文書』（辛亥革命）、
② 駱恵敏編、前掲書、899 頁。
③ 黒竜会編、前掲書中、450－52 頁。
④ 小川平吉文書研究会編『小川平吉関係文書』2、みすず書房、1973 年、443 頁。
⑤ 『民主報』1912 年 2 月 21 日。

交ノ大失錯ニヨリテ、英米ヲシテ大有力ノ事トナラシメ、袁ハ
之ヲ利用シテ袁ノ活動、孫ノ軟化ト相成、大勢ハ最早動ス可ラ
ザル事ト相成候。左レド大勢不利の中ニモ、尚尽力次第ニテ帝
国ノカヲ伸フベキ地歩ヲ得ル事相成ザルニモアラズ、是が小生
再遊ノ目的ニ御座候」①と友人宛の書簡に記した。これは南北
妥協を打破し、袁の臨時大総統就任を阻止して、中国における
日本帝国の勢力を伸長しようとしたものである。犬養は二月二
十六日孫文と会い、彼に初志を貫徹すべきことを勧告し、袁と
の妥協を断つように力説した。犬養はこのため再度岑春煊との
提携を勧めたが、孫文はこれに耳を傾けなかった。犬養はこの
ような情況で袁を牽制する一策として、孫文に新政府の首都を
南京に置き、袁を南下させ臨時総統に就任させるよう勧めた。
これには孫文も賛成した。

　犬養は二月二十八日から三月四日の六日間武昌に行き、二十
日袁の副総統に選任された黎元洪を訪れた②。その目的は袁に
傾く黎に対する牽制工作のためであったが、所期の目的を達成
することは出来なかった。

　犬養・頭山・内田・小川らの南北妥協と孫文側の北上に対す
る反対は、その目的は別として、その後の事実が証明するよう
に革命党に有利なものであり、その勧告も正しいものであった
と評価されるべきである。しかし犬養の勧告は逆に革命党側に
疑われた。『民主報』は、犬養が孫と袁の「不和を挑撥しようと
工作することは望ましくない」③とし、章炳麟主宰の『大共和
日報』は、頭山と犬養は「内実は日本政府が暗に旨を啣めて来
らせているものである。日本は予て満蒙に野心を有し、之を占

---

　① 黄自進「犬養毅と中国—辛亥革命を中心に」、『慶応義塾大学大学院法学研究科論
文集』第 25 号（昭和 61 年度）、70 頁。
　② 鷲尾義直編『犬養木堂伝』中、原書房、昭和 43 年、741 頁。
　③ 『民主報』1912 年 3 月 2 日。

領すべき機会を窺へること既に久しく、この目的を達成する為
め支那の内訌を続けさせて混乱の機に乗ぜんと企てゝゐるので
ある」①と厳しく非難した。

　孫文は三月十六日犬養を招宴し、犬養は二十六日帰国の途に
就いた②。頭山は朝鮮経由で四月十三日福岡に帰着した。

　狡猾な袁世凱は孫文らの南下の要求に対抗する一策として、
北京・天津・保定での軍隊の騒動を画策した。二月二十九日か
ら三月初めにかけて兵士の掠奪・殺戮事件が次々と発生し、蔡・
宋らの一行も安全確保のためホテルから避難せざるを得なかっ
た。この騒動は袁の使嗾によるものであった。袁は北方政情の
不安定を理由に南下を拒否した。伊集院は「此際北京ニ於テ斯
カル事態ノ起ル原因明カナラサレトモ袁世凱ノ南京行を引止メ
ンカ為外国公使ノ干渉ヲ起サシムル苦肉ノ策ナラントノ推測モ
アリ当否ハ別トシテ結果袁ノ南行ヲ阻止スルニ至ラン」③と正
確に判断した。

　袁世凱は騒動の影響を拡大するため、外国の介入を希望して
いた。三月二日唐紹儀はジョルダンに「直ニ外交団会議ヲ開キ
北京ニ於ケル此上掠奪殺戮ヲ防クヘキ手段ヲ決セラレンコトヲ
望ム」④と申入れた。ジョルダンによれば「唐紹儀ノ意思ハ外
国ノ兵力ヲ以テ北京ヲ占領センコトヲ希望スルニアル」⑤ので
あった。外交団会議は「書間丈ケ各国兵ヲ巡邏セシムルコト」⑥
とし、なお北京の守備兵数を列国総計で一〇〇〇名に増加する
ことを決定した。三日義和団の時北京に出兵した八カ国の連合

①　黒竜会編、前掲書中、459－60頁。
②　鷲尾義直編、前掲書中、736頁。
③　『日本外交文書』(辛亥革命)、584頁。
④　同上書、588頁。
⑤　同上。
⑥　同上書、589頁。

軍約七〇〇名が北京城内の主な街道を行軍し、中国人に列強の
武威を示した。これは中国の南北問題に武力で干渉しようとす
るものではなく、北京と華北における既得権益を保護するため
の措置であった。だがこれはまた袁に対する支援でもあった。
列強のこのような行動は逆に中国人に八カ国連合軍の再度の来
襲を予感させた。中国の新聞は列強、特に日本が艦艇と陸軍を
中国に派遣していることを報道し、中国人に外国の武力干渉が
目前に迫っている印象を与えた[①]。辛亥革命勃発以来終始外国
の武力干渉を警戒していた南方の革命派はこの干渉を避けるた
め、三月六日参議院で袁の北京での大総統就任と北京を新共和
国政府の事実上の首都にすることを議決した。袁世凱は所期の
目的を達成した。

　しかし袁がこのような騒乱を起こしたことは、モリソンが
語ったように、彼の威信に大きな傷をつけた[②]。伊集院公使は、
これを自己の共和制反対論の正当化と反袁政策に利用しようと
した。伊集院は「革命動乱ノ結果共和政治ヲ布クニ至ラハ早晩
支那ニ大動乱ノ起ル可キハ本使ノ当初ヨリノ意見ニシテ武漢ノ
事起リテ以来種々電稟シタル通リナルカ只今回北京ニ於ケル事
変ノ勃発意想外ニ早カリシ」、また「明カニ袁世凱カ時局ヲ救フ
ノ実力ナキコトヲ証明自白スルモノニシテ」、これは「袁世凱ヲ
讃美シ共和政治ニ謳歌シ居リタル英国公使『モリソン』ノ一派
ハ目下頗ル弱リ込メル模様ニ見受ラル」[③]と内田外相に上申し、
自己の見解の正確さを立証しようとした。伊集院はこの機会を
最大限に利用して、事態の拡大を希望していた。伊集院は三月
三日内田外相に、これまで受動的であった日本の対中国外交に

---

① 『申報』1912.55、6、7、15日。
② 駱恵敏編、前掲書上、913頁。
③ 『日本外交文書』（辛亥革命）、590頁。

一大転換をもたらすため「此際余リ急速ニ干渉シテ時局ヲ早ク
収拾スルハ日本国ノ対清政策上得策ニ非ス寧ロ多少ノ犠牲ヲ覚
悟シテ攪乱ヲ更ニ増長セシメ置ク方可然ト思量シタルニ依リ本
日外交団会議ニ於テ本官ハ故ラニ成ルヘク干渉セスシテ成行ニ
任ス様ノ方針ヲ採リタル所以ナリ」[1]と進言した。外交団会議
において外国兵を市中に配置・警備すること有利ならんとの説
が出た時、伊集院は前述の目的のため北京に駐屯する二十三万
の中国兵を敵とするのは甚だ危険だとの理由を挙げ、ただ外国
人の安全を保障するのにとどめることを主張した[2]。彼は北京
の騒乱が地方にも瀰漫し、全中国における動乱が意外にも早く
起こるものと考え、「其時コソハ帝国ハ強大ナル兵力ヲ以テ之ニ
臨ムヘキハ当然ニシテ今ニ及ヒテ預メ其ノ準備ヲ要スルハ申迄
モナキコトト思量ス」[3]と内田外相に上申した。内田外相と陸
軍は天津・北京に一二〇〇名の兵を派遣することを決定し、そ
の先遣隊一個中隊は四日北京に到着し[4]、十日一二〇〇名が関
東州から天津に到着した。このように急激な増兵は伊集院の動
乱拡大の計画に逆の影響を与えることになる故、彼はまた内田
外相に「刻下ノ微妙ナル時機ニ於テ単ニ兵力増加ノミヲ以テ直
ニ国威国権ノ伸張ト心得ルハ恐クハ今日ノ機宜ニ適シタル見解
トハ言ヒ難カルベシ」[5]と述べた。しかし北京の騒乱は袁の意
図的な画策であったから、南京の参議院が袁の北京での就任を
認めた後速やかに鎮圧され、伊集院の外交計画も泡沫に帰した。

---

① 『日本外交文書』（辛亥革命）、590 頁。

② 同上書、589 頁。

③ 『日本外交文書』（辛亥革命）、590 頁。

④ 同上書、593、594－95 頁。

⑤ 同上書、594 頁。

第三章　日本の満蒙政策と閩浙沿岸浸透

　満蒙政策は日清・日露戦争以来の日本の大陸政策の重要な構成要素であり、辛亥革命期の対中国政策において最重要の地位を占めていた。日露戦争以後、日本は遼東半島と満鉄を拠点として、南満洲における日本の権益を一層拡大しようとしたが、中国側の抵抗と欧米列強の争奪・牽制により所期の目的を達成することが出来ず、新たなチャンスの到来を待望していた。辛亥革命の勃発、特に清王朝の崩壊は日本に満蒙政策を新たな段階に推進する機会を与えた。辛亥革命勃発直後の十月二十四日、閣議は「満洲ニ於ケル租借地ノ租借期間ヲ延長シ鉄道ニ関スル諸般ノ問題ヲ決定シ更ニ進ンテ該地方ニ対スル帝国ノ地位ヲ確定シ以テ満洲問題ノ根本的解決ヲナス」とし、「暫ラク現状ヲ維持シテ之カ侵害ヲ防キ傍ラ好機ニ際シテ漸次我利権ヲ増進スルコトヲ努メ満洲問題ノ根本的解決ニ至リテハ其機会ノ最モ我ニ利ニシテ且成算十分ナル場合ヲ待チテ初メテ之ヲ実行スルコトヲ得策ナリト思考ス」[①]と対満政策を決定した。満洲＝東三省は中国南方の各省とは異なり、清帝が退位するまで清朝政権が支配し、相対的に安定していた。故に、十二月末までは日本にとっては「暫ラク現状ヲ維持シテ之カ侵害ヲ防キ傍ラ好機ニ際

---

　①『日本外交文書』（辛亥革命）、50—51 頁。

シテ漸次我利権ヲ増進スルコトヲ努メ」①た静観の時期であった。十二月末の南北和議における国民会議により国体を決定するとの合意は清朝崩壊のサインであり、またイギリスも日・英協調を破って立憲君主制を主張する日本を裏切り、共和制の支持に転じた。イギリスがこのように日・英協調を破ったことは、日本に満蒙問題において独自の政策をとる機会を与えた。日本はこの機会を「最モ我ニ利ニシテ且成算十分」な時機だと判断し、山県・寺内・桂を中心とした軍部、益田孝を中心とした三井財閥、西園寺・内田を中心とした政府・外務省が満洲問題の解決に乗出した。本章では、日本の対満政策が静観から出兵・独立・租借の企みに発展し、第三回日露協約を通じて対満政策が対満蒙政策に拡大して行く過程と、これをめぐる欧米列強の対応を考究すると共に、日本の福建・浙江省沿岸に対する浸透を検討する。

一　革命勃発初期の対満政策

満洲＝東北は辛亥革命において独立を宣言しなかった地区であり、清帝退位後自ずと袁世凱の北京政権に帰属した。この時期は相対的に日本の対満政策の静観期である。本節では、この時期の日本の外務省・軍部・満鉄等の対満政策、及び東三省総督趙爾巽と前路・中路巡防隊の統領張作霖の対日期待と、これへの日本の対応を考究する。

東北地区は南方より文化的に遅れていたので、日本留学生も極めて少なく革命勢力も微弱であった。一九〇七年四月東京同盟会本部から派遣された宋教仁・白逾桓・呉昆らが南満に来て

---

①『日本外交文書』（辛亥革命）、50頁。

同盟会遼東支部を設立し、文化・教育界と新軍において革命勢力を組織し、一部の緑林とも連合した。遼東支部の革命党員は主に南満において革命思想を宣伝し、民衆の反清闘争を組織・指導した。辛亥革命前、遼東支部の同盟会員は一〇〇余名に達し、その影響下に三万五〇〇〇余名の民衆が結束していた。武昌蜂起のニュースは『大中公報』号外を通じて奉天を中心とした東三省に伝わり、各地に分散していた革命党員らも蜂起・独立の準備を始めた。奉天城の同盟会員は第二混成協協統藍天蔚の本部で秘密会議を開き、第六鎮統制呉禄貞を関外討虜軍大都督に（後に藍天蔚）、張榕を奉天省都督兼総司令に選出し、商震らを各地に派遣して蜂起を準備した。

　東三省総督趙爾巽はこの革命党の蜂起を鎮圧するため省内の立憲派と郷紳らを糾合して保安会を組織し、前路・中路巡防隊の統領張作霖の精鋭三五〇〇名を奉天城内に駐屯させ、新軍の不穏な動きに対処するようにした。南満は日本の勢力圏であり、満鉄付属地は中国の行政権が及ばぬ日本の租借地であった。革命党はこの付属地を根拠地に利用して革命活動を展開したから、趙爾巽もまた日本の協力を得て革命党の蜂起を防止しようとした。趙総督は横浜正金銀行に五〇〇万円の借款を要請すると共に①、十月二十六日と十一月七日、駐奉天の総領事小池張造に「此際日本警察ニ於テ清国警察ニ協力シ以テ事変ヲ未然ニ防クコトニ尽力センコトヲ望ム」②と要請した。小池総領事も「出来得ル限り援助ヲ約束シ」③、内田外相に満鉄付属地の守備隊及び駐屯軍を増員して内密にこれに対応する準備をするよう上申した。しかし内田外相は二面的な政策をとり、小池総領事に

①『日本外交文書』（辛亥革命）、142、144頁。
②『日本外交文書』（辛亥革命）、260頁。
③『日本外交文書』（辛亥革命）、260頁。

「総督ノ依頼ニ対シ我ニ於テ出来得ル限リ取締上ノ援助ヲ与フヘキ旨ヲ答ヘラルヽハ素ヨリ差支ナキモ清国政府ノ為革命党員ニ対シ我圧力ヲ用キ彼等ノ逮捕又ハ引渡ヲナス等ハ好マシカラサル」[①]と指示し、借款提供の要請をも拒否したことをロシアに通告した。これは日本が趙総督と共に革命蜂起の勃発を防止して南満における日本の既成権益を保護しようとしながら、革命勢力が中国南方において拡大する情況の下で清朝側を公然と支援することによって革命党と真っ向から対抗することも避けようとした二面的な政策であった。これはまた欧米列強の「共同一致」に対する牽制策でもあった。

　このような日本の対満政策が内閣の決定として採択されたのは十一月のことであった。十一月十日内田外相は閣議決定として小池総領事に次のような訓令を発した[②]。

　　　一　居留民並鉄道保護ノ為必要ナルカ又ハ帝国ノ利権ニシテ侵害ヲ受クル情態ニ立至ラサル限リハ軍事行動ヲ避クルコト

　　　二　南満鉄道会社ハ我軍事行動ヲ容易ナラシムル為公正ノ態度ヲ以テ官軍革命軍両者ニ対シ軍事ニ関連する輸送ヲ拒絶スルコト

　内田外相はこの内閣の決定を訓令する一方、また「此際官叛両軍ノ何レニ対シテモ援助ヲ与ヘサル方針ナルヲ以テ清国官憲ヨリ革命党鎮圧ノ為助力ヲ求メ来ルカ如キ場合ニ於テモ……実力ヲ以テ彼等ニ圧迫ヲ加フル様ノコトナキ様致シタク」[③]とも指示した。これは二面的な政策から中立政策に転換したことを

　　①『日本外交文書』（辛亥革命）、260－61頁。
　　② 明治44年11月10日内田外相より在奉天小池総領事宛電報、第208号（極密）。外交史料館所蔵。
　　③ 明治44年11月10日内田外相より在奉天小池総領事宛電報、第208号（極密）。外交史料館所蔵。

示す。

　石本新六陸相も十一月十二日大島関東都督に「関東都督ハ南満洲ニ於ケル本邦居留民保護ノ必要若ハ帝国ノ利益ヲ侵害セラルヽノ情態発生シ之ヲ要スルトキハ兵力ヲ使用スルコトヲ得」[①]べしと命令した。しかしこの時期日本の対満政策は統一的なものではなかった。大陸政策の積極的推進者である寺内正毅ら軍部の一部は、満鉄付属地と関東州を根拠地として活躍している革命党を利用して、日本の対満政策を推進しようとした。寺内は満鉄の中村総裁に指示して付属地における革命党員王国柱に活動経費を提供し、彼らを操っていた[②]。革命党も活動に有利な付属地を利用し、日本の支援に期待を寄せていた。王には陸軍の三原大佐が随行していた。小池の情報によれば、中村らは革命党を利用して「趙総督ヲ危難ノ地位ニ陥レタル上之ヲ救援シ大連ニ拉シ去ラントスル計画」[③]であった。小池は内田外相に「此際至急中村ニ対シ自己ノ職務以外ノ事ニ関シ小策ヲ弄スルカ如キコトナキ様厳重御戒飭アランコト」[④]を要望した。西園寺総理は十一月十三日中村総裁にこの件に関して注意を喚起した[⑤]。それは総領事の言うように「行動ニ妨害尠カラサルノミナラス之カ為帝国ノ態度ニ対シ既ニ外国領事等ノ猜疑心ヲ喚起シツヽアリ或ハ悪影響ヲ大局ニ及ホスニ至ラサルヤト懸念セラルヽ」[⑥]からであった。この情況を索知した趙総督と清朝政府外務部の曹汝霖は王国柱の逮捕或いは付属地からの追放を日本側に強く要求した。内田外相は十一月二十八日王国柱の付

①『日本外交文書』（辛亥革命）、266頁。
②『日本外交文書』（辛亥革命）、264－65頁。
③『日本外交文書』（辛亥革命）、267頁。
④『日本外交文書』（辛亥革命）、267頁。
⑤『日本外交文書』（辛亥革命）、268頁。
⑥『日本外交文書』（辛亥革命）、267頁。

属地からの退去措置をとり、この意を駐奉天の落合謙太郎総領
事に伝えた。だがこの時期満鉄付属地の警察権は関東都督の管
轄下にあった。大島関東都督は「此際退去ノ措置ヲナスハ不得
策ト認ム」[1]として、王国柱を退去させようとしなかった。そ
の理由は、（一）に「今直ニ革命党ヲ退去セシムルノ手配ニ出ル
ハ却テ暴発ヲ速カナラシムルノ虞アルノミナラス」、（二）に「革
命党ノ悪感ヲ買ヒ将来ニ大患ヲ貽スニ至ランヲ恐ル」[2]からで
あった。中立政策をとっていた内田外相は、十一月三十日大島
都督に政府の名で付属地を政治活動の根拠地として利用するこ
とは断じて容認しない方針を強調し、再度王国柱を退去させる
よう要求した[3]。大島都督はやむを得ず都督府の警視総長を派
遣して、王国柱らに「可成温和手段ヲ以テ自ラ処決セシメンコ
トヲ勧メ」[4]た。これらの事実は軍部と関東都督は革命党に対
し融和的であり、彼らを利用して日本の満蒙政策を推進しよう
としていたことを物語る。

　駐北京の伊集院公使の主張は内田・寺内と異なり、特異であっ
た。彼は中村らの「斯ル小策断然之ヲ差止メ厳重御取締アラン
コトヲ切望」[5]しながらも、政府の中立政策に対し不満を抱い
ていた。伊集院は「帝国政府ノ御方針タル蓋南満洲ノ事態ハ成
行ニ放任シ置キ擾乱ヲ惹起スルトキニ至リテ甫メテ軍事行動ヲ
開始スルコトアルヘシトノ御趣旨ナリ」と推察し、これを消極
的であるとして、積極的な方針として「預メ陰然我示圧ヲ示シ
革命党ノ蠢動ヲ防キ以テ安穏ヲ保障スルニ在リ」[6]と強調した。

① 『日本外交文書』（辛亥革命）、274 頁。
② 『日本外交文書』（辛亥革命）、274 頁。
③ 『日本外交文書』（辛亥革命）、275 頁。
④ 『日本外交文書』（辛亥革命）、276 頁。
⑤ 『日本外交文書』（辛亥革命）、264 頁。
⑥ 『日本外交文書』（辛亥革命）、266 頁。

これは事前に実力を行使すべしということであった。伊集院が
このように実力で東三省の安寧を保全しようとしたのは、南満
における日本の植民地的権益の擁護よりも中国本土に対する日
本政府の「画策ヲ充分ニ遂行スル」[①]がためであった。伊集院
は当時清帝を温存する立憲君主制を主張していたが、東三省に
おける革命蜂起は伊集院が保護しようとする清廷に対し背後か
ら打撃を与えることになる故、これに反対するのは当然のこと
であった。内田外相はその意見に賛成せず、十一月十四日伊集
院公使に「帝国政府ニ於テハ愈々満洲地方ニ騒擾ノ発生ヲ見サ
ル限リ努メテ表立チタル措置ニ出サルコトニ決定シタル次第ナ
リ」[②]と政府の方針を訓令した。この「表立チタル措置」とは
実力＝兵力の行使を指すものである。内田外相は実力を行使せ
ぬ理由として、（一）に「目下革命ノ気勢ハ清国各地ヲ風靡スル
ノ有様ナルヲ以テ満洲地方ノ少クトモ一時此大勢ニ侵サルルニ
至ルヘキハ自然ノ数ニ属シ」、（二）に「此際我ニ於テ公然実力
ニ依リ革命党ニ対抗スルカ如キハ甚タ不得策ト認メラルノミナ
ラス満洲地方ニ於ケル騒擾ノ未タ実現セサルニ当リ我実力ノ行
使ヲ外間ニ表示スルトキハ左ナキタニ我満洲ニ対スル態度ヲ疑
ヒツアル外国ヲシテ益其疑惑ヲ深カラシムルノ結果ヲ生スヘク
我ニ取リ甚タ不利ナリト思考セラルル」[③]等を挙げた。内田外
相のこの情勢判断と対応策は日本としては適切なものであった。
これにより伊集院のような急進的な対満政策は、一時的ながら
採用されなかった。

　この時期梁啓超が東三省総督趙爾巽の招請により奉天を訪れ
た。当時梁啓超は神戸の須磨に滞在していたが、十一月七日梁

①『日本外交文書』（辛亥革命）、264 頁。
②『日本外交文書』（辛亥革命）、269 頁。
③『日本外交文書』（辛亥革命）、269 頁。

徳献と共に門司で天草丸に乗込み、大連経由で奉天に来た①。
「梁啓超ハ趙総督ト王国柱トノ間ニ立チ時局ノ平穏ナル開展ニ
尽力セントシテ」②十三日王と会見する予定であったが、満鉄
の中村総裁らはこの会見が彼らの王操縦に不利な結果をもたら
すと考え、十二日深夜梁を満鉄公所に招き、内密に大連に赴か
せた。これにより趙総督らの立憲派を利用した革命党に対する
和平工作は実現されなかった。梁啓超は十八日大連から神戸に
もどり、須磨に滞在した③。

　この時期革命党員らは連合急進会という政治団体を結成して
趙爾巽の保安会に対抗し、各地方の闘争を指導した。荘復では
革命党員顧人宜らの指導の下に十一月二十七日中華民国軍政分
府が成立した。遼陽では十二月一日商震らが武装蜂起を起こし
た。風城・安東でも革命党員らが武装闘争を展開した。しかし
これらの闘争は張作霖に鎮圧された。張作霖は一月二十三日革
命党の中心人物であり連合急進会の会長である張榕を暗殺した。

　この時期の日本の対満政策において重要だったのは張作霖に
対する政策であった。張作霖は統領で軍における地位は連隊長
クラスであったが、趙総督の腹心として奉天城内に駐屯し、革
命的な第二混成協の協統藍天蔚を奉天から追放し、革命勢力を
鎮圧するチャンスを利用して清朝の支配体制が揺れ動く下で自
分の勢力を拡大しようとした。このため張作霖は日本に接近を
始めた。一月二十六日張作霖は落合奉天総領事を訪問し、「東三
省兵馬ノ権ハ全ク自己ノ手ニ在リ」と述べて南方の革命党と共

---

　①「清国革命叛乱ノ際ニ於ケル同国人ノ動静、態度及興論関係雑纂」一。外交史料
館所蔵。
　②明治44年11月13日、在奉天小池総領事より内田外相宛電報、第403号。外交
史料館所蔵。
　③「清国革命叛乱ノ際ニ於ケル同国人ノ動静、態度及興論関係雑纂」一。外交史料
館所蔵。

和制に断固反対する決意を表明し、「日本ノ満洲ニ大ナル利権ヲ
有シ特殊ノ関係アルコトハ自分モ能ク承知シ居リ人民モ亦知レ
ルニ付日本能ク徳ヲ以テ招カハ東三省ノ民心風靡シテ帰依スヘ
ク自分モ満洲ヲ南方人ノ手ニ任スヨリハ寧口他ニ渡スノ潔ヨキ
ニ如カス斯ル場合ニ日本ヨリ自分ニ命セラルコトアラハ力ノ及
フ限リ努力スヘシ」①と日本に対する期待を吐露した。落合総
領事は「目下同人ノ権力総督（趙—筆者）ヲ凌キ且ツ日本国ノ
態度ニ付深キ猜疑心ヲ懐ケル旨聞込ミ居リタル」②ため試みに
引見したにすぎず、張に日本側の態度を示さなかった。三十日
張作霖は今度は総領事館の深沢書記生に接見し、「皇帝退位ハ已
ムヲ得サルヘク東三省モ戴タクヘキ主ナキコトトナル次第ナル
カ北人トシテ南人ノ共和ニ従ヒ彼等ノ制ヲ受ケンカ如キハ死ス
トモ肯スル能ハス寧口日本ニ従フノ優レルニ如カス特別大ナル
利権ヲ有スル日本トシテ斯ク主ナキニ至ル東三省ノ人民ヲ其儘
ニ差措ク如キハ当然ノコトニアラス……日本カ南満洲ノ利権ヲ
持スルハ当然ニシテ過キタルコトナシ就テハ既ニ主ナキニ至リ
思フ所ニ就クヘキ自分及馮其他カ心ヲ決シテ起ツ以上他ノ者ニ
於テ如何トモスル能ハサルヘキニ付我意ノ在ル所ヲ総領事ヨリ
日本ニ伝達セラレタシ」③と懇願した。張作霖は革命の嵐の中
で南満における権益を維持・拡大しようとする日本の政策を利
用して日本に頼り、日本の庇護の下で揺れ動く東三省の現状を
維持しようとした。翌日于冲漢が落合総領事を訪ね、「北京形勢
甚夕穏カナラス皇帝退位ノコト遠カラス行ハルヽニ至ラン」と

---

① 明治 45 年 1 月 27 日、在奉天落合総領事より内田外相宛電報、第 51 号。外交史
料館所蔵。

② 明治 45 年 1 月 27 日、在奉天落合総領事より内田外相宛電報、第 51 号。外交史
料館所蔵。

③ 明治 45 年 1 月 31 日、在奉天落合総領事より内田外相宛電報、第 68 号。外交史
料館所蔵。

述べ、それにより東三省が受ける影響も大なるものであるとして、「此場合日本ニ於テ趙総督ヲ尚総督トシテ認ムヘキヤ」①と尋ねた。これは趙総督に対する日本の姿勢を打診したものであったが、落合は回答を避け、逆に「愈々皇帝退位ノ暁趙総督ハ如何ナル態度ニ出ツヘキヤ」②と尋ねた。于は「共和ニ従ハサルヘキハ確カナリ」と答えた。落合総領事は「張作霖等ハ北京ノ形勢自己ノ立場ニ反セントスルヲ見テ若シ日本ニテ此際彼等ノ想像ノ如ク南満洲ニ於ケル地歩ヲ進メン意図アラハ今ヨリ之ヲ迎ヘ日本ノ庇護ニ依リ今後ノ立場ヲ得ント欲スルモノヽ如シ」と判断し、これを一月三十日内田外相に報告すると同時に、「今後北京政局ノ変遷ニ伴ヒ満洲ニ於ケル我ノ執ルヘキ態度ハ将来ニ最モ重大ノ影響ヲ及スヘキニ付廟議ノ要領本官心得迄ニ電報アラン」③ことを要請し、外務省に張作霖に対する方針を迫った。

　この時期日本政府では新たな関東都督として福島安正中将が内定していた（一九一二年四月に就任）。張作霖と于沖漢はこの情報をキャッチし、上述の意を福島中将にも伝えるよう要請した。福島は将来の対満政策を考えて張と何らかの連絡をとっておきたいと内田外相に希望していた。しかし内田外相は張をそれほど信頼せず、「何分同人等ハ何力他ニ為ニスルトコロアルトキハ思慮モナク容易ニ我方ヨリノ内話ヲ他ニ洩ラスコトナキヲ保シ難」いと考え、また彼が時局激変するこの情況で日本側の姿勢をコミットすることを警戒しながら、落合総領事に「張ノ言フカ如キ事態ヲ来サシムルトキハ我対満政策ノ発展上ニ一歩ヲ進ムルノ機会ヲ生スルニ至ルコトモアルヘシト思考スル……

①『日本外交文書』（辛亥革命）、305 頁。
②『日本外交文書』（辛亥革命）、305 頁。
③『日本外交文書』（辛亥革命）、306 頁。

若シ貴官ニ於テ我態度ヲ『コムミット』セサル方法ニ依リ総督
又ハ張トノ連絡ヲ保チ其希望ヲ進捗セシメ得ルノ途モアラハ十
分御注意ノ上可然御措置相成ル様致度シ」[①]と指示した。

　二月五日張作霖は落合総領事を訪ね、「日本国ヨリ何トカ消息
アリシヤ」と尋ね、「自分等ノ進退ヲ決スルコトニ付何トカ様子
ヲ知リタキモノナリ」[②]と述べた。落合は内田外相の指示に従っ
て慎重な態度をとり、「詳シク報告シ置キタリ何等消息ニ接シタ
ル節ハ知ラスヘシ」[③]と答え、逆に北京の様子如何と尋ねた。
張作霖は「昨日袁世凱ニ対シ自分ハ統領官ノ名ヲ以テ皇帝退位
共和成立ノ上ハ其ノ命ヲ奉セサル」べき旨の電報を打ったこと
を語り、「若シ日本ニ於テ自分ヲ用キラレストスレハ……尽スヘ
キ皇帝ヲ失ヒタル我等ノ同種ナル日本ニ附クハ当然ナリ」と述
べながら、「粛親王ヲ戴キテ日本国ニ附ク」[④]べしと表明した。
この時、粛親王は既に大連に来て日本の庇護の下に入っていた
から、張も彼を戴こうとしたのであった。落合は張を利用する
方向に傾きながら、同日内田外相に「張等ハ是迄ノ態度及革命
党ニ対シ苛酷ノ手段ヲ弄シタル関係上到底共和ト両立スルコト
能ハサルハ明カニシテ日本国ヨリ彼ノ立場ヲ庇護セラルヽノ望
ナクハ馬賊ノ本職ニ帰ルカ或ハ走リテ露国ニ倚ランコトヲ求ム
ルヤモ計リ難シ」と予測しながら、「今後我用ヲ為サシムルコト
ノ利害ハ未タ容易ニ断シ難キモ兎ニ角我方ニ於テ今一歩ヲ進メ
彼ノ立場ヲ心配シ居ル意味ヲ示スニ非ラサレハ今後ノ操縦面白
カラサルコトヽナルヘシ」[⑤]と上申した。

　二月八日張作霖は再び総領事館の深沢書記生に接見し、大島

①『日本外交文書』（辛亥革命）、313頁。
②『日本外交文書』（辛亥革命）、320頁。
③『日本外交文書』（辛亥革命）、320頁。
④『日本外交文書』（辛亥革命）、320−21頁。
⑤『日本外交文書』（辛亥革命）、321頁。

関東都督・粛親王と第一次満蒙独立運動で活躍していた高山大佐らが提携して活動することを語り、日本側の庇護・支援を再度要請した。落合総領事は同日内田外相に「張ニ対スル方針大至急御決定相成タク……此際満洲ニ於ケル我利益ヲ進ムル方法トシテハ尠クトモ張ヲシテ我ト連絡ヲ絶タシメサル為行動スルヲ必要ト認メ其方針ヲ以テ行動シ居ルニ付御含アリタシ」[1]と打電した。内田外相は満洲における日本の権益の維持・拡大のため張作霖らの新興勢力を利用しようとしながらも、また彼に対する不信感から彼を公然と利用しようとはせず、大変矛盾した政策をとった。九日内田外相は落合総領事に「此際帝国領事ニ於テ同人トノ間ニ特殊ノ関係ヲ有スルヤノ消息外間ニ洩ルルハ甚タ面白カラサルニ付貴方ハ何等我ヲ『コムミット』セサル方法ニ依リ消息ヲ通スル〔ニ〕止メ余リ深入スルコトナキ様御配意相成リタシ」[2]と、日本政府の対張政策を訓令した。このような政策をとったのは、（一）に張に対す不信感、（二）に張が日本の姿勢をコミットする危険性、（三）に趙総督の今後の態度予測し難く、また趙と張の関係の処理等の理由からであった。故に、この時期日本は張作霖を公然と利用しようとはせず、一九一六年秋になり初めて彼を利用し始めた。

二　満洲出兵のたくらみ

　一九一二年一月上旬から二月中旬、即ち清朝が滅亡する時期に、山県有朋を中心とした陸軍は満洲への出兵を計画した。本節では、この計画とこれをめぐる陸軍と政府・外務省の対応、

---

　① 明治45年2月8日、在奉天落合総領事より内田外相宛電報、第98号。外交史料館所蔵。
　②『日本外交文書』（辛亥革命）、326頁。

及びこれに対する欧米列強の反応を検討する。

　この時期満洲への出兵を初めに提起したのは山県有朋であった。山県は一月上旬から出兵を計画し始め、まず日本の大陸政策推進の第一線に立っている朝鮮総督寺内正毅に「如諭帝国対清政策ハ英国之不容トナリ、遂ニ官革両者之協議ニ一任スル方策ニ帰一致シ、実ニ遺憾無限候……此上ハ満洲領域内ハ露国ト胸襟ヲ開キ誠意ヲ以慎重ニ協商ヲ遂ケ、秩序紊乱ニ不到様厳正ニ予防及ヒ活用之方針ヲ可相立事ハ目下頗ル緊急之事件」①であると述べ、対満政策を検討することを提案した。この提案を受取った寺内は山県に同意し、七日桂太郎に「兎ニ角今後如何ニ我政府ハ歩ヲ運ハレ候ヤ此先ハ充分ノ御考慮ヲ希上度存申候即今日之雲行ニテハ到底単純ニ共和ニテ結局ヲ付候トモ不被考然ラハ長ク列強中傍観セハ傍観スル間ハ治平ハ難望事カト存申候而シテ南清ハ当分自然ニ任ストモ満洲ハ如何御処分相成候御意見ニ御座候也露国ハ内外蒙古之独立ヲ陰ニ扇動シテ不居候ヤ仮令即今格段ノ処置不出来候トモ今後ノ処分ニ益スルカ為メ相等ノ捨石ハ下シ置ク方不可然候ヤ」②と満洲対策を講ずるよう一層明確に示唆した。

　山県はまた小田原で来訪した益田孝に、三井物産が「此機会に於て東三省を我物となす事の密約を革命党となし置く事には賛成なり」③と述べ、財界にも対満政策を講ずるように勧め、次のような「対清政略概要」を起草した④。

　　一　今日ノ情勢ヲ洞察スルニ満漢協商ハ破裂ノ外他ニ救済之道ナキ窮勢ニ陥リタルモノト論断スルモ大差ナカルヘシ果シテ然ラハ之ニ処スルニ我政府ハ満洲租借地及ヒ鉄道保護ノ関係上一般秩序ノ紊乱ヲ予防シ并ニ人民ノ生

①「寺内正毅文書」。国会図書館憲政資料室所蔵。
②「桂太郎文書」。国会図書館憲政資料室所蔵。
③ 原奎一郎編『原敬日記』第3巻、福村出版、1981年、210頁。
④ 大山梓編『山県有朋意見書』原書房、昭和41年、338頁。

　　　命財産預防ヲ安固ナラシムル為メ満洲ニ出兵ヲ要スル適
　　　当ノ時機ト判断セサル可ラス（一師団又ハ二師）
　一　　出兵ノ議一決シタル上ハ露国ト協商ノ主義ニ基キ目
　　　下ノ状態ヲ明晰ニ照会シ南北満洲ニ於テ共働一致之政策
　　　ヲ取リ彼ヲシテ寸毫モ疑惑ヲ抱カシメサル方法ヲ講スル
　　　コト尤モ緊要トス英国ハ大体ニ於テ既ニ同意シアレハ
　　　（曩ニ鉄道運輸等守備兵ヲ置ヘキ照会ノ文ヲ見ルヘシ）別
　　　段異議ナカルヘシ
　一　　満朝蒙塵ノ時機モ亦切迫シアルモノノ如シ之ヲ救済
　　　スル政策モ預メ講究セサル可ラス之ヲ要スルニ南満洲ハ
　　　帝国政府ノ威圧力ニ依リ内外人ヲ安堵ナラシムルニアル
　　　而已
　一　　出兵後ノ外交政策及ヒ行政上ニ関シテハ多大ノ注意
　　　ヲ要シ指揮ノ系統命令ノ神速等其政策ハ総テ一途ニ出サ
　　　ル可ラス
　　　清国両党政権之争奪時々刻々ニ変転無極ノ情勢ニ応シ敏
　　　捷ニ臨機応変之政策ヲ採ルコトニ努メサル可ラス

　山県はこの概要において一、二個師団を満洲に出動させる好
機と判断しているが、その目的は、第一に満洲租借地、満鉄及
び居留民の生命財産等既得権益の維持・保護であり、第二に行
詰った対南政策を打開して満洲において新権益を拡大し、第三
に満洲に蒙塵した清廷を救済して日本の保護下に置こうとする
ことにあった。

　清廷の満洲への蒙塵の噂は武昌蜂起直後から流布し、日本政
府はこれを非常に重視し、利用しようとしていた。一九一一年
十一月十日内閣が南満に対する方針を決定する際、その第四項
に「北京朝廷ニシテ万一南満洲方面ニ蒙塵シ来ルトキハ極力之

ヲ保護スルコ」①とを規定し、清廷を日本の対満政策に利用し
ようとした。しかしこれに対する日本側の意見は一致していな
かった。伊集院公使は十二日内田外相に反対の意を表明し、そ
の理由を、（一）に「我ニ於テ之カ利用ノ余地大ナラサルヘキノ
ミナラス」、（二）に「徒ラニ中外ノ疑惑ヲ招キ延キテハ清国全
土ニ亘リ漢人ノ反感ヲ買フノ虞アリトノ点ヨリ見テ此ノ儀ハ我
ニ取リ余リ望マシカラス」②と上申した。しかし内田外相は「万
一ノ場合ニ処スル方針」として政府の立場を堅持した。この時期
蒙塵した皇帝をどう利用すべきかの具体策は明示されていない
が、満洲事変後宣統皇帝を引張り出して満洲にかいらい国家を建
てたことから推測すれば、山県・内田らにはこの時期に既にこの
ようなかいらい国家を建てようとする狙いがあったといえよう。

　山県の満洲出兵計画にはそれに相応しい外交政策が必要で
あった。その外交策として山県は列強との協調を強調し、ロシ
アと十分に協議して南満・北満において日露共同一致の政策を
とることを提案した。既に関外鉄道（山海関―奉天）「保護」の
ため日本が出兵することにイギリスが賛成したため③、イギリ
スに対しては別に懸念する必要はないと判断していた。

　山県の上述のような満洲出兵策を実現するには軍部と政府の
了承と支持が必要であった。山県は十四日この「対清政略概要」
を石本陸相に送って内田外相と協議するようにさせ、十五日に
は桂太郎に送って同感であれば内田外相に勧告するようにさせ
た。桂・石本と内田外相との交渉過程は不明だが、内閣は一月
十六日ロシアと南北満洲並びに内蒙古における勢力範囲分割に
関する第三回日露協約締結交渉をおこなうことを決定し、満洲

---

　① 明治44年11月10日、内田外相より在奉天小池総領事宛電報、第208号（極密）。
外史史料館所蔵。
　②『日本外交文書』（辛亥革命）、267頁。
　③ 本書第一章第二節参照。

問題に関しては「帝国政府ノ満洲ニ対スル方針ハ既ニ確定シ居リ適当ノ時機ニ至ラハ該問題ニ相当解決ヲ加フルノ必要アルコトハ固ヨリ論ナキ所ナル」として、駐露の本野大使をして「露国政府ニ対シ帝国政府カ適当ノ時機ニ至リ満洲問題ノ相当解決ヲナスコトニ対シ敢テ異存ナキ旨ヲ内密ニ説示セシメ之ト同時ニ解決ノ方法及実行ノ時期ハ最モ周密ナル考慮ヲ要スル事項ナルヲ以テ之ニ関シテハ日露両国政府ニ於テ篤ト協議ヲ遂クルノ必要アル旨ヲ説明セシムル」[1]よう訓令した。これは内閣も満洲問題について一時は積極的な対策を講ずる方向で動いていたことを物語る。しかし十六日の閣議では満洲出兵について何ら決定がおこなわれなかった。これに対し陸軍省の田中義一軍務局長は「遺憾千万」だと不満を吐露した。

　陸軍省は田中義一軍務局長を中心に第十二師団を満洲に派遣する準備に取掛かった。一月三十日、岡市之助陸軍次官は星野金吾関東都督府参謀長に「将来満洲ノ秩序乱レタル場合ニハ若干ノ兵力ヲ其ノ方面ニ増派セラルルノ詮議中ナリ而シテ此事タルヤ又帝国将来ノ為有利ナル結果ヲ伴フナラント思考ス故ニ貴官ハ此際ニ大局ニ鑑ミ満洲ニ多少ノ紛乱ヲ醸スノ事端発生スルコトアルモ余リ潔癖ニ失スル処置ヲ避クルコトニ注意」[2]するよう指示し、満洲における混乱を口実に出兵する準備をした。

　あたかも一月末に山海関の北十五華里の金線屯付近（日本の文献では金子屯）の鉄橋が破壊され、列車が橋梁より落下する事件が発生した[3]。これによって負傷者一二〇名・死者二十七名が出た。この事件は鉄道保護を口実に日本が南満に出兵するチャンスを与えた。石本陸軍大臣は阿部支那派遣軍司令官（天津

---

① 外務省編『日本外交年表並主要文書』上、原書房、昭和40年、360頁。
② 栗原健編著『対満蒙政策史の一面』原書房、昭和41年、304頁。
③ 『申報』1912年2月13日。

駐屯）に速やかに一個小隊を金線屯に派遣するように命令し[①]、阿部司令官は二月五日まず二十名の小隊を現地に派遣した[②]。清朝政府外務部は六日伊集院公使に「山海関外第一四一号橋梁破壊セラレタル後山海関駐屯ノ日本軍隊ヨリハ該所保護ノ為メ直ニ兵ヲ派遣シタリトノ趣ナリ査スルニ団匪事件議定書取極ニ拠レハ関外鉄道ニ各国兵ノ駐屯ヲ許ス規定ナシ況ンヤ該橋梁ニハ既ニ自国軍隊ヲ配置シ保護ニ任セシメツツアリ依テ速カニ貴公使ヨリ日本軍隊ニ電命シ第一四一号橋梁ニ派遣セル兵ヲ撤回セシメ以テ条約ノ規定ニ副ハレンコトヲ望ム」[③]と抗議した。この抗議は適切であった。日本は前年イギリスと密かに交渉し、この鉄道の「保護」のため必要の場合には出兵する権利を得たが、清朝政府はこれを承認していなかった。内田外相もこの事実を認めていたので、この派遣は中国の主権に対する侵害行為であった。

　ではこの金線屯の第一四一号鉄橋は誰が破壊し、日本の満洲出兵計画とは如何なる関係があったのであろうか。京奉鉄道総局の李載之総弁の内談によれば、「鉄橋炸裂工事ハ極メテ巧妙ニ行ハレ多量ノ『ダイナマイト』ヲ使用シ十数人ノ労働ヲ以テ尠クトモ一両日ニ亘タル工程ヲ経タルモノナルヘク之ヲ革命党ノ所業ト認ムルヲ当レリ」と述べながらも、駐天津の小幡総領事に「近日貴国軍隊ハ鉄道守備ノ為関外マテ兵員ヲ派遣シタル由云々ト物語リ暗ニ鉄道破壊ハ我軍隊（日本軍隊-筆者）ノ故意行動ニテモアリタル如クニ諷シ居」[④]った。これは日本の軍隊が計画的に破壊し、その目的は満洲への出兵と直接関係があることを指摘したものである。小幡総領事は李総弁との内談の内容

---

　①『日本外交文書』（辛亥革命）、315 頁。
　②『日本外交文書』（辛亥革命）、321 頁。
　③『日本外交文書』（辛亥革命）、322 頁。
　④ 明治 45 年 2 月 6 日、在天津小幡総領事より内田外相宛電報、第 19 号。防衛研究所所蔵。

を内田外相に報告すると同時に、また「当地外人殊ニ独仏人間
ニハ金子屯鉄橋ノ破壊ハ日本政府カ満洲増兵并ニ奉天山海関間
鉄道守備ノ口実ヲ得ンカ為メニ企図シタル故意ノ行為ナリ」[①]
と噂していることをも打電しながら、彼自身も日本側の謀略に
よるものだと考え、「万一我陸軍当局者ニ於テ満洲入兵ノ関係上
右様ノ計画アリトセハ其ノ実行ハ対外関係上極メテ秘密ニ処理
セラルヘキ必要有之ノミナラス万一直接局ニ当ル者ノ不謹慎ナ
ル言行ノ為清国又ハ外国側ノ注意ヲ喚起スル場合ニモ至ラハ時
節柄清国政府ハ自衛上右等ノ事柄ヲ内外ニ漏洩シ我行動ヲ牽制
スルノ策ニ出ツルモ計リ難キ」[②]と上申し、その対応策を講ず
るよう要請した。これらの事実は鉄橋破壊事件と「鉄道保護」
を口実に満洲へ出兵しようとしたこととの間に密接な関係が
あったことを示す。この事件発生前の一月中旬、日本が駐露の
本野一郎大使を通じて、ロシア政府に日本が関外のこの鉄道を
占領する旨の決定を伝え、これに対するロシア政府の賛成を求
めていたことも、これを立証しているのである[③]。

　満洲出兵を計画していたのは軍部関係者だけではなかった。
駐満洲の外務省出先機関も満洲出兵への対応策を検討していた。
駐長春の本部領事は内田外相に「当地形勢ハ比較的平穏ナルモ
派兵ノ機会ニ付テ」次のような三つの方法があると上申した[④]。

　第一　清国政府ノ顛覆ヲ機トシ現在直チニ在留日本人保
　　　　護ヲ名トシテ派兵スルカ

────────────

　①　明治45年2月6日、在天津小幡総領事より内田外相宛電報、第19号。防衛研究
所所蔵。
　②　明治45年2月6日、在天津小幡総領事より内田外相宛電報、第19号。防衛研究
所所蔵。
　③　陳春華ら訳『俄国外交文書選訳』（有関中国部分、1911.5－1912.5）、中華書局、
1988年、254－55頁。
　④　明治45年2月14日、在長春本部領事より内田外相宛電報、第11号。防衛研究
所所蔵。

第二　在留日本人ニ直接危害ノ憂ナキモ当地清国人間ニ
　　　少シニテモ秩序紊乱ノ非アリト看做シ得ル場合
第三　一般ニ秩序ヲ乱シ在留日本人ノ生命財産ニ懸念ア
　　　ル場合

　本部領事は「在留日本人保護ノ為ニハ帝国ノ権威ヲ示スモ一
手段ナルヘシト考ヘラルルヲ以テ現在直ニ派兵セラルルカ」、そ
れとも「第二ノ場合ニ本官ノ請求ニ応シ直チニ派兵セラルル様
長春ニ軍隊ヲ準備シ置カレヽハ便宜ナルヘシ」①と提案した。
これにどう対応したのかは不明だが、奉天には遼陽より歩兵四
十二連隊本部とその一個大隊が派遣され②、新民府の方にも一
個中隊が派遣されていた。これはこの時期満洲駐屯軍の移動が
頻繁であった一側面を物語る。

　満洲出兵の外交的準備として、まずロシアの了承を得ること
が重要なことであった。折しも一月中旬藍天蔚都督指揮下の北
伐軍が芝罘に着き、遼東半島の北側に上陸する準備を進めてい
た。内田外相はこの好機をキャッチして、一月十七日駐露の本
野大使に、北伐軍が満洲沿岸に上陸して当地の革命党と相呼応
し、この地方において何らかの行動に出れば、「南満洲ノ秩序攪
乱セラルルニ至ルヘキハ明瞭ノ義ニ有之其結果帝国政府ニ於テ
該地方ニ於ケル我利益ヲ擁シ併セテ該地方ト北京トノ交通線タ
ル関外鉄道ノ保全ヲ計ル為若干ノ軍隊ヲ増派スルノ已ムヲ得サ
ルニ立到ルコトアルヤモ難料ト思考ス」③との意を至急ロシア
当局に通告し、その了承を得るよう訓令した。これは北伐軍の
上陸を制圧する目的ではあったが、それより重要なのは内田外
相が本野大使に訓令したように、「本件交渉ノ目的ノ一カ関外鉄

　①　明治45年2月14日、在長春本部領事より内田外相宛電報、第11号。防衛研究
所所蔵。
　②『日本外交文書』（辛亥革命）、323頁。
　③『日本外交文書』（辛亥革命）、527−28頁。

道独力担任ノ主義ヲ夫レトナク露国政府ヲシテ承認セシムルニ
アル」①のであり、これによって南満洲に単独出兵する情勢を
形成しようとすることにあった。十八日本野大使はロシア外務
大臣サゾノフに内田外相の右記の意を通告した。サゾノフは日
本が「独力ヲ以テ関外鉄道保全ヲ担当スルコトニ異議ナキ」旨
を述べ、「日本国政府ニ於テ愈増兵又ハ占領ヲ実行スル場合ニハ
前以テ其旨露国政府ニ通告セラレンコト」②を希望条件として
提案した。ロシアがこのように日本の南満への出兵を快諾した
のは、これが逆に北満に対するロシアの出兵権について日本の
了承を得たのと同様の意味を持つからであった。故に、ロシア
は革命勃発の当初から、日本がまず満洲に出兵したら、日本が
出兵したことを理由に即時出兵しようとして、日本の出兵を
待っていたのである③。

　しかし欧米列強、特にアメリカとドイツは日本の満洲出兵計
画を警戒し、その行動を牽制しようとした。このためまずマス
コミが世論を喚起した。ドイツの新聞は「日本国ハ第十二師団
ヲ清国ニ出兵シ艦隊ヲ旅順ニ集中セシメ又奉天城内ニ入兵セシ
メタリ」④などの記事を掲載し、日本の一挙一動に注目してい
た。『ニューヨーク・タイムズ』紙も「領土又ハ勢力拡張ノ目的
ヲ以テ此際清国ニ干渉セントスルハ日露ノ両国アルノミニシテ
彼等ノ間ニハ北京政府ノ崩壊又ハ衰弱スルニ当リテハ共同動作
ニ出ツ可シトノ秘密協定アリト噂サル程ナリ」と報道し、これ
に対し「若シ独英米仏墺ニシテ堅ク件ノ方針ニ出ツルコトニ決

　①『日本外交文書』（辛亥革命）、528頁。
　②『日本外交文書』（辛亥革命）、528－29頁。
　③ 陳春華ら訳『俄国外交文書選訳』（有関中国部分、1911.5－1912.5）、中華書局、
1988年、136－38、163－64頁。
　④『日本外交文書』（辛亥革命）、529頁。

セハ以テ日露ヲ圧迫スルコト難キニアラサルヘシ」①と主張し、世論を喚起して日・露両国の行動を阻止しようとした。

　両国の外務当局も日本に対し外交的措置をとった。ドイツの外交当局はアメリカと連携して日本に警告を発した。一月三十一日ドイツ外務大臣代理ジムミズマンは駐独大使館の畑参事官に「若シ清国政変ニ干渉ノ必要アルトキハ列国カ共同シテ之ニ干渉スル点ニ於テ意見一致セリ……日本カ清国ニ対シテ此ノ際単独ノ行動ヲ執ルコトニハ同意シ難」②い旨を述べた。二月一日同代理はまた杉村大使と畑参事官に同様の趣旨を繰り返し強調した。同時にドイツ政府は一月三十一日駐独のアメリカ大使を通じてアメリカ政府の見解を問合せた。アメリカ政府は二月三日駐米のドイツ大使に、今までのところ幸いにも帝政派と共和派がいずれも外国人の生命財産を保証してきた以上、外国列強が干渉を加える理由は存在しておらず、また最近の報道から見て今後の事態の発展によって上述のような介入が必要となるようなことは起こり得ないだろうという確信が強まっており、現在及び将来における対中干渉ないし介入の必要性は否定されているとの覚書を送った③。アメリカ国務長官ノックスはこの覚書の写しを駐米の埴原臨時代理大使に送った。同日アメリカの新聞はまたノックスのこの覚書全文を公表した。埴原臨時代理大使はこの「公表ハ他国ノ支持ニ対スル如何ナル野心ニ対シテモ米独両国ハ提携シテ之ニ当ラントスルモノナルコトヲ世界ニ宣明セルモノナリ」④と分析した。これはアメリカ・ドイツの反対が意外にも強かったことを示した。

　アメリカは一月下旬マニラから六〇〇余名の軍隊を秦皇島に

①『日本外交文書』（辛亥革命）、530 頁。
②『日本外交文書』（辛亥革命）、529−30 頁。
③『日本外交文書』（辛亥革命）、531−32 頁。
④『日本外交文書』（辛亥革命）、534 頁。

上陸させた。これは京山鉄道守備のためであったが、間接的に
は日本の満洲出兵を牽制する役割をも果した①。

　上述の事実はアメリカ・ドイツの反対と強い牽制を示し、日
本政府と軍部はこれを無視することが出来なかった。

　日本国内にも出兵反対論者がいた。民間の善隣同志会・支那
問題同志会等は出兵・干渉への反対運動を展開して世論を喚起
し、政府・軍部に社会的圧力を加えた。

　中国のマスコミも日本の満洲に出兵しようとする企みをあば
いて、世論を喚起した②。東北当局もこの時期日本に適切な対
応策を講じ、出兵の口実を与えなかった。二月十二日清帝退位
後、東三省総督趙爾巽と張作霖は動乱を避けて共和制支持へと
転換し、自ずと北京の袁政権に帰属することになった。

　また日本政府にも満洲出兵の軍資金を調達する財政的余裕が
なかった。六年前の日露戦争で十七余億円の軍事費を消費した
上、一九〇七年の経済危機と陸・海軍の軍備拡張による膨大な
軍事費支出により国家財政は赤字であり、巨額の内外債を抱え
ていたから、政府は出兵に難色を示さざるを得なかった。

　上述のような内外の情況に鑑み、内閣は満洲出兵を躊躇せざ
るを得なかった。西園寺首相と内田外相は石本陸相を通じて桂
と山県に内閣の意を伝えた。桂は山県宛の二月八日付書簡に「今
日朝石本男来訪候而如何ニモ首相始メ外相ノ議論此際外国ヨリ
ノ質議モ有之旁出兵ノ困難ナルコト又一方ニハ議院ノ方モ此際
費用ノ請求ヲナサバ議論百出従而外面ニ洩レ是又面白カラス旁
以此際ハ単ニ内地ニ在ル処ノ新兵ヲ派遣之事ニ陸軍ノミニテ相
計置キ候事ニ首相モ外相モ賛成ニ被成不得止之レニ同意シタリ
トノ事ニ候実ニ右之次第ニ而政府自カラ動カザル次第如何ニモ

---

　①『日本外交文書』(辛亥革命)、529 頁。
　②『申報』1912 年 2 月 6、12 日。

致方無之候」^①と記した。

　このような内外情勢により、山県を中心とした軍部の満洲出兵計画は二月中旬に挫折した。山県は政府・内閣を非難しながら、「千歳一遇之機会ヲ逸シ実ニ為国家不堪痛憤」^②と痛嘆した。

　満洲出兵問題で山県ら軍部と内閣は対立したようであったが、両者は満蒙における日本の権益と勢力範囲を強化・拡大する点については一致していた。故に、この出兵策は政府・外務省が推進した他の満蒙政策と並行して進められたのである。これは共通の目的のため種々の政策と手段がとられていたことを示す。

三　第一次満蒙独立運動

　日本軍部は満洲出兵を企みながら、また一方においては清朝皇族と蒙古王公らを利用して所謂第一次満蒙独立運動を起こし、満蒙かいらい政権を樹立しようとした。本節では、日本と清朝皇族・蒙古王公らが結んで独立運動を展開する過程を究明すると共に、この運動の目的と性格を考究し、軍部・大陸浪人・政府・外務省がどのように一体化してこの運動を推進したかを検討する。

　第一次満蒙独立運動は、一九一二年二月の清帝退位・清朝崩壊後、満蒙に所謂「満蒙王国」を樹立しようとした運動である。この運動は二つの要素から構成されている。一つは粛親王善耆らを中心とした清の皇族らが清朝発祥の地満洲に清の王国を復辟しようとした復辟運動であり、一つは清朝に従属していた蒙古王公喀喇沁王・巴林王らが清朝崩壊・外蒙古独立等の情勢の下で「独立」しようとした運動である。この二つの運動が結合

---

　①　藤井昇三「孫文の対日態度—辛亥革命期の『満洲』租借問題を中心に」、『現代中国と世界—その政治的展開』慶応通信、1982年、125—26頁。

　②　藤井昇三「孫文の対日態度—辛亥革命期の『満洲』租借問題を中心に」、『現代中国と世界—その政治的展開』慶応通信、1982年、126頁。

して所謂満蒙独立運動に発展したのである。しかしその進行過程から見れば、この運動は蒙古東部地区における挙兵と蒙古の独立を優先し、その上でその勢力を満洲に拡大して満蒙独立を成し遂げようとしたものであった。この独立運動の母体は宗社党である。宗社党は一九一二年一月に清皇族の良弼・鉄良・溥偉・升允・善耆らを中心として結成された組織で、その政治的目的は清朝の滅亡を救い、立憲君主制を堅持し、南北和議・清帝退位に反対しながら、袁に退陣を強制しようとすることであった。そのメンバーは胸に二つの竜の紋様を縫いつけ、満文の名札をつけていた。当初は公然と活動して一時袁を押え、良弼・鉄良を中心とした内閣まで組織しようとしたが、良弼の暗殺によって打撃を受け、北京・天津等で秘密活動を展開した。この活動が清帝退位後に満蒙独立運動へ転換したのである。

　宗社党の活動は当初より日本との関係が密接であったが、独立運動に転換した後は完全に日本の支援と庇護の下で展開され、その最終目的である「満蒙王国」もその後のかいらい満洲国と同様のものであった。この意味では、満蒙独立運動はかいらい満洲国を樹立する最初の試みでもあったといえよう。

　日本はこの満蒙独立運動を満蒙政策の重要な一環として、また辛亥革命初期の具体的な中国分裂策として、大陸浪人・参謀本部の将校と外務省の三者が一体となって推進したのである。

　この運動はまず北京で画策され、次いで満洲と蒙古に移動した。北京では川島浪速ら大陸浪人と参謀本部派遣の将校らが清朝皇族粛親王と蒙古王公らへの工作を開始した。川島は粛親王が民政部尚書の時、その警政顧問として親交を固めて兄弟の縁を結び、粛親王の愛娘を養女とした間柄であった。川島は良弼が暗殺され皇族らが外地に逃亡する好機を捉えて、二月二日北

京から粛親王を連出し①、四日夜秦皇島で渤海丸に搭乗して五日旅順港に到着した。これには参謀本部派遣の宮内英熊少佐ら五名の日本人が同行していた②。川島がいつ旅順に到着したかは不明だが、十三日頃から粛親王を同伴していた。政府・外務省と陸・海軍当局は関東都督府に粛親王とその一行五十六名に対する保護と便宜の提供とを指示し、都督府も彼らを貴賓として大和ホテルと民政長官官舎で保護し、手厚い待遇を与えた。川島は電信により直接参謀本部と連絡をとり、福島安正次長の指示の下で行動していた。川島は参謀本部の訓電に応じて、一月三十一日参謀本部に「御訓電難有拝見ス極メテ細心ニ計画シ遺漏ナキ様注意致スベシ尚挙兵ニ関スル意見ヲ具陳スルコト左ノ如シ」と前置し、以下本計画は表面はあくまで清人の自由行動という体裁をとり、日本は暗中にこれが牛耳を執るもので、露国との関係を多少調整すれば対外的にさしたる心配なく、いよいよ清国の「分割ノ已ムヲ得ザル場合ト為ルモ満蒙ハ已ニ我手中ニ在ルト同様ナリ」とし、この際対清政策をただ成り行きに任せて傍観主義をとるならば「国民非難ノ声ハ益々甚シカラント思ハル」ので、切に「我国覇権樹立ノ為メ東方大局維持ノ為メ我政府ノ御英断ヲ希望シテ止マス」③と詳細にその方策を説き、併せて参謀本部宛に政府の英断を訴えている。これらの事実は、大陸浪人・軍部・外務省が一体となってこの運動を推進していたことを物語る。

　大陸浪人と外務省出先機関は、粛親王と奉天城の軍権を掌握していた張作霖を結びつけようとした。二月十六日川島は旅順

---

① 明治 45 年 2 月 3 日、在清国伊集院公使より内田外相宛電報、第 85 号。防衛研究所所蔵。

② 明治 45 年 2 月 5 日、在旅順大島都督より内田外相宛電報、秘第 236 号。防衛研究所所蔵。

③ 栗原健編著『対満蒙政策史の一面』原書房、昭和 41 年、141 頁。

から奉天に着き、町野大尉らと張作霖に対する工作をおこなった。奉天駐屯の張作霖統領は粛親王が旅順に到着した同日、駐奉天の落合総領事に「粛親王ヲ戴キテ日本国ニ附クヘク斯シテ世間ニ対シテモ日本国カ無理ニ為サシメタルニ非ラサルコト」①とする意を表明し、日本に依存しようとした。落合総領事は内田外相に張の意図に日本が関心を寄せる意を表明するよう上申したが、内田外相は張に不信感を抱き、彼を利用しようとしなかったので②、張と粛親王との連携は成立しなかった。蒙古王公に対する独立運動工作は川島と参謀本部から派遣された将校らが中心となって推進した。参謀本部は辛亥革命勃発後多賀宗之少佐らを北京と蒙古に派遣して皇室と満族の情報を収集していたが、一九一二年一月中・下旬には新たに松井清助大尉・高山公通大佐・守田利遠大佐・宮内英熊少佐・日下操少佐ら多数の情報将校を派遣し、駐北京公使館付武官青木宣純少将らの指揮下で蒙古関係の情報の収集とその王公に対する工作を展開した③。北京では既に川島浪速ら大陸浪人がこの工作にかかわっていたため、大陸浪人と参謀本部将校は連携してこの工作に取掛かった。

　日本は、武器・借款の提供による支援を条件に蒙古王公らと種々の契約を締結し、法的に彼らを日本の支配下に置こうとした。一九一二年一月二十九日川島は蒙古の喀喇沁王貢桑諾爾布と次のような契約書を締結した④。

　　　一　内蒙を連合して一の強固なる団体と為し、一は蒙古が利
　　　　　益を自衛し、一は大清皇位の存立を援護するを目的とす。
　　　二　団体は須らく内蒙古全部を統一するの機関を設立し、
　　　　　以て文武一切の要政を掌理すべし。

①『日本外交文書』（辛亥革命）、321頁。
② 本書第三章第一部分参照。
③ 栗原健編著『対満蒙政策史の一面』原書房、昭和41年、292−97頁参照。
④ 黒竜会編『東亜先覚志士記伝』中、原書房、1966年、326−28頁。

三　川島は喀喇沁王を以て此機関の首脳と為すを願ひ、百
　　方尽力して成功を期すべし。

四　此目的を達するが為め、先づ喀喇沁王族内に在て優勢
　　の兵力を整頓し、漸次各王公を合同して団体を組織す。

五　川島は此事を創弁する為めに需むる所の武器軍費並
　　に必要の日本人員を当に相当の契約を経て倶に担任計画
　　すべし。

六　喀喇沁王は川島を以て総顧問と為し、文武一切の事宜
　　に参画商量せしむ。

七　用ふる所の要員は倶に川島の監督に一任して喀喇沁
　　王の命令節制に服従し、以て規律を重んず。

八　内蒙古団体成立の後、倘し他国の侵逼を受け自衛を
　　為し難き時は、須らく先づ日本帝国に向って援護を求
　　むべし。

九　内蒙古団体と日本帝国とは須らく特別良好の友誼を
　　保持し、以て大局を維持し、並に務めて日本人実業上の
　　計画を護り、以て両利を期すべし。

十　内蒙古団体が露国に対する外交事件は、宜しく務めて
　　日本政府と秘密に商り、処置すべし。未だ商明を経ずし
　　て随意に条約を訂定するを得ず。

この契約は内蒙古を独立の名目で日本の植民地にしようとす
る欲望を示したものであった。このため、彼らは次のような行
動計画を立てた①。

一　松井は喀喇沁王を伴ひ、窃かに北京を出でゝ入蒙し、
　　有力なる蒙古人を結束し、且つ若干の兵員を募り、満洲
　　方面へ赴いて武器を接手し、之を喀喇沁、巴林両王府へ

_____

① 黒竜会編『東亜先覚志士記伝』中、原書房、1966 年、329 頁。

　　輸送すること。
　一　木村は巴林王を伴ひ、窃かに北京を出でゝ巴林に至り、
　　　募兵訓練に任ずること。
　一　多賀は武器を調達し、満洲に於て松井に交附し、一旦
　　　北京に帰った上直に喀喇沁王府に赴き、武器到着と共に
　　　蒙古義軍を起すこと。

　蒙古王公らに対する工作において、日本は借款＝資本輸出を
梃子として利用した。蒙古王公らは挙兵のため日本に借款を要
望し、日本はこの借款を利用して内蒙古における日本の権益を
確立しようとした。一九一一年十二月六日川島は福島参謀次長
に「蒙古喀喇沁王ハ或ル入用ニ迫ラレ其領土全部ヲ抵当トシテ
二万両ヲ借用シ度旨正金銀行支店ニ申込ミ来レリ正金ニテハ政
府側ノ賛成アレハ貸出ス意向アリ此問題ハ何レニシテモ損ヲス
ル憂ナシ此際対蒙古政策上貸シ与フル方宜シカルヘシト思ハル
一言正金本店ヘ御勧メ下サルマシキヤ」[①]と申入れた。福島は
この申入れを外務省に伝え、外務省政務局長倉知鉄吉は内田外
相の名でこの借款成立の要望を正金銀行に伝えた[②]。これによ
り十二月十八日北京において喀喇沁王と銀二万両の借款契約が
成立し、彼の領地からの収入が担保とされた[③]。

　その後川島は喀喇沁王・巴林王と、挙兵に必要な資金調達の
ため、二十余万円の借款交渉をおこなった[④]。一九一二年一月
三十日駐北京の高山大佐は福島次長に「蒙古挙兵ノ実行ハ著々
其歩ヲ進メ」ていることを報告しながら、川島と喀喇沁王・巴
林王らとの借款の交渉の結果、「蒙古ニ於ケル各種ノ権利ヲ掌握

---

①『日本外交文書』（辛亥革命）、365 頁。
②『日本外交文書』（辛亥革命）、365 頁。
③『日本外交文書』（辛亥革命）、366 頁。
④『日本外交文書』（辛亥革命）、366 頁。

シ得ル機会ニ遭遇シ居ルヲ以テ」①とりあえず二十五万円を送金してくれと要求した。参謀本部はこのことを政府・外務省に働きかけた。内田外相はこれに積極的に応じ、二月二日伊集院公使に「帝国政府ニ於テハ内蒙古東部ト南満洲トノ間ニ存在スル密切ナル関係ニ鑑ミ該地方ニ何等ノ利権関係ヲ付ケ置ク方万一ノ場合ノ為有利ナルヘシト思考シ」②、この借款に応ずる意を伝え、高山大佐らに協力するよう訓令した。内田は政府としては「大倉ヲ名義人トシテ契約ヲ締結シ二十五万円ハ之ヲ支出スルモ差支ナキ」③旨を指示した。しかし伊集院公使はこれに積極的な対応をとらなかった。それは彼が蒙古王公らに不信感を抱いていたからであった。十五日伊集院は内田外相に、「元来蒙古ノ王公ナルモノハ主義モ節操モ実力モ無キ輩ニシテ……他方ヨリ威嚇又ハ誘惑ニ遭フトキハ忽チ我ニ背離スヘキハ予想ニ難カラサル次第ナレハ今日ニ於テ彼等ヲ籠絡シ得ルトモ之ニ対シテ永遠ノ望ヲ属スヘキニアラス又此ノ秘密モ余程強力ナル羈束ヲ加ヘ置クニ非ラサレハ長ク保タレ得ヘシトハ予期スヘカラス但シ……単ニ将来ノ行懸ヲ作リ置ク丈ノ目的ナラハ此際多少ノ金員ヲ支出サルヽモ必スシモ無用ニ非ラサルヘキ」④と上申した。この上申に内田外相も同意し、二十五万円の送金を見合せて十五万円にとどめ、借款の目的は「将来ノ為行懸ヲ作リ置クヲ主旨トスル次第ナルヲ以テ利率等ハ強テ之ニ重キヲ置クコトナク成ルヘク長期ニ亘リテ先方ヲ羈束シ得ル様御取計相成リタシ」⑤と電訓した。これは伊集院の上申によって内田外相と外務省の姿勢がやや慎重になったことを示す。

①『日本外交文書』（辛亥革命）、367 頁。
②『日本外交文書』（辛亥革命）、367 頁。
③『日本外交文書』（辛亥革命）、367 頁。
④『日本外交文書』（辛亥革命）、368 頁。
⑤『日本外交文書』（辛亥革命）、369 頁。

　二月中旬川島と高山大佐は満洲に行き、福島次長の十四日の命令により多賀宗之少佐が蒙古王公との交渉を担当することになった。これに対し伊集院は慎重な姿勢をとり、「契約万端総テ間接援助ヲ為スニ止マ」り、「将来ノ成行等ニ付キ責任ヲ以テ確タル見込立チ難シ」[①]と考え、多賀少佐が十五万円の範囲内で借款交渉をまとめるようにした。伊集院は大倉組の名義よりも川島個人の名義で契約するように内田外相に上申したが、内田は依然として大倉組にすることに固執した[②]。

　蒙古王公に対するこの借款は日本と内蒙古の勢力範囲を争奪するロシアを刺激した。十九日駐日のロシア臨時代理大使は本国政府の訓令に基づき「松花江托羅河間ノ内蒙古王ハ武器及金員ノ供給ヲ露国ヨリ仰度旨申出テ若シ同国ニ於テ之ヲ肯セスハ日本ヨリ之レカ供給ヲ得ヘキ内約アル旨申出タル処露国政府ニ於テハ清国ノ分離ヲ惹起スルカ如キコトハ之ヲ避ケ度意嚮ナルヲ以テ右ノ申込ヲ拒絶シタ」[③]旨を内報し、これに対する日本側の意向を尋ねた。内田外相は「前記ノ如キ内約カ日本側ニ存セサルハ勿論ナルノミナラス若シ我方ニ対シテカヽル要求ヲナシ来ラハ我ニ於テモ露国政府ト同様ノ態度ヲ執ルヘキ」[④]旨を答え、蒙古王公らに武器・借款を提供している事実を隠した。これは内蒙古についてのロシアとの争奪を意味した。

　二月下旬借款交渉がまとまった。日本は喀喇沁王に九万円、巴林王に二万円を提供することにした[⑤]。伊集院は計十一万円を用意して送金するよう内田外相に申入れた。伊集院はこの借款に協力しながらも、挙兵問題について多賀らに「今日ノ形勢

　①『日本外交文書』（辛亥革命）、369 頁。
　②『日本外交文書』（辛亥革命）、369－70 頁。
　③『日本外交文書』（辛亥革命）、369－70 頁。
　④『日本外交文書』（辛亥革命）、369－70 頁。
　⑤『日本外交文書』（辛亥革命）、370－71 頁。

ニ於テ斯ル軽挙ニ出ツルモ有力ナル後援ナクテハ何等成効ノ見
込ナク却テ他日活動ノ素地ヲ損傷スヘキノミナラス延テハ国際
紛糾ヲ来シ他ノ利用スル所トナルヘキ虞尠カラサルニ付慎重ノ
上ニモ慎重ヲ加フル様十分警戒スヘキ」[①]旨を勧告した。伊集
院は蒙古王公らに対する信頼が薄かったため、その手続きに
当って借款契約の形式をとらずに借用証書の形式をとり、三月
五日喀喇沁王は次のような借用証書を川島と大倉組を代行した
正金銀行天津支店長菊池宛に提出した[②]。

　　　喀喇沁王ハ卓索図五旗ヲ代表シ地方保衛ノ目的ノ為ニ日
　　本大倉組天津支店長菊池季吉君ヨリ日本金貨九万円ヲ借
　　用ス年利ハ五分トシ五年ノ期限ヲ以テ元利ヲ返還スヘク
　　卓索図盟内ニ於ケル一切ノ鉱山ヲ以テ抵当トナスコトヲ
　　言明シ若シ返金スルコト能ハサルトキハ随意ニ開採セシ
　　ムヘク期限内ハ他人ノ開弁ヲ許ササルヘシ但シ開鉱ノ契
　　約ハ時ニ臨テ別ニ訂結スヘク金円使用ノ方法ニ至テハ亦
　　必ス川島君ト商議シ以テ信守ヲ昭ニスヘシ茲ニ借用書ヲ
　　作リ証トナス

　　　宣統四年正月十三日　　　　　　　喀喇沁王　　華押

　巴林王は三月七日借用証書を提出した。この借用証書と引替
えに喀喇沁王に一万円、巴林王に一万四〇〇〇円の現金が渡さ
れ、残額の八万円と六〇〇〇円は奉天において交付することに
した[③]。この借款は大倉組の名義で提供されたが、実は日本政
府が支出したものであった。石井菊次郎外務次官は「全額十一
万円ハ全部之ヲ政府ヨリ支出シ契約ヨリ生スル権利義務モ亦総

---

　　①『日本外交文書』（辛亥革命）、371頁。
　　②『日本外交文書』（辛亥革命）、374頁。
　　③『日本外交文書』（辛亥革命）、373、376頁。

テ政府ニ於テ之ヲ引受ケ」①るようにした。この十一万円のうち八万円は外務省より、三万円は参謀本部より支出された。これは所謂満蒙独立運動に政府・外務省と軍部が直接かかわっていたことを重ねて立証している。

　三月初め北京では袁世凱の謀略による兵乱が勃発した。喀喇沁王と巴林王はこの機会を利用し、松井大尉ら参謀本部の将校と共に北京を脱出し、蒙古に赴いて挙兵の準備をした。彼らは二月初めに既に日本から三万発の弾薬を受領していた②。多賀少佐らは奉天に赴き、八万六〇〇〇円の残額で日本から武器を購入して公主嶺の三井倉庫に隠しておいた。松井は十数名の蒙古兵と共に公主嶺を訪れ、多賀と連絡してこの兵器を喀喇沁王府まで運送しようとして、現地の宗社党薄益三・左憲章と結び、馬車四十七輛と一〇〇余名の匪賊らを動員し、五月二十七日公主嶺を出発した。これには数十名の日本浪人がかかわっていた。この時東三省総督趙爾巽は既に清朝を離れ、袁の北京政府の管轄下に入っていた。北京政府は満蒙独立に反対し、趙爾巽は奉天後路巡防営統領呉俊升にこの一行を阻止するよう命令し、六月七日鄭家屯付近で双方は激戦となった。その結果日本人十三名が戦死し、松井ら十三名が捕虜となった。馬車の兵器は全部焼却された③。こうしてこの事件は中日間の外交問題になって趙都督と駐奉天の落合総領事との外交交渉に委ねられ、日本人の捕虜は六月十八日公主嶺の交渉局から日本の警察官に引渡された。これにより秘密裏に進められた満蒙独立運動が世間にあばかれた。

　しかし彼らは日本の支持の下で引きつづき活動を展開した。喀喇沁王は同年十二月大倉組からまた九万円の借款を受け、活

---

　①『日本外交文書』（辛亥革命）、372 頁。
　②『日本外交文書』（辛亥革命）、366 頁。
　③ 黒竜会編『東亜先覚志士記伝』中、原書房、1966 年、332－46 頁参照。

動をつづけた。粛親王系統の宗社党は日本の支援により大連・遼陽・海城等の日本租借地で勤王軍を組織して日本将校の訓練を受けていた。彼らは清朝の復辟を目指していたため、「大清帝国政府」、「大清帝国勤王師総司令部」等の印鑑や「竜旗」五十余枚等を用意し、八月十日海城で挙兵して奉天方面に進撃する予定であった。この時期、粛親王は張作霖とも何らかの関係があったようである。張は「実力サヘ十分ナルニ至レハ北京ニ打入リ君主ヲ恢復スル考アリ之ニハ六十七万ノ兵アレハ事容易ナリ」[1]と落合総領事に述べ、銃砲弾薬を購入輸送する資金調達のため、奉天宮殿の宝物を抵当として日本から借款することを粛親王と相談中であると語った。この結果は不明だが、粛親王は日本からの支援を受けるために日本側に次のような「誓盟書」を提示した[2]。

　　　　　和碩粛親王善耆現因希望復興

　　大清宗社満蒙独立並謀日清両国特別之睦誼増進両国福利維持東亜大局貢献世界平和為宗旨因力不足伏願

　　大日本国政府之賛成援助以期大成為此予先以左開条件向

　　大日本国政府為信誓以後清国権利所至之処即

　　大日本国権利所至之処也

　　第一条　南満鉄路安奉鉄路撫順煤礦関東州旅順大連一帯日本所得権利等件以後展為長期以至永久

　　第二条　吉長鉄路楡奉鉄路吉会鉄路其他将来於満蒙布設一切鉄路均俟独立之復興大日本国政府協商可従其如何弁法

　　第三条　鴨緑江森林其他森林漁業開墾牧畜塩務礦山等之事業均協商以為両国合弁

　　第四条　於満蒙地方応允日本人之雑居事宜及一切起業

---

①『日本外交文書』（辛亥革命）、333頁。

② 曽村保信「辛亥革命と日本」、日本国際政治学会編『日本外交史研究―日中関係の展開』有斐閣、1961年、50-51頁。

　　第五条　外交財政軍事警察交通及其他一切行政皆求大日
本国政府之指導
　　第六条　以上所訂之外如大日本国政府有如協商之件統求
指示定当竭誠弁理
　　以上各項誓盟以為後日信守之拠

　この「誓盟書」の内容は一九一五年の二十一ヵ条の満蒙条項
とほぼ同様のものであり、満蒙を日本の植民地にしようとする
ものであった。

　しかし鄭家屯付近の武力衝突後、東三省当局はこれらの宗社
党の活動を叛乱と見なし、海城・懐徳・公主嶺・開原一帯で宗
社党の組織を摘発し、その党員を逮捕した。

　宋教仁ら南方の革命党も国家の統一を主張して、所謂満蒙独
立運動に反対した[①]。このような情勢の下で西園寺内閣と参謀
本部は運動の中止を命じ、第一次満蒙独立運動は一時抑止され
たが、一九一六年には第二次満蒙独立運動として再び勃発した
のである。

四　満洲租借のたくらみ

　辛亥革命期の日本の満蒙政策において特異なことは満洲租借
問題であった。十二月二十五日上海に到着した孫文は、革命資
金調達のため三井物産に借款を申入れたが、日本はこの機を利
用して満洲を中国から租借しようとした。この借款については
国家主権にかかわる重大な問題であり、また孫文・黄興らとも
直接かかわる問題であるから、慎重に取扱うべきである。本節
では、日本が孫文に満洲租借を迫った過程を究明すると共に、

---

　①『宋教仁集』下、中華書局、1981年、376―77頁。

この問題に関連する森恪の書簡等を考証・鑑定し、これへの孫文の対応を検討する。

　孫文は欧洲からシンガポール経由で十二月二十一日香港に到着した。宮崎滔天・山田純三郎らは香港で孫文を出迎え、二十五日孫文に同行して海路上海に到着した。孫文は船中で山田に三井物産から一〇〇〇万円あるいは二〇〇〇万円の借款を希望する意を表し、上海到着後山田の紹介により、年末に三井物産上海支店長藤瀬政次郎及び社員の森恪と支店長の社宅で会談し、一〇〇〇万円乃至二〇〇〇万円の借款問題について交渉した[1]。これは日中合弁による漢冶萍公司の借款交渉であり、満洲租借の借款交渉ではなかった。

　三井物産の『社報』には在外勤務社員の出国・帰国の期日が明記されているが、森恪は一九一二年一月五日東京に到着している。ここから推測すれば、森は藤瀬支店長社宅での交渉後まもなく上海から帰京したのである。それはこのような巨額の借款は支店長が決定することが出来ず、本店において決定すべきであったからである。森は東京でまず三井物産の元老益田孝に孫文の借款要望と「大冶鉄山を彼我共同の事業となさん」[2]こと等を詳細に報告した。益田はこのことをまず井上馨に内報した。井上には既に黄興より「革命党に同情して金融を心配しくるゝ様に直接依頼状を送越し」[3]ており、書中には「東三省は日本に於て因縁ある土地なれば同地に於て騒乱を起さしむるを不可なりと同志を戒しめ居る」[4]という記載があった。国会図書館所蔵の「井上馨文書」にも同時期黄興から井上宛に書簡が

---

　① 山浦貫一『森恪』上巻、高山書院、昭和 18 年、382−83 頁。陳旭麓ら主編『辛亥革命前後―盛宣懐档案資料選輯之一』上海人民出版社、1979 年、234 頁。

　② 原奎一郎編『原敬日記』第 3 巻、福村出版、1981 年、210−11 頁。

　③ 原奎一郎編『原敬日記』第 3 巻、福村出版、1981 年、210 頁。

　④ 原奎一郎編『原敬日記』第 3 巻、福村出版、1981 年、211 頁。

あり、黄興はこの書簡で近く成立する予定の南京臨時政府への
「資金ノ調達」についての「助声」を含めて革命派への今後の援
助を懇請している①。これも一般的な借款の要請であり、満洲
借款ではなかった。

　では満洲借款をまず提起したのは誰か。それは益田孝であっ
た。益田は森に、孫文と黄興が「左程に我に依頼するならば此
機に乗じて革命党志を得ば東三省は我に割譲すべしとの内約を
取り置く事必要なり」②と語った。森は「其事は出来得べし」③
と答えた。益田は森との内談の内容を井上馨と原敬内相に伝え
た。井上は原に、このことを西園寺首相に伝え、内閣の決議に
まで進めるよう依頼した④。井上はまた益田・森の満洲割譲の
意を山県有朋に伝えた⑤。山県もこの時期に満洲へ出兵する計
画を推進していたから、益田・森の意見に賛成し、「此機会に於
て東三省を我物となす事の密約を革命党となし置く事には賛成
なり」⑥と述べた。

　原は井上らの意見を西園寺首相病気のため内田康哉外相に伝
えたが、内田外相にも既に種々の内談が他より持込まれていた。
原は黄興の井上宛書簡を内田に渡し、閣議において検討するよ
う依頼した⑦。この時期閣議においても数回満蒙問題が検討さ
れていた。一月十二日の閣議において内田外相が中国の情況を
報告し、原は「革命軍に対しては今少しく進んで援助的関係を
なすの政策を取るべく、又露国既に外蒙古の自治を助くる名義

　①　藤井昇三「孫文の対日態度―辛亥革命期の『満州』租借問題を中心に」、『現代中
国と世界―その政治的展開』慶応通信、1982 年、120 頁。
　②　原奎一郎編『原敬日記』第 3 巻、福村出版、1981 年、211 頁。
　③　原奎一郎編『原敬日記』第 3 巻、福村出版、1981 年、211 頁。
　④　原奎一郎編『原敬日記』第 3 巻、福村出版、1981 年、210 頁。
　⑤　原奎一郎編『原敬日記』第 3 巻、福村出版、1981 年、210 頁。
　⑥　原奎一郎編『原敬日記』第 3 巻、福村出版、1981 年、210 頁。
　⑦　原奎一郎編『原敬日記』第 3 巻、福村出版、1981 年、210 頁。

の下に手を出したる位なれば、我に於ても此際東三省に対して相当の処置をなすべき時機と思ふに付篤と廟議を尽くすべし」①と述べた。松田正久法相・斎藤海相も原の意見に同意し、大いにその必要を説いた。十六日の閣議でも満蒙問題が検討され、満蒙に対し「相当の解決」をなすことが決定された②。これらの事実は満洲割譲或いは満洲租借問題を先に提起したのは日本側であったことを立証する。

　その後の益田・井上・山県らと森の東京における満洲租借問題に関する活動と政府の行動については、史料が欠けているため不明であるが、森は神戸経由で二月一日上海に着き、翌日山本条太郎の孫文宛の書簡を持参して南京に赴き③、二日・三日に連続二回にわたって孫文・黄興・胡漢民らと会談し、三日の会談において満洲租借問題を孫文・胡漢民に提起し、その承諾を迫ったのである。

　森恪は二月二日の孫文・黄興との会談の内容を五日付益田孝宛書簡で、二月三日の孫文・胡漢民との満洲租借に関する会談の内容を八日付益田宛書簡で報告している。この二通の書簡は、森が益田・井上・山県らの意見と閣議の決定に基づき、孫文らに満洲租借を迫った過程を示す重要な文献である。故に、この書簡の信憑性を確認することは満洲租借問題の真相を究明する上で大きな意義がある。

　二月五日付の森恪から益田孝宛書簡④は七つの問題が指摘されている。まずこの七つの問題について考証する。それはこの書簡は直接満洲借款のことを取上げていないが、八日付益田孝

---

　① 原奎一郎編『原敬日記』第3巻、福村出版、1981年、212頁。
　② 原奎一郎編『原敬日記』第3巻、福村出版、1981年、212－13頁。
　③ 陳旭麓ら主編『辛亥革命前後―盛宣懐档案資料選輯之一』上海人民出版社、1979年、244－45頁。
　④ 明治45年2月5日、在上海の森恪より益田孝宛書簡。三井文庫所蔵。

宛の満洲借款に関する書簡と内在的な関係があり、この書簡を
考証することが八日付書簡の信憑性の考証に役立つからである。

　五日付書簡の第一の問題は二月二日に森と孫・黄が南京で交
渉したか否かである。森は二月一日上海に到着し、満洲借款の
ような重要なことを孫・黄と交渉するためその翌日南京に赴い
た可能性があり、また次に述べる漢冶萍公司合弁に関する南京
臨時政府と三井物産との二百五十万円契約の英文の契約書に
孫・黄がそれぞれ中華民国総統と陸軍総長の名義で二月二日に
サインし印鑑を押していることから、確実に二月二日南京で交
渉したことを立証することが出来る[①]。

　第二の問題は「漢冶萍公司日華共同経営ノ件」に孫・黄が署
名したか否かである。漢冶萍公司日華共同経営交渉は主に神戸
で盛宣懐・李維格と日本側代表小田切万寿之助の間でおこなわ
れた。その裏で日本側は外務省、中国側は南京臨時政府が介入
しており、双方は一月二十九日神戸において合弁の仮契約書に
署名した[②]。森はこの仮契約書を持参して同日神戸港を出発し
二月一日上海に到着した。この合弁契約は日本側商人と漢冶萍
公司との関係を定めているが、これに南京臨時政府と孫・黄が
介入せざるを得なかったのは、この契約により南京臨時政府が
三井から二百五十万円の借款を受けることになり、またこの公
司は当時南京臨時政府の管轄下にあったため、南京臨時政府と
孫・黄がその契約を承認しその執行を保証する義務があったか
らである。故に、この合弁の契約書及び認証に孫・黄は南京政
府を代表して公司と共に署名することになったのである。これ
は一月二十六日三井の山本条太郎が外務省の倉知政務局長宛に

---

　①「北洋政府財政部档案」、『中華民国史档案史料匯編』第二輯、江蘇人民出版社、
1981 年、339 頁。
　② 外務省編『日本外交文書』第 45 巻第 2 冊、114−37 頁。漢冶萍公司「各種合同
印底」、『雑巻』七号。

送付した漢冶萍公司関係書類から窺うことが出来る[①]。二月二
日孫・黄は南京臨時政府・漢冶萍公司・三井三者間の漢冶萍公
司合弁に関する「事業契約書及認証」、南京臨時政府と三井間の
「利権契約書認証」、南京臨時政府と三井間の「借款契約書」等
に署名したと思われるが、現在残っているのは英文の「借款契
約書」だけであり、前の二つの文書はその草案だけが残ってい
る。だがこれらの草案には「本契約書は漢日両文各三通ヲ作リ
各自各一ヲ分有ス若シ字句ニ付疑議ヲ生シタル時ハ是ニ添附ノ
英訳文ニ拠リ決定スル事」[②]との規定があるから、英文の「借
款契約書」も有効であり、これによって前の二つの「契約書及
認証」にも二月二日に孫・黄が総統・陸軍総長の名義で署名・
調印したことを確認することが出来る。また上述の二月一日付
山本より孫文宛の書簡にも森が持参・提出した漢冶萍公司合弁
に関係する文書に署名・批准するよう明確に記載されている[③]。
これにより二月五日付森書簡の第二の内容が確実であることを
立証することが出来る。

　　第三の問題は二月三日孫文・黄興が森に依頼した井上馨宛の
電報である。李廷江氏が国会図書館憲政資料室の「井上馨文書」
から井上が受取ったこの電報を発見したが、その内容は森の五
日付書簡と完全に同様であり、ただ三文字が異なっているだけ
である[④]。李氏はまた同文書から二月三日付孫文の井上宛書簡
（中文）を発見した[⑤]。その内容には前の電文とそれほど大きな
相違がなく、財政上の援助のことに対しても電報より明確に言

　　　① 外務省編『日本外交文書』第 45 巻第 2 冊、131−37 頁。
　　　② 外務省編『日本外交文書』第 45 巻第 2 冊、133 頁。
　　　③ 陳旭麓ら主編『辛亥革命前後―盛宣懐档案資料選輯之一』上海人民出版社、1979
年、244−45 頁。
　　　④ 李廷江「孫文と日本人」、『日本歴史』1987 年 8 月号、87 頁。
　　　⑤ 李廷江「孫文と日本人」、『日本歴史』1987 年 8 月号、86 頁。

及しており、また井上宛に電報を発したことにも言及している。「井上馨文書」から発見されたこの電報と書簡は、森の五日付井上馨宛書簡の第三の問題も確実であることを示す。

　第四は孫・黄が森に井上「侯爵ニ言上致呉レ」と依頼した四つの件であるが、四の「満朝王族ニ対スル御忠告」以外の三つの件は孫文の書簡及び孫・黄の電文と基本的に同じ内容である。故に、孫・黄が森を通じ井上に四つの件を伝言するよう依頼したこともほぼ確実である。

　第五は招商局と銅官山借款の件であるが、招商局借款は承知のことであり、銅官山鉱務公司に対する中日合資合弁に関する契約書に森が三井物産全権代表として調印していることから[①]、これも確認出来る確実なことである。

　第六は二月五日付益田孝から森宛の電報であるが、これを立証する資料が森と益田関係の資料から出てこないため、まだ確認することが出来ない。

　第七は五日付書簡の冒頭で森が一月五日東京到着後井上馨らに孫文の援助＝借款提供の要望を伝え、南京到着後に井上らの孫・黄に対する好意を伝えたことである。これは上述の森の東京における活動により立証出来ることである。

　以上の考証から二月五日付森恪の益田孝宛書簡はほぼ確実なものであるといえる。

　二日の会談はある意味において三日の会談を準備したものであり、五日付森書簡の第三、四、七の問題は、八日付森の益田宛の書簡と直接的関係しているので、五日付書簡に対する信憑性の確認は八日付の書簡を考証する前提でもある。このような前提を踏まえながら、次に八日付森書簡[②]の六つの問題につい

① 外務省編『日本外交文書』第45巻第2冊、89—93頁。
② 明治45年2月8日、在上海の森恪より益田孝宛書簡。三井文庫所蔵。

て考証する。

　第一は二月三日南京において孫文・胡漢民・森恪・山田純三郎・宮崎滔天の五人が交渉の会合をしたか否かの問題である。山田は上述の回想において一部記憶の誤りがあるが、その会合に参加したのは事実であるとし①、宮崎滔天はこの件に関し詳細に記した資料を残していないようだが、彼の全集編集者はその年譜に「二月三日孫文を南京総督府に往訪、森恪・山田純三郎と同道」②と記載している。その典拠は不明であるが、山田純三郎の回想によるものではないことは確かである。だがこれは根拠のある記載だと思われ、森・山田・宮崎三人が孫文を訪問したことは説明出来る。だが孫文と胡漢民は何らの関係資料を残していない。しかし五人のうち過半数の三人が認めていることから、二月三日南京において五人が会合・会談したのはほぼ事実であるといえよう。

　第二は満洲借款の本題に入る前に、森が孫・胡らに自分が井上馨ら日本政界の上層部から信頼を受けており、満洲のような大きな問題を南京臨時政府と交渉する資格を有していることを証明しようと努力したことである。外交交渉の慣習では、重大な問題或いは条約を締結する時には、双方共にこのような外交行為をおこなう権限を持っているとの資格書或いはそれに相応する証明書を提示し、互いに信頼関係を結ばなければならない。当時三井物産上海支店の一職員であった森にとっては、本題の交渉に入る前に何よりも重要なのは、孫らに自分が満洲借款のように重大な問題を交渉する資格があることを説明・確認して、その信頼を得ることであった。森は二日の交渉において、まず漢冶萍公司合弁に関する孫・黄の署名、調印を獲得した後に、

---

① 山浦貫一『森恪』上巻、高山書院、昭和18年、403頁。
② 『宮崎滔天全集』五、平凡社、1976年、703頁。

三日の満洲借款交渉のための資格・信頼面での地均しをしたのである。上述の五日付書簡の第三、四、七の問題はこのためのものであったといえよう。また三日に山田・宮崎両人が同道した理由も、五日付書簡が触れているように、この信頼の獲得のためであった。故に、三日の交渉において森はまず単刀直入に孫に「貴下ハ余ガ日本ノ政治上ノ中心ニ接近シ得ル事ヲ信ジ得ルヤ」[①]と質問した。これに対し孫文は二日の交渉における第三、四、七の問題を通じ、「君ノ背後ノ力ヲ信ジ全ク君ニ信頼スルノ念ヲ強カラシメタリ、余等カ如何ニ君ノ立場ヲ解セルカハ、君ノ説ク事ヲ凡テ採シ居ル事実ニヨリテ判断セヨ」[②]と答えた。これにより満洲問題交渉に入る前提の問題が解決され、満洲借款交渉が始まることになった。これは外交交渉の慣習に相応しいことであった。

　第三は満洲借款に関する森・孫の会談・交渉の内容である。山田純三郎の回想は上述のように時期と森が参加したか否かについては誤りがあるが、満洲借款問題に関する主な部分は森書簡の内容と基本的に一致しているといえよう[③]。故に、その交渉に参加した一人だけに山田の回想は有力な直接的証拠になるであろう。

　次に森は満洲問題を提議する前に「余ガ言ハントスル事ハ或ル程度迄根拠アル問題ナレトモ余トシテハ少シク職分外ノ事ナリ」[④]と孫に語っているが、この根拠というのは東京における益田・井上・山県らの意見と要望のことであった。この根拠が確実なものであったか否かも満洲借款問題を立証する証拠になるであろう。これは上述の森の東京における活動と益田・井上・

① 明治45年2月8日、在上海の森恪より益田孝宛書簡。三井文庫所蔵。
② 明治45年2月8日、在上海の森恪より益田孝宛書簡。三井文庫所蔵。
③ 山浦貫一『森恪』上巻、高山書院、昭和18年、403頁。
④ 明治45年2月8日、在上海の森恪より益田孝宛書簡。三井文庫所蔵。

山県らの満洲問題に関する意見と閣議における議論・決定によって立証し得る。

　第四は満洲借款と南北和議・南京臨時政府の財政情況の関係であるが、これは当時の実情とほぼ同様である。

　第五は満洲借款をめぐり孫文・益田・森三者間に往復した六通の電報[①]である。その中の二月三日午後五時四十分に森が益田に送信した電報が国会図書館憲政資料室の「井上馨文書」に残っている[②]。だが他の電報はまだ発見されていない。この電報の往還には山田純三郎もかかわっていたが、彼はその回想で「当時、自分等の往復した電報書類などはその後全部焼棄てゝしまつたゝめ、今私の手許にその証拠となるべきものが残つてゐない」[③]と記しており、これらの電報を発見することは不可能かもしれない。しかしこの電報はこの問題における孫文の立場と対応を究明するのに特に重要な根本的史料であるから、益田孝関係の資料にその一部が残っているか否かを確認すべきである。

　また当時使用した電報暗号が残っているかもしれない。山田純三郎の子息である山田順造の死後、その子孫が山田純三郎関係の資料を愛知大学に寄贈しているが、最近その中に電報の暗号があるとの報道があった[④]。森の五日付書簡には山田に「ＭＢＫ　private　codeノイロハ暗号ヲ渡シアリ」[⑤]との記載があるが、この暗号がそれかもしれない。山田純三郎関係資料公表後、この暗号を研究すればまた新しい証拠が見つかるかもしれ

　① 明治45年2月8日、在上海の森恪より益田孝宛書簡。三井文庫所蔵。
　② 藤井昇三「孫文の対日態度―辛亥革命期の『満州』租借問題を中心に」、『現代中国と世界―その政治的展開』慶応通信、1982年、149頁。
　③ 山浦貫一『森恪』上巻、高山書院、昭和18年、405頁。
　④ 香港『明報』1991年10月23日。『参考消息』1991年11月13日。
　⑤ 明治45年2月8日、在上海の森恪より益田孝宛書簡。三井文庫所蔵。

ない。

　上述の六つの電報とは別に、二月八日付益田から森宛の電報が「井上馨関係資料」から発見されている。この電報は南北和議や漢冶萍・銅官山・招商局借款等に触れた後、「満洲ニ関シテハ一名日本ニ来ラレ秘密契約ヲナスコトヲ勧告ス左スレバ尚一層ノ同情ヲ得ルノ見込アリ」[①]と述べている。この電報は二月三日午後の森の電報に対する返事のようである。これは八日付書簡の満洲問題に関する内容の一部を証明し得る重要な文献資料である。だが孫文の満洲問題に関する態度を確実に立証するものではない。

　第六は森との交渉において、孫が「余等ハ満洲ハ日本ニ一任シテ其代ハリニ我革命ノ為ニ援助ヲ日本ニ乞ウ希望ナリ」[②]と確実に述べたか否かである。これを立証する史料は森のこの八日付書簡の他にない。これを確実に考証するには、孫文自身による直接の証拠の他にも傍証の史料が必要である。これはこの森書簡の信憑性を確認する上でのキーポイントであるが、これが欠けていることはこの問題に確実な結論を下す上で大きな影響を及ぼすであろう。

　以上の日本側の史料とその背景等に対する考証により、森が三日南京で孫文に満洲借款問題を提議したことはほぼ確実である。だが孫文がこれに対し満洲の租借或いは割譲を承諾したか否かを確認出来る史料は欠けている。故に、孫文の姿勢について確実な結論を下すことは時期尚早だといえよう。だがその可能性を完全に排除することは出来ない。もしその可能性があるとすれば、森と孫文の交渉の内容から次のような問題を提起す

---

　① 藤井昇三「孫文の対日態度―辛亥革命期の『満州』租借問題を中心に」、『現代中国と世界―その政治的展開』慶応通信、1982年、140頁。
　② 明治45年2月8日、在上海の森恪より益田孝宛書簡。三井文庫所蔵。

ることが出来る。

　第一は満洲問題は日本側が先に提起し孫文にその承諾を迫ったことである。森は元老と内閣の廟議に従い、孫文に「日本ハ満洲ヲ日本ノ勢力ニヨリテ保全スルノ必要ヲ認タリ」とか、「到底満洲ハ日本ノ手ニ保スルノ必要アリ」等と述べながら、この「満洲ノ運命既ニ定マレリ」と断言し、日本は「満洲保全ノ為ニ第二ノ戦争ヲモ敢テセントスル」と脅迫してその承諾を迫ったのである[①]。故に、この問題を取上げる時は、孫文よりもまず孫文と南京臨時政府にとって財政が窮乏している危機的な時期に火事場泥棒的に満洲を侵略しようとした日本の欲望をあばくべきであろう。

　第二は孫文の対応である。森の二月八日付書簡によれば、孫文は少なくとも一月の南北和議再開の前には、「満洲ハ日本ニ一任シテ其代ハリニ我革命ノ為ニ援助ヲ日本ニ乞ウ希望」であったようだが、森はこの問題に対し「今日トナリテハ業ニ已ニ其ノ時機ヲ失セリ……兵権モ金権モ少キ余等ニハ其ノ主義ヲ遠慮ナク実行スル訳ニ参ラズ」とその不可能なことを指摘している[②]。これは、森が満洲租借を強迫する情況の下での孫文の矛盾した心理を表現したものだともいえよう。また三日の会談後、森が起草し孫と胡漢民が添削した益田宛電報では、「孫ハ満洲租借ヲ承知セリ」[③]とされているが、「承知」とは知ったということであり、承諾したということではない。「承知セリ」のような曖昧な言葉を使用したのは、孫文が的確に回答していないことを示す。

　第三は孫文のこのような対応がどちらを優先するかの問題で

---

① 明治45年2月8日、在上海の森恪より益田孝宛書簡。三井文庫所蔵。
② 明治45年2月8日、在上海の森恪より益田孝宛書簡。三井文庫所蔵。
③ 明治45年2月8日、在上海の森恪より益田孝宛書簡。三井文庫所蔵。

も窺えることである。孫文は資金＝借款の必要性を強調して資金獲得を優先し、それによって軍隊の離散、臨時政府の崩壊を防ぎ、南北和議を延長し、その後に袁を排除して共和政体を樹立する計画を吐露した。これは孫文が満洲問題よりも借款による資金調達を優先したことを物語っている。森は逆に満洲問題を優先し、それは借款提供に先決すると強調したから、この問題における孫文と森の意見は対立していた。この対立は両者の目的とこの問題に対する姿勢の相違を表すものである。このような対立と相違は孫・黄の渡日を優先するか或いは資金の供給を優先するかにも現れ、森が渡日を優先したのに対し、孫文は終始資金の供給を優先する方針をとった。ここからも孫文が革命成功という目的のために借款を得ようとしていたことを窺うことが出来る。

　上述のような孫文の内心の矛盾と曖昧な表現及び何を優先したかは、ある意味において、満洲租借に対する彼の抵抗を表したものともいえよう。

　第四は孫文がなぜ資金の提供を五日以内と限定したかということである。五、六日以内とは二月八、九日までということであるが、これは旧暦の正月と密接な関連があった。一九一二年は二月十八日が旧暦の正月に当るから、二月八、九日は旧暦の十二月二十四、二十五日に当る。森が五日以内に供給するや否やというのは年内に供給するとの意味であるかと孫文に確かめると、孫文は「年末ト称シテモ全クノ年末トナリテハ折角ノ送金モ無意味ニ畢ラン」①と答えた。この回答から孫文が五日以内と限定した原因を窺うことが出来る。旧暦の正月＝春節は中国の習慣では一年間の中で一番盛大な祝日である。この正月＝

---

① 明治45年2月8日、在上海の森恪より益田孝宛書簡。三井文庫所蔵。

春節を祝うため、孫文と南京臨時政府は年末に政府職員とその管轄下の軍人に現金で賞与を支給しなければならなかった。もしこれが不可能な場合には、軍隊離散・政府崩壊といった問題が起こる可能性もあると孫文は判断し、その資金獲得に懸命だったのである。孫文は南北和議と清帝退位の問題も年末前に片づけようとして、二月十二日南方の代表伍廷芳に十五日夜十二時までに清帝を退位させるよう北京の袁に伝言し、さもなくば皇帝・皇室に対する優待条件を取消すと述べた[①]。これも年末年始のことを念頭に置いていたためであった。

　以上を総括すると、日本側の史料とその政治的・軍事的背景から考究すれば満洲借款交渉はほぼ確実に存在したといえよう。これへの孫文の対応は森の八日付書簡によれば「満洲ハ日本ニ一任シテ其代ハリニ我革命ノ為ニ援助ヲ日本ニ乞ウ希望ナリ」[②]というものであるが、これを立証する史料はまだ欠けている上、孫文自身がこの実行は不可能だと述べ、満洲租借について「承知セリ」との曖昧な言葉を使用しているので、確実に孫文がこのような態度をとったと断言するまでには至らない。だがこれはその可能性を完全に排除するものではなく、ある程度その可能性が存在することを物語っている。この問題の究明には新しい史料の発見と研究が必要であろう。

　では、日本はなぜ満洲に関するこの一〇〇〇万円の借款を孫文に提供しなかったのだろうか。

　第一は日本側の井上・益田・森らが満洲に関する契約を優先し、契約締結後に借款を提供しようとしたことである。孫文は逆に借款の提供を優先したため、両者の方針と目的が対立した。これが根本的原因である。

---

　① 『孫中山全集』第 2 巻、中華書局、1982 年、82−83 頁。
　② 明治 45 年 2 月 8 日、在上海の森恪より益田孝宛書簡。三井文庫所蔵。

　第二は時間的に大変切迫し、期限を延長する余地がなかったことである。孫文は五、六日以内にこの借款を提供することを要求したが、数日内に日本がこのように巨額の借款を契約なしという条件の下で提供するのは非現実的であったし、数日以内に孫・黄が渡日するのも不可能だったからである。

　第三に、孫文は「九日迄袁世凱トノ和議ヲ延バス故夫レ迄ニ確答アリタシ」[1]と要求したが、益田の八日付森宛書簡によればこの要求は実現されなかった。このような情況の下で袁と妥協し、総統の位を袁に譲位すれば、孫文が語ったように「政権袁ニ移レバ民心再ヒ一変シテ、或ハ満洲問題ノ如キハ俄ニ決定スル訳ニハ参ラヌ」[2]ようになる。日本にとっては孫が総統の位を袁に譲位した後で孫に借款を提供するのは意味のないことであり、満洲租借或いは割譲の目的を達成することが出来ないからであった。

　第四は辛亥革命期日本はイギリスとの協調外交政策をとっていたため、イギリスとの協議とその承認或いは黙認を経ずに、列強に重大なショックを与えるこのような行動を単独におこなうことには無理があったからである。

　このような分析は孫文が上述のような対応をとった可能性を前提としている。

　では孫文が一〇〇〇万円の借款で満洲の租借或いは割譲を承認した可能性があるとすれば、孫文のこの行動をどう評価すべきだろうか。孫文は帰国後の十二月末、まず清朝打倒のため三井に借款を要請し、二月三日には軍隊離散・革命政府崩壊を防止し、袁との妥協を避けて共和革命を最後まで遂行するため、現金の提供を要請したのである。これは当時南京臨時政府の財

---

　① 明治45年2月8日、在上海の森恪より益田孝宛書簡。三井文庫所蔵。
　② 明治45年2月8日、在上海の森恪より益田孝宛書簡。三井文庫所蔵。

政が窮乏の極に達している情況の下で、その主観的目的として
は正しいことであり、理解し得ることであった。だが日本が孫
文と南京政府のこのような財政危機に火事場泥棒的につけこん
で満洲の租借・割譲を孫に迫ると、孫文は革命政府崩壊の阻止
か満洲の租借・割譲かの二者択一の緊急事態に追込まれ、前者
を選択しようとしたのである。孫文としては、日本が満洲租借・
割譲を強硬に迫る情況の下で、国家主権の一時的喪失と共和革
命の最終的目的達成という二つの矛盾した現象を最終的に両立
させようとしたのである。それは孫文が常に国内における革命
の成功を優先し、革命の成功によって徐々に不平等条約を廃棄
しようとする戦略をとっていたからであろう。このような戦略
は孫文独特のものではなく、他の政治家にも見られるし、明治
維新以来の日本の外交においても見られる。しかしその後、こ
の借款は得られなかったが、軍隊の離散、革命政府の崩壊とい
うような最悪の事件は起こらなかった。これは孫と袁の南北和
議における妥協によるものかもしれないが、孫文の客観的情勢
に対する誤った判断だといわざるを得ない。

　また上述の原因により満洲租借借款が自然に消滅して表面化
せず、実現されなかったのも幸いなことであった。もしこの問
題に対する孫文の対応を評価するならば、この点も考慮すべき
であろう。

五　第三回日露協約

　辛亥革命期の日本の満蒙政策において、日本がその目的を達
成したのは、満洲西部と内蒙古における日・露の勢力範囲を拡
大・分割したことである。日本とロシアは一九一二年一月中旬
からこの問題をめぐる外交交渉をおこない、七月八日に第三回

日露協約を締結した。これによって両国は満洲・内蒙古全領域における勢力範囲の分割を完成し、日本は満洲と蒙古を連結することが可能となった。南満洲を中心とした日本の対満政策は南満洲と東部内蒙古を包括した満蒙政策に拡大・発展し、日本の内蒙古に対する侵略が始まったのである。本節では、これについての日本外務省及びその出先機関の対応と、日・露両国の中国領西満洲と内蒙古に対する勢力圏分割の過程における協調と争奪の二重外交を究明すると共に、これへの欧米列強の対応を検討する。

　日本とロシアが西満洲と内蒙古に勢力圏を拡大したのはその中国侵略の必然的な結果であったが、その直接的原因の一つは外蒙古の独立とそれに伴うロシア勢力の外蒙古と内蒙古への伸張であった。外蒙古は中国の領土であり、清朝政府は庫倫に弁事大臣を派遣してこの地域を管轄し、所謂新政を実施していた。これに反対する一部の蒙古王公とラマらは、一九一一年七月に秘密会議を開き、清朝から分離・独立する意を決し、杭達多爾済ら五名をロシアの首都ペテルブルグに派遣してロシアの支持と保護を要請した。八月十七日ロシア政府は特別会議を開いて彼らの独立を支持することを決定し、八月末清朝政府に蒙古における新政の停止と兵の派遣を禁ずるよう要求した。折しも十月十日辛亥革命が勃発して南方諸省は独立を宣言し、清朝の支配が動揺し始めた。ロシアはこの機会を利用して外蒙古の親露派の王公に武器を提供し、彼らの叛乱を支援した。ロシアの支援の下で東部の喀爾喀等の四つの盟が「独立」を宣言し、清の弁事大臣三多を庫倫から追放した。十二月二十九日哲命尊丹巴が大蒙古帝国日光皇帝として即位し、年号を共戴とし、独立政府を組織してその勢力を西の二つの盟まで拡大した。一九一二年一月中旬呼倫貝爾の総管がロシアの工作の下でまた叛乱を起

こし、満洲里・海拉爾一帯を占領して独立を宣言した。ロシア勢力の外蒙古と北満西部方面への拡大は満洲においてロシアと争う日本の南満西部と内蒙に対する侵入を促し、日本はこれによってロシアの南下と東進を阻もうとした。

　日本には二つの目的があった。（一）は西満洲における勢力圏の再分割である。一九〇七年の日露追加約款で日露は東経一二二度の東において托羅河を境界として南北に勢力範囲を分けたため、その西に勢力圏の境界を延長する必要があった。（二）はロシアの勢力が外蒙古にまで伸張する情況の下で、ロシアと内蒙を分割することである。この二つの問題を解決して満蒙における日本の権益と勢力圏を拡大するため、内田外相は「東経百二十二度以西ニ付テハ托羅ヲ遡リテ興安嶺分水嶺ニ到リ同河及分水嶺ヲ以テ南北満洲分界線ノ延長トナシ」、内蒙古に対しては「張家口ヨリ庫倫ニ達スル大道ヲ界トシ内蒙古ヲ東西ニ両分シ」[1]、その東の北京・承徳の街道を日本の勢力圏内に収めようとした。これは内蒙古の主要部分を日本の特殊利益圏内に置こうとしたものであり、ロシアと内蒙古を争奪しようとする欲望を示したものである。一九一二年一月十日内田外相は駐露の本野大使に私見として上述の意を伝え、本野大使の意見を求めた。これに対し本野大使は慎重な姿勢をとり、「御来示ノ如キ協定ヲ為スコトハ素ヨリ望マシキ義ナルモ此際右様ノ協定ヲ遂クルコトヲ適当ト為スヤ否ヤハ慎重ニ考量スルヲ要ス」[2]と答申した。その理由は「一方ニ於テハ露国ノ疑惑ヲ招クノ虞アリ他方ニ於テハ本件ニシテ万一外間ニ洩ルコトアラムカ清国ハ勿論列国ノ嫌疑ヲ被リ意外ノ不利ヲ醸スヤモ計リ難キ」[3]というものであった。

---

① 外務省編『日本外交文書』第 45 巻第 1 冊、43 頁。
② 外務省編『日本外交文書』第 45 巻第 1 冊、45 頁。
③ 外務省編『日本外交文書』第 45 巻第 1 冊、45 頁。

　折しも一月十一日ロシア政府は外蒙古独立に関する宣言を発表し、清朝の外蒙古への行政機関の設置、正規軍の駐屯、移民等を中止するよう要求した。これは外蒙古における清国の主権と管轄権を撤回し、外蒙古の独立を承認するよう要求したものである。その目的は外蒙古と清国との関係を分断することによって外蒙古におけるロシアの特殊権益を拡大し、外蒙古をその保護下に置くことであった。ロシアは声明でこの目的について「露国ハ蒙古ニ於テ大ナル利害関係ヲ有スルヲ以テ事実上蒙古ニ設立セラレタル政府ヲ無視スルコト能ハサルニ付蒙古ガ清国トノ関係ヲ絶ツ場合ニハ蒙古政府ト事務上ノ関係ヲ開始スルノ止ムヲ得サルニ至ル可シ」[1]と弁明した。

　ロシアのこの声明は日本の満蒙における日露勢力圏の分界線画定の動きにより一層の拍車をかけた。十六日日本政府は閣議においてこの件を検討し、「南北満洲分界線延長ノ件並ニ内蒙古ニ関スル協定ヲナスノ件ニ付公然トナク露国政府ノ意向ヲ叩キ以テ両件ニ関スル素地ヲ作ラシムルコト適当ナルベシト思考ス」[2]と決定し、ロシア側の姿勢を打診することにした。既述のように日本はこの時期既に満洲出兵・満洲租借・満蒙独立運動等の対満政策を単独で推進していたため、ロシアとの交渉において満洲問題そのものを積極的に提起しようとせず、ロシア側がこの問題を提起したら、日本は「適当ノ時期ニ至リ満洲問題ノ相当解決ヲナスコトニ対シ敢テ異存ナキ」[3]旨を内密に説明する予定であった。日本は満洲問題と西満洲・内蒙古分界線の件を分けて処理しようとしたのである。同日内田外相は上述の閣議で決定された方針を本野大使に伝え、至急ロシア当局と交渉するよう指示した。

----

① 外務省編『日本外交文書』第45巻第1冊、44頁。
② 外務省編『日本外交文書』第45巻第1冊、46頁。
③ 外務省編『日本外交文書』第45巻第1冊、46−47頁。

　しかし閣議の決定とは逆に、本野大使は満洲問題の根本的解決を優先した。そこでどちらを優先するかをめぐって日・露両国及び内田外相・本野駐露大使間に一ヵ月にわたる交渉がおこなわれた。十七日本野大使はロシア外相サゾノフに閣議で決定された方針と内田外相訓令の趣旨を自分の意見として提議した。サゾノフは分界線画定については「何時ニテモ其商議ニ応スヘシ」①と快諾したが、満洲問題を解決する意は示さなかった。本野大使は積極的に「日露両国カ清国殊ニ満洲問題ニ関シ断然タル行動ヲ執ラサルヲ得サル場合ニ立至ルヘキ時期ノ到来スヘキコト」に誘導し、「右一般問題ニ関シテハ予メ両国政府ノ意見ヲ交換シ他日ノ変ニ応スルノ措置ヲ講シ置クノ必要アリト信スル」と述べ、「予メ閣下ノ大体ノ御意見ヲ承ハリ置キタシ」②と意見を求めた。本野は当時日本の対満政策の推進状況を知らなかったので、このように満洲問題を取上げたのであろう。ロシアも満洲問題を重視し、サゾノフは「露国政府ニ於テモ清国問題ニ付テハ必要ニ迫ラハ勿論日本政府ト提携シテ適当ノ措置ヲ執リタキ」③意を表した。しかし「成ルヘク平和的手段ヲ以テ事局ヲ処理シタキ考ヘナリ」④と述べ、本野よりは消極的な姿勢を示した。それはサゾノフが述べたように、「露国ハ欧洲ノ形勢財政其他ノ事情ニ鑑ミ極東ニ於テ事件ノ発生ヲ好マス殊ニ露国ノ民心モ日本トノ協約ニ依リ漸ク極東方面ノ杞憂ヲ去リ一先ツ安堵シ居ル際ナレハ旁々斯ノ如キ必要ニ迫ルコト一日モ遅カランコトヲ希望シ居ル」⑤からであった。これは満洲問題だけでなく、辛亥革命期のロシアの対中国政策を牽制する重要な要因であった。

---

①　外務省編『日本外交文書』第45巻第1冊、50頁。
②　外務省編『日本外交文書』第45巻第1冊、50頁。
③　外務省編『日本外交文書』第45巻第1冊、51頁。
④　外務省編『日本外交文書』第45巻第1冊、51頁。
⑤　外務省編『日本外交文書』第45巻第1冊、51頁。

　本野大使は満洲問題の根本的解決のため、十八日ロシアの総理大臣ココーヴツォフと面会し、外相サゾノフに申入れた意見を述べ、その意を尋ねた。ココーヴツォフ総理大臣はまだ前日の本野とサゾノフの会談の内容を知らず、満洲問題に関して「自分ノ考ニテハ日露両国行動ノ目的、範囲及其ノ方法時期ニ関シ詳細ナル意見ノ交換ヲ為シ成ルヘク列国ノ故障ヲ避ケ且無難ニ屢次ノ日露協約ノ目的トスル所ヲ遂行シタキモノナリ」[1]と述べ、外相と相談後回答することを約束した。ココーヴツォフ総理の姿勢はサゾノフ外相より積極的であったので、本野は「総理大臣一己ノ意見ハ動モスレハ閣議ヲ通過セサルコトモアルニ付或ハ外務大臣ノ温和説勝ヲ制シ」得る可能性がおるとして、此の際「帝国政府ニ於テ可成速ニ廟議御確定ノ上露国政府ニ対シ具体的ノ案ヲ示シ協議ニ及フトキハ露国ヲシテ案外容易ニ我意見ニ同意セシムルコトヲ得ヘシ」[2]と内田外相に進言した。

　上述のように本野大使が勢力圏分界線の件よりも満洲問題の根本的解決を優先していたため、内田外相は十九日本野大使に「蒙古勢力範囲分界ノ件並ニ南北満洲分界線延長の件ハ此際暫ラク満洲解決問題ト離シ急速之ヲ協定シ得ヘキニ認メラルル」[3]とあらためて強調し、二十二日次のような満蒙日露勢力圏分界線協定案をロシア政府に提出して、政府間の交渉を正式に開始するように訓令した。その内容は次の通りである[4]。

　第一　明治四十年七月三十日締結日露秘密協約追加約款ニ定メタル分界線ヲ延長シ托羅河ト「グリニッチ」東経百二十二度トノ交叉点迄以西ハ同交叉点ヨリ烏瓏

---

　　①　外務省編『日本外交文書』第45巻第1冊、52頁。
　　②　外務省編『日本外交文書』第45巻第1冊、52-53頁。
　　③　外務省編『日本外交文書』第45巻第1冊、54頁。
　　④　外務省編『日本外交文書』第45巻第1冊、56-57頁。陳春華ら訳『俄国外交文書選訳』(有関中国部分、1911.5-1912.5)、中華書局、1988年、261-62頁。

楚爾河及木什画河（一名ムシシャ河）ニ沿ヒ木什画河
ト哈爾達台河ト分水点ニ至リ此地点ヨリ黒竜江省ト
内蒙古ノ境界線ニ依リ内外蒙古ノ境界線ニ達スル事

第二　内蒙古ハ張家口ヨリ庫倫ニ至ル街道ヲ以テ之ヲ東
西両部ニ分画シ日本国政府ハ右分界線ニ依ル西部内
蒙古ニ於ケル露国ノ特殊利益ヲ承認シ露国政府ハ右
分界線ニ依ル東部内蒙古ニ於ケル日本国特殊利益ヲ
承認シ両締約国ノ一方ハ他ノ一方ノ特殊利益ヲ損傷
スヘキ何等ノ干渉ヲナササルコトヲ約スルコト

第三　本協約ハ両協約国ニ於テ厳ニ之ヲ秘密ニ付スヘキ
コト

　この協定案は外務省が軍部と協議して制定したもののようで
あり、その後の交渉においても軍部が参与したようである。政
府間の正式交渉に入るに当り、内田外相は本野大使に満洲問題
解決の件は、「日露両国政府ハ今ヨリ各自満洲問題ノ解決方ニ付
考慮ヲ遂ケ置キ以テ他日互ニ腹蔵ナク意見ヲ交換スルヲ要スヘ
キ事態ノ突発スル場合ニ備フルコトヲ必要ト思惟ス」①とし、
勢力圏分界線問題と切離して棚上げするよう指示した。

　二十四日本野大使は勢力圏分界線協定案をサゾノフ外相に手
渡し、その趣旨を説明した。サゾノフは一読の上、「本官ハ満洲
蒙古方面ノ地理ニ暗キヲ以テ篤ト研究ノ後回答ス」べしとし、
個人の意見として「内蒙古ニ於ケル日露両国ノ勢力範囲ヲ分割
スルニ当リテハ右両勢力範囲ノ中間ニ中立地帯ヲ設定スル方然
ルヘシト信ス」②と提議した。これは中立地帯の設定によって
日露間の直接的衝突を避けようとしたものである。本野は「帝

---

① 外務省編『日本外交文書』第45巻第1冊、56頁。
② 外務省編『日本外交文書』第45巻第1冊、58頁。

国政府ハ充分之ヲ研究シ御回答ニ及フヘシ」①と答えた。日本
側は上述のように満洲問題を棚上げしようとしたが、サゾノフ
外相は重ねて満洲問題を取上げ、近い将来中国において新共和
国政府が成立するようだが、新たな政府が承認を求めてきたら、
「承認スルノ条付トシテ日露両国カ満洲ニ於テ有スル権利ヲ一
層鞏固ニスルコトヲ要求シテハ如何例ヘハ日本国政府ニ於テハ
関東州租借年限ノ延長ヲ要求シ露国ニ於テハ北満洲ニ於ケル鉄
道敷設権ハ之ヲ露国以外ノ外国ニ与ヘサルコトヲ約セシムルカ
如キ条件ヲ附シテハ如何」②と質問し、北満におけるロシアの
利権を拡大する意を表明したが、これは当面のことでなく、将
来承認問題が起きた時に提議しようとしたのである。これに対
し本野は「右ハ日露両国カ満洲ニ於テ有スル既得権ヲ一層鞏固
ナラシムル一手段ニハ相違ナカルヘキモ果シテ今日ノ時局ニ適
スルヤ否ヤニ付テハ攻究ヲ要スヘキコトナリ」③と答え、承認
の時期まで待つ必要がない意を間接的に表明した。本野大使は
依然として満洲問題を重視し、同日内田外相に「露国政府ハ満
洲ニ於ケル今日迄ノ政策ヲ継続シタキ意思ハ十分ニアルモ欧洲
現状ノ形勢ニ鑑ミ成ルヘク温和手段ヲ以テ徐々ニ其目的ヲ達シ
タキ考見受ラル」と私見を表明し、「欧洲ノ形勢ハ右ノ通甚タ不
穏ニ付列国ハ十分ニ其注意ヲ極東事変（脱）ニ於テ断乎タル措
置ヲ執ルヘキ実ニ此時ニ在リト確信ス」④と建白し、満洲問題
について積極的な対応策を講ずるよう要請した。

　しかし内田外相は三十一日本野大使に、「日露両国ハ承認問題
ニ関シテハ列国ト同一ノ歩調ヲ維持シ置キ満洲問題ニ至リテハ
両国審議ノ上承認ノ件ヲ離レ別ニ解決ノ方法ヲ講スル方適当ナ

---

① 外務省編『日本外交文書』第45巻第1冊、58頁。
② 外務省編『日本外交文書』第45巻第1冊、59頁。
③ 外務省編『日本外交文書』第45巻第1冊、59頁。
④ 外務省編『日本外交文書』第45巻第1冊、59頁。

ルニハアラサルヘキヤト思考ス」①として、承認問題と満洲問
題を切離して考慮するよう指示した。それは日本はこの時期に
既に満洲問題解決について対策を立ててそれを推進していたた
め、満洲問題を承認時期にまで持込む必要がなかったからであ
る。しかし外務省と出先機関との意見は一致せず、本野大使は
満洲問題を優先して二月四日内田の分界線に関する意見をサゾ
ノフ外相に申入れながらも、また自分の意見としてこの問題を
提起し、もし清朝政府が拒否した場合は如何にするかとサゾノ
フに問い、「日露以外ノ各国政府カ清国政府ニ於テ之ガ承認ヲ為
サン場合ニ方リ日露両国政府単独ニ清国政府カ我条件ヲ容レサ
ルヲ理由トシテ何時迄モ共和政府ヲ承認セサルコト果シテ出来
得ヘキヤ且一旦或条件ヲ提出シタル以上ハ如何ナル手段ニ依リ
テモ飽迄之ヲ承諾セシムル決心アルヲ要シ若シコノ決心ナク清
国政府ノ拒絶ニ依リ我条件ヲ撤回スルカ如キコトアラハ大ニ日
露両国ノ威厳ヲ毀損スヘシ露国政府ハ如何ナル手段ニ訴ヘテ之
ヲ遂行スルノ決心ナリヤ」②と反問した。サゾノフ外相は「兵
力ヲ用キテ迄我要求ノ貫徹ヲ図ルコトハ考物ナリ」と語りなが
ら、また「欧洲現時ノ形勢ニ鑑ミ将又露国内政上ノ状態ニ照ラ
シ極東方面ニ於テハ時局ノ成ルヘク平和ニ終了センコトヲ希望
セサルヲ得ス」と述べ、「日本国ガ其ノ勢力範囲内ニ於テ自由行
動ヲ為スコトニ対シテハ露国ハ勿論異議ヲ唱フヘキ筈モナク之
ヲ唱フルノ理ナ」③しと加えた。満洲問題に対するサゾノフの
このような意見は、ロシアの対満政策と日本の対満政策に対す
るロシアの姿勢を日本側に示したものである。一月十八日本野
大使が日本が「南満洲ニ於ケル我利益保護ノ為且ツ関外鉄道保

---

① 外務省編『日本外交文書』第45巻第1冊、60頁。
② 外務省編『日本外交文書』第45巻第1冊、60－61頁。
③ 外務省編『日本外交文書』第45巻第1冊、61－62頁。

全ノ為メ増兵ヲ為スコトアル」旨を話した時にも、サゾノフは
それを承認して事実上日本の南満出兵に賛成の意を表したので
あった[①]。欧洲情勢の変化はロシアを牽制し、ロシアの譲歩は
満洲において日本に有利な情勢を形成した。本野は満洲問題に
関し「先ツ帝国政府ノ意見確定ノ上判然我方ノ希望ヲ示シ之ニ
同意セシムルノ策ニ出ツルヲ要ス」[②]と内田外相に具申した。
本野は依然として日本が満洲問題解決の主導権を掌握し、ロシ
アがそれに賛成する積極的政策をとるよう切望した。しかし日
本の対満政策に対する他の欧米列強の目は依然として厳しかっ
た。山県有朋・田中義一らが計画していた満洲出兵・占拠の件
もアメリカ・ドイツ等列強の牽制により中止せざるを得なかっ
た。故に、これ以上勢力圏分界線交渉に伴う満洲問題解決に関
する外交交渉をおこなう必要はなく、両国の外交交渉の重点は
自ずから勢力圏分界線交渉に移った。これにより外務省とその
出先機関との間に一ヵ月間存在していた満洲問題と勢力圏分界
線のどちらを優先するかという意見の相違は一時決着した。こ
れは日本の対満政策が対満蒙政策に拡大・発展する転換期に起
きた特異な現象であった。

　二月二十日サゾノフ外相は満蒙勢力圏分界線画定に関する日
本の一月二十四日付提案に対するロシア側の「エイド・メモアー
ル」を本野大使に手渡し、次のような三つの問題を提出した[③]。

　（一）は提案の法的根拠についてである。日本側の提案は一九
〇七年の第一回日露協約だけを引用しているが、この協約は勢
力圏を決定しただけであり、一九一〇年の第二回協約において
初めて勢力圏内における「両国ノ特殊利益ヲ確保増進スルノ権

---

　① 外務省編『日本外交文書』第 45 巻第 1 冊、58 頁。
　② 外務省編『日本外交文書』第 45 巻第 1 冊、62 頁。
　③ 外務省編『日本外交文書』第 45 巻第 1 冊、70－72 頁。陳春華ら訳『俄国外交文書選訳』（有関中国部分、1911.5－1912.5)、中華書局、1988 年、289－90 頁。

利ヲ相互ニ承認スル」ことになったため、今回画定しようとする勢力圏内において一九一〇年の協約に規定したこのような条項を適用するか否かである。

　（二）は元来蒙古全体がロシアの勢力範囲に属していたという主張である。メモアールは、一九〇七年の協約交渉時「露西亜国政府ハ同国カ蒙古及西部支那ニ於テ条約ニ基ク特殊利益ヲ有シ而シテ此間ノ条約ハ該地方ニ於ケル露国ノ商業ヲシテ特殊ナル税関上ノ取扱ヲ享ケシムルモノナルコトヲ注意スルノ要アリト信シ」、日本側もこの権利を否定することはなかったし、また干渉しようともせず、将来この地域において両国間に紛糾が生ずることを予見する理由すら存在しないが、「日本国政府ノ所見ハ其ノ後幾分変更ヲ受ケタルモノナルカ如ク即チ直隷省ノ北方ニ在ル内蒙古ノ現状ニハ何等ノ変化ナキニ拘ラス日本国政府ハ同地方ノ全部カ其ノ特殊利益ノ地域ヲ形成スルモノナルコト声明セラレ」たとして、公然と日本がこの地域に対する特殊利権を追求していると指摘した。

　（三）は内蒙古の分界線の問題である。庫倫・張家口・北京・天津を連結する道路及びロシアとの貿易に開放した張家口は日本側提案で提出された分界線の東側に属し、もしロシアがこの東側における日本の特殊利権を承認すれば、「露西亜国カ支那トノ条約ニ依リテ有スル地位ノ中ノ最モ緊要ナル部分ヲ抛棄スルノ結果ヲ生スルニ至ルヘシ」、故に日本側提案ニ「修正ヲ加フルニ非サレハ之ヲ以テ両国ノ見解ヲ融合セシムルノ目的ニ供スルヲ得サルモノト思考ス」として、日本側提案に対抗する姿勢を示した。

　これらは日本と内蒙古における利権を争奪しようとするロシア側の姿勢を日本側に強く示したものであったが、欧洲情勢に牽制されて、日本に対し譲歩・妥協する余地があることを

示した。

　ロシア側のこのような姿勢に対し、内田外相は軍部との調整の上、ロシア側に「幾分ノ譲歩ヲナシ分界線ヲ稍東方ニ変更シ内蒙ニ於ケル東部四盟ト西部二盟トノ境界ヲ以テ分界線トナスコトトナサント」[1]し、こうすればロシア側が重視していた街道は全部ロシアの勢力圏内に入り、ロシアも特に異存がなかろうとして、三月十九日これに対する本野大使の意見を尋ねた。本野大使は翌日内田外相にロシア側が「北京ヲ通過スル経度ヲ以テ分界線ト為スノ意見」を持っていることを通告しながら、内田外相の修正案を提出しても然るべしと思考する旨返電し、同時に「本件ニ関スル交渉ハ此際暫ク差控フル方得策ナルヘシ」[2]と突然進言した。その理由として本野は、この時期日本とロシアが四カ国借款団に共同加入する問題に関する交渉において双方の意思が十分に疎通していないので、この際「勢力範囲分界ノ件ヲ交渉スルハ談判上甚タ不利益」[3]であることを挙げているが、その裏には満洲問題の解決を優先すべきだと主張した本野自身の分界線交渉に対する不満と、この交渉における日本側の譲歩的姿勢についての不快感があった。

　しかし内田外相は引きつづき分界線画定の交渉を推進する決意で、四月二日ロシアが二月二十日の「エイド・メモアール」で提起した三つの問題に対する日本の仮回答案を本野大使に送った。その内容は次の通りである[4]。

　（一）に一九一〇年の第二回日露協約の「秘密協約ノ規定カ満洲ニ於ケル新画定地域ニ十分ニ適用セラルヘキモノト思考ス

---

　①　外務省編『日本外交文書』第 45 巻第 1 冊、73 頁。
　②　外務省編『日本外交文書』第 45 巻第 1 冊、73 頁。
　③　外務省編『日本外交文書』第 45 巻第 1 冊、74 頁。
　④　外務省編『日本外交文書』第 45 巻第 1 冊、75－76 頁。陳春華ら訳『俄国外交文書選訳』（有関中国部分、1911.5－1912.5）、中華書局、1988 年、410－11 頁。

ル」、「若シ露国政府ニ於テ必要又ハ有益ナリト思料セラルルニ
於テハ之ニ関スル明文ヲ現在ノ草案中ニ加フルコトニ対シ何等
ノ異存ヲモ有セサル義ナリ」として、新画定地域における日露
両国の特殊利益に対し、日露両国はその利益を確保・拡大する
措置をとる権利があることを承認した。だがこれは「満洲ニ於
ケル新画定地域」のみに限られるとした。

　（二）に内蒙古がロシアの勢力範囲に属しているとのロシア側
のメモアールに反駁して、「両条約ノ関スル限ニ於テハ同地方ハ
日露孰レノ利益地域ニモ関係ナク全ク支那ノ他ノ部分ト同一ノ
地位ニ在ルモノナリ内蒙古ハ右両条約ノ関係ニ於テハ実ニ日本
地域及露西亜地域ニ触接シテ存在スル一中立地帯タルモノナリ
トス」として、内蒙古は本来ロシアと関係ない地域だと指摘し、
「自然ノ趨勢ト地位ノ近接トノ結果日本ハ最近東部内蒙古ニ於
テ特殊ノ権利利益ヲ獲得スルニ至リ従テ今ヤ内蒙古ハ日露両国
ノ利益ノ互ニ相接触スルノ地域トナレリ」と強調した。このよ
うな論理により日本は内蒙古における勢力範囲の画定化を法的
に合理化しようとした。

　（三）に内蒙古における勢力範囲の分界線に関して、日本が一
月二十二日提議した分界線がロシアの通商路に有害であること
或いは利益均等主義に反する嫌いを避けるために、日本は「右
分界線ヲ前記商路ヨリ更ニ東方ニ設クルコトヲ改メテ提議セン
ト欲ス」と提案した。

　この日本の案は、第一の問題においてロシアの意見に同意し、
第三の問題においてロシアに譲歩し、第二の問題においてロシ
アと対立した。故に、この案はロシア側に対し譲歩しながらも
争奪しようとする二重的なものであった。内田外相は本野大使
に「我勢力範囲ノ境界線ヲ出来得ル限リ西方ニ定ムルノ案ヲ提

出セシムル様御尽力」①あるよう訓令した。四月二十日、本野はサゾノフ外相にこの案を手渡し、「帝国政府ニ於テ露国政府ノ希望ヲ容レ北京庫倫街道ヲ露国ノ勢力範囲内ニ入ルルコトヲ承諾シタル以上ハ露国政府ニ於テモ帝国政府ノ意嚮ヲ了シ日露両国勢力範囲分界線ヲ右街道ヨリ余リ遠カラサル距離ニ定メ我提案ニ対スル修正案ヲ提出セラレタキ」②旨を述べた。

　ロシアも内蒙古に対し日本と同様に争奪しながらも譲歩・妥協する二重外交政策をとった。日露両国の争奪と譲歩は共に侵略の本質から導かれたものであるが、譲歩は両国の対中国侵略における相互協調の側面を示したものである。双方の交渉は急ピッチで進み、五月一日ロシア政府は日本案への対案を本野大使に送付すると共に、その案を説明する覚書を提示した。その主な内容は次の通りである③。

　（一）に協約の前文で、この協約の目的が一九〇七年及び一九一〇年の両国協約の規定を増補・確定することにあることを示す。

　（二）に内蒙古の分界線に関しては「北京ノ経度ニ依ル分界線ヲ以テ……両国ノ利益及正当ナル希望ニ最モ善ク適応スルモノト思惟ス」とし、このように画定すれば張家口・多倫諾爾・後貝加爾州に至るロシア通商路の一部が分界線東側の日本の勢力範囲に入るが、ロシアは妥協の精神に基づき分界線を一層東方に拡張することに固執しない。

　（三)に新協約においては日本が西部中国＝新疆地区におけるロシアの特殊利益を承認するよう要求した。その理由として、一九〇七年の協約談判においてロシア政府はロシアの特殊利益

①　外務省編『日本外交文書』第45巻第2冊、76頁。
②　外務省編『日本外交文書』第45巻第2冊、77頁。
③　外務省編『日本外交文書』第45巻第2冊、77−80頁。陳春華ら訳『俄国外交文書選訳』（有関中国部分、1911.5−1912.5）、中華書局、1988年、424−25頁。

が西部中国に存在することについて日本国政府に注意したが、最近同地方に生じた事件（一九一二年二月ロシアが新疆の于田・策勒・玉隴哈什等で現地の人民を誘致してロシア国籍を取得させ、彼らをロシア居留民として取扱い、双方の衝突が発生し死傷者が出た事件）により、ロシア政府が同地域におけるロシアの特殊利益保護に必要なる措置をとる自由を留保することを声明せざるを得なくなったことを挙げた。

　ロシアはこの案において北京を通る経度線をもって分界線とする日本案に賛成し、内蒙古全体がロシアの勢力圏に属するという主張を放棄したが、中国西北地区における特殊権益については日本にあらためて認めるよう要求したのである。ロシアがこのような要求を提出したのは、イギリスがチベットにおいて分離主義者を支援して独立運動を展開し、この地域におけるイギリスの利権を拡大しようとしたのと同様であった。

　ロシアは「日本国政府ニ於テ右ノ修正案ヲ是認スルニ異議ヲ有セラレサルヘキヲ希望」し、日・露共同で中国における勢力範囲を分割するよう切望した。

　ロシア側の対案に関し、五月十日内田外相は閣議において協議・決定し、次のように本野大使に訓令した[①]。

　第一は一九一〇年の第二回日露協約を内蒙古に適用するか否かについてである。日本政府は今回の交渉における二つの規準として、本来は「千九百十年第二回日露協約ノ規定ハ之ヲ延長分界線ニ依リ新タニ画定セラルヘキ満洲ノ地域ノミニ及ホシ内蒙古ニ於ケル日露両国ノ勢力範囲ニ関シテハ千九百七年第一回日露協約秘密協約第三条ノ外蒙古ニ関スル規定ト同様ノ取極ヲナスコト」としていたが、一九一〇年の「第二回協約ノ規定ヲ

---

　① 外務省編『日本外交文書』第45巻第1冊、80−81頁。

内外蒙古ニ適用セントスル件ニ対しては帝国政府ニ於テ強テ異存ヲ有スル次第ニアラサルヲ以テ露国政府ニシテ之ヲ主張スルトキハ之ニ同意スルコトトナスモ差支ナキ」とした。

　日本がなぜ一九一〇年の第二回協約の規定を満洲だけに限り、内蒙古に対しては一九〇七年の第一回協約を適用しようとしたかの理由は、この対案においては明示されていないが、第二回協約は第一回協約よりも一層明確に分界線以内を特殊利益地域と規定し、その圏内における各自の権力と行動の自由の権限の確保と互いにその地域内における利権の確保・拡大を妨害しないこと等を具体的に規定していたため、内蒙古におけるこの協約の適用は出来得る限り避け、将来日本がこの地域に勢力を拡大する時にこの協約が法的障害にならないようにしようとする企図があったのである。この故に日本は両協約の適用地域を区別しようとしたが、ロシア側の要求によって内蒙古にも第二回協約の適用を認めざるを得なくなった。これは日本のロシアに対する譲歩であった。

　第二は中国西北部についてである。日本は「今回ノ協約ノ範囲ハ之ヲ満洲及内蒙古ノ両地方ニ局限スヘキコト」であると主張した。この規準により日本は「此際協約ノ明文ヲ以テ公然露国カ西部支那地方ニ有スル特殊利益ノ承認ヲナスノ義ハ帝国政府ニ於テ何分之ニ同意スルコト能ハサル」とし、その理由として、（一）に「他ノ列国ニ対スル関係上面白カラサル結果ヲ生スヘク」、（二）に協約の均等主義から日本が「福建省等ニ於ケル我特殊利益ノ問題ヲモ提起セサルヲ得サルニ至リ徒ラニ事態ノ紛雑ヲ来ス」恐れがあること等を挙げた。このような理由により、もしロシアが中国西北部におけるロシアの利益を承認することに固執するならば、「帝国政府ハ右分界線ノ如キ問題ニ立入ル迄モナク本件交渉ヲ中止スルノ已ムヲ得サルニ至ルヘシ」と

強硬な姿勢を示した。

　こうして中国西北部問題が、交渉の新たな焦点になった。

　五月十八日本野大使は内田外相の五月十日訓令の趣旨をサゾ
ノフ外相に伝え、中国西北部におけるロシアの特殊利益を「協
約中ニ規定スルコトハ協約ヲ不対等条約トナスモノナル」[①]と
して、承諾することは出来ないと述べた。これに対しサゾノフ
は機会均等の立場から、「然ラハ他ノ地方ニ於ケル日本ノ特殊利
益問題ヲ協約中ニ規定スルモ可ナリ」[②]と答えたが、本野は「本
協約ハ締結ノ暁英仏両国政府ニ通知セサルヲ得サルニ付此点ニ
関スル規定ヲ協約中ニ置クトキハ支那全体ノコトニ関シ甚タ困
難ナル問題ヲ惹起スヘキヤモ計リ難キ」[③]として、この問題を
避けようとした。しかしサゾノフはロシア側の主張に固執し、
「然ラハ此問題ハ本協約中ヨリ除去シ別ニ秘密公文ヲ交換シテ
取極ルコトトセハ可ナルヘシ」[④]と提議した。本野は「露国政
府ニ於テ本問題ヲ主張シ已マサルニ於テハ帝国政府ハ遺憾ナカ
ラ本件協約締結談判ヲ中止スルノ已ムヲ得サルニ至ルヘシ」[⑤]
と述べて、ロシアに主張を撤回するよう迫った。ロシアは二者
択一を迫られた。五月二十二日サゾノフは本野に「露国政府ハ
右ニ関スル主張ヲ撤回スルコトトスヘシ」と述べながら、日本
に「協約中ニ入ルルコトニ反対スル帝国政府ノ理由ヲ書面ヲ以
テ申越サレ度且其書面中ニ帝国政府ニ於テハ露国カ西部支那ニ
於テ特殊利益ヲ有スルコトヲ承認セサルモノニアラサル旨ノ意
味ヲ記載セラレタシ」[⑥]と要求した。日本は中国西北部におけ

①　外務省編『日本外交文書』第45巻第1冊、82頁。
②　外務省編『日本外交文書』第45巻第1冊、82頁。
③　外務省編『日本外交文書』第45巻第1冊、82頁。
④　外務省編『日本外交文書』第45巻第1冊、82頁。
⑤　外務省編『日本外交文書』第45巻第1冊、82頁。
⑥　外務省編『日本外交文書』第45巻第1冊、83頁。

るロシアの特殊利益を対等に承認しようとせず、本野は「到底之ニ同意シ能ハサルヘシ」①と答えた。サゾノフは「然ラハ前回会見ノ際貴大使モ述ヘラレタル通リ西部支那ニ於ケル露国ノ特殊利益ニ関スル問題ヲ協約中ニ入ルルコトニ反対スル帝国政府ノ理由ヲ書面ニ認メ提出セラレタシ」②と要望した。本野はこの要求を承諾し、五月二十七日口上書の形式で上述のような反対の理由を提示した。このように日本が最後まで強硬に反対した理由は、これを承認することによって中国における日本の利権が侵害されるからではなく、ロシアが日本に与える対等な交換条件となるものがなかったからである。もしロシアが福建に対する日本の特殊利権を承認したとしても、その承認は日本にとって役に立つものではない。故に、日本は断固として中国西北部に対するロシアの要求を拒否し、ロシアもこれを撤回せざるを得なかった。こうして中国西北部問題は協約から除外された。日露両国の争奪によるこの除外は中国にとっては有利であった。

　日露の満蒙における勢力圏分割は他の列強の了承と支持が必要であった。それは中国の半植民地的社会構造と、それによる列強の中国に対する侵略と相互間の争奪、この二重外交関係があったからである。この時期日本とロシアは北京政府に対する四カ国銀行団の善後借款に参加するか否かの問題を交渉していた。日本はこれに参加する条件として、満蒙における日露の特殊権益を四カ国銀行団に承認させようとした。日本は借款参加と銀行団参加を切離し、まず善後借款に参加することを決定し、三月十八日四カ国に通告した。この通告においては南満洲における特殊権益の承認を参加の条件としていたが、同時に蒙古に

---

① 外務省編『日本外交文書』第45巻第1冊、83頁。
② 外務省編『日本外交文書』第45巻第1冊、83頁。

おける特殊権益を承認することも要求していた。これに対しド
イツとアメリカが強硬に反対した。駐独の杉村大使は四月三十
日独外相に蒙古に関する留保の意を説明したが、同外相は「斯
ノ如ク勢力範囲ハ漸次拡張セラルルニ於テハ際限ナキニアラス
ヤ」[①]と述べ、これに反対する意見を表明した。ドイツはロシ
アを利用して日本を牽制しようとし、駐露のドイツ代表は露外
相代理に「露国ノ同地方ニ於ケル地位ハ条約上ノ関係ニテ認メ
得ベキモ日本ハ斯ル関係ナキ故蒙古ニ於テハ日本ハ何等特別ノ
利益ヲ有スルモノト認メラレズ」[②]と語り、駐日本露大使ニコ
ライは外務省にこの意を伝えた。

　蒙古問題に関しては外務省内部にも意見の相違があった。五
月六日駐英の加藤高明大使は「今又新ニ此ノ申出ヲナスハ甚タ
時宜ニ適セサルコト」[③]だと反対した。これは加藤大使が述べ
たように、他の列強に「首肯セシムルニ足ルヘキ明確ナル理由
ヲ附スルコト甚困難ニシテ若シ今突然該保留ヲ申出ヅルニ於テ
ハ日本国ノ真意ニ関シ種々疑惑ト揣摩臆測トヲ喚起スルノ憂劾
カラス」、かつまた「蒙古ニ於テ日本国ハ如何ナル特殊利益ヲ有
スルヤ南満洲ニ接近スル蒙古トハ如何ナル地域ヲ指スヤ等ノ点
モ説明セサル可ラサル場合ニ立チ至ル」[④]からであった。これ
は日本が蒙古に対する特殊利益を主張する何の理由もないこと
を物語るものである。故に、加藤大使は「実際問題発シタル場
合ニ於テ始メテ相当ノ手段ヲ講スルコトトナス方得策ナリ」[⑤]
と上申した。これに対し九日内田外相は、ロシアが全蒙古をそ
の勢力圏内に収めたのに、日本が南満洲のみ留保すれば、「蒙古

①　外務省編『日本外交文書』第45巻第2冊、341頁。
②　外務省編『日本外交文書』第45巻第2冊、367頁。
③　外務省編『日本外交文書』第45巻第2冊、351頁。
④　外務省編『日本外交文書』第45巻第2冊、351頁。
⑤　外務省編『日本外交文書』第45巻第2冊、351頁。

ハ悉ク露国ノ特殊権利及利益ノ範囲内ニ在ルコトヲ是認スルナ
リ」として、ロシアと蒙古を争奪する決意を再度表明し、日本
が特殊利益を有するのは蒙古のどの地域であるかとの質問に対
しては「右ハ南満洲ニ接続スル東部内蒙古ヲ指ス」[①]意である
ことを明言するようにした。しかし内田外相も銀行団会議にお
いてこの問題が論議されることを恐れ、銀行団会議開催前の適
当な時期に蒙古に関する問題を各国政府に説明し、もし銀行団
会議においてこれに関する可否の議論が起こった場合、日本代
表は「如此純然タル政治問題ハ関係各国政府間ニ於テ決定スベ
キモノナリトノ理由ノ下ニ論議ヲ避ケシメラルル」[②]ように取
計らうことを指示した。内田外相は蒙古東部と南満洲に地理
上・行政上・経済上の密接な関係があることを力説し、訓令の
通り日本の要求を貫徹するよう指示した。これに対し十日加藤
大使は、そう言うのならば南満洲ともっとも密接な関係がある
直隷・山東地方に対してそのような要求を出すことも出来る
ではないかと反問し、蒙古の問題はロシアと直接交渉して借
款問題と切離すよう具申した[③]。これは日本が内蒙古東部に浸
透する理由がないことを物語る。しかし内田外相はこの具申
に賛成せず、従来の意見を主張した。加藤大使は「本官ヨリ
特ニ本件ニ付当国外務大臣ニ面会説明スルハ余リニ角立チ面
白カラサル」[④]と考え、六カ国銀行団会議における日本代表に
対する訓令摘録写を作成し、五月十三日小池参事官に英外務
次官補ラングレーに手渡させ、東部蒙古に対する日本側の意
見をイギリス政府に申入れた。ラングレーは東部蒙古問題は
「日露密約中蒙古ノ一部モ日本ノ勢力範囲ニ含マレアルヨリ来

① 外務省編『日本外交文書』第 45 巻第 2 冊、353 頁。
② 外務省編『日本外交文書』第 45 巻第 2 冊、353 頁。
③ 外務省編『日本外交文書』第 45 巻第 2 冊、355 頁。
④ 外務省編『日本外交文書』第 45 巻第 2 冊、370 頁。

リタル」①と思考しながらも、イギリス政府の意見は申述べ難いと答え、外相グレーに伝えることを約束した。

　日本はフランス・アメリカにも蒙古に対する日本の要求を申入れた。駐仏の安達峯一郎臨時代理大使はフランスとロシアとの同盟関係に鑑み、ロシアが日本の蒙古に対する要求を承諾したか否かを確かめた上、五月十四日仏外務省のアジア部長に申入れた。アジア部長は「日本国カ支那ニ於テ有スル特殊地位ト之レニ伴フ特殊利益ハ仏国政府ニ於テ之レヲ認ムルニ異議ナキコトハ屢次言明シタル通リ」②だと述べ、ロシア政府に問合せた後に確答すると約し、日露間の親交からしてフランス政府は別に異議を唱えないと付言した。駐米の珍田大使もアメリカ当局に同様の意を申入れたが、ウィルソンは然らば日本政府の意は「当初留保区域ヲ東部内蒙古ニ迄拡張スト云フニ外ナラサルヘシ」として、単に‘I take note of your explanation’③と述べた。

　満蒙における日露の新たな権益を欧米列強が承認するか否かの問題は、日露が四カ国銀行団に参加するか否かの外交交渉においても焦点になっていた。それは銀行団規約第十六条に、各国が中国において現に取得もしくは将来取得すべき鉄道敷設権及び公債発行権はすべてこれを銀行団に提供し、平等にこれを分配すべしと規定されていたからである。故に、日・露とイギリス等四カ国は三カ月余り交渉した結果、六月十八日パリで開かれた日・露とイギリス等四カ国銀行団代表会議において日・露両国の満蒙における特殊権益を容認し、会議録に対中国借款が「満洲及び南満洲に接近せる東部内蒙古に於て日本国が有す

---

① 外務省編『日本外交文書』第 45 巻第 2 冊、370 頁。
② 外務省編『日本外交文書』第 45 巻第 2 冊、368 頁。
③ 外務省編『日本外交文書』第 45 巻第 2 冊、377 頁。

る特殊権利及び利益に何等不利の影響を及ぼすことあるべからずとの了解」①の下で日本銀行団が対中国借款と六カ国銀行団に参加するという付帯条件を記載し、ロシアに対しても同様に記載して、日・露両国も正式に銀行団に参加した。これは日・露とイギリス等欧米列強が満蒙をめぐり争奪・牽制し合っていたことを示し、最後には中国侵略という共通の目的のために互いに妥協し合ったことを物語る。

　日・露両国は対中国借款と銀行団への参加をもって満蒙における両国の特殊権益を欧米列強に認めさせ、その後で新協約を他の列強に内報する件について協議した。六月二十日内田外相は本野大使にロシア側とこのことについて協議するよう訓令し、その内報案を発送した。内報案は、新協約によって一九〇七年と一〇年の協約の範囲外に置かれていた西部満洲と内蒙古における両国の利益地域の分界線が追補されたことを大雑把に述べ、その具体的条項を挙げることは避けながら、日英・日仏間に存在する既成の条約に抵触する事項が含まれていないことを示して英・仏の了承を得ようとしたのである。本野大使は六月二十九日この内報案をサゾノフに手渡し、サゾノフは七月一日この案に異存なきことを回答すると同時にロシア側の内報案を提示した。その内容は日本案とほぼ同様であったので、日・露両国はそれぞれイギリスとフランスに内報することを決定した。

　六月末第三回日露協約の最終修正案が成立し、内田外相は本野大使にこの協約に署名する全権を委任し、駐イギリス・フランスの日本大使に協約の件を在任国に内報するよう訓令した。七月三日駐英の加藤大使はイギリス外相グレーに内報し、協約締結の目的は「露国ノ侵蝕ニ制限ヲ置カントスルニ外ナラサル

①　臼井勝美『日本と中国―大正時代』原書房、1972年、25頁。

ヘシ」①と述べ、日露・英露間の対立を利用してイギリスの支
持を獲得しようとした。グレーは「該地方ニハ英国ハ別段政治
上利害関係ヲ有セサルニ付支那ノ独立ヲ害セス又貿易上ノ門戸
開放主義ニ反セサニ於テハ該協約ニ対シ何等故障ヲ挟マサル」②
意を表した。同日駐仏の安達臨時代理大使もフランスの外務次
官に内報した。次官は「右協約ハ日本国ノ成効ナリトシテ祝意
ヲ表シ且仏国政府ニ於テハ其ノ従来日露ニ対シ執リ来レル政策
ニ照シ何等異存アルヘキ筈ナシ」③と語り、この協約締結を支
持した。ロシア側も同様にこの両国に内報した。しかしアメリ
カには内報しなかった。それは日露戦争後アメリカが積極的に
満洲一帯に進出したので、アメリカと日・露の関係は他の列強
との関係よりも緊張していたからである。

　こうして両国間の半年間の交渉とイギリス・フランスの支持
の下で、七月八日ペテルブルグで第三回日露協約が締結された。
その内容は次の通りである④。

　　　日本帝国政府及露西亜帝国政府ハ千九百七年七月三十日
　　即露暦七月十七日及千九百十年七月四日即露暦六月二十
　　一日両国政府間ニ締結セラレタル秘密協約ノ条項ヲ確定
　　補足シ以テ満洲及蒙古ニ於ケル各自ノ特殊利益ニ関シ誤
　　解ノ原因ヲ一切除去セムコトヲ希望シ之カ為前記千九百
　　七年七月三十日即露暦七月十七日ノ協約ノ追加約款ニ定
　　メタル分界線ヲ延長シ且内蒙古ニ於ケル各自ノ特殊利益
　　地域ヲ定ムルコトニ決シ左ノ条項ヲ協定セリ
　　第一条　前記分界線ハ托羅河ト「グリニッチ」東経百二十
　　　　　　二度トノ交叉点ヨリ出テ「ウルンチュール」河及「ム

---

①　外務省編『日本外交文書』第45巻第1冊、90頁。
②　外務省編『日本外交文書』第45巻第1冊、90頁。
③　外務省編『日本外交文書』第45巻第1冊、91頁。
④　外務省編『日本外交年表並主要文書』上、原書房、昭和40年、369頁。

　　　　シシャ」河ノ流ニ依リ「ムシシャ」河ト「ハルダイ
　　　　タイ」河トノ分水線ニ至リ是ヨリ黒竜江省ト内蒙古
　　　　トノ境界線ニ依リ内外蒙古境界線ノ終端ニ達ス
　　第二条　内蒙古ハ北京ノ経度（「グリニッチ」東経百十六
　　　　度二十七分）ヲ以テ之ヲ東西ノ二部ニ分割ス
　　　　　日本帝国政府ハ前記経度ヨリ西方ノ内蒙古ニ於ケ
　　　　ル露西亜国ノ特殊利益ヲ承認シ且之ヲ尊重スルコト
　　　　ヲ約シ露西亜帝国政府ハ該経度ヨリ東方ノ内蒙古ニ
　　　　於ケル日本国ノ特殊利益ヲ承認シ且之ヲ尊重スルコ
　　　　トヲ約ス
　　第三条　本協約ハ両締約国ニ於テ厳ニ秘密ニ付スヘシ
　　この協約は中国の主権を公然と侵害し、中国の領土を分割・
侵略する取決めであり、清朝政府が崩壊し民国が誕生した機に
乗じた火事場泥棒的行為であった。イギリス・フランス等列強
は満蒙地域において日・露と直接的利害関係がなかったから、
日・露とこの地域を争奪しようとせず、中国に対する侵略とい
う共通の立場から日・露による勢力圏分割に異議を唱えず、協
調的立場をとった。これは日・露と英・仏の二重外交関係にお
いては協調が主であったことを示す。しかし日・露両国間には
協調と争奪が共に存在し、第三回日露協約は満蒙における両国
の協調と争奪の産物であったということが出来よう。
　　この協約の締結交渉において印象深いのは、日本側が終始外
交的主導権を掌握し、本来ロシアの利権が存在する地域に自分
の利権を強硬に浸透させ、南満洲と東部蒙古を結びつけて一体
化し、所謂満蒙政策の基盤を確立したことである。これは日露
戦争における戦勝国としての日本外交の在り方を示したもので
あるといえよう。

六　閩浙沿岸地域に対する浸透

　辛亥革命期、日本は北方においては満蒙における利権と勢力圏の拡大を図り、南方においては閩（福建省）浙（浙江省）沿岸における浸透を図った。閩浙、特に閩は日本が一八九五年日清講和条約により台湾を領有した後、台湾を拠点として南から中国大陸に侵入するコース上にあった。しかし日本は貧弱な国力と軍事力のため、その時点ではこの地域に勢力を拡大することが出来なかった。故に、日本は他の欧米列強が日本より早くこの地域に触手を伸ばすことを防止しようとして、まず一八九八年四月に交換公文書の形式で「清国政府ニ於テ福建省内ノ各地ヲ他国ニ譲与若クハ貸与セサルヘキコトヲ声明セラレンコト」[①]を清国政府に強要し、将来日本がこの地域を勢力圏内に収めるための国際的外交情勢を形成しようとした。だが欧米列強は徐々にこの地域に浸透し始めた。本節では、主に日本海軍のこの地域における活動とその長期的目的を考究すると共に、外務省の福建一帯に対する外交方針を検討する。

　辛亥革命勃発後、吉松茂太郎中将を司令長官とする第二艦隊は馬公港を拠点として閩浙及び広東海域を巡航し、軍艦薄雲は福州、霞は厦門に碇泊して二十名の海軍陸戦隊が福州に上陸し、革命の動向を監視しながらこの地域における日本の既得権益の保護に当っていた。福州には英・米・独の軍艦も碇泊しており、革命軍が福州を占領した時には日本二十名・イギリス二十五名・ドイツ三十名とアメリカ三十名の陸戦隊が当地に上陸した[②]。この時期日本は中国に対して欧米列強との協調一致の原則を

---

① 外務省編『日本外交年表並主要文書』上、原書房、昭和40年、185頁。
② 『日本外交文書』（辛亥革命）、510頁。

守っていたので、福建・浙江において単独行動はとらなかった。だが、十二月イギリスが率先して袁世凱の共和政体支持に乗出したことにより、列強の協調一致の体制が崩れ始め、日本も閩浙沿岸において単独行動をとり始めた。閩浙沿岸での行動は海軍が中心になって推進した。これは陸軍を中心とした満蒙政策と対照的であった。

　十二月二十八日海軍省参事官山川端夫は「時局策」を作成した。これは、この時期の日本海軍の閩浙沿岸における活動方針を提起した重要な文献である。山川はその「帝国ノ単独処置ニ関スル事項」で、「我海軍ノ必要ヨリ云ヘハ寧ロ厦門及三都澳地方一帯ノ租借又ハ占有進ンテハ福州ヨリ九江又ハ武昌ニ至ル鉄道ニ対スル密切ナル関係ヲ結ヒ置クヲ急務ナリ」[1]とし、福建を拠点として浙江・江西両省への利権扶植・拡大を考慮すべきだという意見を提出した。山川の構想は福州・厦門と武昌・九江を鉄道で結び、これを長江の航行自由化によって上海と結び、最後に閩浙沿岸と結んで三角型の勢力圏をつくろうとするものであり、その起点或いは拠点として福州・厦門を提示したのである。また山川は将来日本が東南アジアに侵入する拠点としてもこの地域を重視し、「厦門及三都澳ハ戦略上ノ要点トシテ大船隊ノ碇泊ニ適シ台湾澎湖島ト相応シテ帝国将来ノ南方作戦ノ根拠地点タリ得ヘキ」[2]だと強調した。山川は長江以南の中国と東南アジアに対する遠大な戦略的見地からこの「時局策」を提起したのである。

　この見地と構想による「時局策」で山川は次のような三つの意見を提出した[3]。

---

① 山川端夫海軍省参事官「時局策」、明治 44 年 12 月 28 日稿。防衛研究所所蔵。
② 山川端夫海軍省参事官「時局策」、明治 44 年 12 月 28 日稿。防衛研究所所蔵。
③ 山川端夫海軍省参事官「時局策」、明治 44 年 12 月 28 日稿。防衛研究所所蔵。

　第一は軍艦と駐在武官の派遣。「福建省殊ニ福州厦門方面ニ於テ帝国カ重要ノ利害関係ヲ有スル事実ヲ冥々裏ニ列国ニ承認セシムルヲ最モ必要」とし、この目的を達成するために、「此際我海軍ノ手段トシテハ同地に相当ノ軍艦及駐在武官ヲ常派シ我在留臣民保護ノ名義ヲ以テ可成世人ノ注目ヲ喚起セサル範囲ニ於テ一層附近ノ民情状態ヲ調査セシメ又必要ニ応シ臨機我権勢ノ増進ヲ計ラシム」とした。

　第二は土地の購入。出兵・占拠という方法ではなく、海軍に必要な島と地域を購入する方法によって拠点を確保するため、次の四カ所を買収する。

　　　厦門　虬松嶼ノ全部及其南方ノ突角

　　　福州　羅星塔（其一部ハ前年邦人某之ヲ買収セリ）

　　　三都澳　長腰島向飽ノ全部、三都島南岸ノ一部及其前面

　　　羅源湾　三角島ヨリ加藤崎ニ至ル沿岸一帯ノ平地及其前

　　面ノ干潟（清国ニテハ干潟も所有権アリト記憶ス）

「時局策」がこの四カ所を買収するよう主張した理由は、（一）にこの地域は戦略上の要点として大艦隊の碇泊に適するのみならず、台湾及び澎湖島と相呼応して台湾海峡を制御することが出来、（二）に中清富源の中枢である長江方面に突入し得べき地勢上・経済上の利益を占める枢要の地点であり、（三）に将来中国に対する拡張の基礎を築く日本の南門の鎖鑰（要所）を固めるために必要であったからである[1]。

　土地買収の方法として「時局策」は「私人ノ名義ヲ以テスヘキハ勿論ナレハ先ツ台湾総督府ヲシテ台湾銀行其他信用アル邦人ヲ使用シ買収ノコトニ当ラシムルヲ便宜トス」[2]とした。同時に他の列強がこの地域で土地を買収したり港を利用すること

①　山川端夫海軍省参事官「時局策」、明治44年12月28日稿。防衛研究所所蔵。

②　山川端夫海軍省参事官「時局策」、明治44年12月28日稿。防衛研究所所蔵。

を阻止するよう注意している。

　第三は利権の拡張。「時局策」は「内乱平定ノ前後ヲ問ハス官革両軍ニシテ苟クモ鉄道鉱山等相当ノ担保ヲ提供スルアラハ我民間ノ有力者ヲ奨励シテ之ニ資金ヲ貸与セシメ以テ利益ノ握取ニ努メシムルヲ要ス而シテ利益ノ握取ハ浙江福建江西諸省附近ノ如キ将来我権勢ヲ扶植スルヲ要スヘキ地方ニ於テ最モ必要ヲ見ル」[1]とした。

　上述の「時局策」が海軍首脳部の政策決定にどのように影響したかは明確でないが、その後の福建・浙江沿岸における日本海軍の行動は、ほぼ「時局策」に沿って進められた。このことは一九一二年一月十五日海軍大臣斎藤実が第三艦隊司令長官川島令次郎少将に与えた次のような訓令からも窺うことが出来る[2]。

　　　清国カ帝国ニ対シ福建省ノ不割譲ヲ約シタル関係上且同方面カ帝国南方ノ鎖鑰タル将来ノ形勢ヲ占ムル関係上帝国海軍ニ於テ大ニ重ヲ置クモノアルニ依リ貴官ハ同方面ニ派遣セラルル艦艇ヲシテ前記一般心得ノ外ニ左ノ諸項目ニ依リ行動セシムル様取計ルルヘシ

　　　一　今後閩浙方面殊ニ福州厦門ニ於テ地方ノ秩序素乱シ居留外国人ノ生命財産ニ危害ヲ及ホスノ虞アリト認ムルカ又ハ外国ニ於テ保護ノ名義ヲ以テ兵員ヲ上陸セシムルカ如キコトアラハ帝国艦艇ニ於テハ必スシモ外国艦艇ノ態度ヲ顧慮スルヲ要セス時機ヲ失スルコトナク成ルヘク優勢ナル兵員ヲ揚ケ進ンテ内外臣民ノ生命財産ヲ保護スルノ任ニ当リ以テ各国ヲシテ冥々ノ裡ニ同方面カ帝国ノ重大ナル利害関係ヲ有スル地ナルコトヲ

---

　① 山川端夫海軍省参事官「時局策」、明治44年12月28日稿。防衛研究所所蔵。
　② 明治45年1月15日、斎藤海軍大臣より川島第三艦隊司令長官宛電報。防衛研究所所蔵。

覚知セシムルノ途ニ出ツルコト

二　厦門ヨリ福州ニ至ル鉄道及福州ヨリ江西省南昌ヲ経
　　テ九江ニ至ル鉄道ハ……帝国ニ於テ利害関係ヲ有ス
　　ルモノナルニ依リ此際同鉄道ノ敷設実行又ハ之ニ対
　　スル借款問題等ノ提起セラルルナキヤニ付テ絶ヘス
　　注意ヲ加フルコト

三　地方ノ状態及民情ノ推行等ヲ調査シ殊ニ外国人ノ革
　　命軍責任者及地方人民ニ対スル行動態度ニ付テハ最モ
　　厳密ナル注意ヲ加フルコト

四　閩浙方面ニ於ケル現実ノ権力施行者及地方紳士ニ対
　　シテハ努メテ友好ノ関係ヲ結ヒ其人心ヲ収攬スルノ方
　　法ヲ講スルコト

　この訓令は「時局策」に沿ったものである。こうして基本方
針が決定された後には、これを執行するための具体策が必要で
あった。そこで日本海軍は「清国閩浙沿岸ニ於ケル漁業調査ニ
関スル覚書」を作成した。この覚書は漁業調査の名目で上述の
領土・政治・経済・軍事的目的を達成しようとするものである。
その主な内容は次の通りである①。

一　列国相競フテ利益ノ獲得ニ熱中スルニ際シ是等浙江
　　沿岸ノ如キ各種ノ方面ヨリ我平和的利益ヲ扶殖シ列国ニ
　　対シテ確乎タル優越ノ地歩ヲ占ムルト同時ニ一朝事アル
　　ニ当リ沿岸枢要ノ地点ヲ利用シ得ルノ準備ヲ為シ置クハ
　　実ニ目下ノ急務トス而シテ是等沿岸ニ我漁村ヲ開拓シ要
　　地ヲ買収シ或ハ清国漁民ニ投資スル等ノ如キハ右ノ目的
　　ニ対スル有力ナル手段ノ一ナルカ故ニ先ツ第一着手トシ
　　テ茲ニ閩浙沿岸漁業ノ実況ヲ調査セントスルモノナリ

①「清国閩浙沿岸ニ於ケル漁業調査ニ関スル覚書」。防衛研究所所蔵。

　二　調査ノ方面ハ前号記載ノ閩浙沿岸一帯ノ地方ナルモ
　　左ニ列記ノ港湾ハ殊ニ海軍ニ於テ重キヲ置ク地点ナルカ
　　故ニ特ニ其方針ヲ以テ調査センコトヲ要ス
　　三都澳　羅源湾　興化湾　金門島及附近
　三　尚ホ前号ノ諸港湾ニ於テ将来我利権ノ下ニ置カンコ
　　トヲ希望スル地域ハ大略左ノ如シ
　　三都澳
　　（一）長腰島向飽島ノ全部
　　（二）三都島南岸ノ一部及其対岸
　　　　羅源湾 Black　Saddle ヨリ Windward　P II ニ至ル沿
　　　　岸一帯
　　金門島及附近
　　（一）大金門島南西角 Part　P I 一帯
　　（二）小金門島ノ東岸一帯

　続いて四として、調査内容は漁業関係の他に「沿岸未開地ヲ
買収シ海陸産ヲ開拓シ新村落ヲ建設シ得ルヤ否ヤニ関スル調査
ヲナス」等と規定し、調査期間は往復七十五日、費用一五〇〇
円とした。

　海軍省は上述の方針と調査覚書により、外波内蔵吉少将（一
月一日訓令発令）、栃内軍務局長・吉田大佐（一月十七日東京出
発）、竹下大佐・山川端夫参事官、退役海軍大尉郡司成忠（山本
太郎と改名）・平田時次郎（二月十八日東京出発）らを閩浙沿岸
に派遣し、上記の任務と調査を遂行させることにした。これに
は第二艦隊と外務省の出先機関が協力した。三月一日厦門に到
着した退役海軍大尉郡司成忠は、厦門領事菊地義郎に「目的ハ
厦門興化附近ニ二三千人ノ移民地ヲ形成シ之カ保護ノ名ノ下
ニ軍隊上陸ノ口実ヲ得ントスルニ在リ表面上ノ事業トシテ只
今迄視察ノ結果漁業ハ見込大ナラス真珠ノ養殖ハ最モ有利ニ

シテ適当ト思考セラル」①と漁業調査の政治・軍事的目的を述べている。

　派遣された竹下大佐と山川参事官はまず厦門の虹松嶼を買収しようとした。一九〇三年三井物産が石油地桟の敷地として虹松嶼の一部を租借することを現地の漳州道台と交渉し、租借料洋銀八千ドル、租借年限二十五年で契約を締結しようとしたが、海軍側と台湾銀行の都合により一時中止したことがあった②。しかしその後アメリカのスタンダード・オイルが虹松嶼の南側の対岸を買入れ、イギリスのアジア・オイルも虹松嶼買収の計画を立てていた。山川と竹下は三月十五日財部彪海軍次官に「同所ハ是非共此際我手ニテ買入レヲ為シ置クノ必要アリト認ム……此ノ機ヲ逸スレハ買入方頗ル困難ナル事情アリ」③と進言し、三五公司の日本人愛久沢亘哉の手を借りて内密に計画を進めようとした。彼らは愛久沢と債務関係がある中国人鄭成林の名義で養鶏場を設けるとの口実で虹松嶼東岸の海埔を買収しようとした。しかし鄭成林が応じなかったので、三井物産と煙草を売買していた台湾人曾厚坤の名義で買収工作を進めた。この島は島民の共有地であり、村の長老の許可を得れば買入れることが出来た。この島は南北八〇〇メートルの小島であり、その東岸部の海辺を占有すれば同島の全部を掌握したに等しかった。彼らの計画はこの海辺を買収した後、陸地に出来るだけ進入するというもので、都合がよくなければ南半部を買収しようとするものであった④。しかしこの買収計画は順調に進まなかった。

---

　① 明治45年4月23日、山本太郎（郡司成忠のペンネーム）より斎藤海軍大臣宛電報。防衛研究所所蔵。
　② 明治45年4月8日、財部海軍次官より在厦門平井少佐宛電報。防衛研究所所蔵。
　③ 明治45年3月18日、財部海軍次官より在厦門平井少佐宛電報。防衛研究所所蔵。
　④ 大正元年8月22日、海軍大佐東郷吉太郎より財部海軍次官宛電報。防衛研究所所蔵。

東郷吉太郎海軍少将らはこの島の長老と福州から派遣された土地整理委員に贈賄して買収しようとしたが、委員が急遽帰福することになって交渉は停止した。虹松嶼買収計画は一時挫折したが東郷らはさらに一案を立て、「当地ノ墳墓所有者ヲ抱キ込ミ風水地域ヲ新ニ撰定セシメ之レヲ一個人ノ所有ニ帰セシメ然ル後買収ノ手続ニ及ハントス丁度都合能キトコロニ墳墓アリ之ヲ利用セン」①とした。

　竹下・山川はまた厦門の大金門・小金門島を海軍艦艇の錨地に利用しようともした②。

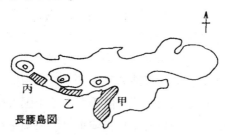

長腰島図

　また三都澳の長腰島を買収しようとした。竹下・山川はこの地域を視察し、財部次官に「長腰島ノ南半部ハ丘陵低ク且ツ相当平地アリ其西多大ノ土地利用シ得ベシ同島南部ハ総テ耕地ニシテ水田等モアリ村二個ニシテ戸数三十余南西錨地ト相待ツテ良好ノ根拠地タルヲ得ヘシ依ツテ他ノ買収予定地点ハ暫ク見合セ同島南部ノミヲ成ル可ク速ニ買収方法ヲ講セラルルヲ必要ト認ム」③と上申した。彼らは来厦した郡司成忠と共に愛久沢と協議して、中国人薛某と台湾人林某らに漁業公社を設立させ、

---

①　大正2年6月17日、海軍少将東郷吉太郎より財部海軍次官宛電報。防衛研究所所蔵。

②　明治45年3月16日、竹下大佐・山川参事官より財部海軍次官宛電報。防衛研究所所蔵。

③　明治45年3月28日、竹下大佐・山川参事官より財部海軍次官宛電報。防衛研究所所蔵。

郡司を教習技師の名目で招聘して公社を監督させ、公社によって三都澳・長腰島に漁業用の用地を買収し、これを林某の所有に帰せしめるという手段をとることにした①。財部次官はこの提案を批准して買収費一三〇〇〇円を電送し、郡司に「三都澳内長腰島ハ特ニ充分ノ調査ヲ遂ケラルル」②よう指示した。その後しばらく長腰島の買収工作の詳細は不明であるが、十一月の下旬になって本格化した。

　十一月二十九日東郷吉太郎大佐は財部彪次官に、長腰島南部を甲・乙・丙の三区に分け、まず甲の地区を買収するという意見を上申した③。その理由は「甲乙丙地ノ三方面ヲ同時ニ買収セントスレハ必ス支那人ニ疑ヲ起サシムル基ニナル故ニ先ツ一個所ニ土台ヲ据ヘ他ノ地ハ商業者ニ此地ヲ使用セシメ其商業ノ必要名義ノ下ニ出来ルナラハ徐々ニ方法ヲ講スルヲ可ナリト思考ス」④るからだった。東郷らが三つの地区のうち甲をまず買収の対象として選択したのは、（一）に土地が平らで広く平地を造成する便宜があること、（二）に海岸に埋立をする便宜があること、（三）に接した海面の水深が深く巨艦も近くに碇泊することが出来ること、（四）に上陸地・突堤の設置に天然の好形状を有すること、（五）に必要ならば南端海岸に施設を設ければ巨艦の横づけが可能であること等、軍港の建設に適しているという理由であった⑤。東郷らの上申に対し海軍は積極的な姿勢を示した。十二月十三日財部次官は賛成の意を表し、「予算ニ余剰ア

---

① 明治45年、東郷吉太郎大佐より財部海軍次官宛電報。防衛研究所所蔵。
② 明治45年3月29日、財部次官より第十駆逐隊司令狭間宛電報。防衛研究所所蔵。
③ 大正元年11月29日、在厦門東郷吉太郎大佐より財部海軍次官宛電報。防衛研究所所蔵。
④ 大正元年11月29日、在厦門東郷吉太郎大佐より財部海軍次官宛電報。防衛研究所所蔵。
⑤ 大正元年11月29日、在厦門東郷吉太郎大佐より財部海軍次官宛電報。防衛研究所所蔵。

ラハ成ルヘク隣接地ヲ広ク買ヒ置ク様致度シ当方ノ希望ハ成ル
ヘク甲地南方ノ半島ヲ併セテ収用スルニ在リ」①と訓令した。
財部次官は買収工作が「万一失敗シテ当地人民ノ反対ヲ惹起ス
カ如キコトアラハ将来同地ニ手ヲ着クルヲ得サルニ至ルノ恐ア
リ買収手段ニ付テハ最モ慎重ナル注意ヲ要ス尚海軍駐在官ノ名
義ヲ出スコトハ絶対ニ之ヲ避クヘキコトハ勿論ナリ」②と指示
した。東郷らは買収費として四万円を請求したが、財部次官は
一万円以内で買収するよう指示した③。

　しかし海軍の長腰島買収計画は中国の抵抗にぶつかった。一
九一三年初め三都澳当局は「各国人租地建屋章程」を発布し、
外国人の土地買収を禁止する措置をとった。その要領は次の通
りである④。

　　一　外国人ハ土地ヲ所有スル事ヲ得ス租借ヲナスモノハ
　　　　双方官憲ノ交渉ニ依リ之ヲ定ム租借者ハ方一丈（一丈我
　　　　カ十一尺三十五分）ニ付弐元ノ税金ヲ払フ事個人間ノ売
　　　　買ハ無効トス
　　一　永遠租ヲ許サス租借年限ヲ三十年トスル事従来永遠
　　　　租ヲナシタルモノハ此章程発布ノ日ヨリ起シ爾後三十年
　　　　ヲ租借期限トスル事

　長腰島はこの章程に規定された管轄下に属し、売買禁止に
なっている地域であった。東郷らは買収方法を工夫し、長腰島
を買収する三つの案を考案して財部次官に提出した。財部次官
はその第二案即ち「支那人タル買収者ヲ土地ノ所有者トナシ買
収費ヲ支那人ニ貸与シ其土地全部ヲ抵当シ地券（契ト称ス）ヲ
我レニ納メ貸借抵当物件ヲ我カ領事館ニテ登記シ権利ヲ吾レニ

---

　　① 大正元年12月13日、財部海軍次官より東郷吉太郎少将宛電報。防衛研究所所蔵。
　　② 大正元年11月25日、財部海軍次官より在福州東郷吉太郎大佐宛電報。
　　③ 大正元年11月25日、財部海軍次官より在福州東郷吉太郎大佐宛電報。
　　④ 大正2年1月15日、東郷吉太郎大佐より財部海軍次官宛電報。防衛研究所所蔵。

掌握スル様ニナス亦支那官憲ヲ経由シ抵当ノ登記ヲナサシムレ
ハ更ニ確実ナリ」①という案によって買収工作を進行するよう
指示した。それはこの案により「買収ノミニテ済ミ後年税金ヲ
払フニ及ハズ又支那官憲ガ取リ返サントスル時ハ文句モ附ケ得
ヘク賠償モ得ラル」②からであった。この案に基づいて東郷は
海軍の長腰島土地買収の戦略的目的を隠蔽するため表に出ず、
丸一洋行支配人の桃原良弘が中国人梁世華と一九一二年三月十
二日土地買収・抵当の契約書を作成した③。その内容は、梁世
華は長腰島東南部の甲地三万三五〇〇坪を個人の名義で買収す
るが、漁獲物の買収と帽草栽培のための自己資金が不足してい
るので、この土地を抵当として桃原より六〇〇〇円を借用し（毎
月利息一分二厘）、漁獲物と帽草はいずれも桃原の一手販売に帰
するというものであった。この六〇〇〇円を出資したのではな
く海軍であり、抵当とした土地の所有・使用権は海軍にあった。
駐福州の土谷久米蔵副領事が駐福州日本帝国領事を代表してこ
の契約の認証に調印④し、外務省出先機関もこの件に直接介入
していた。

　四月日本海軍が長腰島の一部を買収した事実が世間に洩れ、
梁世華が三都澳海防局に召換された。東郷らは梁を日本人の住
宅に隠し、台湾に逃走させようとしたが⑤、その後のことは史
料が欠けているため不明である。

　日本は閩浙地域において鉄道・炭鉱等の利権も拡大しようと
した。日本は一八九八年五月既に「清国政府ヨリ将来同政府ニ
於テ福建省内ニ関シ外国ノ助力ヲ仰ク場合ニハ必ス先ツ日本政

① 大正2年1月15日、東郷吉太郎大佐より財部海軍次官宛電報。防衛研究所所蔵。
② 大正2年1月15日、東郷吉太郎大佐より財部海軍次官宛電報。防衛研究所所蔵。
③ 大正2年4月1日、東郷吉太郎少将より斎藤海軍大臣宛報告書。防衛研究所所蔵。
④ 大正2年4月1日、東郷吉太郎少将より斎藤海軍大臣宛報告書。防衛研究所所蔵。
⑤ 大正2年7月16日、東郷吉太郎少将より財部海軍次官宛電報。防衛研究所所蔵。

府ニ協議スヘキ」①との確約を得ていた。一九〇〇年四月山県
内閣は厦門→福州→光沢→江西省撫州→南昌→漢口の幹線鉄道
と福州→羅源・南昌→衢州→杭州の二つの支線を敷設する利権
を獲得するため清朝政府と交渉したが、義和団事件により中止
された。欧米列強もこの地域で鉄道敷設権をめぐって日本と競
争を始めた。この競争は辛亥革命期にも継続した。日本はこの
地域の鉄道敷設権を獲得することにより、まず欧米列強の浸透
を阻止し、それによって独占的地位を確保しようとした。一九
一二年二月十五日財部次官は駐閩浙の外波内蔵吉少将に「欧米
人ノ利権争奪ニ手ヲ染メントスルモノ□者漸ク爪牙ヲ顕シ来リ
タルヲ以テ将来台湾ノ対岸ヲ我権ノ下ニ置キ且ツ之ヲ江西省ニ
連係シテ我勢力範囲トナスノ素地ヲ今日ニ於テ経始スルノ時機
到レルヲ認ムルト共ニ少クモ欧米人ノ望心ヲ此方面ニ容レシメ
サルヲ要スルヲ以テ南京政府ヲシテ閩浙地方官ニ対シ厦門福州
及福州江西間ノ鉄道敷設ヲ我国人ノ資力ニ依頼セシムルノ利ナ
ルヲ悟ラシメン為メニハ南京政府招聘シタル原口要ノ輩ヲ利用
スルコトニ付既ニ貴官ノ著眼ヲ逸セサル所ナルヘキヲ信ス……
機会ノ乗スヘキアラバ之ヲ利用セラレンコトヲ切望ス」②と訓令
した。

　外務省の対応も海軍と同様であった。三月七日内田外相は
駐福州の土谷副領事に「近来屢々福建鉄道ヲ担保トシ外国ヨ
リ借款ヲナスヤノ風説アリ担保ノ結果ハ同鉄道ヲシテ結局外
国ト特殊ノ関係ヲ生セシムルコトナルヘク斯クテハ自然我方
トノ約束トモ衝突ヲ生スルニ至ルヘシト思考セラルルニ付貴
官ハ右の次第ヲ都督ニ説明セラレ該鉄道ヲ担保トスル借款ハ

　　①　小村外相「南清鉄道敷設権獲得ニ関スル施設ノ大要」、明治 36 年 11 月稿。防衛
研究所所蔵。
　　②　明治 45 年 2 月 15 日、財部海軍次官より在上海加藤中佐宛電報。防衛研究所所蔵。

先ツ之ヲ我方ニ相談スル方可然旨懇談シ置カルル」^①よう指示
した。

　一九一二年秋、台湾銀行が福建の竜巌州炭鉱を開発しようと
した。この炭鉱に愛久沢は若干の所有権を有していた。台湾銀
行副頭取中川小十郎は十月二十二日この件に関し財部次官と相
談したが、海軍側は竜巌州炭鉱について「従来大ニ注目セル所
ナルヲ以テ出来得レハ之ニ関係ヲ附ケ置クヲ要スルノ意見ヲ有
スル」^②旨を述べた。台湾銀行が現地調査をおこなったところ、
東北の本渓湖炭に匹敵する良質の炭質であった。海軍はこの石
炭を海軍艦艇の燃料に使用しようとした。だが石炭は水竜江を
利用して運送しなければならず、その水深は浅く、ある区間は
水運が不能であった。福州では土谷副領事・台湾銀行支店長・
東郷吉太郎海軍大佐らが台湾人林秀商とこの炭鉱開発に必要な
借款等について相談した^③。

　海軍はこの時期福建の鉱山や台湾海峡の珊瑚資源等について
も調査していた。台湾銀行は福建省の孫都督と塩税を担保とす
る五〇〇万円の借款を交渉し、鉱山・鉄道等で借款が必要な場
合にはまず日本と協議することを約束させた^④。

　外務省も福建省に対し無関心ではなかった。一九一二年起草
された「支那に関する外交政策の綱領」では福建問題を重視し
ていたが、過去同地方に対する浸透政策が順調に進まなかった
現状に鑑み、「臨時応変ノ必要ニ依ル場合ノ外強テ福建ニ於テ利
権扶殖ニ関スル事功ノ急ヲ求ムルモ其効ナカルヘク寧ロ他国ノ

---

　① 明治45年3月7日、内田外相より在福州土谷副領事宛電報、第3号。外交史料
館所蔵。
　②『清国事変書類』第三巻。防衛研究所所蔵。
　③ 大正元年9月10日、在福州土谷副領事より内田外相宛電報、機密第二十四号。
外交史料館所蔵。
　④ 明治45年3月8日、在福州土井中佐より参謀本部宇都宮第二部部長宛電報。外
交史料館所蔵。

行動ヲ監視スルト共ニ……人心ノ融和ヲ図リ平和的ニ漸次我経済的根拠ヲ養成シ好機ヲ促ヘテ利権扶殖ノ目的ヲ達スルニ如カス」①という方針を立てた。この方針は主に他の欧米列強の勢力がこの一帯に浸透するのを阻止する防禦的な政策であり、海軍の直接的な行動より消極的であった。この時期アメリカのスタンダード・オイルは福建都督府と同地の鉄道と鉱山を抵当として一二〇〇万ドルの借款を交渉していた②。これを察知した駐厦門・福州の日本領事内田外相にこの情報を報告すると、内田は二月二十二日「福建省ノ我ニ対スル関係ニ鑑ミ此種借款ノ件ニ付テハ貴官ニ於テ十分注意ノ上委細報告」③するよう訓令し、三月七日には孫都督に鉄道を担保とする借款についての関する日本の優先権を説明して、「借款ハ先ヅ之ヲ我方ニ相談スル」④よう指示した。十二日駐福州の土谷副領事はこの意を孫都督に申入れたが、孫都督は一八九八年の日清間の福建不割譲に関する交換公文書の存在すら認めず、日本の優先権は「他各領事トノ権衡上前以テ約束スル能ハサル」⑤と、日本の要求を拒否した。日本は所期の目的を達成することが出来ず、アメリカのスタンダード・オイルも現地の民間団体の借款反対によりこの借款を実現出来なかった。しかし外務省の福建における上述の活動は、この地域における目的が海軍と同様であったことを物語る。

　辛亥革命期の日本の闓浙沿岸における南方政策と満蒙における北方政策を比較すると、それぞれに特徴がある。相対的に前者は海軍が中心であったのに対し、後者は陸軍と外務省が中心

① 外務省編『日本外交年表並主要文書』上、374 頁。
② 外務省編『日本外交文書』第 45 巻第 2 冊、73、74、76－78 頁参照。
③ 外務省編『日本外交文書』第 45 巻第 2 冊、76 頁。
④ 外務省編『日本外交文書』第 45 巻第 2 冊、79 頁。
⑤ 外務省編『日本外交文書』第 45 巻第 2 冊、82 頁。

であり、前者は買収・交渉・調査等の方式をとったのに対し、後者は占有・分割・独立等強硬な方式をとり、前者は日本と欧米列強の争奪により展開したが、後者は日露の協調と争奪により進行した。政策遂行の結果、両者共に一定の目的を達したが、特に前者は所期の目的を完全に達成することは出来なかった。しかしこれらの行動はこの時期の日本の対中国侵略の企図と計画を示したものであった。

第四章　北京政府と中日外交

　　袁世凱の北京政府も南京臨時政府と同様に、成立後まず解決すべき課題は外国からの承認と借款であった。本章では、これらの問題をめぐる北京政府と日本及び欧米列強の二重外交交渉を考究すると共に、辛亥革命が中日貿易と三井物産に与えた影響及中露の外蒙古をめぐる外交交渉への中日両国の対応を検討する。

一　北京政府の成立と承認をめぐる対応

　　一九一二年二月十二日清帝は退位の上諭を発布し清王朝の終焉を宣言した。これは中国史上の一大変革であった。この変革はすぐに諸外国に通告された。十三日袁世凱は中華民国臨時政府を組織する全権首領の名義で各国に皇室を優待する条件を通告し、外務部は駐北京の各国公使に清帝の退位・立憲共和政体の選定及び袁が全権をもって臨時共和政府を組織することを通告した[①]。これによって清朝終焉と北京臨時政府成立の外交手続が完了した。本節では、清王朝終焉後の袁世凱と北京政府成

---

　　①「中華民国史事紀要編輯委員会」編『中華民国史事紀要』民国元年（1912）1－6月份、「中華民国史料研究中心」、1973年、234－35頁。外務省編『日本外交文書』第45巻第2冊、2－3頁。陳春華ら訳『俄国外交文書選訳』（有関中国部分、1911.5－1912.5）、中華書局、1988年、273頁。

立及びその承認をめぐる中国・日本と欧米列強との二重外交関係を考究する。

　清朝終焉後、袁世凱の一大課題は彼を大総統とする北京政府を樹立することであった。前年十一月に袁を総理大臣として成立した内閣は清朝の終焉と共に解散し、新しい内閣を組織すべきであったが、袁はその内閣を依然として過渡期の内閣として維持し、これに対する諸外国の外交的承認と支持を得ようとした。そこで元外務部大臣胡惟徳は十二日外務部首領の名義で伊集院公使と各国公使に「前内閣総理大臣袁世凱全権トシテ中華民国臨時政府ヲ組織スルコトヽナレルニ付茲ニ袁全権ノ命ヲ奉シ原有ノ各部大臣ハ均シク暫ク留マリテ事ヲ弁シ各部首領ト改名ス」とし、対外政策においては「本部首領ヨリ各条約ヲ遵守シ旧ニ照ラシテ継続弁理スヘキ」[①]ことを通告した。これは袁の政府が列強の中国における既得権益を全面的に認め、既成の不平等条約をそのまま承認することを意味した。これは南京臨時政府と同じであった。

　駐北京の各国公使館は袁の北京臨時政府を正式の政府と認めず、過渡的政府と見なして外交的対応策を講じた。十三日駐北京の各国公使から構成された外交団はこの政府に対する外交交渉の取扱に関して協議し、袁の臨時政府が発した上述の通告に対しては正式な回答をせず[②]、日常業務上の交渉や往復の場合には「一箇人ノ『ノート・パーソナル』ヲ以テ単ニ外務部ト名宛シ発送シ発送者之ニ署名スルコトニ一定」[③]し、公的な接触を

---

　① 明治45年2月12日付「在北京各国公使ニ対スル外務部ノ照会」。外交史料館所蔵。「中華民国史事紀要編輯部委員会」編『中華民国史事紀要』民国元年（1912）1－6月份、235頁。

　② 陳春華ら訳『俄国外交文書選訳』（有関中国部分、1911.5－1912.5）、中華書局、1988年、280頁。

　③ 明治45年2月13日、在中国伊集院公使より内田外相宛電報、第114号。外交史料館所蔵。

避けようとした。

　外国駐在の公使館も清朝の終焉に伴って改変された。駐日の清国公使館は中華民国公使館と改称され、公使は中華民国臨時外交代表と改称された。十二日駐日の元公使汪大燮はこの名義で内田外相に「出使大臣ハ総テ臨時外交代表ト改称シテ事務ヲ引続カシ」[①]むることを通告した。日本もこれに相応しい対応をとり、十三日内田外相は元清国領事館があった神奈川・兵庫・長崎県の知事らに「在貴地清国領事ハ最早其ノ資格ヲ失ヒタルモノト認メ今後同領事トノ交渉往復ハ全然非公式ニ為サルル様致シタシ」[②]と指示した。

　袁は臨時大総統、政府は臨時政府なので、外交ルールにおいては臨時的・非公式的な形式をとったが、実際の外交活動は、この形式と異なっていた。袁を支持していたイギリスのジョルダン公使とフランス・ベルギー・イタリア・アメリカの諸公使は十六、十七日相次いで袁を表敬訪問し、袁に対する好意と期待を表した。終始反袁的であった伊集院公使は袁への表敬訪問に猛烈に反対し、十九日ジョルダン公使を訪ねて「現下ノ事情ノ下ニ袁世凱ヲ往訪スルカ如キハ世間ノ誤解ヲ招キ勝チノコト」だと述べ、自分は「政府ノ訓令ナキ限リ之ヲ避ケタキ考ナリ」[③]と語って袁に対する怒りを吐露した。駐北京のロシア臨時代理公使も同様の意を表して伊集院を支持した[④]。袁は二十日英・米・独、その他二、三の公使を来訪して答礼の意を表したが、反袁的な伊集院公使は訪問しなかった。これは伊集院の予想外

　① 辛亥12月26日（旧暦）、大中華民国臨時外交代表汪大燮より内田外相宛通報。外交史料館所蔵。
　② 明治45年2月13日、内田外相より神奈川・兵庫・長崎各県知事宛電報。外交史料館所蔵。
　③『日本外交文書』（辛亥革命）、577頁。
　④ 陳春華ら訳『俄国外交文書選訳』（有関中国部分、1911.5－1912.5）、中華書局、1988年、298－99頁。

のことではなかったが、彼の憤怒をかきたてるものだった。伊
集院はこれを袁の離間策と見なし、袁をめぐる日英の歩調の一
層の乱れは「実ニ日英同盟ヲ基礎トスル我対清外交局面ニ至大
ナル影響ヲ及ホスヲ免レサルヘク此意義ニ於テ決シテ軽々看過
スヘカラスト認メラルルニ付テハ此際一応本件ニ付テハ英国政
府ニ対シ照会アリテ可然義ト思量ス」[①]と内田外相に上申した。
モリソンもこの時期に日・英両公使館と公使の行動が協調的で
なかったことを遺憾だと語った[②]。これらの事実は日本外交が
基本とした日英同盟が既に風化・変容していることを示し、中
国と袁世凱をめぐる日英の政策が正面から衝突していたことを
物語る。

　伊集院はロシア臨時代理公使セキンと連携して袁を擁護する
英・米・仏等と対抗しようとした。二十二日公使館の水野参事
官がセキンを訪れてこの意図を伝えると、セキンは「北京外交
団カ既ニ袁世凱訪問ニ付テ歩調ヲ破リタルハ甚タ遺憾ナリ」と
述べ、これは袁の常套の離間策だと非難し、今後「日露両国間
ニ於テハ十分意志疏通ヲ計リ一致行動ヲ執ルコトハ絶対ノ必要
ナリ」[③]と日本側と約束を固めた。セキンはこれにより外国が
連携して中国に対応する危険性は既に過去のものになったと
語った[④]。これは臨時大総統袁をめぐり列強が分裂し始めたこ
とを意味している。

　共和政体の採択、袁世凱の大総統への選任は、君主制に最後
まで固執し袁に反感を抱いていた伊集院にとっては、彼自身が

---

　①『日本外交文書』（辛亥革命）、578 頁。
　② 駱惠敏編『清末民初政情内幕』上、知識出版社、1968 年、901 頁。
　③ 明治 45 年 2 月 22 日、在中国伊集院公使より内田外相宛電報、第 140 号。外交史
料館所蔵。
　④ 陳春華ら訳『俄国外交文書選訳』（有関中国部分、1911.5－1912.5）、中華書局、
1988 年、298 頁。

述べたようにその「立場ノ困難不快ナルコト固ヨリ想見ニ難カ
ラス」①であった。伊集院は二月十四日内田外相に、日本政府
が新共和国を承認する前に「本官ヲ召還シ清国駐箚ノ任ヲ解カ
レンコト」②を切望した。その理由として伊集院は、(一)に「終
始君主立憲論ヲ公言シテ憚ラサリシ本使ニシテ新共和国ニ駐
箚」することは今後の帝国の対新共和国外交に不利であること、
(二)に「袁世凱モ本使ノ態度ニ付テハ懸念ニ堪ヘサルモノノ如
ク他国ノ好感ヲ繋クニ腐心シナカラモ常ニ日本ノ感情ヲ害セサ
ラント努メツヽアル」故に袁との疎隔が甚だしく、「大統領トシ
テノ袁世凱ニ見エンコト実ニ忍ヒ難キモノナル」こと、(三)に
「此ノ動乱ニ際シ袁世凱及同盟国使臣ト斯ク隔意アル地位ニ立
タサルヘカラサルハ本使ノ不敏ノ致ス所」であり、その業務上
の責任を負うこと、(四)にこれらの諸原因により「実際帝国ハ
他国ニ比シテ著シク不利ノ地位ニ立タサルヘカラス……若シ夫
レ新政府創立ニ伴フテ利益借款等ノ運動頻生スルニ際シテハ公
式交渉ノミニテハ従来ノ経験上余リ効果ナキニ因リ大ニ裏面ノ
活動ヲ要スヘキニ拘ラス袁ノ周囲トノ関係斯ノ如クナルトキハ
本使ノ在任セン限リ我ハ常ニ表裏ノ妨害ヲ受ケ交渉ハ勿論情報
ヲ得ルニサヘ多大ノ不便不利ヲ免レサルヘシ是レ実ニ国家ノ不
幸ニシテ帝国ノ為ニ忍フヘカラサル所ナリ」③こと等を挙げた。
これは伊集院個人のことだけではなく、日本の対辛亥革命外交
及び対袁政策の失敗を語ったものであった。

　伊集院は日本の国策＝対中国政策の見地から自身の更迭を切
望したが、内田外相らは逆に国策の見地から更迭の不得策と留
任の必要性を強調した。内田も伊集院が列挙した更迭の理由を

---

①『日本外交文書』(辛亥革命)、569頁。
②『日本外交文書』(辛亥革命)、569頁。
③『日本外交文書』(辛亥革命)、568－69、580－81頁。

認めざるを得なかったが、「此時ニ際シ貴官ノ任地ヲ去ラルルハ帝国政府自ラ従来ノ素地ヲ放拋セルモノトノ誤解ヲ起サシムルノミナラス内外ノ耳目ヲ聳動シ時局ニ対シ甚タ穏カナラサル行動ヲ表示スルコトトナル」[①]と述べて反対した。山本権兵衛は「此際ニ於ケル貴官ノ離任ハ恰モ政府カ局面ノ推移ニ依リ従来取リタル外交政策ノ非ヲ認メ其責任ヲ公使ニ負ハシムルカ如キ誤解ヲ起サシメ政府ノ立場ヲシテ困難ナラシムルニ到ラシム」とし、また伊集院の離任は「列国及清国ニ対シ我外交ノ信用ヲ軽カラシムル次第トモナリ」[②]、その不利益は現下の状態において実に忍ぶべからざるものだと述べた。内田外相は伊集院に「貴官離任ト仮定シテモ新政府承認前ニハ後任者ヲ派遣シ難キハ勿論ナル義ニテ勢ヒ此最肝要ナル時機ニ代理公使ヲシテ局ニ当ラシムルコトトナルヘク斯クテハ縦シ実際上ノ不都合ナシトスルモ帝国カ清国ニ対シ有スル甚タ重大ナル立場ニ顧ミ面白カラサル次第ナリ」と述べ、山本も「自重忍耐シテ其任ニ留マレンコトヲ望」[③]んだ。内田・山本らの伊集院留任の理由も、日本の対辛亥革命外交と対袁政策の失敗、及び袁の北京臨時政府に対する日本外交の困難さを表している。これは伊集院個人の責任ではなく、この時期における日本の外交方針と政策に起因することであった。

　故に日本は対中国・対袁外交政策の転換を迫られた。内田外相は伊集院公使に今後の外交策として、変転極まりない政局に対し「其局面ノ推移ニ連レテ我歩武ヲ之ニ適応セシムルヲ要スルハ勿論ニシテ此間必シモ主義ノ一貫ニ拘泥スルヲ得ス……態度ヲ一転シテ進ンテ袁其他ト会見折衝ヲ試ミラルルモ更ニ差支

---

①『日本外交文書』（辛亥革命）、582 頁。
②『日本外交文書』（辛亥革命）、583 頁。
③『日本外交文書』（辛亥革命）、583 頁。

ナカルヘシ」①と訓令した。このような方針転換は伊集院にとっては不本意であったが、進退困難な立場に追込まれて留任せざるを得なかった。

　上述のような伊集院の離任問題は北京の外国記者らの議論の対象になった。モリソンは伊集院が北京から離任するとの噂を流布しながら②、北京駐在の記者は皆政体の変革に対する彼の融通性のない姿勢に非難を浴びせたと語り、彼のような人間が北京駐在の公使に留任するのは不思議なことだと述べた③。モリソンはまた伊集院は英語の会話が下手なのに通訳も使わないため彼との交渉は大変困難であり、日本政府がこのような人物を北京の公使に留任させるのはばかげており、おかしいことであるとまで言った④。モリソンの伊集院に対する辛辣な評価は、辛亥革命期の日本の外交に対する非難でもあったといえよう。

　日本はこれまでの対辛亥革命外交において受動的であり、他の列強に立遅れていたが、このような状態から脱するため、まず袁の北京政府の承認問題で対中国外交の主導権を掌握しようとした。日本は孫文の南京臨時政府承認の要求には応じようとしなかった。しかし、北京政府に対しては袁が承認を要求する前から率先してこの問題を取上げたが、その原因はここにあった。日本に敏感なモリソンが二月十二日水野参事官に「日本国ハ必ズ列強ニ先ンシ新政府ヲ承認スルナラン」⑤かと尋ねたことはこれを立証する。

　日本は承認問題でまずロシアと共同し、次に英・米の意向を察知しようとした。ロシアもこの時期対袁関係のため日本と同

　　①『日本外交文書』（辛亥革命）、582頁。
　　②駱恵敏編『清末民初政情内幕』上、知識出版社、1968年、837、846、879頁。
　　③駱恵敏編『清末民初政情内幕』上、知識出版社、1968年、901頁。
　　④駱恵敏編『清末民初政情内幕』上、知識出版社、1968年、900頁。
　　⑤『日本外交文書』（辛亥革命）、606頁。

様に北京政府と袁から遠ざけられていたので、承認問題で日本と協力しようとした。十二日ロシアの外相サゾノフは駐露の本野大使に「承認問題ニ付テハ日本国政府ト協同ノ態度ヲ執リタキニ付日本国ノ意向承知シタシ」①と述べた。内田外相は辛亥革命勃発以来ロシアとの協調政策をとってきたから、二十一日ロシアに次のような覚書を提出した②。

　　諸外国人カ現ニ支那国ニ於テ享有スル一切ノ権利、特権及免除ハ新制度ノ下ニ於テモ之ヲ継続セシムルコト極メテ肝要ナル処是等ノ権利、特権及免除ハ主トシテ条約ニ基クモノナリト雖モ支那国及各国国法ノ規定若ハ従来ノ慣行ニ拠ルモノモ亦尠シトセサルヲ以テ列国ニ於テ承認ヲ為スニ際シ念ノ為新政府ヲシテ是等ノ権利特権及免除ヲ正式ニ確認セシメ置クコト得策ナルヘク之ト同時ニ新政府ヲシテ従来支那国ノ負担セル外債ハ之ヲ継承スヘキ旨ヲ正式ニ約諾セシムルヲ可トスヘシ

　　新政府承認問題並右承認ニ至ル迄ノ間ニ執ルヘキ行動ニ関シ列国ニ於テ全然其歩調ヲ一ニセンコトヲ提議シ……同一ノ行動ニ出ツルトキハ各々単独運動ヲ為スニ比シ一層有利ナル保障ヲ享有ス

　これは既成条約の承認と既得権益の確保を北京政府承認の前提条件として提起したものである。本野大使がこの覚書を手渡した際、ロシア外相は「全然帝国政府ト其ノ意見ヲ同フスル」③旨を表明した。

　この案を日本が率先して提起し、また日本は日露戦争以来中

①『日本外交文書』（辛亥革命）、607頁。

②『日本外交文書』（辛亥革命）、609-10頁。　陳春華ら訳『俄国外交文書選訳』（有関中国部分、1911.5-1912.5）、中華書局、1988年、292-93頁。

③　明治45年2月22日、在露国本野大使より内田外相宛電報、第38号。防衛研究所所蔵。

国における新権益拡大の意欲に燃えていたため、他の欧米列強もその主導的役割を認めざるを得なかった。イギリスは二十四日、フランス・ドイツは二十七日、アメリカは二十八日に承認に関する日本の覚書に同意する意を表明した[①]。同時に三月四日イギリス外務省は駐英の山座臨時代理大使に「承認条件ニ関スル文言ハ日本国政府ニ於テ発案セラレンコト可然」[②]と申入れた。

　だが承認問題において、特殊権益の取扱が新たに提議された。二月二十六日ロシア外相サゾノフは本野大使に「清国今日ノ形勢ト日露両国カ清国に於テ有スル特殊ノ地位トヲ考フルニ是非共此ノ機会ニ乗シ日露両国特殊ノ権利及利益ヲ特ニ承認セシメ置キタク之カ為列国ノ権利ヲ承認セシムルト同時ニ適当ノ手段ヲ執ルノ必要アリト信スルニ付更メテ日本国政府ト御協議ニ及ヒタキ次第ナリ」と申入れ、「日露両国カ満洲蒙古ニ於テ有スル特殊ノ権利及利益ヲ維持シ益之ヲ拡張鞏固ニスルノ意志ヲ有スル以上ハ今日ノ如キ機会ヲ利用スルノ外ナカルヘシ」[③]と提案した。これは辛亥革命に当って、ロシアは蒙古において日本より多大な新利権を獲得したからであった。これに対し急進的な満蒙政策を主張していた本野大使は、ロシアが中国に対し強硬な政策をとる方針に傾きつつあると判断し、「帝国政府ニ於テハ此際躊躇ナク賛成ノ意ヲ表シ最近ノ好機会ヲ以テ断乎タル処置ニ出ツル地歩ヲ作リ置カレンコト」[④]を内田外相に要望した。これに対し内田外相は、ロシア外相の提議は日本政府として十分考慮を要する事項であることは勿論であるが、「帝国政府ニ於テ既ニ列国ニ対シ意見ヲ発表シ列国モ亦或ハ之ニ同意シ或ハ之ヲ考慮シツヽアルニ当リ帝国政府自ラ突然其ノ意見ヲ変改シ露

　　① 外務省編『日本外交文書』第45巻第2冊、5—6頁。
　　② 外務省編『日本外交文書』第45巻第2冊、7頁。
　　③『日本外交文書』(辛亥革命)、612—13頁。
　　④『日本外交文書』(辛亥革命)、613—14頁。

国政府ト共ニ新提議ヲナスコトハ帝国政府ニ於テ何分之ニ同意
スルニ躊躇セサルヲ得サル義ナリ」^①と難色を示した。

　袁世凱は日本と欧米列強の早期承認を得るために、過渡的な
政権から正式な北京政権の樹立に着手した。このため袁はまず
臨時大総統就任宣誓式を挙行することにした。三月八日外務部
の首領胡惟徳はこの意を伊集院公使に伝え、「外交団ハ支那側ヨ
リ公然招待スル訳ニハ参ラサルモ参観ヲ望マルル向アラハ欣ン
テ迎接スヘキ」^②旨を述べた。しかし、この十日の就任宣誓式
には日本と欧米の公使らは出席しなかった。臨時大総統に就任
した袁は新政府の人事に取掛かった。内閣総理大臣には唐紹儀
が任命された。唐は袁・孫双方が賛成し得る人物であったので、
このポストに就くことが出来た。三月二十五日唐は南京に来て
組閣し、三十日陸徴祥を外務総長に、趙秉鈞を内務総長に、熊
希齢を財政総長に、段祺瑞を陸軍総長に、劉冠雄を海軍総長に、
蔡元培を教育総長に、宋教仁を農林総長に、陳其美を工商総長
に、王寵恵を司法総長に任命し、所謂北京政府が成立した。閣
僚の顔触れを見ると革命党党員が多数を占めているようである
が、軍事・外交・内務・財政等の主要ポストには袁の腹心が就
いていた。これは南北・新旧対立の一要素となった。

　袁が臨時大総統に就任して北京政府が成立し、また欧米列国
が日本の新政府承認問題に関する提議に賛成したため、承認問
題は一層具体化することになった。三月二十三日内田外相は駐
欧米大使と中国公使に次のような「中国新政府承認ニ関スル細
目条件案文」を発送した^③。

　第一は承認の時期についてである。内田外相は「帝国政府ハ

　①『日本外交文書』（辛亥革命）、615頁。
　② 外務省編『日本外交文書』第45巻第2冊、9—10頁。
　③ 外務省編『日本外交文書』第45巻第2冊、11—12頁。

支那ノ負担ニ属スル諸般ノ国際的義務ヲ履行スルノ意思ヲ証明スルニ至ルベキ鞏固ニシテ且実力アル政府ノ樹立セラルヽニ至ラバ直ニ之ヲ承認スベキコトナスヘキ旨ヲ提議セント欲ス」とし、この問題は日本政府が決定するのではなく「北京ニ於ケル列国代表者会議ノ研究ニ付シ且承認時期ニ関スル列国ノ行動ハ右代表者ノ共同提言ニ俟ツベキ」[①]とした。

　第二は北京政府に承認を受ける前に左記の諸項の宣言を要求したことである[②]。

　　　イ　新政府ハ旧政府ト列国トノ間ニ締結セラレタル一切ノ現存諸条約及諸約定並是等諸条約及諸約定実行ノ為発布セラレタル一切ノ現存規則上論ヲ含ムヲ確認シ且関係列国政府ノ同意ナクシテ是等規則ノ孰レヲモ改廃セザルベキ事ヲ約スルコト

　　　ロ　新政府ハ支那国ノ旧政府及事実上ノ臨時政府並諸地方政府ノ外債ニシテ現ニ存在スルモノヽ全部ニ対シ完全ナル責任ト義務トヲ負担シ且是等負担ニ関シ前記諸政府ノナシタル諸般ノ契約及約定ヲ誠実ニ履行スベキ事ヲ約スルコト

　　　ハ　新政府ハ旧諸政府又ハ地方政府が外国ノ政府、団体又ハ個人ノ為ニ締結若ハ設定セル前掲以外ノ一切ノ契約、約定、義務、特恵並譲与ニシテ現ニ効力アルモノヲ履行スベキ事ヲ約スルコト

　　　ニ　新政府ハ現ニ支那国ニ於テ了解セラレ且実行セラルガ如キ治外法権或ハ領事裁判権ノ制度並外国ノ政府、団体又ハ個人ガ現ニ同国ニ於テ享有スル権利、特権及免除ノ全部ヲ確認スルコト

---

① 外務省編『日本外交文書』第45巻第2冊、11頁。
② 外務省編『日本外交文書』第45巻第2冊、12頁。

　この四つの要求は清朝政府ばかりではなく南京臨時政府とその管轄下にあった各省の地方政府が列強、特に日本と締結した条約・借款等の一切を北京政府が承認し、その義務を負うことを強要しようとしたものであった。

　第三は承認公文書の起草問題についてである。三月四日イギリス外務省が承認条件に関する文言を日本政府が発案することに賛成しなかったので、内田外相は「北京ニ於ケル其代表者ニ対シ承認ヲ与フルニ必要トスル条件ヲ同文公書ヲ以テ新政府ニ通告スルノ権限ヲ附与セラレンコト……且最後ニ帝国政府ハ前顕同文公書起草ノ任務ハ之ヲ前記代表者ニ委託セラレンコト」①を提議しようとした。この項目は日本が承認問題の主導権を掌握しながら、具体的条件の提案や承認公文書の起草等は列国代表者会議或いはその代表に委ねようとしたものであった。上述の第二の具体的条件を提案するのは袁世凱と北京政府にとっては大きな衝撃であり、今後の承認外交において彼らの好意を得られるものではなかったから、日本は列国が共同で責任を負うことにしようとしたのである。しかしこれまでイニシアチブをとってきたイギリスら欧米列強は逆にこのように厄介な仕事を日本に任せ、日本が草案を起草するよう要望したのである。

　上述した日本と欧米列強の北京政府承認外交を南京臨時政府の場合と比較すると、以下の特徴があった。（一）孫文と南京臨時政府は日本と欧米列強に積極的に承認を要望したが、袁と北京政府は南北和議と妥協の時既に新政権に対する承認を確認し、また清朝政府の外交権をそのまま継承していたので相対的に積極的ではなく、逆に日本と欧米列強がその承認に積極的であった。（二）孫文と南京臨時政府はまず日本の承認を獲得し、それ

---

　① 外務省編『日本外交文書』第45巻第2冊、12頁。

を突破口として他の列強の承認を得ようとしたが、これとは逆に日本が率先して北京政府を承認しようとし、かつまた他の欧米列強を承認に誘導しようとした。(三) 孫文と南京臨時政府は承認獲得のために主体的に列強の既得権益を承認すると共に新権益の提供を提案したが、日本と列強は袁と北京政府に既得権益の承認と新権益の提供を強要した。これは日本と欧米列強の対中国外交における孫と袁、南京臨時政府と北京政府の位置づけが正反対であったことから起こった現象であり、ある意味においては国際関係における孫と袁、南北両政府の力関係から起こった事態であったともいえよう。しかし南北両政府共に政権の基盤が不安定であったために、後述のように北京政府も直ちに承認を獲得することが出来なかった。

　この時期の北京政府は不安定であった。唐内閣は南北の混成内閣であり、その内部における対立、内閣と大総統袁世凱との矛盾も日増しに激化した。特に六カ国銀行団とベルギーからの借款問題及び直隷省都督王芝祥の選任問題をめぐって唐紹儀と袁世凱との対立が激化した。この時期北京政府は六カ国銀行団に借款を要請していたが、六カ国はこの借款の用途に対する監督権を要求し、唐紹儀はこれに反対した。これは列強に一大ショックを与えた。これらの諸原因により唐は六月十五日辞表を提出し、引きつづき革命党の宋教仁・蔡元培・王寵恵・陳其美らも各部の総長を辞任した。袁は陸徴祥を総理に任命したが、この内閣も九月二十二日総辞職して短命に終った。このように半年間に二つの内閣が総辞職したことは政局の不安定さを意味していた。

　このような情勢の下でまずイギリスが北京政府の承認に不賛成の意を表した。それはイギリスは中国における最大の権益の保有者であったからである。七月十四日、駐日イギリス大使マクドナルドは政府の覚書として、北京政府の総理に「代表的国

民議会ガ憲法ヲ確定的ニ制定シ且右憲法ノ条規ニ準拠シテ大統
領ノ選挙カ無滞完了スルニ至ル迄ハ英国政府ニ於テハ支那共和
国承認問題ニ対シ考量ヲ加フルコトスラ之ヲ難シトスル所ナ
ル」①旨を通告することを内田外相に通知した。だがアメリカ
は早期承認を主張した。七月二十二日駐日アメリカ大使オブラ
イエンは政府の訓令として、内田外相に「日本国政府ハ現支那
政府ヲ以テ今日迄ノ処国際法上認定セラレタル基礎ニ実質上準
拠スルモノニシテ正式ノ承認ヲ得ルニ足ルモノト見做シ得ヘカ
ラサルヤ否ヤヲ考量スルノ御意響アリヤ」②との秘密覚書を手
渡し、日本政府の意見を尋ねた。アメリカ政府はイギリス・フ
ランス両政府にも同様の意の覚書を送った。アメリカでは財界
が中国に対する借款問題から早期承認を要望しており、これが
世論となって議会を動かしたので、議会は政府より積極的な姿
勢をとった。下院の外交委員長サルシアは「清国共和政体ノ樹
立ハ近世ニ於ケル最モ嘆賞ニ堪ヘサル一大進歩ナルヲ以テ列国
カ速カニ之ヲ承認シテ出来得ル限リ之ヲ扶助誘掖スヘキ筈ナル
ニ未タ其挙ニ出テサルノミナラス徒ラニ借款問題ニ対シ監督条
件ヲ提起シテ之ヲ苦ムルカ如キハ畢竟欧米資本家ノ私利ヲ庇護
セントスル趣旨ニ外ナラスシテ横暴ノ措置ナリト言ハサルヲ得
ス」③として、早期承認の必要性を強調した。列強の足並は再
び乱れ始めた。

　この乱れた足並を調整するため、駐北京の各国公使の間では
外交的折衝が頻繁におこなわれた。伊集院公使は七月二十三日
に来訪したジョルダン公使とこの問題に関して会談をおこなっ
たが、ジョルダンは「自己ノ意見トシテハ支那今日ノ状態ニ於

----

① 外務省編『日本外交文書』第 45 巻第 2 冊、14 頁。
② 外務省編『日本外交文書』第 45 巻第 2 冊、15 頁。
③ 外務省編『日本外交文書』第 45 巻第 2 冊、17 頁。

テハ未タ承認ノ時機ニ達セス二三カ月後国民議会成立シ大総統
ノ公選ヲ見ルニ至ラハ其ノ時コソ承認ヲ与フルノ時機カト思考
ス」①と述べた。翌日伊集院はアメリカ公使カルホウンを訪れ
て承認問題に対する意見を尋ねたが、彼は「成程目下ノ政府ハ
未タ十分鞏固ナリト謂フヘカラサルモ去リトテ今後再ヒ大変乱
ノ起ルヘシトモ思ハレス結局何時迄遷延スルモ果テシナキ故此
際承認ヲ与ヘナバ新民国ノ『スタビリチー』ヲ増スニ好影響ヲ
及スモノト思考スル」②と答えた。アメリカは他の列強より中
国における植民地的権益が少なかったので、承認をめぐる既得
権益の確保よりも新権益獲得を目指して、このような早期承認
を主張したのである。これに対し伊集院は「若シ今ニシテ承認
ヲ与ヘナ〔ク〕ハ南方ノ少壮連ハ益得意トナリ外国ニ対シテモ
驕慢ノ態度ヲ執リ大局ヲ誤ルニ至ルナキヤヲ虞ル」③と述べ、
南方の革命党勢力に政治的圧力を加えるため、依然として早期
承認を主張した。

　欧洲駐在の日本大使らも承認問題をめぐって在任国政府と頻
繁に交渉した。駐英の加藤高明大使は七月二十四日グレー外相
と会談したが、グレーは「支那ノ現状ニ鑑ミ未タ到底政府ヲ承認
スルコト能ハサル」④と語り、アメリカにもこの意を伝えると述
べた。同日パリにおいては石井菊次郎大使がフランス外相ポアン
カレと会談したが、彼もグレーとほぼ同様の意見を表明した。
英・仏は共に唐紹儀が六カ国借款の用途に対する監督に反対した
ことを重く見て、不承認によって北京政府に外交的圧力を加えよ
うとしたのである。これはまた承認問題を通じて対中国外交の主
導権を掌握しようとした日本を牽制することにもなった。

①　外務省編『日本外交文書』第45巻第2冊、16頁。
②　外務省編『日本外交文書』第45巻第2冊、16頁。
③　外務省編『日本外交文書』第45巻第2冊、16頁。
④　外務省編『日本外交文書』第45巻第2冊、18頁。

　日本は承認の方針を堅持するか否かの選択を迫られた。この時期承認の方針を堅持したのは日本とアメリカであった。イギリスとフランスは既に承認しないようアメリカを説得していた。このような情況で日本も自己の主張を放棄し、八月十四日アメリカ政府に不承認に関する覚書を提出した。この覚書では不承認の理由として、（一）「現下ノ政治組織ハ単ニ一時的タルコト毫モ疑ヲ容ルヽノ余地ナシ永続的政府ノ制定ヲ規定セル何等ノ根本法未タ制定セラレス」、（二）もし承認すれば「折角着手シタリト思ハルヽ行政改革事業ヲ継続セシムヘキ主要ナル刺戟ヲ除去スルコトトナルベシ」、（三）「支那諸省ヨリノ報道ニ徴スルトキハ同国ノ事態永久的ニ平静ニ向ヘリトハ到底確信スルコト能ハサルナリ」、（四）もし承認すれば「列国ノ権利利益ヲ損傷スルニ至ルヘキコト」①等が挙げられていた。この理由のうち、（四）は重要であった。六カ国銀行団は北京政府に借款を提供する条件として、先述した借款の用途に対する監督に加えて軍隊の縮小に対する監督等中国主権を侵害する条件を設けたが、唐紹儀はこれに反対し、ベルギー政府から借款を受け入れた。これにより日本が提示した承認の前提条件を北京政府が受入れるか否かがまた問題になり、日本は外交主導権の掌握と既成権益保護の二者択一を迫られて後者を選び、中国における既成権益擁護のため承認問題を棚上げにしたのである。その上陸徴祥内閣は完全に袁に掌握された内閣であり、袁を警戒していた日本政府としてはこのような政府を承認したくなかったのも当然であった。

　このような情況に至り、アメリカ国務長官ノックスもその口振りを改め、今日をもって必ずしも適当な時機と認めたのでも

---

① 外務省編『日本外交文書』第45巻第2冊、21頁。

なく、また列国の同意を求めた趣旨でもなかったと弁解したが、翌年の四月には再び積極的に新政府の承認に乗出した①。それはアメリカと他の列強の中国における新権益の争奪が直接関係していたからだといえよう。しかし中国における既得権益擁護という共同の目的のために、承認するか否かの問題において列強は一時的ながらも足並を揃え、一致した行動をとった。これは北京政府承認問題をめぐる日本と欧米列強間の二重外交関係を示すものであり、中国における既得権益と新権益獲得に対する欲望の多少が比例的、或いは反比例的に承認問題における列強の姿勢を決定するのに直接的な影響を及ぼしていたことを物語っている。

二　善後借款をめぐる対応

　南京臨時政府と同様に、新たに成立した北京政府にとっても最大の課題は財源を確保することであった。北京政府はその政府機関と一〇〇余万人に達する軍隊を維持するため巨額の資金が必要であった。中国の主な財源は関税等であったが、これらは列強に対する賠償金と十三億両に達する外債の返済及びその利息の支払にあてられ、政府にはこれを使用する権利すらなかったので、北京政府の毎月の財政赤字は六五〇万両にも達した。また革命期に膨張した軍隊の兵員を復員させるにも巨額の資金が必要であった。もしこの財政赤字の補塡が不可能になれば、政権が崩壊するかもしれないという事態に至った袁世凱と北京政府は、列強に借款を要請せざるを得なくなった。列強はこの借款を提供するに当り、北京政府に対して政治・経済・軍

①『申報』1913 年 4 月 5、11、14 日参照。

事各方面における監督権を要求した。本節では、この借款と監
督権をめぐる北京政府・袁世凱の抵抗と日本及び欧米列強との
外交交渉を考究すると共に、これをめぐって列強間の二重外交
関係が協調から争奪へと転換して行く過程を究明する。

　袁世凱と北京政府は二月から既に四カ国銀行団に借款の提供
を要望し、銀行団は二月二十八日に二〇〇万両（これは南京臨
時政府に融通）、三月九日に一一〇万両、十一日に二〇〇万両の
前渡金を提供した。四カ国銀行団は三月十二日のロンドン会議
において北京政府に対する借款方針を協議し、三月に合計一一
〇〇万両、四、五、六月に各六四〇万両、必要ならば七、八月
も同額の前渡金を提供し、五年間にわたって六〇〇〇万ポンド
を上限とする所謂改革借款＝善後借款を提供することを決定し
た。前渡金は善後借款が成立する前に臨時に前渡しする借款で
あり、善後大借款成立後にそこから償還するようにしたので
あった。これまでは南方の革命軍とその軍政府を刺激するのを
恐れ、袁を支持しながらも彼に公然とは借款を提供しなかった
イギリス等欧米列強は共同して袁と北京政権に対する大借款に
乗出したのである。しかしこの借款には用途に対する監督と四
カ国銀行団の北京政府の財政代理人への指定という条件が付加
えられた。このため袁世凱・北京政府と銀行団はこの条件をめ
ぐって一年間の外交的攻防戦を展開した。

　銀行団は北京政府に次のような代理契約書を強要しようと
した[1]。
　　　一　「財政代弁者ハ提供セラレタル担保ヲ精査スルノ権限
　　　　ヲ有スルコト」。「財政代弁者ニ於テ必要ト認ムル場合ニ
　　　　ハ担保ニ供スヘキ収入ヲ外国専門家ノ管理ニ属セシムヘ

---

[1]　外務省編『日本外交文書』第45巻第2冊、331－33頁。

キコト」。大借款は塩税を担保としていたため「塩税ニ付
テハ外国専門家ノ下ニ海関ヨリ選任スル税務司一名並数
名ノ補助員ヲ附シ徴収方法ノ改正ヲ行ハシムルコト尚右
専門家ノ徴税報告ハ財政代弁者ニ通報スヘキコト」。

二　「借款金額ハ凡テ『財政代弁銀行組合』ニ預入ルル
　　コト」。

三　「借款金額ニ対スル一般ノ支出要求ハ財政部附財政代
　　弁者代表ノ署名承認ヲ要スルコト」。

　右契約の内容は北京政府の財政を四カ国銀行団の監督と支配
下に置き、公然と中国の内政に干渉して中国の金融市場を独占
しようとするものであった。

　これはベルギー借款と密接な関係があった。三月十四日北京
政府はベルギー銀行と一〇〇〇万ポンドの借款契約を締結した。
これは北京政府が四カ国銀行団の中国に対する借款の独占を打
破し、中国に有利な借款条件を獲得するための措置であった。
ベルギーは小国でありながら銀行団への加入を申出たが、日本
と四カ国銀行団にその要求を拒否されたので、このような単独
行動をとったのである。銀行団は三月八、十一日袁世凱と書簡
で取交した借款優先権と独占権を主張し、北京政府にこの借款
に対する抗議を申入れた。この圧力により北京政府はこの契約
を破棄した。四カ国銀行団はこの件を通じて中国の金融市場を
独占する必要を痛感すると同時に、ベルギーの借款を断念した後、
北京政府が資金の緊急調達に苦慮するのに乗じて右記の契約を
強要しようとしたのである。しかしロンドン本部は中国側の反対
を恐れ、この契約案を中国側に提出することに賛成しなかった。
しかし対中国借款に対する監督を放棄しようとはしなかった。

　善後借款は革命後の経済復興のための経済的借款ではなく、
政治的借款であった。欧米列強はこの借款を提供することに

よって、北京政府と袁世凱を自分の手元に掌握し、彼らの中国
における利権を保護・拡大しようとしたのであった。借款はこ
の目的を達成するもっとも有効な手段であったから、伊集院公
使は二月二十六日既に内田外相に「今後北京政局ニ於テ借款問
題ハ最モ重要ナル部分ヲ占ムヘキハ必定ナル」[1]旨を進言し、
その対応策を講ずるよう要請した。日本は主に南京臨時政府と
借款交渉を進めていたため北京政府に対する借款においては欧
米列強に立遅れていたが、北京政府が南北統一後唯一の政権に
なるこの時期には、早急に欧米列強の仲間入りをして、彼らと
共に北京政権に浸透しながら、彼らと争奪しようとした。日本
政府と内田外相は「今後起ルベキ支那借款ニシテ政治的性質ヲ
有スルモノニハ主義トシテハ必ス参加スルノ方針」[2]を確立し、
この政治的借款に参加するに当り日本は「契約当事者トシテ他
国団体同様一切ノ権利ヲ獲得スル」[3]ことを声明した。

　欧米列強はどのように日本に対応したのであろうか。彼らは
日本の参加を好ましくないとは思いながらも日本の参加を要望
した。日本の参加を正式に要請したのはドイツであった。三月
八日駐日ドイツ大使フォン・レックスは本国政府の訓令に従っ
て、「支那借款ニ対シ日本資本家団ノ参加ヲ日本帝国政府ニ勧誘
スベキ」[4]旨を内田外相に申入れた。ドイツが日本への参加勧
誘の口火を切った動機は不明であるが、その後十三日にイギリ
スが、十四日にアメリカも正式に日本の参加を要請した。フラ
ンスは十三日外務省アジア部長ベルトローが非公式に日本の加
入を歓迎する意を表明した。フランスが他の列強より遅れたの
は、ロシアとの同盟関係に基づいて、ロシアの参加問題につい

① 外務省編『日本外交文書』第 45 巻第 2 冊、239 頁。
② 外務省編『日本外交文書』第 45 巻第 2 冊、302－03 頁。
③ 『日本外交文書』（辛亥革命）、254 頁。
④ 『日本外交文書』（辛亥革命）、255 頁。

てロシアと交渉する必要があったからである。日本もロシアとの協約関係に基づいて、また日・露が連携して四カ国銀行団に対抗するため、ロシアと共にこの借款に参加することを希望し、関係の調整に取掛かった。

　日本はロシアをパートナーとして共にこの借款に参加しようとした。しかしロシアは躊躇する姿勢を示した。それは前述のように、ロシアは北京政府承認の前提条件として北京政府が中国における列強の既成権益を承認することを要求し、またこの時期に既に日本と第三回日露協約の交渉を開始して蒙古と中国西部地域におけるロシアの権利を拡大しようとしていた故に、借款に応ずることは共和政府を承認することになるとして、北京政府承認の前に借款を提供することをなるべく避けようとしたからである①。その上ロシアはベルギーの清白銀行とシンジケートを結成していたので、ベルギーが参加するか否かもロシアの参加を牽制していた②。しかしロシアとしても日本との協調を軽視することは出来ず、またこのチャンスを完全に放棄するのも惜しいことであった。そこで妥協案として前渡金借款だけに参加し、善後借款には参加しないことを日本に通告した。日本はロシアと協調しながらも、独自の権益のため善後借款にも参加することを決定した。ロシアはこれに不満を表明して日本の単独行動を牽制しようとした。しかし日本は三月十八日四カ国銀行団に善後借款に参加することを通告した。だが銀行団にはまだ参加していなかった。

　日本政府は日本の銀行団体の代表として横浜正金銀行を指名し、正金銀行は日本の国家と銀行団体を代表してこの借款に参加することになった。正金銀行は国家独占資本の性格を帯びた

---

① 外務省編『日本外交文書』第 45 巻第 2 冊、262 頁。
② 外務省編『日本外交文書』第 45 巻第 2 冊、262 頁。

銀行として各国銀行団の会議と活動に参加することになったのである。日本政府は十七日首相官邸に西園寺首相・内田外相・倉知外務省政務局長・橋本大蔵次官・勝田大蔵省理財局長、及び井上馨・高橋是清らが参集して、正金銀行に訓示すべき次のような具体的方針を決定した①。

一　日本資本家団体の負担すべき借款の公債を国内市場で募集する場合には本借款関係資本家団体の一もしくは数者が共同で発行すること。

二　中国の借款に関する一切の事項は南満洲と蒙古において「帝国ノ有スル特殊ノ権利及利益ト何等抵触スルカ如キコトナカルヘキヲ当然期待スル次第ナルヲ以テ該借款ニ関スル事項ニシテ直接間接該地方ニ関係アルモノニ付テハ資本家団体ニ於テ帝国政府ノ意見ヲ無視シテ何事ヲモ為スコトヲ得サル」こと。「今回ノ借款ニ依リ得タル金員ハ満洲及蒙古ニ関シ一切之ヲ使用セサル」こと。右目的達成のため「常ニ露国資本家団体トノ間ニ密接ナル関係ヲ保」つこと。

三　他国資本家団体との同等の権利を主張し、借款は日本「資本家団体ニ於テ他国資本家団体ト同一ノ割合ヲ以テ負担ヲナスヘキモノナルト同時ニ右ニ関連スル外国専門家傭聘其他一切ノ事項ニ付テハ我ニ於テ必ス他国ト同等ノ権利ヲ有スヘキモノナル」こと。

四　一九一一年四月四カ国銀行団と清政府との間に締結された幣制改革及び産業開発を目的とする一〇〇〇万ポンドの借款を日本国は是認していないが、もし四カ国が該契約第十六条の規定を削除するかまたは前記第二に記

① 外務省編『日本外交文書』第45巻第2冊、326－27頁。

載した条件を入れるなら、この借款に参加する希望を有
する。しかし本借款の実行如何にかかわらず「支那ノ幣
制改革ニ関スル借款ヲ起スコトトナル場合ニハ我ニ於テ
ハ必ス之ニ参加スヘキ」こと。

　　五　漢冶萍公司等他の借款は「今回ノ参加ニ依リ何等ノ拘
　　　　束ヲ受ケサルヘキ」こと。

　これが日本政府の方針であり、中国に対する共同借款に参加
すると同時に、この善後借款への参加によって日本の満蒙等に
おける特殊権益を確保し、新しい権益を拡大しようとしたので
ある。善後借款における日本の活動はこの方針に沿っておこな
われた。

　日本銀行団の代表として横浜正金銀行取締役小田切万寿之助
が四カ国銀行団に加入し、四カ国は五カ国になった。五カ国銀
行団は前渡金に対する監督方法を協議し、次のような監督案を
北京政府に提出した①。

　　一　国際資本団はその代表として監査役外国人一名を北
　　　　京政府財政部に配属させる。「其ノ任務ハ前貸ニ依ル一
　　　　切ノ支払命令ニ署名シ資本団ニ定期ノ報告ヲ為スニ
　　　　在」った。

　　二　北京政府陸軍部は関係公使館選出外国陸軍武官（複
　　　　数）と協力して委員会を組織する。軍隊解散の費用及び
　　　　給与について外国人監査役は委員会の命令を遵守すべき
　　　　である。委員会はその代表として一名または数名の中国
　　　　人及び外国陸軍武官を南京・武昌・広東等に派遣し、軍
　　　　隊の給与、解散させるべき部隊に関し絶えず報告せしめ
　　　　る。軍隊を解散させる場合、委員会は兵数と給与を監査

---

　　①　外務省編『日本外交文書』第45巻第2冊、339-40頁。

役に報告し、監査役はこれに基づき支払命令に署名する。解散させた兵士に対しては、武器及び装備の兵器庫への返納と引換えに、給料の支払伝票を委員会から派遣された代表の面前において交付する。伝票には「若シ額面金額ノ交付ヲ受ケサルトキハ代表派遣員ニ申告スルヲ得ル」旨を記入しておく。右の手続は維持すべき軍隊にもなるべく適用する。将来の支払も委員会の命令を待って支払う。

三　文官の俸給及び行政費支出については所要月額の概要をあらかじめ官報に発表する。詳細な項目を財政部より監査役に提出し、監査役は不要または過多と認められる項目について質問査覈した後、署名発給する。地方に発給したものは当該地方または最寄りの領事に支払表を送付し、領事をして内秘方法により金額が適当に使用せられているかを取調べ、不正不当の支出の疑いあれば報告する。

四　前記以外の費用に関し監査役の遵守すべき規則は、その都度財政部と資本団との間で協議すべきである。

この監督案は中国の財政を監督するだけではなく、中国の軍事問題をも監督・干渉しようとしたものであった。辛亥革命の時期南北の軍隊は急激に拡大され、一〇〇万人（南方三十万人）に膨張した。北京政府はその中の五十万人を復員させようとした。これには二〇〇〇万両の予算が必要であった[1]。日本とイギリス等四カ国はこの機を利用して軍事問題にも干渉しようとしたのである。

五月一日北京政府は借款前渡金の用途に関する明細書を銀行

---

[1]　外務省編『日本外交文書』第45巻第2冊、354頁。

団に提出し、総額七〇〇〇万両に達する巨額の前渡金を要求した[①]。これに対し日本と四カ国銀行団は五月六日に一五〇万両、十日に二〇〇万両を提供するのと引換えに、四月二十七日に五カ国銀行団が決定した監督条件を北京政府に強要しようとした[②]。このような条件を突然正式に提案すれば北京政府側が当惑し拒否するかもしれないため、五月一日の夜、香上銀行代理人ヒリヤーが北京政府総理唐紹儀と施肇基に上述の監督案を内示した。翌二日銀行代表団と唐・施らは正式に会談した。唐は「監督条件ニ対シ自分ハ素ヨリ内閣モ参議院モ無論反対ナルヘク殊ニ軍人側ハ決シテ承知ス間敷ト信スル」[③]と語り、断然承諾し難き旨を言明した。唐は「民国新ニ成リテ自分初メ国民最得意ナル時ニ方リ従来外国ガ満洲国（清朝政府—筆者）ニ対シ要求シタルヨリモ更ニ酷ナル条件ヲ要求スルハ無理ナリ」[④]とその理由を説明した。これは辛亥革命後民族と国家主権に対する意識が高揚したことを反映したものであり、正当な理由であった。しかし唐も借款の用途を実業と軍隊復員に分けるという妥協案を提出し、実業に関する事項についての監督と外国人傭聘に賛成する代りに、軍隊の復員にあてる三五〇〇万両の用途に対する監督条件は是非撤回するよう切望した。これは軍隊が国家主権を象徴する重要なものだからであった。しかし五カ国銀行団はこれを拒否した。これによって唐紹儀との会談は行詰った。

　唐紹儀は行詰りを打開するため、五月五日ヒリヤーに南方から着任した財政総長態希齢を銀行団とつづいて交渉させたいと申入れた。ヒリヤーは翌日いつでも交渉に応ずる用意があることを回答した。銀行団は各国公使の指導の下で北京政府との借

---

① 外務省編『日本外交文書』第45巻第2冊、241頁。
② 外務省編『日本外交文書』第45巻第2冊、341－42頁。
③ 外務省編『日本外交文書』第45巻第2冊、342頁。
④ 外務省編『日本外交文書』第45巻第2冊、343頁。

款交渉に当っていた。ロシアは四月に日本の説得に応じて善後借款に参加していた。六日日・露とイギリス等四カ国公使は交渉の行詰りについて意見を交換し、「大体ニ於テ前貸ニ付テ全然無監督トナスコト能ハサルハ勿論ナレトモ監督ノ実ヲ挙ケ得ルニ於テハ形式ニ就テハ銀行団ノ提出案ニ多少変更ヲ見ルモ苦シカラス」[①]との意見を銀行団に示した。五月七日ロシアの銀行代表を含む六カ国銀行団は熊財政総長と会談した。熊は「用途監督ニ関スル事項ハ勿論外国人監査役設置ヲサヘ難シ」[②]と述べたが、監督問題については閣僚らと審議する意向を表した。九日熊は審議の結果として「軍隊解散規定草案」を六カ国銀行団に提出し、外国人の監督を避けて軍隊を自主的に解散させる具体策を提案すると共に、借款によって各種の事業を興す際には外国人の専門家を招聘してその援助を受ける意図があることを示した[③]。この熊の案も唐の意見とほぼ同様であり、再度中国側は抵抗の意を表明したのであった。しかし六カ国銀行団はこの案を拒否し、双方の対立が激化した。日本は四カ国より遅れて監督問題にかかわっていたため、相対的に北京政府との関係がそれほど悪化していなかった。そこで日本銀行団の代表小田切は双方の間に立って両者を妥協させようとした。日本が果した居中調停の役割は善後借款交渉における特異なケースであり、袁と北京政府から好感を得るためには有利であった。十一日小田切は個人の資格で熊希齢を訪問し、軍隊解散の監督に関して、「関係地方ノ税関長ヲ以テ外国武官派遣ニ代ラシムレハ実際ノ効果同シクシテ地方人民ノ感情ヲ害スルコトナカルヘシ」[④]との私見を述べた。熊は大いに首肯し、閣僚と相談の上回答すべ

----

① 外務省編『日本外交文書』第45巻第2冊、350頁。
② 外務省編『日本外交文書』第45巻第2冊、352頁。
③ 外務省編『日本外交文書』第45巻第2冊、359－61頁。
④ 外務省編『日本外交文書』第45巻第2冊、362頁。

しと答えた。外国人監査役に関して熊は「暫ク支那側ト銀行トノ孰レニモ属セザル中間機関ヲ設ケ監査事務ヲ執ラシムル」[①]案を提出した。ただし熊は二案とも契約中に明記せずに書面の往復だけに留めおくことを主張した上で、この案で六カ国銀行団と交渉する意向を表明した。

　小田切の仲介により十一日午後熊希齢と六カ国銀行団との交渉が再開された。熊は「地方軍隊解散費ハ表面税収入金ヨリ支出シ之ニ相当スル金額ヲ借款中ヨリ税関勘定ニ振替ヘ補充スルコトトセハ税関長カ干渉スル表面ノ理由モ立チ体面ヲモ保チ得ヘク従テ民論の激昂少カルベシ」との意見を表明し、銀行団も「監督ノ実効サヘ挙ケ得ヘクハ異議ナシ」[②]との妥協的姿勢を示した。財政の監査役に関しては双方共に中立機関案に賛成し、その費用は銀行側が負担することになった。熊はこの中立機関に中国側の財務委員が参与することを希望し、銀行側も同意した。この二案はすべて書面の往復で取決め、前渡金契約中に記入しないことが合意された。この交渉に基づき、十二日六カ国銀行団はロンドン本部に中国側の対案として次のような案を報告した[③]。

　　一　財政部付近に会計監査局を設置し、六カ国銀行団より任用した外国人監査役一名と北京政府より任用した監査役一名（必ず中国人たるを要せず）及び双方の監査役が選任した外国人及び中国人補助員若干をもってこれを組織する。

　　二　前渡金をもって支出する請求にはすべて前記監査役の署名を要する。支出請求の時に支出項目及び説明書を

---

① 外務省編『日本外交文書』第45巻第2冊、363頁。
② 外務省編『日本外交文書』第45巻第2冊、363頁。
③ 外務省編『日本外交文書』第45巻第2冊、364−65頁。

　　監査役に提出し、監査役は何時にても実際の支出額に対
　　する証拠書類を検査することを得る。
　三　地方軍隊に対する支給並びにその解散に関しては当
　　該税務司と北京政府派遣の高級軍事代表者とが共同して
　　地方軍事官憲の提出による正副二通の支払項目表を検査
　　しこれに署名する。税務司は税関収入よりこれを支払い、
　　これに相当する金額をあらかじめ借款中より上海の総税
　　務司勘定に振替える。
　四　右記の取決めを前渡金契約中に記入しない。
　六カ国銀行団は右提案に対する確定的な同意を得た上は、北
京政府の緊急の必要に応じ三〇〇万両の前貸しを即刻実施する
ようロンドン本部に上申した[①]。十四日熊希齢財政総長は六カ
国銀行団と会見し、十二日ロンドン本部へ提出した監督条件を
承諾すると共に、至急六〇〇万両を前渡金として融通するよう
要請した。熊はもし六カ国銀行団が提供してくれない場合には
「不得止非常ニ不利益ナル条件ヲ忍ヒテ他ヨリ借入レサルヘカ
ラス」[②]と述べ、銀行団に外交的圧力を加えた。伊集院公使は
中国政府がこのような小借款をなしつつあるのは六カ国政府と
銀行団の好まざるところであるとして、「前貸ニ関スル監督条件
ニ支那政府代表者ノ応諾シタルヲ機会トシテ此際極メテ簡単ナ
ル手続ヲ以テ六百万両位前貸ヲ為シ与フルコト必要ナラン」[③]
と考え、私見として小田切に伝えた。これは北京政府が他の国
の他の銀行家から小借款をすることを阻止しようとしたので
あった。イギリス等四カ国銀行団もこの意見に賛成し、十六日
四カ国と日本側代表者との間で前渡金三〇〇万両を五月十七日

---

①　外務省編『日本外交文書』第 45 巻第 2 冊、365 頁。
②　外務省編『日本外交文書』第 45 巻第 2 冊、372 頁。
③　外務省編『日本外交文書』第 45 巻第 2 冊、372 頁。

に交付することが決定された①。その用途に対する監督条件は
十二日ロンドン本部に提出した案の通りであった。銀行代表団
はこの前渡金の提供を機に三月九日袁世凱宛書簡で提出した
「先ツ四国団体ニ相談セスシテ四国団体以外ノ筋ヨリ借款セン
トスルモノ如キ願出ヲ許可セサルヘキコトヲ約束ス」②ること
をあらためて北京政府側に確認させた。この前渡金には日・露
共にその六分の一ずつ参加することにし、その契約は六カ国銀
行団成立後に締結することにした。

　上述のように北京政府は前渡金を至急手に入れるために、日
本等六カ国銀行団は北京政府に対する借款を独占するために、
前渡金用途の監督に関して形式上は相互に譲歩し、妥協し合っ
た。これには北京政府の抵抗が一定の成果を挙げたといわざる
を得ない。しかし監督そのものは依然としてつづいていた。

　孫文・黄興ら革命党はこの監督条件に反対した。彼らも過去
日本と借款交渉をしたが、このような監督条件は容認しなかっ
た。四月二十七日孫文は広州で「もし監督されるのであれば、
それを拒否すべきである」③と語り、かつ「四カ国が中国の現
今の財政困難を利用して中国の進歩を阻止しようするなら、国
民は必ず発憤自助し、国内において公債を募集して目前の緊急
を救済するであろう」④と述べ、黄興らと共に国民的募金運動
を展開した。駐香港の今井総領事はこの孫文の「外国ノ財政監
督ハ政府ニ於テ極力拒絶スル」という意見を内田外相に速報し
た⑤。四月二十九日黄興は全国に国民募金を訴え、借款による

　① 外務省編『日本外交文書』第45巻第2冊、379頁。
　② 外務省編『日本外交文書』第45巻第2冊、380頁。
　③『孫中山全集』第2巻、中華書局、1982年、350頁。
　④『孫中山全集』第2巻、中華書局、1982年、350頁。
　⑤ 明治45年5月1日、在香港今井総領事より内田外相宛電報、第82号。防衛研究所所蔵。

亡国の危機を救うよう呼びかけた①。南方諸省の国民はこれに
応じ、特に胡漢民を都督とする広東省は積極的であった。黄興
はまた南京の船津領事にも「飽迄借款問題ニ反対スル」②意を
示した。孫文は六月一日国民募金会の総理に任命された。参議
院の議員らも列強の監督に反対して二項目の監督条件を削除す
るよう要求した。これは北京政府の借款交渉にインパクトを与
えた。

　熊希齢はこのような国民的反対を背景に六月初めヒリヤーに
監督条件の撤回を要求したが③、ヒリヤーは即刻拒絶した。し
かし北京政府の存続は外国からの借款にかかっているため、六
カ国は前渡金を提供せざるを得なかった。六月十二日に第二回
目の三〇〇万両が、十七日に第三回目の三〇〇万両が北京政府
に提供され、従来の監督条件も依然として堅持された④。しか
し提供に際しては監査局を財政部内部からその付近に移したり、
或いは"for their inspection and approval"を"for their
approval"に改めたりして、監督条件を緩めたような印象を中
国側に与えようとした⑤。

　六月十八日パリで開かれた日・露と四カ国銀行団代表者会議
は、日露の銀行団への参加を正式に承認した。これによって一
九一〇年に四カ国銀行団が成立して以来の日・露と四カ国間の
紛糾と争奪は結着し、一時的ながらも六カ国間の対中国借款に
おける協調態勢が整備されたのである。では中国における金融
市場と借款を独占し得る四カ国はなぜ日・露の善後借款と銀行

　　①『黄興集』中華書局、1981年、171頁。
　　② 明治45年5月27日、在南京船津領事より内田外相宛電報、第91号。防衛研究
所所蔵。
　　③ 外務省編『日本外交文書』第45巻第2冊、390頁。
　　④ 外務省編『日本外交文書』第45巻第2冊、406-07、412頁。
　　⑤ 外務省編『日本外交文書』第45巻第2冊、407頁。

団への参加を要望し、承認したのであろうか。日・露両国には
独自に中国へ巨額の借款を提供する能力がないにもかかわらず、
日・露の満蒙における特殊権益を容認し、彼らの参加を希望し
た原因は何であったのだろうか。それはイギリスの新聞『ステー
ティスト』が指摘したように、日・露両国は「中国本土に近接
し、必要の場合においては中国に圧力を加えるのに便宜である
ためである」[①]からであった。銀行団と北京政府との交渉が行
詰り停頓した時、日本側代表が日本の軍事力をバックに居中調
停の役割を果したことはこの側面を説明しているであろう。

　日・露の銀行団への参加により四カ国銀行団は六カ国銀行団
に拡大し、借款交渉もそれまでの四カ国銀行団から六カ国銀行
団という名義の下で進行することになった。交渉の内容も前渡
金から改革借款＝善後借款に変化し、今度は担保の問題が交渉
の重要な内容になった。

　袁世凱と北京政府は依然として監督条件の撤回を要求し、袁
は「六国銀行団ノ提出セル条件ハ到底参議院ノ同意ヲ得ル見込
ナキニ付提出サヘ見合セ」[②]るとフランス公使に語った。これ
は監督条件に対する袁の抵抗を表明したものである。これに対
し六カ国公使も七月八日の会議で「監督条件ニ付テハ断乎譲歩
シ難シ」と決定し、ヒリヤーに「監督条件無シニハ一切貸金ヲ
為ス能ハサル旨ヲ明カニ且詳細ニ熊ニ表示スヘキ」[③]ことを指
示した。双方が真っ向から対立する情況の下で、袁世凱は借款
の減額によって、監督条件を撤回させようとした。熊希齢は七
月八日の会談で、袁の意見通り一〇〇〇万ポンドならば銀行団
は監督条件を撤回するだろうと考え、借款減額の意を表したが、

① 臼井勝美『日本と中国─大正時代』原書房、1972年、26頁。
② 外務省編『日本外交文書』第45巻第2冊、438頁。
③ 外務省編『日本外交文書』第45巻第2冊、449頁。

銀行団は「貸金ノ多少ヲ論セス所要ノ条件ハ譲歩シ難シ」[①]と答えた。熊は塩税の代りに京奉鉄道の収入（年六〇〇万両）の全部を担保として提供する意を申入れたが、銀行代表らはそれでも監督条件を撤回しようとしなかった。こうして熊と銀行代表との会談は一時決裂した[②]。翌日六カ国公使も陸徴祥外交総長に、このような情況の下では六カ国政府は中国に対する借款提供を批准することは出来ないと通告した。この事実は袁と北京政府が国家主権を守るため一定の努力をしたことを示している。

　借款交渉が決裂した後、銀行団側は日本の伊集院公使と小田切代表に中国側を説得して譲歩させるよう申入れた。七月十一日伊集院公使は袁世凱を訪問し、袁に六カ国銀行団の真意は「貴国刻下ノ難局ヲ救ヒ秩序ヲ回復セシメ既放資金ノ安全ヲ謀ラント欲スルノ外他意ナキ」と述べたが、袁は「六国団体ノ趣旨カ果シテ好意ニ基クモノナリトセハ我ノ承認シ能ハサル不可能ノ条件迄モ之ヲ強ユルカ如キ謂レアルヘキ筈ナク余ノ見ルトコロニ拠レハ六国団体ハ名ヲ支那ノ救済ニ藉リ以テ利益ヲ壟断シ内政ニ干渉ヲ試ムル」ものであると述べ、「此際至難ノ条件ヲ撤回シ担保ノ如キ若シ塩ノ収入ニテ不足ナリトアラハ更ラニ他ニ適当ノ担保ヲ提供スルモ差支ナキニ付其辺ノ処ニテ成立ヲ告クル様尽力アランコトヲ望[③]ム」と語った。袁は担保の追加を代償に監督条件を撤回させようとしたのであるが、銀行団はこれに応じようとしなかった。

　監督条件交渉の決裂により、六カ国銀行団は前渡金の提供を中止し、北京政府に経済的圧力を加えた。北京政府はその対応策として、元財政総長熊希齢を会長とする財政委員会を組織し、

---

① 外務省編『日本外交文書』第45巻第2冊、451頁。
② 外務省編『日本外交文書』第45巻第2冊、451—52頁。
③ 外務省編『日本外交文書』第45巻第2冊、456—59頁。

六カ国銀行団に参加していない他の銀行に小借款を起こそうとした。銀行団に参加していない各国の銀行は対中国借款の機会を得るため、この小借款に応じようとした。まずドイツのディートリヒセン商会が北京市内電車を担保として八〇〇万マルクの借款提供を承諾し、前渡金三〇〇万両をとりあえず提供しようとした。これにつづいてイギリス・アメリカの実業団体からも北京政府に借款提供の申入れがあった。八月三十日中国駐英公使劉玉麟はイギリスのロイズ銀行の取締役クリスプと一〇〇〇万ポンドの借款契約を締結した。これは北京政府が財源を確保するためであると同時に、六カ国銀行団の独占を打破し、その監督条件を撤回させようとする手段であり、六カ国に対する挑戦でもあった。

　六カ国銀行団は北京政府が小借款を画策している情報を察知し、八月九日六カ国公使会議を開いて、対応策を講じ始めた。イギリス公使ジョルダンはこれらの小借款を支持するのは六カ国銀行団にとって甚だ不利である故に「之ヲ承認セサルコトニ六国一致共同ノ措置ヲ執ラサルヘカラス」と述べ、また「六国所属臣民ノ企ツルー切ノ借款ニ対シ厳重ニ否認ノ態度ヲ採ル必要アリ」[①]と述べた。ロシア・フランス両公使もこれに同意した。イギリス政府はその後北京政府に小借款に対する抗議を申入れると同時に、ロイズ銀行のロンドンにおける債券発行を妨害し、その取消を強要した。しかし六カ国銀行団に参加していないロンドン＆サウスウェスタン銀行等はこの小借款を支持し、フランス・アメリカの銀行家の中にも支持者があった。イギリス政府と銀行団はこの小借款を阻むことが出来ず、ロイズ銀行は九月十五日まず五十万ポンドの前渡金を北京政府に提供した。

---

① 外務省編『日本外交文書』第45巻第2冊、460頁。

　次に問題となったのは実業的借款への対応についてであった。この種の借款については各国の利害が異なり、共同一致の対応をとることは不可能であった。ジョルダン公使は自国民が中国中央または地方政府と鉄道・鉱山等に関する借款契約を締結し、北京政府より承認方照会に接した場合、これを承認するか否かにつき各公使の意見を求めた。ロシア・フランスの公使は承認を拒絶すべきだと言明し、アメリカ・ドイツの公使は本国政府の訓令を仰がざるを得ないと答えた[①]。伊集院公使も「銀行団ニ属セサル財業者ヲ絶対的ニ覊束スルコトハ単純ニ決シ難キ問題ナリ」[②]として本国の訓令を仰ぐ必要があると答えた。それは日本は政治的な借款に関しては銀行団と共同一致の態度をとっていたが、実業的借款に関しては単独行動をとっていたからである。これに対し内田外相は八月十五日伊集院公使に「所謂不承認トハ当該政府ノ賛成セザルコトヲ声明スルニ止マリ斯ル借款ヲ禁止スルノ命令ヲ意味スルニ非ルベク」として、実業的借款の禁止を関係国間に約束することは到底望み得ないと消極的態度を示しながらも、イギリス等との協調を保つため「帝国政府ニ於テハ右効果ノ如何ハ暫ク措キ現下ノ事態ニ鑑ミ本件協定ノ精神ニ賛成シ六国側ト支那側トノ関係ノ現状継続スル間且他関係国力総テ不承認ノ態度ヲ執ル限リ帝国政府モ亦同様ノ歩調ニ出ツベキ」[③]だと訓令した。しかし日本は裏においては漢冶萍公司借款や中国東北地区における鉄道建設借款等の交渉を中国側と単独で進行させ、独自の権益拡大に努力していた。これは日本と欧米列強が一面においては協調しながら、別の面においては争奪していることを示している。

　　① 外務省編『日本外交文書』第45巻第2冊、460頁。
　　② 外務省編『日本外交文書』第45巻第2冊、460頁。
　　③ 外務省編『日本外交文書』第45巻第2冊、463頁。

　四カ国或いは六カ国銀行団のイニシアチブはイギリスが掌握していたから、借款の用途の監督と小借款をめぐって北京政府とイギリスとの対立が激化した。その上イギリスが中国兵のチベット入境を拒否し、この地区における自己の勢力圏を拡大・強化しようとしたので、対立は一層激化した。九月十四日イギリスのジョルダン公使は袁世凱に本国政府からのクリスプ小借款に対する抗議の訓令を申入れたが、袁は「今回倫敦借款（小借款を指す―筆者）交渉ハ自分ニ於テ承諾シタルニ相違ナシ……各国ニ駐箚セル支那公使ニ訓令シ金策ヲ試マシタル其ノ内ノ一ニ外ナラス」と述べ、また「事ノ茲ニ至リタルハ実ニ已ムヲ得サル次第ニシテ自分ニ於テハ何トモ致シ方ナシ」[①]と述べて圧力に屈しない姿勢を示した。この件について伊集院公使は「今日に於テ袁カ英国公使ニ対シ斯カル冷澹ナル態度ニ出デタルハ近来西蔵及借款等の問題ニ関シ同公使ノ一向袁ヲ援助セサルノミナラス寧ロ進ンテ困却セシムル様ノ地位ニ立テルヲ以テ袁ハ同公使ニ対シ嫌焉タラサルモノアリテ殊更ニ斯ク待遇シタルニアラスヤ」[②]と分析した。これはイギリスは袁が中国に君臨するまでは袁を支持・支援したが、その目的は中国における権益を拡大するためであったから、袁が政権を掌握した後には新権益の提供を袁に強硬に要求し、これに対し袁が反発したことを示す。これがイギリスと袁との関係の弁証法であった。

　イギリスと袁との対立が激化する反面、日本と袁との関係は相対的に緩和し始めたようであった。故に、北京政府は日本を通じて銀行団との交渉を再開しようとした。七月十二日財政総長に就任した周学熙は八月三十一日趙秉均と共に密かに小田切を訪ね、「小口借款ヲ試ミテモ到底其詮ナキニ付矢張六国銀行団

---

① 外務省編『日本外交文書』第 45 巻第 2 冊、472—73 頁。
② 外務省編『日本外交文書』第 45 巻第 2 冊、473 頁。

ト借款ヲ議シタキ」[①]旨を申入れた。小田切は銀行団の同僚と
交渉再開の件を相談したが、いずれも再開に同意した[②]。周学
熙は交渉再開を前に、九月十四日小田切に参議院の賛成を得た
中国側の対案を内示した。この案はまず借款問題における次の
ような原則を提示した[③]。
　　一　中国政府ノ行政権ニ障害ナキヲ要ス。
　　二　中国人民ノ風潮ヲ激動セサランコトヲ要ス。
　この原則は中国の主権を維持しようとしたものであった。も
し銀行団がこの原則に同意するならば、借款は二期に分けて処
理するとされた。第一期は「消費的借款ト為シ軍隊解散並ニ発
餉及旧債償還等ニ用ヒ其額ハ約二千万磅トス」、第二期は「生産
的借款ト為シ実業ノ振作費等ニ用ヒ将来一事業毎ニ借款ヲ行フ
コトトシ金額ヲ制限スルノ要ナキモノトス」[④]とされた。この
ように政治的借款と経済的借款を分けることによって第一期の
政治的借款の比重を減らし、これによって担保・監督の条件を
緩和しようとした。このため周は銀行団が第一期借款提供の条
件として提出した担保・監督等に関し、（一）借款の抵当とした
塩税に関しては北京政府財政部派遣の中国人と財政部雇入れの
外国人が会同して徴収し、塩の運搬及び販売はすべて塩運司が
主管する、（二）外国人財政顧問は一般の契約手続に従って中国
自ら招聘し、借款の用途に関しては北京政府より会計に精通す
る中国人を選抜し、かつ監査専門の外国人を雇入れて帳簿の検
査に立会いわせ、毎期これを公布する、（三）「第一期借款契約
成立以後債票ヲ発行シ終ラサル以前ニ於テ中国カ若シ続イテ借
款ヲ起サントスルトキハ先ツ銀行団ニ掛合ヒ其条件ニシテ他ノ

---

① 外務省編『日本外交文書』第 45 巻第 2 冊、464 頁。
② 外務省編『日本外交文書』第 45 巻第 2 冊、464 頁。
③ 外務省編『日本外交文書』第 45 巻第 2 冊、474 頁。
④ 外務省編『日本外交文書』第 45 巻第 2 冊、474 頁。

資本家ト相等シキトキハ銀行団ハ引受ノ優先権ヲ有スルモノト
ス」①等を提案した。これによって借款において出来得る限り
中国の主権を維持し、銀行団の借款独占を打破しようとしたの
であり、また北京政府自らの外国人の雇入れ或いは招聘により
銀行団と部分的に妥協しようとしたのであった。周学熙はこの
部分的妥協により、銀行団からとりあえず三〇〇万両の前渡金
を得ようとした②。

　しかし北京政府が銀行団に頼らざるを得ない情況に頻してい
る機会に、銀行団がこのような案を受入れるはずはなかった。
九月十八日銀行団は従来よりも一層厳しい条件を提出した。そ
れは、（一）借款担保とするべき「塩税全部其他ノ物件ハ海関又
ハ外人ノ指揮ニ属スル海関同様ノ特殊機関ニ依リ之ヲ管理シ且
其収入ハ海関ニ関スル現行方法ト同様ノ方法ニ依リ之ヲ団体所
属銀行ニ払込ムベキ」とする、（二）借款の用途は「財政総長及
外国人出納主任官ト共同シテ之ヲ監督スル」、（三）北京政府財
政部は銀行団と「五箇年間団体ヲ以テ支那政府ノ財務代弁者ニ
指定スル旨並其一般財政政策、利源開発機関及租税ノ改正徴収
等ニ関シ団体ニ協議スベキ旨ノ契約ヲ締結スベキモノトス」③
等であった。特に第三の条件は借款だけでなく北京政府の財政
全般に対する監督を要求したものである。二十日周財政総長は
「六国団ノ条件ハ全然承諾シ難キモノナリ」④とし、九月十四日
に内示した案を国務会議の決定を経た「借款大綱」として正式
に銀行団に提出し、従来の主張を繰返した。しかし銀行団がこ
れを拒否して交渉はまた停頓した⑤。

①　外務省編『日本外交文書』第45巻第2冊、475頁。
②　外務省編『日本外交文書』第45巻第2冊、478頁。
③　外務省編『日本外交文書』第45巻第2冊、481頁。
④　外務省編『日本外交文書』第45巻第2冊、483頁。
⑤　外務省編『日本外交文書』第45巻第2冊、486-88頁。

　九月二十七日北京政府は銀行団に対抗する措置として、クリスプと締結した一〇〇〇万ポンド借款のうち五〇〇万ポンドの公債募集をロンドン金融市場で開始した[①]。イギリスのジョルダン公使は袁にこのような行動の中止を強く要求したが、袁は「銀行団提出ノ条件ハ到底承諾シ得ベキモノニアラズ……支那側ニ取リテハ已ムヲ得サルニ出タルモノ」[②]だと反駁した。北京政府と袁世凱の抵抗に直面したイギリス政府は、九月二十七日日本等五カ国に借款提供の条件を緩和すべきだと申入れた[③]。それは「改革借款商議ハ茲ニ全然抛棄セラレタルモノト見做サルヽニ至」[④]ったからであった。しかし日本政府は従来と異なり、イギリスの意見に反対した。十月十六日内田外相は駐日イギリス大使に「此際六国団体ヨリ進テ借款条件ヲ緩和スルノ挙ニ出ヅルカ如キハ得策ナラザルベシト信ズ」[⑤]との意見書を提示した。その理由として内田外相は、（一）「六国団体自ラ其弱点ヲ自白シ」、中国側をしてこの「勢ニ乗シテ好ンデ資本家間ノ対抗ヲ誘発スルノ策ニ出ヅルニ至」ったこと、（二）「支那ト列国トノ間ニ於ケル他ノ諸般ノ問題ヲ満足ニ解決スル上ニモ非常ナル悪影響ヲ及ホスニ至ルノ虞」[⑥]あること等を挙げた。これは日本の強硬な姿勢を示したものであった。内田外相は駐北京の六カ国銀行団と六カ国公使が「現下ノ事態ニ照ラシ絶対必要ニシテ且実行可能ナルヘキ条件ノ何タルヤヲ攻究セシムル」[⑦]ことを提案した。イギリス等他の五カ国もこの提案に賛同した。

　同時に六カ国は弁済が遅滞している、或いは既に弁済期限に

① 外務省編『日本外交文書』第 45 巻第 2 冊、492－93 頁。
② 外務省編『日本外交文書』第 45 巻第 2 冊、494 頁。
③ 外務省編『日本外交文書』第 45 巻第 2 冊、507－08 頁。
④ 外務省編『日本外交文書』第 45 巻第 2 冊、509 頁。
⑤ 外務省編『日本外交文書』第 45 巻第 2 冊、535 頁。
⑥ 外務省編『日本外交文書』第 45 巻第 2 冊、535 頁。
⑦ 外務省編『日本外交文書』第 45 巻第 2 冊、536 頁。

至ったすべての債務の至急返済を北京政府に要求し、またクリスプ借款において塩税を担保としたことに再三の抗議を提出して、北京政府に外交的・経済的圧力を加えた。

　このような圧力の下で、北京政府は財政難を打開するため六カ国銀行団に借款交渉の再開を希望し、十月二十一日伊集院公使に「是非六国団ニ相談シタキ」[①]旨を表明した。この再開を前に周財政総長と趙秉鈞国務総理が小田切を訪ね、日本側に尽力を要請した[②]。イギリス・アメリカも小田切に中国側と接触して双方の関係を調停するよう希望した。小田切を代表とする日本銀行団は六カ国銀行団の一員であり、また銀行団と中国側との間に立って双方を調停する二重的役割を果した。この二重的役割がイギリス等四カ国が日本を銀行団に参加させた一原因でもあったともいえよう。その結果、十一月二十七日に北京政府総理趙秉鈞・外交総長梁如浩・財政総長周学熙を全権委員とする代表団との交渉が再開された。周総長は二〇〇〇万ポンド借款を要望し、借款の減額によって銀行団の監督・干渉を緩和しようとした。この交渉に先立って銀行団はクリスプの借款契約を破棄するよう要求し、クリスプもイギリス政府と銀行団からの圧力と障害によって借款を提供しようとしなかったためにクリスプ借款は事実上中止になった。しかしこの借款は銀行団との交渉において一定の役割を果した。これを踏まえておこなわれた両者の交渉は、双方の譲歩・妥協により大いに進捗した。この結果銀行団と北京政府は次のような点てほぼ一致した[③]。

　　一　借款総額二五〇〇万ポンド、利子五分。

　　二　塩税を担保とする。塩税徴収を保障・監督するため、

---

① 外務省編『日本外交文書』第45巻第2冊、542頁。
② 外務省編『日本外交文書』第45巻第2冊、574頁。
③ 外務省編『日本外交文書』第45巻第2冊、597－99、600－02頁。

財政総長の監督下に塩務処を設置し、同処内に総稽核処を置き、中国人総弁一名、外国人外会弁一名がその管理に当り、産塩地には稽核処支局を設け、外国人を雇入れ塩税収を取扱う。各省の地租及びその他の収入を臨時担保とする。これら外国人招聘に関しては取決め前非公式に銀行団に通告する。

三　借款使途監督のため会計検査院に外国人一名を顧問として招聘し、同院内に国債科を置き、科長に中国人、副科長に外国人を任命して国債の収支を監督せしめる。副科長は借款資金一切の支払命令に署名することが出来る。副科長の人選は中国側より六カ国銀行団に通知し、その了解を得る。借款資金引出小切手に六カ国銀行団代表者と北京政府財政当局が連署する。六カ国銀行団代表者は何時でも会計検査院より決算に関する証拠書類を検閲することを得る。

こうして借款総額は六〇〇〇万ポンドから二五〇〇万ポンドに減少し、銀行団の借款の用途に関する監督も直接的な形式から間接的な形式になった。外国人による塩政・塩税及び借款の用途に関する監督は事実上依然として存在したが、形式的には北京政府がその主権を行使する体裁をとって銀行団と妥協したのである。このように妥協した原因は、北京政府にとっては六月の二回の三〇〇万両の前渡金とクリスプからの五十万ポンドの前渡金しか得られず、その上クリスプの一〇〇〇万ポンドの借款契約もイギリス等の妨害により不可能になり、財政の窮乏その極に達していたからであり、一方六カ国銀行団にとっては北京政府がクリスプ借款の契約に締結することによって銀行団の独占を打破し、銀行団に抵抗しようとしたことにショックを受け、独占的地位を確保するために形式上譲歩せざるを得な

かったからである。これは北京政府の対抗措置が一定の効果を挙げたことを物語る。

上述の借款交渉において北京政府財政総長と交渉していたのは表向きは銀行団だったが、裏では各国政府と駐北京の六カ国公使が指揮していた。銀行団は上述の内容を基本とした借款契約草案を作成して六カ国公使に提示したが、公使らは契約草案中または別に文書をつくって外国人の人選及び招聘契約はあらかじめ銀行団の承諾を得べきことを公約することと、辛亥革命における外国人の損害賠償を借款契約に記入することを要求した[①]。外国人招聘の件は事実上その最終批准権を銀行団が掌握しようとしたものであった。十二月三十一日伊集院公使はフランス公使と共に陸徴祥外交総長と周学熙財政総長を訪ね、この要求を提出した。両総長は原則として革命期の損害賠償に対しては応ずることを言明したが、外国人招聘の手続の問題に関しては峻拒した[②]。談判の末双方は「六国公使ハ適当ノ時機ニ於テ外交部宛六国借款ニ関聯シ支那政府傭聘外国人ノ地位権限契約等ヲ承知シタキ旨ノ書面ヲ送リ外交部ハ之ニ対シ人名地位契約等ヲ六国公使ニ通知スヘシ」[③]ということで妥協した。これは銀行団側の譲歩によるものであった。翌年の一月九日六カ国公使は双方の同意事項を覚書に認め、六カ国公使連署の上北京政府外交部に送付し、中国側の確認を取付けようとした[④]。十五日陸徴祥がほぼ同様の回答を送ってきた。しかし金融帝国であるフランスのコンチイ公使は九日の覚書に不満を抱き、ロシア公使クルペンスキと共に北京政府と別に契約を締結すべきだ

---

① 外務省編『日本外交文書』第 45 巻第 2 冊、606、627 頁。
② 外務省編『日本外交文書』第 45 巻第 2 冊、629－30 頁。
③ 外務省編『日本外交文書』第 45 巻第 2 冊、630 頁。
④ 外務省編『日本外交文書』大正 2 年第 2 冊、91 頁。

と主張し①、イギリス・ドイツ公使と対立した。この対立は借款の条件として北京政府が招聘する外国人顧問の各国割当をめぐる銀行団内部の競合を反映したものであった。駐北京のイギリス・アメリカ・ドイツの公使は「仏国ノ真意ハ成ルベク多数ノ仏国人ヲ持込マントスルニアルベシ」②と的確に分析した。六カ国公使会議においてもイギリス・フランス・ドイツ・ロシア四カ国公使が塩務会弁・審計院・国債局の顧問等のポストをめぐって争奪戦を展開していた。そのため六カ国間の協調態勢は再び崩れ始めた。これは中国における列強間の協調と争奪の二重関係の中で、後期には協調よりも争奪が主になったことを示している。

　ポストをめぐる争奪は権益をめぐる競争でもあった。この競争は意欲の問題だけではなく、各国の金融力の大小に直接関係していた。フランスが世界の金融帝国としてその力をバックに重要なポストを要求するのは当然のことであった。しかし財政的に弱い日本は借款資金の提供において他の列強と競争する金融力がないため、当初から上述の重要な三顧問は断念していた。そして「地方塩務ニハ他国人ヨリモ成ルベク多クノ日本人ヲ入ルルコトヲ条件トシ且借款ニ関係ナキ中央部ニ日本人顧問ヲ入ルルコトニ対シ関係国ノ援助アルコト」③だけを希望し、六カ国協調の下で速やかに借款契約に調印することを要望していたため、六カ国が争奪のために分裂の危機に追込まれた時、銀行団内部において居中調停の役割を果した。首相兼外務大臣であった桂太郎は、一月二十五日五カ国政府に一月九日の覚書と十二月三十一日北京における打合せの結果に従って中国側と妥協するよう申入れた。その理由は、現下の事態に鑑み北京政府

---

① 外務省編『日本外交文書』大正2年第2冊、89頁。
② 外務省編『日本外交文書』大正2年第2冊、90頁。
③ 外務省編『日本外交文書』大正2年第2冊、131頁。

がフランスの主張に同意するはずはなく、もしあくまで北京政府に対してこれを主張すれば、借款交渉が遂には分裂する可能性がある上、旧暦の年末も目前ニ迫り、資金欠乏の北京政府が如何なる窮余の策に出るか計リ難いと憂慮していたからであった①。駐北京の水野臨時代理公使もイギリス等各国公使と個別協議をしながら意見の調整に取掛かった。

しかしこの折にアメリカの銀行家の中から銀行団から脱退しようとする動きが現れた。駐北京アメリカ公使カルホウンも借款交渉はもはや中国を援助するための友好的な国際協力ではなく、政治上の利己的な目的を達成するための共通の利害関係を有する大国の結託であると非難した②。この時民主党のウィルソンが大統領に就任し、国務長官に就任したブライアンは三月十八日アメリカ銀行団の脱退を声明した。この声明の中でブライアンは「借款条件中ニハ時勢ニ後レタル課税ヲ含メル一定ノ租税ヲ担保トスルノミナラス外国人ノ之ニ関スル管理方ヲモ規定シアリ右ハ支那行政権ノ独立ニ干渉スルモノ」③であるとして、銀行団からの脱退の理由を説明した。これはアメリカ脱退の理由の一部を語ってはいるが、その本質を説明するものではない。アメリカはこの銀行団において日・露とは満蒙の権益をめぐって対立し、イギリス・フランス・ドイツとは銀行団内部の権力をめぐって対立しており、相対的に孤立状態に置かれていた。故にブライアンはこの声明の中でアメリカの伝統的外交政策である門戸開放のスローガンを唱えて、中国における権益・権力を他の列強と平等に争奪しようとしたのである。

しかしアメリカの脱退はその主観的目的とは別に、銀行団に

---

① 外務省編『日本外交文書』大正2年第2冊、98−99頁。
② 臼井勝美『日本と中国―大正時代』原書房、1972年、28頁。
③ 外務省編『日本外交文書』大正2年第2冊、147頁。

よる対中国借款の独占、中国財政に対する直接的強制的な監督・干渉の打破に、客観的に一定の影響を及ぼした。北京政府はアメリカの脱退を大いに歓迎した。袁世凱は三月二十五日駐米公使を通じてウィルソン大統領に謝意を表した[1]。北京政府はアメリカの脱退を利用して銀行団の独占による借款条件を緩和しようとしたが、日本とイギリス等五カ国は銀行団の分裂を阻止するため「五国ノ結束ヲ鞏固ニスルノ必要」[2]を強調してこれに対応した。アメリカの脱退により六カ国銀行団は五カ国銀行団となり、借款交渉も一時停頓したが、四月二十六日二五〇〇万ポンドの善後借款契約が締結された。これに対し北京の参議院は「臨時約法」を違反だとしてその無効の決議を採択し[3]、孫文と国民党もこれに反対した[4]。しかし北京政府の陸外交総長は二十九日伊集院公使に北京政府がこの契約を遵守することを通告し、契約が発効したのである[5]。

　最後に北京政府の善後借款と南京臨時政府の借款を比較してみる。（一）南北政府共に外国に借款を要請したのは共通であるが、南は主に日本一国と借款交渉をしたのに対し、北は四カ国銀行団から日本を含む六カ国銀行団即ち主要列強と借款交渉をした。（二）南は実業の名目で借款をしたのに対し、北は公然と政治的借款を要求したが、南の借款も本質的には政治的借款であり、南北共に政治的借款を要求した。（三）この政治的借款の目的はそれぞれの政権と軍隊の維持のためだという点では共通していたが、南は北の清朝と袁の政権に対抗するためであったのに対し、北は南北統合政権の維持と南の革命党勢力の鎮圧のためであっ

---

　[1]　外務省編『日本外交文書』大正 2 年第 2 冊、169 頁。
　[2]　外務省編『日本外交文書』大正 2 年第 2 冊、160 頁。
　[3]　外務省編『日本外交文書』大正 2 年第 2 冊、204 頁。
　[4]　外務省編『日本外交文書』大正 2 年第 2 冊、198－99、205 頁。
　[5]　外務省編『日本外交文書』大正 2 年第 2 冊、204－05 頁。

た。しかし自己と対立する相手を打倒或いは制圧することでは共通であった。（四）南に提供された借款の総額が六、七〇〇万円であったのに対し、北は二五〇〇万ポンドに達した。（五）借款を提供した列強側から見れば、日本は南に対して経済的権益の提供を条件に挙げたが、銀行団は北には南と異なる政治的・軍事的権益を要求した。（六）南に対する借款は中国側の株主と欧米列強の反対と牽制を強く受け、主な借款はこれによって取消されたのに対し、北では袁と北京政府が銀行団の提供条件に反対或いは抵抗し、孫文・黄興ら南の革命派も反対した。反対という現象は同様であったが、反対者そのものは正反対であったといえよう。（七）南に対する日本の借款提供はロシアを含む欧米列強の共同一致の反対と牽制を受けたが、北に対する銀行団の借款においては逆に日本が居中調停の役割を果し、前期には列強が共同一致して対応したが、後期には列強間の争奪と相互牽制が主になった。

　このように中国南北に対する借款をめぐる共通点と相違点は、辛亥革命進展の段階の変化と南北政権の中国と国際政治上における地位の相違による、日本と欧米列強のこの両政権に対する対応の仕方と、この借款をめぐる日本と欧米列強の二重外交関係、即ち協調と争奪によって規定されたのであった。

三　地方諸省の借款

　対外借款は北京政府だけではなく、地方政府、特に南方諸省政府も出来得る限り列強に借款を要請しようとした。これは南京臨時政府の時と同様であり、ある意味においてその継続だともいえよう。本節では、中国地方政府と日本及び欧米列強との借款交渉を検討すると共に、これをめぐる日本と欧米列強間の争奪と競争を考究する。

　南京・上海の都督府はまず三井物産に借款を申入れた。次に
ドイツのディートリヒセン商会と五〇〇万マルクの借款を交渉
し、その条件として今後兵器を注文する場合には同様の条件な
らばこの商会からドイツ製品を購入することにした[1]。南
京・上海の三井物産からの借款は、中国銀行が黄興・陳其美・
朱葆三・王一亭を借主として三井物産上海支店から三十五万両
を無期限で借入れたものである[2]。これは一九一二年五月十三
日のことであった。

　江蘇省都督程徳全は九月に南京市場救済の名目で日本に借款
を申入れたが、これには政治的借款の疑いがあったから、江蘇銀
行が程都督に代って台湾銀行上海支店と二十万円の借款を交渉
した。中秋節を前に軍人の給与にあてようとしたのであった[3]。
また程都督は三井物産と江蘇省の米二十五万石を輸出すること
を交渉し、米一石につき都督に一両九銭六分の税金を納める条
件で、九月二十七日この契約が成立した[4]。程都督はその他に
ロシア銀行上海支店・怡和洋行（ジャーディン・マセソン）とも
省内の鉄道を抵当として借款交渉を進めていた。

　湖北省も日本と列強に借款を申入れた。都督を兼任する黎元
洪は数回にわたって漢口の松村総領事に借款の提供を要請し、
八月二十日には軍事顧問杜長栄を総領事館に派遣して三〇〇万
両（漢口銀）の借款斡旋を依頼した[5]。黎都督は、この借款は

　① 明治45年4月26日、在上海有吉総領事より内田外相宛電報、第147号。防衛研究所所蔵。
　② 明治45年4月13日、在上海有吉総領事より内田外相宛電報、第160号。防衛研究所所蔵。
　③ 大正元年9月18日、在南京船津領事より内田外相宛電報、第129号。防衛研究所所蔵。
　④ 大正元年9月26日、在南京船津領事より内田外相宛電報、第139号。防衛研究所所蔵。
　⑤ 大正元年8月20日、在漢口松村総領事より内田外相宛電報、第7号。防衛研究所所蔵。

湖北官銭局基金にあてるもので、湖北省通境銷場税を担保とし、利子八分、手取り九八、期間十五カ年、五カ年据置とすることを申入れた[①]。しかし内田外相は松村総領事に「先方ノ依頼ニ対シテハ然ルヘク謝絶アリタシ」[②]と訓令した。これは六カ国銀行団との関係を考慮したからであった[③]。黎都督はイギリスのダラー商会とも三五〇万ポンドの借款を交渉した。この交渉は六月に始まり、担保なしで外国人招聘、原料・機械類売込の優先権、及び漢口の道路修築、湖北官銭局基金としての使用等を条件として進められ[④]、十月十二日に一五〇万ポンドの借款契約が成立した[⑤]。日本はこの借款交渉において漢冶萍公司が何らかの抵当とされることを警戒し、李維格に確認をとった。これは地方借款における日本と列強間の争奪を物語っている。民間企業も外国に借款を要請した。漢口の機器公司は現地の横浜正金銀行支店に十万両の借款を申入れた。この公司は一九一〇年に正金銀行から十五万両を借入れており、漢口総領事もこの借款の成立に協力した[⑥]。

　広東省も積極的に借款の交渉を進めた。広東都督府は四月初め台湾銀行に三〇〇万円の借人を申込み、交渉に取掛かった。担保や六カ国銀行団等との関係により交渉は進展しなかった

---

① 大正元年 8 月 20 日、在漢口松村総領事より内田外相宛電報、第 7 号。防衛研究所所蔵。

② 大正元年 8 月 21 日、内田外相より在漢口松村領事宛電報、第 53 号。防衛研究所所蔵。

③ 大正元年 8 月 21 日、内田外相より在漢口松村領事宛電報、第 53 号。防衛研究所所蔵。

④ 明治 45 年 6 月 3 日、在漢口松村領事より内田外相宛電報、第 97 号。防衛研究所所蔵。

⑤ 大正元年 10 月 14 日、在漢口芳沢総領事より内田外相宛電報、第 33 号。防衛研究所所蔵。

⑥ 大正元年 11 月 2 日、在漢口芳沢総領事より内田外相宛電報、第 42 号。防衛研究所所蔵。

が①、八月に至り当座貸越の形式でセメント・水道・電灯諸会社における政府財産を担保として一五〇万円を台湾銀行から借入れた②。

　広東都督府はイタリア・アメリカ・ドイツの銀行とも借款を交渉した。八月にはイタリアのシンジケートと五〇〇万ドルの借款を交渉し、担保として澳門北十華里の香州港の使用権を提供しようとした③。アメリカとは駐広東アメリカ副領事の斡旋の下でニューヨークの資本家ヤーン及びモルガンと五〇〇万ドルの借款を交渉した。担保としてアメリカ側は地租を要求したが、北京政府がこれを許可しなかったため、地租以外の広東省の収入を担保とした④。この借款は広東の市内電車敷設費にあてる名目であったが、実はその半分は北京政府に提供され、半分は広東都督府が使用するという政治的借款であった。この借款は十一月下旬北京で調印された。広東の恵潮鉄道公司はアメリカ・ドイツの銀行と一〇〇〇万ドルの借款を交渉し、条件として貸主側から技師と機器・材料の提供を受けることになった⑤。

　広西省も日本の台湾銀行と借款を交渉した。省都督府は省議会の決議を経て十月に地租以外の収入を担保として五〇〇万円の借款を申入れた。台湾銀行は条件として南寧・梧州への支店の設置、広西省の収入・支出の取扱、紙幣発行権等を要求した⑥。

---

① 明治45年4月5日、在広東瀬川総領事より内田外相宛電報、第45号。防衛研究所所蔵。

② 大正元年8月30日、在広東井上大尉より参謀総長宛電報、受第2083号。外交史料館所蔵。

③ 大正元年8月14日、在香港今井総領事より内田外相宛電報、第107号。防衛研究所所蔵。

④ 大正元年10月16日、在広東赤塚総領事より内田外相宛電報、第79号。防衛研究所所蔵。

⑤ 大正元年12月8日、在広東赤塚総領事より内田外相宛電報、第94号。防衛研究所所蔵。

⑥ 大正元年10月27日、在広東赤塚総領事より内田外相宛電報、第84号。防衛研究所所蔵。

　上述の諸借款は地方借款の一部にすぎないが、善後大借款と
比較した場合、二つの特徴を挙げることが出来る。(一) は特定
の国或いは特定の銀行と企業団体に限定されておらず、さまざ
まな国のさまざまな銀行・企業に借款を申入れたことである。
(二) はこれらは皆実業的借款の名目でおこなわれたが、実際に
は地方の政治的借款が多かったことである。しかし実業的借款
があったのも事実で、漢冶萍公司の借款はその一例である。

　一九一二年三月漢冶萍公司株主総会は公司と日本との合弁契
約の締結を否決した。また南京臨時政府が解散し孫文も臨時大
総統を辞任したので、漢冶萍公司と日本との合弁借款交渉は一
時停頓した。その後北京政府・湖北省政府と株主との間で漢冶
萍公司の国有化問題等が討議され、紛糾したが、公司と日本は
引きつづき新たな名目による借款を交渉した。この交渉におい
て漢冶萍公司駐在の日本側代表高木陸郎は重要な役割を果した。
九月二十二日高木は横浜正金銀行本店に漢陽鉄廠の創業資金と
して日本から二五〇万円の新借款を提供するよう要請した。こ
れは漢冶萍公司の要請によるものであった①。農商務大臣で
あった牧野伸顕はこの借款申入れを非常に重視して、「帝国ノ製
鉄事業ノ上ニ於テモ余程ノ便利ヲ得ヘク又大冶漢冶萍ニ対スル
帝国ノ権利ハ為ニ其根拠ヲ強クスルノ結果ヲ来スヘキ」②であ
るとし、南京発行の公債五〇〇万元を担保として正金銀行に提
供し、必要に応じて三五〇万円を上限に漢冶萍公司に貸出すよ
うに提案した③。結局横浜の正金銀行本店は上海支店と高木の
要請に基づいて、二五〇万円を貸出すことを了承した④。その
結果一九二一年十二月七日正金銀行上海支店長児玉謙次と漢冶

---

① 外務省編『日本外交文書』第 45 巻第 2 冊、187－88 頁。
② 外務省編『日本外交文書』第 45 巻第 2 冊、196 頁。
③ 外務省編『日本外交文書』第 45 巻第 2 冊、197 頁。
④ 外務省編『日本外交文書』第 45 巻第 2 冊、200 頁。

萍公司経理李維格・葉景葵との間に二五〇万円の借款契約が締
結された[①]。高木陸郎らは公司に対し日本側が経営を代行する
要求を提出し、準備を進めていた[②]。これは日本が漢冶萍公司
に借款を提供した理由の一つであった。しかし漢冶萍公司は経
営資金獲得のため、再び日本に借款を申入れざるを得なかった。
八月漢冶萍公司は熔鉱炉二基の新設や拡張・改基工事のため、
横浜正金銀行に一六〇〇万円の借款を申込み、十二月二日この
借款契約を締結した[③]。この締結に基づき日本側は技術及び会
計の両顧問を公司に派遣した[④]。漢冶萍公司に対する借款はそ
の後も継続された。

　三井物産は安徽省の銅官山礦務公司と借款を交渉した。南京
臨時政府成立後三井物産は公司と一五〇万円の借款契約を締結
したが、漢冶萍公司のように中日合弁の形式をとったので、こ
の契約もその後破棄された。しかし三井物産はその後この鉱山
の鉄鉱を確保するため、この鉄鉱を担保として二十万円の借款
契約を締結した[⑤]。この契約の主役は森恪であった。

　森恪は朝日商会の全権代表としても安徽省の安正鉄路有限公
司と鉄道の開設資金として二十万円の借款を交渉し、一九一三
年一月二十二日に契約を締結した[⑥]。安正鉄道は同省の安慶か
ら正陽関に至る約五八〇華里の鉄道で、その敷設のための測
量・設計費としてまず二〇万円を提供することにした。この公
司の顧問に招請された森は、日本はこの借款によって「将来安
徽省ノ礦山其他有利ノ事業ニ漸次着手スル希望ヲ有シ……将来

---

① 外務省編『日本外交文書』大正2年第2冊、910−02頁。
② 外務省編『日本外交文書』大正2年第2冊、928−29頁。
③ 外務省編『日本外交文書』大正2年第2冊、957−58頁。
④ 外務省編『日本外交文書』大正2年第2冊、967頁。
⑤ 外務省編『日本外交文書』第45巻第2冊、93頁。
⑥ 外務省編『日本外交文書』大正2年第2冊、852−57頁。

本邦ノ利権ヲ揚子江流域ニ扶殖スル点ニ於テ非常ナル効果之レ
アルヘク」①と述べ、日本の資本家を勧誘して第二回目の借款
を起こそうとした。五月に至り朝日商会はこの契約に定められ
た権利・義務を東亜興業株式会社に譲渡した。二十八日東亜興
業株式会社と安正鉄路公司との間に新たな契約が成立し、八月
七日には日本の工学士石川石代を鉄道技師長として招聘する契
約を締結した②。しかし七、八月の第二革命において安徽省が
柏文蔚都督を討袁軍総司令として袁世凱と対抗したため、袁世
凱は南方の勢力を鎮圧した後、安正鉄路公司の関係者を追捕し、
公司を解散させた。これは袁世凱が、南方の革命派に反袁の第
二革命を画策したのは日本だと考えていたからである。これに
対し牧野外相は十一月二十四日駐北京の山座円次郎公使に「日
本資本家ノ利益トヲ無視シタル不当ノ処置」③だとして、その
復活策を講ずるよう指示した。山座公使と森恪は在上海の安徽
同郷人会を通じ安徽都督倪嗣冲と交渉したが、契約の復活には
至らなかった。

　第三回日露協約によって満蒙における勢力圏を拡大した日本
は、この時期満蒙において鉄道敷設計画を推進した。一九一三
年三月十九日駐奉天の落合総領事は牧野外相（一九一三年二月
二十日に就任）に日本の借款による満蒙鉄道敷設に関する意見
を上申し、二十六日中村満鉄総裁も外務省の阿部守太郎政務局
長に次のような鉄道敷設希望書を提出した④。

　　一　満鉄本線四平街駅ヨリ西北奉化線（買売街）ヲ経テ鄭
　　　　家屯ニ至ル鉄道
　　二　鄭家屯ヨリ更ニ延長シテ洮南府ニ至ル鉄道

---

① 外務省編『日本外交文書』大正2年第2冊、852頁。
② 外務省編『日本外交文書』大正2年第2冊、878－79頁。
③ 外務省編『日本外交文書』大正2年第2冊、893頁。
④ 外務省編『日本外交文書』大正2年第2冊、672頁。

　三　満鉄本線開原駅ヨリ東方掏鹿ヲ経テ海竜城ニ至ル鉄
　　道

　四　海竜城ヨリ吉林ニ至ル鉄道

　五　満鉄撫順駅ヨリ営盤、山城子又ハ興京地方ニ至ル鉄道
尚満鉄ヨリ遼西地方ヲ経テ長城北方朝陽赤峰地方ヲ通過スル
鉄道ハ其敷設方法如何ニ依テハ必要ナルモノト思考ス又本線沿
道ニ在リテ短距離支線ハ逐次必要ヲ生スベク目下考案中ニ属ス

　袁世凱も日本の借款による満蒙鉄道建設に積極的であった。
七月二十九日山座公使が袁を訪問し、長春より洮南を経て熱河
に至る鉄道敷設を申入れた。これに対し袁は「本件鉄道敷設計
画ハ自分ノ最モ賛成スル所ニシテ既ニ交通部当局ヘ許可ノ内訓
ヲ与ヘ居レル」[①]と答えた。この内訓により八月九日山座公使
と北京政府の交通総長朱啓鈴とは満蒙鉄道借款についての交渉
を開始した。日本側は横浜正金銀行の小田切取締役が具体的交
渉に当った。中国側は日本が要求した洮南から熱河に至る鉄道
敷設権を認めようとしなかったが、日本側の強要により妥協せ
ざるを得なかった。その結果山座公使と孫宝琦外交総長との間
で次のような「満蒙鉄道借款大綱」が定められた[②]。

　一　中華民国政府ハ日本国資本家ノ資金ヲ借入レ自ラ左
　　記各鉄道ヲ布設スルコトヲ承諾ス

　　甲　四平街ヨリ起リ鄭家屯ヲ経テ洮南府ニ至ル線

　　乙　開原ヨリ起リ海竜城ニ至ル線

　　丙　長春ニ於ケル吉長鉄道停車場ヨリ起リ南満鉄道ヲ
　　　　貫越シ洮南府ニ至ル線

　以上ノ各鉄道ハ南満鉄道及京奉鉄道ト連絡スヘク其弁法
ハ別ニ協定ヲ行フヘシ

---

①　外務省編『日本外交文書』大正2年第2冊、676頁。

②　外務省編『日本外交文書』大正2年第2冊、708-09頁。

　　二　前記借款弁法細目ハ須ク浦信鉄道借款合同定本ヲ以
　　　　テ標準ト為シ本大綱議定後中国政府ハ速ニ日本資本家ト
　　　　協定スヘシ
　　三　中国政府ハ将来若シ洮南府城承徳府城間及ヒ海竜府
　　　　吉林省城間ノ両鉄道ヲ敷設セントスル場合ニ外国資金ノ
　　　　借用ヲ要スル時ハ真先キニ日本資本家ニ商議スヘシ

　この大綱に基づいて細目が協議されることになった。日本側
は当事者として満鉄を推薦したが、中国側はこれらの路線が満
鉄の支線になるのを恐れてこれに反対し、横浜正金銀行が当事
者として細目に関する協議に当った。

　満蒙における日本の鉄道敷設交渉は欧米列強との競争と争奪
の中で進行した。日本は満蒙を日本の特殊権益圏として鉄道敷
設権を独占しようとしたが、欧米列強はこれに挑戦し、各自の
権益を満蒙において拡大しようとした。これは日本の中国善後
借款と銀行団への参加を認めた時は満蒙における日本の特殊権
益を認めたイギリス等四カ国銀行団が、裏において再び日本と
権益の争奪を始めたことを示している。イギリス人メンジース
はピアソン社の代表として中国側と奉天→海竜→吉林間の鉄道
敷設に関する交渉をおこなった。伊集院公使はこの交渉を阻止
するため、メンジースに「満洲ニ関スル問題ハ到底日本ヲ外ニ
シテ解決サルベキニアラザ」[1]る旨を申入れた。またイギリス
人ジャックは伊通州より長春を経て伯都訥（新城府）に達する
鉄道敷設について中国側より相談を受けていた。この伊新鉄道
については一九一二年十二月二十三日フランスの資本家代表と
伊新鉄道公司とが八十万ポンドの借款仮契約を締結していたが、
フランス側で資金調達の見込みが立たず取消されていた[2]。こ

---

① 外務省編『日本外交文書』大正2年第2冊、658－59頁。
② 外務省編『日本外交文書』大正2年第2冊、661－67頁。

れはフランス・イギリスが満蒙において日本と鉄道敷設権を争
奪していたことを物語っている。これに対し駐奉天の落合総領
事は「日本以外ノ外資ヲ以テ此上南満洲方面ニ鉄道布設ヲ見ル
ガ如キコトアラバ当方ニ於ケル我特殊ノ地位ニ累ヲ及ボスヲ免
レザル」[1]として、対応策を講ずることを牧野外相に上申した。
伊集院公使も「満洲方面ノ鉄道借款談ガ各方面ヨリ続出スルコト
ハ成否ニ拘ハラス我ニ取リテ甚タ危険」だとして、中国側に注意
を喚起すると共に、外国側との交渉成立を妨げ、「帝国政府ニ於
テモ此際満洲ニ於ケル鉄道ニ対スル方針ヲ一定シ支那ニ要求ス
ヘキモノハ成ルヘク速ニ提出シテ先鞭ヲ附ケ置」[2]くよう外務大
臣に上申した。このような情況の下で日本は満蒙における鉄道敷
設問題に本格的に着手し、その交渉に乗出したのであった。

　日本は満洲の鉱山にも手を伸ばした。吉林省の天宝山鉱山と
通化の懐仁炭鉱がその例である。懐仁炭鉱では先にイギリスの
シンジケートが中国側と特許権益獲得について交渉していたが、
内田外相は一九一二年六月二十日駐英の加藤高明大使に、「右鉱
山ハ我国ニ於テ特殊ノ権利利益ヲ有スル南満洲ニ存在スルノミ
ナラス已ニ我関係者ニ於テ相当出資ヲ為シ居レル関係等従来ノ
行懸ヲモ顧慮シ今後ニ於テモ出来得ル限リ関係者ニ相当援助ヲ
与ヘ度考ナル」[3]と伝えて、イギリスと共にこの炭鉱の採掘権
を獲得しようとした。

　上述したような経済的借款は、とりあえず革命が決着し、経
済建設があらためて重要な問題として浮上してきたことを意味
している。この点は南京臨時政府期の借款と異なっているが、
それは時代の変化と特徴によるものであった。

① 外務省編『日本外交文書』大正2年第2冊、670頁。
② 外務省編『日本外交文書』大正2年第2冊、659頁。
③ 外務省編『日本外交文書』第45巻第2冊、70−71頁。

四　中日貿易と三井物産

　日本と欧米列強の中国における最大の権益は貿易であった。既述の借款は資本の輸出であるが、貿易は商品の輸出であり、経済的には政治的借款より一層重要であった。対中国貿易は辛亥革命の勃発による戦乱と経済秩序の混乱によって一時的に大きな打撃を受けた。これが日本と欧米列強の対中国政策に大きな影響を及ぼしたのである。例えば、辛亥革命期に日本と欧米列強が南北の和議を支持して統一された強力な中央政権の樹立を希望し、社会秩序の早期安定を要望した原因は、まずこれによって対中国貿易の正常化を図ろうとしたためである。この視角から辛亥革命期の貿易問題を考究することは、大変重要な研究課題である。本節では、この時期の中日貿易の激減と辛亥革命が中日貿易に及ぼした変化について検討すると共に、辛亥革命において大いに活躍した三井物産の対応と対中国貿易の変化について考究する。

　近代以降中日の貿易額は急激に増加し、日本は中国の対外貿易において重要な地位を占めるようになった。一八六八年に僅か三一六万海関両であった中日の貿易額は一九一〇年には一億三八三六万海関両に増加した。その増加率は一八六八年の指数を一〇〇とした場合、一九一〇年は四三七八・五に達した。同時に中国の対外貿易における日本の比率も、表１が示すように一八七〇年の三・一六パーセントから一九一〇年には一六・四パーセントに激増し、イギリスの一〇・六二パーセント、アメリカの六・七八パーセントを上回り、第一位を占めた[1]。中国

---

　① 何炳賢『中国的国際貿易』商務印書館、1937 年、179－81 頁。

の主な輸入品である綿糸において、日本は一九一〇年には中国の輸入総額の四一・〇三パーセントを占め、香港の二六・六〇パーセント、イギリスの〇・一二パーセント、インドの二九・四八パーセントを上回り、第一位を占めた[①]。綿布は二七・九七パーセントを占め、イギリスの四一・九三パーセントには及ばなかったが、第二位を占めていた[②]。これらの数字は中国の対外貿易において日本が重要な地位を占めていたことを物語る。

表1　中国の対外貿易において日・米・英が占める比率

貿易 国別 年	中国への輸入			中国からの輸出			貿易総額		
	日	米	英	日	米	英	日	米	英
1870	2.20	0.58	37.96	4.48	13.74	52.49	3.16	6.70	44.72
1880	4.41	1.52	27.54	2.83	11.69	35.72	3.62	6.56	31.63
1890	5.81	2.89	19.36	5.54	9.37	15.02	5.70	5.53	17.60
1900	12.20	7.92	21.54	10.65	9.28	5.88	11.53	8.50	14.81
1905	13.72	17.20	19.82	15.56	11.86	7.93	14.34	16.40	15.49
1910	16.58	5.46	15.32	16.18	8.48	4.91	16.40	6.78	10.62
1915	26.46	8.15	15.74	18.54	14.46	7.62	22.66	11.18	11.85

出典：何炳賢『中国的国際貿易』商務印書館、1937年、184頁より

日中貿易は日本の対外貿易においても重要な地位を占めていた。一九一〇年に日本の対中国貿易総額は一億五八〇〇万円という巨額に達した。これは日本の対外貿易額の一七パーセントに当り、アメリカに次いで第二位を占め、輸入はインド・イギリスに次いで第三位、輸出はアメリカに次いで第二位に当っていた[③]。日本の対中国貿易は長期間黒字であり、一九一〇年には二一四七万円の黒字を示した[④]。一九一〇年には対中国貿易の主要商品である綿糸の輸出総額の八六・七パーセント[⑤]、綿布

① 何炳賢『中国的国際貿易』商務印書館、1937年、208頁。
② 何炳賢『中国的国際貿易』商務印書館、1937年、211頁。
③ 安木重治「支那貿易に於ける日本の地位」、『新日本』明治44年12月号、24頁。
④ 安木重治「支那貿易に於ける日本の地位」、『新日本』明治44年12月号、24頁。
⑤ 何炳賢『中国的国際貿易』商務印書館、1937年、207頁。

の七三・六パーセントが中国に輸出され[①]、両者共に中国が日本の対外輸出の第一位を占めていた。これらの数字は日本の対外貿易において中国が重要な地位を占めていたことを物語る。

　対中国貿易において、長江を中心とする中部中国に対する貿易はもっとも重要な地位を占め、その総額は一九一〇年には一億三三七万円に達し、対中国貿易の六四パーセントを占めていた[②]。そのうち輸出は五五七万円で対中国輸出の六一パーセントを占め、輸入は四八〇〇万円で対中国輸入の七〇パーセントを占めていた[③]。このように日本の対中国貿易で重要な地位を占めていた中部中国において武昌蜂起が勃発し、長江流域の各省に波及したのであった。革命による中国国内の経済秩序の混乱は、中国国内の経済と同時に日本の対中国貿易にも強い影響を及ぼしたのである。

表2　日本から中国への輸出

月 ＼ 年	1910—11年	1911—12年
7月	6, 288, 667円	7, 966, 328円
8月	5, 310, 391	9, 105, 408
9月	6, 339, 516	8, 924, 527
10月	9, 458, 313	8, 142, 754
11月	9, 547, 387	4, 412, 041
12月	7, 370, 482	4, 927, 367
1月	5, 397, 726	3, 635, 069
2月	7, 384, 214	5, 506, 545
3月	8, 805, 158	9, 302, 709
4月	7, 824, 564	8, 960, 136

出典：八木生「対支那貿易ノ恢復」外務省通商局より

表3　日本の中国からの輸入

月 ＼ 年	1910—11年	1911—12年
7月	4, 071, 864円	4, 725, 821円
8月	2, 503, 557	2, 619, 665
9月	3, 871, 983	3, 245, 980
10月	8, 561, 801	4, 371, 561
11月	12, 931, 673	4, 683, 787
12月	11, 523, 402	4, 221, 955
1月	8, 866, 516	3, 335, 648
2月	5, 204, 213	3, 080, 522
3月	4, 920, 303	2, 368, 696
4月	6, 654, 349	5, 485, 667

　辛亥革命勃発前の一九一一年十月、日本の対中国輸出・輸入

---

①　何炳賢『中国的国際貿易』商務印書館、1937年、210頁。
②　安木重治「支那貿易に於ける日本の地位」、『新日本』明治44年12月号、26頁。
③　安木重治「支那貿易に於ける日本の地位」、『新日本』明治44年12月号、26頁。

は、表2・3が示すように一九一〇年の同時期に比べ順調に増加していた。しかし革命が勃発した十月から南北和議が成立して清皇帝が退位した翌年の二月までの五カ月間、輸出・輸入共に前年の同時期に比べて急激に減少した①。この五カ月間の対中国貿易総額は七七六八万三九二六円から四六三一万七二五〇円に減少し、減少額は三一三六万六六七六円、減額率は四〇・三パーセントに達した②。そのうち中国への輸出はこの五カ月間に三九一五万八一二二円から二六六二万三七七六円に減少し、減少額は一二五三万五三四六円、減額率は三二パーセントに達した③。中国からの輸入もこの五カ月間に三八五二万五八〇四円から一九六九万三四七四円に減少し、減少額は一八八三万二三三〇円、減額率は四八・九パーセントに達した④。両者を比較すると中国からの輸入の減少率は輸出の減少率よりも一七パーセント高い。これは秋の十月から翌年の一月までが綿花・苧麻・生糸・油粕・羊毛・豆類等の輸入の最盛期であったため、その影響が特に強かったのである。

　辛亥革命期の対中国貿易額は総体的には減少しているが、中国北部＝華北に対する輸出・輸入は共に増加した。十月から十二月までの主要な輸出品の輸出額は一九一〇年の五七四万七九五二円から六四三万四七七八円に増加し、増加額は六八万六八二六円、増加率は一一・九五パーセントであった⑤。同時期の輸入額は一九一〇年の二五七万七七四二円から三七〇万七七三八円に増加し、増加額は一一二万九九九六円、増加率は四三・

---

① 八木生「対支那貿易ノ恢復」外務省通商局。外交史料館所蔵。
② 八木生「対支那貿易ノ恢復」外務省通商局。外交史料館所蔵。
③ 八木生「対支那貿易ノ恢復」外務省通商局。外交史料館所蔵。
④ 八木生「対支那貿易ノ恢復」外務省通商局。外交史料館所蔵。
⑤ 八木生「対支那貿易ノ恢復」外務省通商局。外交史料館所蔵。

八パーセントに達した①。この輸出・輸入の平均増加率は二六・五パーセントであった。

　東北＝満洲への輸出額も同時期に二六七万二五〇六円から三〇七万八九六九円に増加し、増加額は四〇万六四六三円、増加率は一五・二パーセントに達した②。東北からの輸入額は逆に一九一〇年同時期の二四一万八五一三円から二一九万八八六七円に減少し、減少額は二一万九六四六円、減額率は九パーセントであった③。しかし同時期の輸出・輸入総額は一九一〇年の五〇九万一〇一九円から五二七万七八三六円に増加し、増加額は一八万六八一七円。増加率は三・七パーセントであった④。

表4　日本から中部中国への輸出		
年／月	1910—11年	1911—12年
7月	3,375,459円	4,654,225円
8月	2,523,471	5,700,953
9月	3,324,967	5,264,024
10月	5,404,645	3,505,391
11月	6,540,088	1,253,968
12月	5,777,451	2,624,664
1月	4,516,475	2,473,152
2月	5,511,519	3,288,486
3月	5,643,613	6,546,337
4月	4,497,988	5,342,737

出典：八木生「対支那貿易ノ恢復」より

表5　日本の中部中国からの輸入		
年／月	1910—11年	1911—12年
7月	1,976,116円	2,061,399円
8月	1,886,816	1,754,041
9月	2,873,273	1,728,851
10月	7,041,186	2,123,750
11月	10,619,313	2,033,457
12月	9,640,949	2,725,564
1月	6,611,781	2,191,188
2月	4,162,679	2,244,655
3月	2,141,570	1,049,071
4月	3,352,406	2,031,454

　しかし中部中国の貿易額は輸出・輸入共に激減した。表4・5が示すように、革命勃発前の九月まで中部中国の貿易額も順調に増加していたが、十月から激減した。輸出額は十月から翌

① 八木生「対支那貿易ノ恢復」外務省通商局。外交史料館所蔵。
② 八木生「対支那貿易ノ恢復」外務省通商局。外交史料館所蔵。
③ 八木生「対支那貿易ノ恢復」外務省通商局。外交史料館所蔵。
④ 八木生「対支那貿易ノ恢復」外務省通商局。外交史料館所蔵。

年の二月まで激減し、輸入額は四月まで激減した①。十月から
翌年二月までの輸出額は一九一〇年同時期の二七七五万〇一七
八円から一三一四万五六六一円に激減し、減少額は一四六〇万
四五一七円、減額率は五二・六パーセントに達した②。輸入額
は十月から翌年の四月まで一九一〇年同時期の四一六四万二八
八四円から一四三九万九一三九円に減少し、減少額は二七二四
万三七四五円、減額率は六五・四パーセントに達した③。これ
を対中国の輸出・輸入額の減額率と比較すれば約二〇パーセン
トも高い比率である。これは辛亥革命期日本の対中国貿易額の
減少が主に中部中国における貿易額の減少に起因することを示
している。

表6　1910・1911年における横浜・大阪・神戸港の対中国貿易

地方別		北部中国		中部中国		南部中国		東　北	
輸出・輸入　年別　港		1911年	1910年	1911年	1910年	1911年	1910年	1911年	1910年
横浜港	輸　出	円 16,549	円 1,464	円 54,464	円 172,858	円 758	円 657	円 325	円 3,452
	輸　入	38,376	79,863	179,099	326,385	26,223	6,332	4,740	0
大阪港	輸　出	164,287	283,146	174,559	306,043	――――	729	23,363	――――
	輸　入	48,293	39,197	41,146	155,873		320 14,029	3,967	1,064
神戸港	輸　出	275,275	191,861	270,863	960,399	8,045	8,968	2	103
	輸　入	84,320	61,028	236,722	1,878,827	81,958	34,242	152,194	293,328

出典：「清国革命蜂起ノ結果対清貿易ニ及ホス影響調査一件」より

　辛亥革命期の対中国貿易額の増減は横浜・大阪・神戸港等の
貿易額の増減にも現れている。表6が示すように、この三つの
港の華北と東北＝満洲及び南部中国に対する貿易額は増加して
いるが、中部中国に対する貿易額は激減している。対中国貿易
の集散地である神戸港の対中国貿易額を見ると、貿易の最盛期

①　八木生「対支那貿易ノ恢復」外務省通商局。外交史料館所蔵。
②　八木生「対支那貿易ノ恢復」外務省通商局。外交史料館所蔵。
③　八木生「対支那貿易ノ恢復」外務省通商局。外交史料館所蔵。

である一九一一年十二月から翌年の一月まで輸出額は一九一〇、一一年の五五七万三〇〇〇円から三六六万三〇〇〇円に減少し、減少額は一九一万円、減少率は三四・三パーセントに達している[1]。対中国貿易の主要商品である綿糸の場合、十月から翌年の一月までに一九一〇、一一年の七万二〇〇〇梱から四万二〇〇〇梱に減少し、減少額は三万梱、減少率は四一・七パーセントという高率に達した[2]。精糖の場合は、同時期に七万五〇〇〇俵から三万俵に激減し、減少量は四万五〇〇〇俵、減量率は六〇パーセントに達した[3]。輸入額（香港を含む）の減少率はこれよりも高い。一九一一年十一月は前年の八三一万一八二一円から二六六万八〇二八円に減少し、減少額は五六四万三七九三円、一九一二年一月は前年の二二〇万四〇二〇円から八五万一三三一円に減少し、減少額は一三五万二六八九円であった[4]。長崎・下関・門司港の対清貿易額も減少しているが、その減少率は神戸港より低い。

　しかし一九一一、一二年の日本の対外貿易総額は一九一〇年の九億五二五九万八一二三円から各々九億九九二〇万二六一六円と一一億九二三五万七九一〇円に増加し、一二年は一〇年より二億三九七五万九七八七円増加している[5]。輸入は二年連続増加し、輸出は一一年に一一七四万円減少し、一二年には六九八五万円増加している[6]。これは対中国貿易が日本の対外貿易に影響を及ぼしてはいたが、日本の対外貿易総額は依然として伸びていたことを物語っている。

①「清国革命蜂起ノ結果対清貿易ニ及ホス影響調査一件」。外交史料館所蔵。
②「清国革命蜂起ノ結果対清貿易ニ及ホス影響調査一件」。外交史料館所蔵。
③「清国革命蜂起ノ結果対清貿易ニ及ホス影響調査一件」。外交史料館所蔵。
④「清国革命蜂起ノ結果対清貿易ニ及ホス影響調査一件」。外交史料館所蔵。
⑤「外国貿易」。外交史料館所蔵。
⑥「外国貿易」。外交史料館所蔵。

　日本の対中国貿易額が減少したのは、中国の対日輸出と日本からの輸入が減少したことに起因する。その具体的情況は統計史料の欠如により明らかにすることが出来ないが、個別的地方、例えば漢口の対外貿易の一側面を知ることは出来る。漢口は一八六二年に外国に開放された港であり、上海に次ぐ中部中国最大の貿易港の一つである。漢口港の一九一〇年の対外貿易総額は一億三五〇〇万海関両で、中国で第二位を占めていた。主な輸出品は豆類・豆粕・豚毛・綿花・牛皮・銑鉄・薬材・桐油・苧麻・胡麻・植物性油・黄糸・山羊毛皮・茶・煙草・木材等であったが、この一七の主要輸出品目の一九一〇年度輸出額は六〇〇〇万海関両（以下同）、十月十日から十二月末までの減少額は約一四三〇万両であった[①]。一九一〇年度輸入額は三七八〇万両、十月十日から年末までの減少額は約九〇〇万両であった[②]。そのうち綿糸は約七万担、一七五万両減少し、精糖は約三二万両減少した[③]。同時期漢口港における日本商品の輸入額は約五七万二一五一両減少している[④]。宜昌・長沙の対外貿易額も二分の一ないし三分の一減少している。

表7　中国の対外貿易額

単位　千海関両

貿易額 / 年	輸　入	輸　出	総　　額	輸入 −輸出
1909	418,158	338,993	757,151	79,165
1910	462,965	380,883	843,848	82,082
1911	471,504	377,338	848,842	94,166
1912	473,097	370,520	843,617	102,577
1913	570,163	403,306	973,469	166,857

出典：徐泰来主編『中国近代史記』中、湖南人民出版社、1989年、731頁より

① 農商務省「清国動乱ト中清経済界」（其一）、46頁。
② 農商務省「清国動乱ト中清経済界」（其一）、49頁。
③ 農商務省「清国動乱ト中清経済界」（其一）、50−51頁。
④ 農商務省「清国動乱ト中清経済界」（其一）、52頁。

　表7が示すように、一九一一、一二年の中国の対外貿易額は一九一〇年並の水準を保っていたが、一一、一二年に輸出額はやや減少している①。

表8　中米貿易額

単位　海関両

年＼貿易額	輸　　入	輸　　出	総　　額
1910	24,799,494	32,288,831	57,088,325
1911	40,822,853	33,965,679	74,788,532
1912	36,197,671	35,049,902	71,247,573
1913	35,427,198	37,650,301	73,077,499

出典：何炳賢『中国的国際貿易』65頁より

表9　中英貿易額

単位　海関両

年＼貿易額	輸　　入	輸　　出	総　　額
1910	70,949,137	18,703,350	89,652,487
1911	89,997,051	17,294,626	107,291,677
1912	74,856,196	15,899,621	90,755,817
1913	96,910,944	16,346,413	113,257,357

出典：同上書，115頁より

　表8・9が示すように、辛亥革命期の中国の対英米貿易額は輸出・輸入共に増加し、対英貿易額は総額と輸入額は増加しているが、輸出額は減少している。この数字から見ればアメリカは辛亥革命の動乱の影響をほとんど受けず、イギリスはその影響を受けてはいるが総体的に日本より影響は少ないといえよう②。
　辛亥革命期に中国と列強との貿易額が減少した原因は次の通りである。（一）社会秩序の一時的混乱により外国商品に対する需要が一時的に減少した。（二）政治的・経済的混乱により大清

① 徐泰来主編『中国近代史記』中、湖南人民出版社、1989年、731頁。
② 何炳賢『中国的国際貿易』商務印書館、1937年、65頁。

銀行などから発行された各種の紙幣の流通が途絶し、大量の紙幣が金・銀に兌換されたため、銀行・銭荘・銭舗・票荘等が閉店して通貨が流通しない状態となり、金融体制が麻痺して金融への信用が失われた。これは対中国貿易額が減少した最大の原因である。(三)中国における卸商と小売商人の取引は延取引(信用取引法としてまず商品の取引をし、二、三カ月後代金を支払う)ではなく大部分が現金取引であったため、通貨が流通せず、銀行・銭荘が閉店したことがこの現金取引に直接的影響を及ぼしたこと。(四)日本が他の列強よりも大きな打撃を受けたのはまず日本の対中国貿易量が他の列強より多かったからである。次に他の列強の貿易商は中国人の買弁を介し、これに商品を担保させ直接中国人と取引関係を結んでいなかったのに対し、日本の貿易商の多数は利益を高めるため買弁的中国人を介さず、直接中国商人或いは銭荘と取引をしていたためその影響を大きく受けたのであった。

　対中国貿易の不振は日本国内の生産と市場にも影響を及ぼした。中国からの輸入品、例えば漆・鶏卵・麻等は、輸入量の減少及び途絶により日本国内における価格が一割ほど高くなった。またマッチ等中国への輸出産業は輸出が半分に減少したため、一部の工場は生産が半減し、一部の工場は倒産した[①]。日本の経済はこのような企業に対して救済措置をとらざるを得なかった。中国に輸出される軍需品の生産工場、例えば毛布工場などは逆に生産が増加した[②]。中国への輸出の第一位を占める綿糸は輸出の減少により一俵の価格が三、四〇円下落し、一部の工場はその生産を二割五分以上減少させざるを得なかった。これ

---

　① 明治45年1月8日、大阪府庁「清国動乱ノ大阪ニ及ボス影響」第三報。外交史料館所蔵。
　②「清国革命蜂起ノ結果対清貿易ニ及ホス影響調査一件」。外交史料館所蔵。

らの数字は、一般的な商品については中国からの輸入品の価格は高騰し、輸出品の価格は下落し、輸出品生産工場が大きな影響を受けたことを示している。

日本とは逆に、中国の市場では日本から輸入する商品の価格が高騰し、日本に輸出する商品の価格が下落した。輸入品のマッチは一包六〇銭から八〇銭になり、綿糸・精糖・昆布等も一割ないし三割高くなった[①]。輸出品の漆は一〇〇斤一一両から一〇両以下に下落し、綿花一〇〇斤も五三串文から三八串文に、生繭は一〇〇斤四〇ドルから三二ないし三〇ドルに下落した[②]。

農商務省は辛亥革命後の対中国貿易策を講ずるため、在中国の嘱託らに南北中国の経済情況と今後の対応策を調査させ、その報告書を本省の『商工業報』号外「清国動乱ト中清ノ経済界」として発行した。例えばその中の「革命擾乱中ノ我国対清貿易振興策」は、もし南北和議が確定して商品の需要が急激に増大したら、「此好機ヲ利用スルハ我国ノ特権ナリ」と述べ、有利な条件として、地理的に中国と近接し、四日間で上海に商品を輸送することが出来ること（諸外国は二十日乃至一カ月間）、日本商人は中国語を口にしその商慣習に通じていること、革命後の官吏の一半は日本留学生出身であること等を挙げ、この好機を利用して中国市場に進出することを切望している。この報告書は中国国内における貿易方法として、（一）「現銀ヲ輸送シ内地ニテ貨物ヲ買集」める、（二）「貨物ヲ内地ニ輸入シ其代金トシテ受取レル紙幣又ハ貨物其物ヲ以テ貨物ヲ買入レ又ハ交換スル」の二つを提案し、中国内地で輸出品の価格が暴落し輸入品の価格が高騰している機会を利用して一挙両得の策を講ずるよ

---

①「清国革命蜂起ノ結果対清貿易ニ及ホス影響調査一件」。外交史料館所蔵。
②「清国革命蜂起ノ結果対清貿易ニ及ホス影響調査一件」。外交史料館所蔵。

う提案している①。さらに報告書は中国における買弁制度の害をあばき、外国商館の活動の重要性を強調し、北部・中部・南部中国に商業視察員を派遣し、今後の対清貿易の方策を確定することが焦眉の急務だと提案した②。

辛亥革命は政治革命であると同時に風俗の変革でもあった。断髪や洋服の着用等はその変化の一例である。この変化・変革がこの時期の中日貿易に新しい内容を盛込んだ。外務省はこの変革を直ちにキャッチし、一九一二年二月二日内田外相は駐中国の領事館に、今後この風俗・嗜好の変化の趨勢に適応出来るか否かが日本の対中国貿易に至大な関係を有するとして、この変化に伴う需要の推移を調査して当該業者に将来の方針を示し、政策を指導することが目下の場合一層緊要だと考えると指示し、次のような事項を調査・報告するよう要求した③。

一 事変ニ基ク風俗嗜好ノ変遷之ニ因ル新商品需要ノ傾向並ニ将来ノ見込
一 前記新需ニ関スル外国商人競争ノ状況及将来ニ対スル計画
一 事変ニ基ク内外合同企業ノ傾向並ニ企業ノ種類及合同ノ方法ニ関スル意見
一 事変ノ影響ニ顧ミテ商品取引慣習等変革ノ予想

駐中国の各地の領事・総領事はその変化の情況を即刻調査し外務省に報告した。南京領事鈴木は「思想ノ革新ハ風俗慣習ニ多大ノ変移ヲ来シ延テ清国ノ生産業上ニ一大影響ヲ及スベキ」④と分析し、断髪・洋服の着用等による社会需要の変化や、南京は臨時政府の所在地で政府官憲には多数の日本留学生出身

---

① 農商務省「清国動乱ト中清経済界」（其二）、31頁。
② 農商務省「清国動乱ト中清経済界」（其二）、35頁。
③ 明治45年2月2日、内田外相より在中国出先機関宛の電報。外交史料館所蔵。
④ 明治45年2月16日、在南京鈴木領事より内田外相宛電報。外交史料館所蔵。

者がいるため、南京の日本商店の客の八、九割はこの人たちで
あり日本製の醤油・ビール・缶詰等の需要が増加していること、
動乱の影響により日本製のはじき鉄砲・玩具等の注文が増えた
こと等を報告した[①]。南京の日本商人は臨時政府の優遇により
城内で開業するようになったが、他の外国商人は城外で開業し
ていた。漢口・安東・芝罘・重慶・蘇州・広東等の総領事・領
事らも各地の変化・需要の増加の情況を外務省に報告した。

表10　日本から中国へ輸出した主な商品（1911—12年）

品　別	単位	11月	12月	1月	2月	3月	4月
帽　子	円	39,034	182,225	217,960	59,163	195,564	323,194
メリヤス	打	3,937	12,221	6,866	1,450	8,827	18,396
洋　服	円	1,769	25,211	23,145	6,760	44,486	120,577
熱　皮	斤	42,916	22,269	20,535	36,003	29,525	32,770
麦　酒	打	4,450	5,980	6,602	3,370	16,192	21,352
清　酒	升	111,342	55,174	30,793	26,683	30,286	50,983

出典：八木生「対支那貿易ノ恢復」より

　辛亥革命における風俗の変化により、中国への輸出が増加し
た主な商品は表10の通りである。この中で目立つのは断髪によ
る帽子輸出の増加である。一九一二年四月の輸出額は一一年十
一月より八二七パーセント増加している。このため大阪府にお
いては帽子の価格が上昇し、一九一一年十一月十二日には十円
の中折帽が二十二円に、三円の鳥打帽が七円に高騰した[②]。中
国の国内市場では帽子の需要が激増したため各種の帽子の価格
が一時三倍ほどに高騰した[③]。散髪用のバリカンは従来中国が
輸入したことのない商品であったが、この時期二万三〇〇〇
ダースが中国に輸出され、日本国内の価格が上昇し、中国でも

---

① 明治45年2月16日、在南京鈴木領事より内田外相宛電報。外交史料館所蔵。
② 明治45年1月8日、大阪府庁「清国動乱ノ大阪ニ及ボス影響」第三報。外交史
料館所蔵。
③ 「清国革命蜂起ノ結果対清貿易ニ及ホス影響調査一件」。外交史料館所蔵。

その価格は下等品で一ドル七十セントにまで高騰した①。散髪の励行と共にセルロイド製の櫛も大量に輸出され、神戸港では一九一一年十一月に輸出額四四七円であったのが翌年には一万七五〇円に激増した②。女性の結髪にも変化があり、女性用の洋櫛・リボン等の輸出が急増した。洋装の普及により洋服の輸出が表10の通り激増し、それに伴うホワイトシャツ・カラー・ネクタイ・ズボン吊り等の輸出も増加した③。

　風俗の変化が見られたのは主に上海を中心とした都会の中流社会・青年層であり、広大な農村地帯には及んでいなかった。農商務省嘱託員太田外世雄は上海を中心に中国の風俗変化の情況と新商品の輸入情況を調査し、農商務省に「革命戦後新タニ需要ヲ増加セル商品ノ貿易状況及び此等商品の本邦輸出貿易上ニ就テノ警戒」と題する報告書を提出し、その冒頭で「此変化タルヤ元ヨリ之レ一時的ノ現象ニアラズシテ将来益々変遷ヲ見ル可ク又啻ニ上海其他二三地方ノ傾向ニ止マラズシテ愈々各地方ニ伝播シテ遂ニ革新セラレタル新支那風俗ヲ出現セズンバ止マザル可シ而シテカヽル新商品ノ需要ハ一トシテ隣近我国ノ輸出ヲ増長セザルナク殆ンド我国対支那貿易上ニ一新紀元ヲ画シ支那人嗜好ノ向上ト共ニ其需用品ハ益々我国ノ夫レニ接近ス可ク其流行ノ変遷著シキニツレ近距離ノ本邦輸出品ハ最モ便宜ノ地位ニ立チ広漠タル支那数億ノ民衆ガ年々益々其需要ヲ増加スル此新商品ハ全ク我国ノ供給ニ待タザル可カラザルガ如キ勢アリ」④と展望を述べ、社会風俗と嗜好の変化を詳細に調査・分析した。例えば帽子については、洋帽の流行は上海に始まり今や各地の流行となったが、上海ではフェルト、南京では緞子製、

①「清国革命蜂起ノ結果対清貿易ニ及ホス影響調査一件」。外交史料館所蔵。
②「清国革命蜂起ノ結果対清貿易ニ及ホス影響調査一件」。外交史料館所蔵。
③ 八木生「対支那貿易ノ恢復」外務省通商局。外交史料館所蔵。
④ 農商務省「清国動乱ト中清経済界」（其五）、153 頁。

漢口では鳥打帽が流行している等、色や柄に対する一般の嗜好
の変化とそれが新商品に及ぼす影響まで分析している。

　日本の対中国貿易は欧米列強との競争の中で展開した。需要
が増加した新製品も初期には日本商品が優勢な地位を占めてい
たが、品質がよくて値段の安い欧米の品物が輸入されると、市
場を欧米列強に譲らざるを得なかった。この時期日本の主な競
争相手はアメリカとドイツであった。太田報告は日本と列強の
主な商品が中国南北の市場で占める割合を具体的に調査してそ
の情報を提供し、日本商品の品質向上、商館の設置等を提言し、
日本商品の競争力を高めようとしたものであった。

　この時期風俗・嗜好の変化により外国商品の輸入が激増した
が、その反動として伝統の復活、国産品の優先等を主張する傾
向も広東等の一部の地域で現れた。広東では辛亥革命初期に日
本が清廷を支援するとの噂により日貨ボイコット運動が起きた
ことがあったので、軍隊は既に衣服材料・携帯品・煙草・ハン
カチ・靴下等すべてに国産品を使用するようになり、民間にお
いても特に衣服は大いに旧に復り、国産品を使用する者が益々
多くなった①。正月の休日には市内で洋装の者を見ることは極
めて少なく、旧時代の服装をする者がほとんどであった。女性
の結髪も明代の髪形を模倣する等復古の傾向があった。上海に
も同様の現象が現れていた。これは辛亥革命そのものの中に漢
民族の民族意識があり、漢民族的な慣習を提唱し、民族資本を
発展させようという思想と行動があったからである。

　辛亥革命は民族資本の発展を促した。当時中国では実業協
会・工業提唱会・民計共済会等の団体が創立されて民族資本の
発展に貢献した。上海には既に帽子製造会社二社が設立され、

---

　① 大正2年3月20日、在広東赤塚領事より牧野外相宛電報。外交史料館所蔵。

豊泰缶詰会社は新機械を輸入してビスケットの生産を倍増させた。利権回収の思想の萌芽も現れ、中国に新しい競争者或いは反抗者が現れて、「独占市場ハ遂ニ独占スルヲ得ズシテ悪戦苦闘セザル可カラザルニ陥ル可シ豈警戒ス可カラズヤ」[①]と太田報告は指摘している。

表11　中国の対日貿易額

単位　海関両

年＼貿易額	輸　　入	輸　　出	総　　額
1912	91, 016, 652	55, 262, 004	146, 278, 656
1913	119, 346, 662	65, 544, 186	184, 890, 848
1914	127, 119, 992	64, 616, 059	191, 736, 051
1915	120, 249, 514	77, 676, 817	197, 926, 331

出典：何炳賢『中国的国際貿易』181頁より

　辛亥革命期の中日貿易は、半年間の波乱を経て、輸出は三月より輸入は五月より前年の同時期を上回り、貿易額も表11が示す通り正常な増加を保つようになった。中国の新聞『申報』（五月九日）も中日貿易が三月より回復し、対日輸出は五月より上昇し始めたと報道した。しかし辛亥革命は社会革命としては中国経済の発展を大きく促進することが出来ず、中日貿易もこの社会変革によって激増はしなかった。

　次に日本企業の辛亥革命への対応と辛亥革命による経済活動の変化を検討する。

　辛亥革命に深くかかわった日本の企業としては横浜正金銀行・大倉組・三井物産を挙げることが出来よう。日本の企業が中国の革命にどう対応したかを考究するのは中日間の政治・経済関係の研究に意義あることだと考え、三井物産を中心に辛亥

①　農商務省「清国動乱ト中清経済界」（其五）、8頁。

革命への対応と経済分野における活動の変化と情況を究明する。ただし前述した借款問題をめぐる三井物産の活動はここでは省略する。

　三井物産は武昌蜂起＝辛亥革命をどう見ていたのだろうか。三井物産は上海・天津・漢口等に支店を設けていた。辛亥革命発祥の地である漢口の支店は現地の外国商社の中では中国への輸入で第二位、中国からの輸出で第六位を占めており、上海に次ぐ第二の支店であった。漢口支店は武昌蜂起勃発の当日、東京本店に「革命党武昌兵営三ヶ所ニ火ヲ放チ只今混乱中」[①]だと報告し、翌日には「謀反ノ目的ハ満人ニ対スル反抗ニシテ外国人ニハ危害ヲ与ヘスト宣言ス事態ハ可ナリ重大ト思フ」[②]と報告した。上海支店は「武昌、漢陽、漢口ハ全ク革命軍ノ手中ニ帰セリト雖モ外国人ハ極メテ安全ニシテ一般秩序頗ル良好ニ維持セラル」[③]と報告し、「十月十五日迄ノ日本国内新聞ヲ見ルニ暴動ニ関スル報告ハ総テ誇大ニ失セルヲ見ル」[④]として事実を歪曲した報道を批判している。天津支店は「外国ノ干渉出テサル以上北京天津ハ結局革命党ノ手ニ帰スヘシ」、「日本ノ援助アルニ非レハ共和政体トナル外ナカルヘク荏苒日送レハ清朝ハ根底ヨリ破滅スヘシ」[⑤]と報告した。十一月二十七日上海支店は漢陽が官軍に攻略された原因を黄興の言葉を引用して「官軍ニ与ヘタル独逸士官ノ援助並独逸ノ供給セル軍器ノ為メナリ」[⑥]と報告した。三井物産は帰国の途に就いた孫文の動静を重視し、シンガポール支店は「孫逸仙今朝（十二月十六日―筆者）上海

　①　三井物産株式会社『社報』明治44年10月11日。三井文庫所蔵。
　②　三井物産株式会社『社報』明治44年10月12日。三井文庫所蔵。
　③　三井物産株式会社『社報』明治44年10月18日。三井文庫所蔵。
　④　三井物産株式会社『社報』明治44年10月19日。三井文庫所蔵。
　⑤　三井物産株式会社『社報』明治44年11月24日。三井文庫所蔵。
　⑥　三井物産株式会社『社報』明治44年12月2日。三井文庫所蔵。

へ向ケ立ツ孫ハ同地着ノ上革命党ノ長トナリ兵力ヲ集中満朝ヲ
倒ス決心ナリ」①と、上海支店は「孫逸仙今朝（十二月二十五
日—筆者）着イタ」②と即刻本店に打電した。南北和議と共和
体制に関しては「黄興一派ハ共和政府ニ決心セル」、「講和談判
ハ多分失敗ニ終ルヘク」③、「唐紹儀〔ハ〕革命派カ清朝保存反
対決心ノ固キヲ見テ袁へ共和政体承諾ノコトヲ電信シ又北京公
使へ電信ニテ袁へ勧告ノコトヲ依頼セリト云フ……袁ノ大総
統トナルコトハ真革命派ハ反対ナルモ当地商人ハ強ク反対セ
ス」④等とその社報で報告した。明確なものではないが、これ
らの報告には辛亥革命と革命党に対する反感はなく、ある程度
革命党側に傾いている感じを受ける。これは中国の政治・経
済・文化の近代化を目指す辛亥革命が、日本の近代的な大企業
であった三井物産とそれほど矛盾するものではなかったからか
もしれない。前述のように三井物産が革命党と臨時政府に対す
る借款と武器提供に他の企業より積極的であった原因が、企業
としての利権の獲得にあったことはいうまでもないが、その他
に上述のような要因もあったように思われる。

　しかし辛亥革命は大きな社会変革であり、また一時的な経済
的混乱でもあったから、企業としての対応策を講じなければな
らなかった。三井物産は十月十六日取締役協議会を開き、中国
駐在の支店・出張所がとるべき応急措置を検討し、同日左記の
ような十項目の訓示を発した⑤。

　一　擾乱地所在ノ店ニ於テハ危険ノ程度ニ依リ妻子ヲ避

①　三井物産株式会社『社報』明治44年12月18日。三井文庫所蔵。
②　三井物産株式会社『社報』明治44年12月26日。三井文庫所蔵。
③　三井物産株式会社『社報』明治44年12月18日。三井文庫所蔵。
④　三井物産株式会社『社報』明治22年12月23日。三井文庫所蔵。
⑤　明治44年10月、三井物産株式会社「取締役協議簿— 一、支那事件ニ付関係一
般的訓令ノ件」。三井文庫所蔵。

難セシメ又ハ危急已ムヲ得サル場合ニ於テ一時店舗ノ引
揚ヲ為ス等臨機適切ノ措置ヲ執ルヘキ事

二　擾乱地所在店ハ必要ニ応シ最寄店ヘ人手並其他ノ援
助ヲ請求スルコトヲ得此場合ニ於テハ被請求店ハ可及的
ノ便宜ヲ与フヘキ事

三　清国各店ハ官憲トノ契約並債権ハ勿論私人トノ契約
並債権ニ就テモ適宜其履行又ハ取立ヲ了スヘク急速其運
ニ立至ラサルモノハ之ヲ確適ニ証明シ得ヘキ証憑書類ヲ
準備シ置キ他日契約ノ履行債権ノ取立又ハ損害ノ要償等
ヲ為スニ支障勿ラシメンコトヲ期スヘキ事

四　清国官憲ニ対スル取引ニ就テハ此際特ニ注意ヲ加ヘ
現金引換ニテ取引スル等ノ手段ヲ取リ万一ノ場合不測ノ
損失ヲ醸成セサランコトヲ期スヘキ事

五　私人トノ取引ニ就テモ亦深ク注意ヲ加ヘ不測ノ損失
ヲ醸成セサランコトヲ期スヘキ事

六　擾乱地所在店ヨリ他ヘ売約シタル商品ニシテ積出不
能等ノモノニ付テハ其商品相場ノ如何ニ拠リ弟手店ニ電
照シ相場騰貴ノモノハ一方安値ノ買附ハ其儘存シ置キ売
附ハ之ヲ解約シ他日幸ニ安値ノ買附ニ弟シ荷渡アリタル
トキハ改メテ之ヲ売却スルカ如キ又相場下落ノモノハ買
附ヲ取消シ売先ヨリハ安値ニ買戻シ若クハ安値ノ代品ヲ
買附ケテ之ヲ供給シ若クハ又履行ヲ延期シ置ク等適宜ノ
措置ヲ取ルヘキ事

七　各店ヨリ擾乱地所在店ニ売約シタル商品ニシテ仮令
之ヲ積出スモ完全ニ荷渡ヲ為シ且之レカ代金ヲ収受スル
コト不能ナルヘキ恐アルモノハ其商品相場ノ如何ニ依リ
擾乱地所在店ニ電照シ相場下落ノモノハ一方高値ノ売附
ハ其儘存シ置キ買附ハ之ヲ解約シ他日幸ニ買手カ前約ニ

依リ荷物ヲ引取ル場合ニハ改メテ安値ノ品ヲ買入レ之ヲ供
給シ又相場騰貴ノモノハ売附ヲ取消シ買先ヘハ高値ニ売戻
シ若クハ之ヲ引取リテ転売シ若クハ又履行ヲ延期シテ買約
定丈ハ之ヲ持続セシムル等適宜ノ措置ヲ取ルヘキ事

八　擾乱地所在店保管ノ商品ニ就テハ之レカ保全ヲ計ル
　　ヘキハ勿論不得已シテ之ヲ抛棄スル等ノ場合ニハ他日清
　　国官憲ニ対シ損害要償ヲ為スニ必要ナル証憑書類ヲ準備
　　シ置クヘキ事

九　此度ノ如キ擾乱ニ際シテハ商品、通貨並為替相場ノ変
　　動モ常軌ヲ逸スヘク従テ其間ニ処シ挙措其宜ヲ制スルハ
　　往々ニシテ奇利ヲ博シ得ヘキコトナキニ非ス是等ノ点ニ
　　就テハ機敏ノ行動ヲ怠ラサルコトヲ期スヘシ但シ事ノ経
　　伺ヲ要スルモノハ其手続ヲ踏ムヘキコト勿論トス

十　其他機ニ臨ミ変ニ応シ善処ノ措置ヲ執リ転禍為福的
　　ノ謀ヲ旋ラスヘキ事

　一、二項は応急措置であるが、六、七、九項は中国国内の経済秩序が混乱に陥った機会を利用して経済的利益を追求する内幕が生々しく語られ、企業の対応策を窺うことが出来る。

　辛亥革命は三井物産の対中国貿易にプラスとマイナスの両様の影響を与えた。三井物産は毎年の十月一日から翌年の三月三十一日までを上半期とし、次の時期を下半期として総括し、決算をおこなう。辛亥革命の時期は明治四五年（一九一二年）の上半期に属する。この期の事業報告書は「我対清貿易上ニ受ケタル打撃ノ大ナリシハ敢テ言ヲ埃タス只動乱ニ関鏈スル特殊商売ノ成立ニ依リ多少損失ノ補塡ヲ為シ得タルハ至幸ト謂フヘキ」だと指摘し、「隣国ノ革命ニ依リテ蒙ムレル圧迫ノ反動ト革命ニ伴フ支那国民ノ覚醒トハ我ニ利スルトコロ大ナルヘシトノ予想ヨリ人気丈ニ振作シ景気亦之ニ伴ウテ

引キ立チタリ」①として、辛亥革命が与えたプラスとマイナス
の影響を指摘している。これはこの時期の日本全体が対中国貿
易から受けた影響と同様であった。

　辛亥革命期には武器と軍需品の貿易が盛んであった。右記の
事業報告書で指摘されている「特殊商売」とは軍需品と武器を
指している。この時期三井物産はこれらの物資を満洲に五〇万
八〇〇〇円、上海に二八五万三〇〇〇余円、漢口に二万六〇〇
〇余円、広東に四一万八〇〇〇余円、福州に四万三〇〇〇余円
輸出した②。辛亥革命において大いに活躍した藤瀬上海支店長
は革命軍に対する三井物産の兵器・軍需品の販売について、
「我々ハ南方革命派幹部ニ特ニ接近シツヽアリシカ、革命ノ始マ
リタル後モ一層親密ノ関係ヲ結ヒ軍器引合上ニハ利器ヲ有シ、
革命騒乱時代に南京政府ノ使用シタル軍器、軍需品ノ取扱ハ殆
ト十中ノ八九我々ノ手ニ帰シタル有様ナリ……南北妥協前ニ売
渡シタルモノハ全部代金ノ支払ヲ受ケタリ其後南北妥協成立後
南京政府ニ売渡シタルモノ相当ノ高ニ達シタレト、是等ノ支払
ハ全部北京へ移スコトヽナリ」③と述べている。これらは辛亥
革命期における三井物産の軍需品・兵器販売の一側面を示すも
のである。

　辛亥革命の発祥地であった漢口の支店はこの時期約「二割ノ
影響ヲ受ケ」、貿易額は前期の四七〇万両から三四〇万両に減じ
た④。しかし辛亥革命の時三井物産の対中国貿易は一時的・部
分的影響を受けたものの、三井物産全体の販売総額は一億七七
〇一万両で前期より一割増加し、一九一二年五月から景気が回
復すると、漢口支店では下半期（四月から九月）の貿易額が六

① 三井物産株式会社「第五回（明治四五年上半期）事業報告書」。三井文庫所蔵。
② 三井物産株式会社「第五回（明治四五年上半期）事業報告書」。三井文庫所蔵。
③ 大正2年7月、三井物産株式会社「第二回支店長会議議事録」。三井文庫所蔵。
④ 大正2年7月、三井物産株式会社「第二回支店長会議議事録」。三井文庫所蔵。

二〇万両に増加し、伸び率は八二パーセントに達した^①。上海
支店も一九一二年の下半期の貿易額が上半期の一一六三万両か
ら一三三五万両に増加し、一四・七パーセント増加した^②。

五　露蒙協約をめぐる対応

　一九一二年十一月三日ロシア政府は辛亥革命期に独立を宣言
した大蒙古国と露蒙協約を締結した。協約の主な内容はロシア
政府が蒙古国を援助し、蒙古軍を編成・訓練すること、中国軍
の蒙古国内への駐屯と中国人の移住を禁止すること、ロシア政
府の許可を経ずして他の国と本協約に反する条約締結を禁止す
ること等であった^③。同時にロシアと蒙古はこの協約の付属議
定書（十七条）を締結し、ロシアは外蒙古において、ロシア人
の居住・移転・商工業経営の自由、輸出・輸入品の免税、銀行
の設立、鉱山・森林・漁業の経営、領事館設置、郵便局開設、
治外法権の保障等の諸権利を享有することになった^④。この協
約と付属議定書の締結によりロシアは蒙古の独立を承認し、蒙
古をロシアの植民地的保護国とした。この協約を踏まえて、北
京政府とロシアは一九一三年十一月五日に中露共同宣言書を発
表した。

　この協約の締結と共同宣言書の発表は日本と直接の関係はな
いように思えるが、実際にはこの協約の締結によってロシアの
勢力が外蒙古に拡大し、内蒙古における日本の勢力圏に脅威を
与えるようになったのである。故に日本は対応策を講じつつロ
シアと内蒙古を争奪しようとした。これは中国の領土の一部で

① 大正2年7月、三井物産株式会社「第二回支店長会議議事録」。三井文庫所蔵。
② 大正2年7月、三井物産株式会社「第二回支店長会議議事録」。三井文庫所蔵。
③ 外務省編『日本外交文書』第45巻第2冊、738−39頁。
④ 外務省編『日本外交文書』第45巻第2冊、775−78頁。

ある蒙古をめぐる争奪であり、また北京政府が蒙古をめぐる日露間の争奪と対立を利用してロシアを牽制しようとしたため、中日外交に影響を及ぼさざるを得なかった。本節では、露蒙協約締結から中露共同宣言発表に至るまでの日・中・露三者間の三角・二重の外交関係を考究すると共に、外務省とその出先機関の対応の相違を検討する。

この協約の締結に際してロシアは日本と協調してその了解を得ようとすると同時に、日本と内蒙古を争奪しようとした。ロシア外相サゾノフは蒙古と上述のような協約を締結する前に、まず駐露の本野一郎大使に前駐清公使コロストヴェツが庫倫に出張することを通告したが、その使命は秘密にしておいた。通告を受けた本野大使はロシアの対蒙古政策は「名儀丈ハ外蒙古ニ対スル支那ノ主権ヲ維持シ実際ハ同地方ヲ自主ノ国ト為シ露国保護ノ下ニ置カムトスルニアルコトハ毫モ疑ヲ容レサル所」[1]だと内田外相に報告し、北京政府はこれに対し強硬な手段をとらないであろうと予測した。これは正確な分析であり、その後の日本の対露・対中国外交政策決定における情勢判断の基礎になった。

この時期日本はロシアの一番重要なパートナーであると同時にライバルでもあった。十一月八日ロシア外務省はこの露蒙協約締結の件を「エイド・メモアール」の形式で本野大使に通告し、これに対する日本の了解を求めた。協約では「蒙古」という言葉が使用され、内外蒙古全域を協約が適用される地域に含めるような表現がなされていた。この協約はロシアと外蒙古との協約であるので、外蒙古だけに適用されるべきであったが、ロシアがこのような広い地域を包括する用語を使用した裏には、協

---

① 外務省編『日本外交文書』第 45 巻第 2 冊、729 頁。

約が適用される地域を拡大解釈してその勢力圏を内蒙古まで拡大しようとする意図があったのである。これは、内蒙古における日本の勢力範囲を侵すものであり、日本と内蒙古を争奪する意図を示したものであった。本野大使は直ちにこの協約が適用される地域を尋ねたが、ロシア側は「今回ノ露蒙協約ニ依リ日露協約ニ違反スルカ如キコトナカルヘキハ勿論ナリ」①と述べ、詳細は蒙古政府が宣言を発表すればわかることであるとして明確な回答を与えようとはしなかった。十一月二十五日本野大使はサゾノフ外相に再度蒙古の範囲について問い、内蒙古におけるロシア勢力の南下を牽制しようとした。サゾノフは「露国ノ利益ト日露協約ノ規定トヲ根拠トシテ之レヲ定ムヘキ」②だと回答し、第三回日露協約に定められた内蒙古東部における日本の勢力圏はこの協約から除外されるが、西部のロシアの勢力範囲に対しては露蒙協約において獲得した諸権利が適用されるとの意図を示唆した。これにより内蒙古東部の日本の勢力圏は確保したものの、ロシアは内蒙古西部を外蒙古同様にロシアの保護地としたので、ロシアの南下を阻止することは出来なかった。

　北京政府は外蒙古の独立を承認せず、露蒙協約も承認しようとしなかった。北京政府は対応策として外交的に蒙古における日・露の対立・争奪を利用し、日本の協力によってロシアを牽制しようとした。十一月十三日駐日の汪大燮公使が内田外相を訪れ、協約の内容を通告すると同時に、協約に対する日本の意見と中国側が注意すべき点の指摘を要望した③。これに対し内田外相は慎重な態度をとり、「支那政府自身ノ意見が肝要ナル

---

① 外務省編『日本外交文書』第 45 巻第 2 冊、731 頁。
② 外務省編『日本外交文書』第 45 巻第 2 冊、771 頁。
③ 外務省編『日本外交文書』第 45 巻第 2 冊、741−42 頁。

ニ因リ先ヅ之ヲ承知致シタシ」①と反問し、日本側の意見と姿
勢を示さなかった。この時期中国側には伊集院公使が述べた
ように「日本ニ親ミ日本ニ倚ラントスルノ傾向益々顕著ナル
モノ」②があった。これには日本に傾いていた趙秉鈞が国務総
理になっていたことも関連していたであろう。十三日の夜趙総
理は個人の資格で伊集院公使を訪れ、露蒙条約の件について「支
那ハ如何ナル態度ニ出ツルヲ可トセラルヽヤ腹蔵ナキ意見承ハ
リタシ」③と語った。伊集院公使は内田外相と異なり積極的な
姿勢を示し、中国の力によってロシアの南下を牽制しようとし
て、「第一ノ策ハ貴国ハ宜シク理ニ依リテ彼ヲ責メ若シ容レラ
レスンハ武力ニ迄モ訴フルノ覚悟ヲ以テスルコト当然ノ事ナ
リ」④と趙総理に助言し、北京政府にこのような成算ありや否
やと質問した。趙総理は種々の原因により「到底断乎タル措置ニ
出ツルヲ得ス」⑤と答えた。そこで伊集院は第二の策として「大
局保全ノ見地ヨリシテ日本国ニ援助ヲ請ハルルガ順序ナルベキ
モ日本ノ現状ハ直ニ之ニ応ズルヲ許サス」と述べ、北京政府が
この機会に他の列強に支援を求めることを警戒し、他の列強に
援助を求めれば「徒ニ露国ノ悪感ヲ増スノミニテ百害アリテ一
利ナシ」⑥と警告した。伊集院は他の列強の介入を排除して日・
露・中三者間で解決しようとして、趙総理に「貴国ハ飽迄露国
ト直接シ誠意妥協ノ方法ヲ講スルヲ要ス」⑦と勧告した。これ
に対し趙は「至極同感ナリ」⑧と答え、フランス公使の仲介に

① 外務省編『日本外交文書』第 45 巻第 2 冊、742 頁。
② 外務省編『日本外交文書』第 45 巻第 2 冊、788 頁。
③ 外務省編『日本外交文書』第 45 巻第 2 冊、742 頁。
④ 外務省編『日本外交文書』第 45 巻第 2 冊、742 頁。
⑤ 外務省編『日本外交文書』第 45 巻第 2 冊、742 頁。
⑥ 外務省編『日本外交文書』第 45 巻第 2 冊、742-73 頁。
⑦ 外務省編『日本外交文書』第 45 巻第 2 冊、742-73 頁。
⑧ 外務省編『日本外交文書』第 45 巻第 2 冊、742-73 頁。

より駐北京のロシア公使と討議する意向を表明した。これは露
仏両国が同盟関係にあったからである。伊集院はこれに賛成し
たが、さらに露中の交渉における日本の影響力と発言権を強化
しようとして、「露国ハ東洋ニ於テ日本国ノ勢力ヲ度外視スルコ
ト能ハザル地位ニ在ルコトナレバ方法如何ニ依リテハ日本国ノ助
言ニ依リ或ル程度迄ノ効果ヲ奏スルコト無キニアラザルベシ」①
と付言して趙総理の注意を喚起した。伊集院公使はこのように
中国側に積極的にコミットする姿勢を示したが、逆に内田外相
はこれにより「支那側ヲシテ露国ヲ牽制スルニ日本ノ力ヲ藉ル
コトヲ得ベシト誤解期待セシムルガ如キコトアリテハ甚面白カ
ラズ」②として、コミットを避けるよう指示した。これは露蒙
協約をめぐる中国への対応における内田外相と伊集院との間の
相違を示したものであった。それはこの時期内田外相はロシア
との協調を重視しており、また内蒙古に対する外交において中
国を支持してロシアと対抗するほどの国力はないと考えていた
からであった。

　日本の助言とフランスの仲介によって十一月十六日から外交
次長顔恵慶とロシア公使クルペンスキとの予備交渉が始まった。
北京政府は依然として日本の支持・協力を期待した。十八日趙
総理は交渉の模様と十九日に陸徴祥外交総長とクルペンスキと
の正式会談が開始されることについて、「支那政府最後の決心ハ
要スルニ体面ヲ損ハサル範囲内ニ於テ露国ノ要求ヲ容レ直接協
約ヲ取結フコトトスル筈」③であること等を日本側に内報した。
二十六日趙総理は再度露中会談の情況を内報し、ロシア側が中
国が提出した露蒙条約破棄の要求を拒否しているため、ロシア

　　①　外務省編『日本外交文書』第45巻第2冊、744頁。
　　②　外務省編『日本外交文書』第45巻第2冊、746—47頁。
　　③　外務省編『日本外交文書』第45巻第2冊、756頁。

の要求に基づく新協約をロシアと締結することによって露蒙協
約が自ずから無効となるように試みようとする意を表明した①。
十二月十日趙総理は陸外交総長がロシア側に強硬な姿勢を示し、
中国側の条件として「蒙古領土ノ主権ハ完全ニ民国政府ニ属ス」、
「蒙古通商ニ関スル対外交渉上一切ノ主権ハ完全ニ民国政府ニ
属ス」②等の四カ条を提出したことを日本側に内報し、日本の
支持を期待した。

　中国側の上述の要望に対し、伊集院公使は依然として積極的
に応ずるよう主張した。一九一三年十一月十五日伊集院は露蒙
協約をめぐる中露交渉に対して日本政府がとるべき政策を内田
外相に上申した。伊集院は交渉の見通しとして「支那ハ武力ヲ
用キズシテ活路ヲ発見セントスルモ露国ハ実質的ニ既占ノ地位
ヲ退クコトヲ肯ゼザル可キハ必定ニ付結局支那カ此交渉ニヨリ
テ得可キ最大限ハ多少形式上ノ譲歩ヲ得テ体面ヲ維持スルニ過
キサル可シ」と予測した。さらにロシアの対中国政策の全体像
から実際的問題を論じて、ロシアは新協約が適用される地域に
関して外蒙古だけでは満足せず、西蒙・内蒙の一部を包含する
ことを要求し、蒙古を掌握した後は「新疆ヲ圧シテ勢〔力〕圏
ヲ甘粛ニ拡張シ蘭州ヨリ陝西河南ヲ経テ江蘇省ニ出テ以テ西比
利亜鉄道ノ一点ヨリ分岐スル鉄道ヲ以テ支那ノ北中部ヲ斜断シ
テ黄海海岸ノ不凍港ヲ欧露ト連結ス可キ素地ヲ作ラントスルニ
アラザルヤヲ疑ハ」るので、「東洋将来ノ大局ニ於テ帝国ニ対シ
究極ノ敵手タルモノハ支那ニ非ズシテ露国ニ有之従ツテ露国勢
力ノ東漸南下ハ結局帝国ノ不利ナレハ極力之ヲ制止スルヲ以テ
我カ百年ノ長計ト存候……今日ニ於テ露勢ノ東漸南下ノ傾向ヲ
可成丈ケ緩和シ置クコト有益肝要ノ義ニ有之」と述べ、日本の

① 外務省編『日本外交文書』第45巻第2冊、772頁。
② 外務省編『日本外交文書』第45巻第2冊、783頁。

とるべき政策としては「仲介的干渉ヲ以テ最上」だと進言した①。
伊集院は仲介的干渉の方法として日本は「露国ニ対シ露支協商
ノ範囲ヲ外蒙古ニ止メ内蒙古ハ暫ク問題外ニ置ク可キ旨ノ好意
的警告又ハ注意ヲ与ヘ」②、内蒙古を日・中・露三国間の緩衝地
域となすことによって、日本は「一面露勢南下ノ傾向ヲ緩和シ一
面支那ニ対シテ多大ノ恩ヲ売リ以テ報酬ヲ受クルヲ得可シ」③と
して、一石二鳥の利を得られると主張した。さらに伊集院は中
国側から報酬として「支那ノ各方面殊ニ満蒙我カ勢力範囲内ニ
於ケル各種実業上ノ利権ノ獲得、吉会鉄道ノ急設、洮南府及ヒ
其ノ他ノ鉄道ニ関スル権利」④等を獲得しようとした。このよ
うな積極的な対満蒙政策の背景には第二次西園寺内閣が総辞職
し、第三次桂内閣が成立したことがあった。桂は対満蒙政策の
積極的な推進者であった。

　上述のように上申した後、伊集院は十八日袁世凱を訪ね、双
方の交渉の成り行きを確認しようとした。袁は「根本主義一致
セサル為容易ニ解決ノ運ニ至ラス殊ニ蒙古ニ対スル中国ノ領土
権ヲ確認セシムル一段ニ至リテハ露国ノ言分曖昧ニシテ頗ル困
難ヲ感シツヽアリ但シ支那ハ飽迄和平ノ態度ヲ以テ之ニ当リ決
シテ決裂ヲ来スカ如キコトハ為サヽル方針ナリ」⑤と語った。
袁は蒙古に対する中国の領土主権を確保しようとしていたが、
日本を警戒していたので協力を求めなかった。伊集院は十九日
さらに詳細に成り行きを把握するため高尾書記官を趙総理の下
に派遣した。趙も袁と同様のことを語り、ロシア側の提案と中
国側からの対案がなされたと述べた。高尾は双方の案の内示を

---

① 外務省編『日本外交文書』第45巻第2冊、785−88頁。
② 外務省編『日本外交文書』第45巻第2冊、788頁。
③ 外務省編『日本外交文書』第45巻第2冊、788頁。
④ 外務省編『日本外交文書』第45巻第2冊、788頁。
⑤ 外務省編『日本外交文書』大正2年第1冊、421頁。

求めた。二十日趙はこの案を内報してきた。ロシアの案においては「蒙古ガ中国ト連結スル関係上ヨリ生スル権利ヲ承認スヘシ」とされるのに対し、中国側は「露国ハ蒙古カ中国ノ完全ナル領土ノ一部分タルコトヲ承認スヘシ」[①]と要求し、双方は対立していた。

　この折、日本国内では桂内閣が第一次護憲運動により総辞職し、二月二十日山本内閣が組閣された。この内閣は西園寺内閣以来の慎重な態度を改め、中露交渉に介入する外交方針をとった。牧野伸顕外務大臣は三月十八日伊集院公使に「此際或ハ第三者ノ居中斡旋ニ依リ双方ノ意志ヲ疏通セシメ解決ヲ早ムルコトモ一策トシテ考ヘラルル」[②]として、仲介の余地があるか否かを袁世凱或いは趙秉鈞に打診するよう訓令した。伊集院は高尾書記官にこの内意を含め趙秉鈞総理を訪問させた。しかしこの時には露中双方の交渉が進捗しており、ロシアは中国側が露蒙協約付属議定書（通商章程）の主な内容を承認し、ロシア側が満足する新露中協約を締結すれば、中国の外蒙古に対する主権を承認し、外蒙古の独立を認めないと表明していた。牧野外相の訓令は機を逸したのである。伊集院は「今日ノ所他国ノ調停ヲ要スルカ如キ時期ニハ達シ居ラス」[③]として交渉の進展を見守る旨を返答した。日本は居中調停の役割は果せなかったが、袁世凱・趙秉鈞らとの直接会見を通じ中露双方の申出を伝達し、意思を疎通させる役割を果したのである。

　三月以来中国側が北満に増兵すると、ロシア側も同様に北満に増兵するとの風説が流布し、一時露中の関係が緊張した。日本はこの緊張緩和と武力衝突回避のため大いに活躍した。三月

---

① 外務省編『日本外交文書』大正2年第1冊、422頁。
② 外務省編『日本外交文書』大正2年第1冊、454頁。
③ 外務省編『日本外交文書』大正2年第1冊、458頁。

二十九日駐日ロシア大使マレウィチは牧野外相に中国側が北満
において増兵していることを述べ、「露国政府ハ今日ノ儘ニ放棄
シ置ク事ハ到底堪ヘ能ハサルトコロナレハ若シ支那ニ於テ改ム
ル事ナクハ何等カノ手段ヲ取ルノ止ムヲ得サルニ至ルベシ」①
と断固たる姿勢を示して、「露国カ日露協約ノ精神ニ則リ我政府
ト協調ヲ保ツ誠意ニ鑑ミ日本国政府ノ本件ニ関スル御意見至急
御回示相成ルコト」②を要望し、日本と共に中国に対抗する意
図を表明した。しかし牧野外相は中国側から得た情報によって
「現下ノ状勢ニ於テ袁世凱ガ兵力ヲ以テ該方面ニ何等積極的行
動ヲ執ルノ意図アルベシトハ認メ難キ」③と答え、北満増兵の
風説は針小棒大な報告によるものだと分析していた。もしロシ
アと中国間に軍事衝突が起これば中国側の敗北に終るのは必至
であり、ロシアがこの機に蒙古と北満における権益を一層拡
大・強化すれば満蒙における日本の権益に脅威を与えることに
なるので、日本は双方の軍事衝突を回避しようとした。このた
め牧野外相は伊集院公使に、中国当局者に「露国側ヨリ挑発的
ト看ラレ易キカ如キ行動ハ其動機如何ヲ問ハズ此際努メテ之ヲ
避クルコト得策ナル」④ことを勧告するよう訓令し、伊集院は
この旨を趙総理に警告した⑤。牧野外相は三月二十九日また伊
集院に「此際責任アル支那当局者ヲシテ誠意ヲ以テ貴官ニ対シ
該方面ニ於テ支那ガ兵力ヲ以テ露国ノ利益ヲ侵スノ虞アルカ如
キ積極的行動ニ出ヅルノ意図ナキコトヲ言明保証シ之ヲ帝国政
府ヨリ露国政府ニ伝ヘテ其安心ヲ求ムル様貴官ニ依頼セシムル

① 外務省編『日本外交文書』大正2年第1冊、464頁。
② 外務省編『日本外交文書』大正2年第1冊、468頁。
③ 外務省編『日本外交文書』大正2年第1冊、464－65頁。
④ 外務省編『日本外交文書』大正2年第1冊、460頁。
⑤ 外務省編『日本外交文書』大正2年第1冊、462頁。

ヲ得バ至極好都合」①であるとして、その手配を指示した。伊集院公使は四月二日陸徴祥外交総長にこの意を伝えた。陸外交総長は「支那政府ハ断シテ露国ト難ヲ構フルカ如キ意志毛頭無之旨茲ニ言明保障」②することを露国政府に伝達するよう伊集院に依頼した。四月九日牧野外相は駐日のロシア大使に中国側の保障を正式に伝達した③。これにより露中間の緊張状態は緩和し、一時停頓した交渉も進展を見せるようになった。

　その結果、露・中双方は五月二十日、ロシアは蒙古が中国領土の一部たることを承認すること、中国は外蒙古の歴史的地方自治制を変更しないこと、外蒙古におけるロシア人の商業上の特権を許可すること、外蒙古の重要な国際関係を変更しないこと等六項目よりなる露中協約草案をまとめた④。この草案は中国の外蒙古に対する領土主権を一応法的に認めてはいたが、内容的には外蒙古におけるロシアの特権を承認したものであった。これは中・露双方の譲歩・妥協の産物であった。袁世凱はこの妥協によって北方のロシアとの関係を安定させ、南方の革命党鎮圧に全力を注ごうとした。袁は衆議院に圧力を加えてこの草案を通過させたが、参議院はこれを否決した。ロシアはこの機に「支那ハ蒙古（内蒙古ヲ構成スル地域ヲ除ク）ノ自主及之ニ基キ蒙古ニ属スル一切ノ権利ヲ承認ス」⑤等四項目の協約案を提出し、中国側に強硬な姿勢を示した。あたかもこの時第二革命が勃発し、双方の交渉はまた停頓した。袁世凱は南方の革命党鎮圧後の九月中旬に交渉の再開を要望し、十数回の交渉を経て一九一三年十一月五日に中・露双方は蒙古に関する共同宣言

---

① 外務省編『日本外交文書』大正2年第1冊、465頁。
② 外務省編『日本外交文書』大正2年第1冊、469頁。
③ 外務省編『日本外交文書』大正2年第1冊、471－73頁。
④ 外務省編『日本外交文書』大正2年第1冊、519－20頁。
⑤ 外務省編『日本外交文書』大正2年第1冊、520頁。

書を発表した。「露西亜ハ外蒙古カ支那ノ宗主権ノ下ニ在ルコト
ヲ承認」する一方、「支那ハ外蒙古ノ自治権ヲ承認」[1]して外蒙
古の内政・商業等に対する一切の権利を放棄し、ロシアの外蒙
古における通商上の権益を承認した。

　この宣言書の特徴は「蒙古」を「外蒙」に改めたことである。
これは中・露交渉における日本外交の「獲得物」であったとい
えよう。日本外交の最大の狙いは、ロシアの権益を外蒙古に制
限し、内蒙古における日本の勢力範囲とその権益を擁護するこ
とであった。これによって日本の目的は一応達成されたといえ
よう。しかし日本はこれに満足しなかった。日本国内には「帝
国ハ内蒙古ニ於テ露国ノ外蒙古ニ於ケル勢力ト均衡ヲ保ツニ必
要ナル施設ヲ為スノ自由ヲ得ベシ」[2]と主張する声もあった。
これは内蒙古において日本は中国からロシアと同様の権益を得
るべきであるという主張であり、伊集院公使も一九一二年十二
月十五日の内田外相への建言において利権均霑も一策だと上申
したことがあった。しかし伊集院は自分の主張を改め、この時
期に至って日本が内蒙古に対しロシアの外蒙古における利権と
同様なものを要求するのは得策ではないと外務省に上申した。
それは、南満洲においては関東州と満鉄の租借権の延長と満洲
における商工業に関する利便及び有利な鉄道敷設権獲得が最大
の外交課題であり、内蒙古における利権の獲得は当時の日本の
国力から考慮するとそれほど緊迫した外交課題ではなかった上、
この均霑を要求した場合に生ずるであろう中国全土における排
日運動による日本商工業の甚大な損害、列国の日本に対する猜
疑・反感、或いは中国再分割の波乱を引起こす可能性等の諸要

---

① 外務省編『日本外交文書』大正2年第1冊、552−53頁。
② 外務省編『日本外交文書』大正2年第1冊、549−50頁。

因を考慮したからであった①。これは当時の日本の対蒙外交の在り方を語るものであった。この時期日本は国力を考慮した上で第三回日露協約で規定された現状を維持するにとどまり、内蒙に対してはまず勢力圏を画し、そこにロシアや他の列強の勢力が侵入するのを阻止する防衛的な外交方針をとったのである。

　この時期の外交を第三次日露協約締結期の外交と比較した場合、日・中・露の三角二重外交には新たな変化が見られた。日露協約期には、日露両国は争奪しながらも基本的には一致・協調して西満洲と内蒙古を分割し、中国は交渉の相手から除外されていたが、今回は中国が主体になり、表向きはロシアに抵抗すると共に、裏面においては内蒙古における日本とロシアの争奪と対立を利用し、日本と連携してロシアと対抗しようとした。日露協約期の中日の対立関係が緩和され、連携へと傾くのとは反対に、日露協約期の日・露の連携はこの時期にはロシア利権の内蒙古への一層の拡大により、対立に転じようとしていたが、日・露間にこの問題をめぐる直接的な交渉はなく、両者の表向きの協調関係は維持された。次に日露協約期には、満洲と内蒙古のどちらに日本外交の重点を置くかをめぐって外務省とその出先機関との間に意見の相違があったが、この時期にはこの問題は解決し、日本は内蒙古においてロシアと均霑すべきか否か、或いは中国を利用して蒙古においてロシアと対抗すべきか否かをめぐる相違があった。第三に日露協約期には、日本と北京政府及び袁世凱との関係が緊張していたが、この時期にはロシアに対抗して両者の利害が一致し、相対的に両者の関係が緩和し、北京政府及び袁世凱と彼らから遠ざけられていた日本が接近し始めた。このような変化は、日露協約期とは異なり、被侵略者

---

① 外務省編『日本外交文書』第45巻第2冊、787−88頁。

であった中国が主体になっていたため、三者間の二重的外交関
係における各側面の比重が変動したからであった。この変化を
促進したのは、日・露・中三者の国際関係において常に作用し
ている各々の利害であった。

第五章　孫文の訪日と中日外交

　一九一二年四月一日臨時大総統の職を辞任した孫文は、清皇帝の退位と北京政府が成立して南北が統一されたことによって、三民主義のうち民族・民権の二大主義は既に実現したので、次に達成すべきものは民生主義であるとして、その実現に着手しようとした。これには外国からの膨大な資金、先進的な技術と経営法の導入が必要であった。このため孫文は訪日を要望し、一九一三年二月十三日から三月二十三日まで貴賓として日本を訪問した。これは孫文の生涯における外国に対する唯一の公式訪問であり、一八九五年から結ばれた日本との関係も最高潮に達した。本章では、孫文訪日の思想的背景である対外開放政策、一時的挫折の後で実現した孫文の訪日、訪日中における活動、特に桂太郎との政治会談及び中国興業株式会社の発足・設立とその改組によって成立した中日実業株式会社等を通じ、この時期の孫文の日本に対する期待と日本政府の対孫・対袁政策を考究すると共に、この訪問を通じて孫文の対日意識が一時的に変化した原因とその性格を検討する。

一　孫文の訪日要望と日本の対応

　四月一日臨時大総統の職を辞任した孫文は上海を経て、湖

北・福建・広東・香港・山東・北京・山西・江西・江蘇・浙江・安徽諸省を歴訪し、各地で民生主義実現の必要性とその実施方法を訴えた。孫文は民生主義を実施するということは、中国で社会主義或いは国家社会主義を実施するということであり、そのためにまず中国の産業を振興させることを強調した。孫文はこれによって中国の内政、列強と締結した不平等条約及び軍事等についての問題を根本的に解決し得ると考えていた。故に孫文は産業の振興が何よりも重要なことだと考え、自ら進んでこの課題を担うことを決心し、国内政治は袁世凱に任せたのである。産業振興のためには外国からの資金と技術と経営法の導入が必要であった。そのため孫文は六月中旬からの訪日を要望した。本節では、孫文が訪日を要望した思想的背景にある産業振興政策、対外開放政策と訪日の要望が形成される過程を究明すると共に、これに対する日本政府・外務省及び民間人の姿勢を考究し、孫文の訪日の要望が一時挫折する経緯を通じて、この時期の日本の対孫政策を検討する。

　まず孫文の産業振興政策と対外開放政策を考究する。孫文は「産業の母は交通であり、交通の母は鉄道である」[①]、「鉄道は一般に国家興盛の先駆であり、人民幸福の源泉である」[②]と述べ、鉄道建設を中国産業振興の最大の緊急課題であると主張した。孫文のこのような主張は欧米と日本の近代化の経験から学んだものであり、特にアメリカをモデルとして辛亥革命前から考究してきたものであった。孫文は中国において三五〇万里の鉄道を建設すれば、中国は世界の一大強国になれるという遠大な構想の下に、まず一〇年間で二十万里の鉄道を建設する計画を立てた。南・中・北の三本の基本幹線を建設し、南路本線は

①『孫中山全集』第 2 巻、中華書局、1982 年、383 頁。
②『孫中山全集』第 2 巻、中華書局、1982 年、489 頁。

海南島→広東→広西→貴州→雲南→四川→チベット→天山南麓、中路本線は長江河口→江蘇→安徽→河南→陝西→甘粛→新疆→伊梨、北路本線は秦皇島→遼東→内蒙古→外蒙古→烏梁海（外蒙古の西北部）とする構想であった[1]。中国の近代史においてこれほど鉄道建設を重視し、このような大規模な鉄道建設計画を立てた人物は他にいなかった。孫文は近代中国鉄道建設構想の先駆者でもあったといえよう。

このような壮大な構想を実現するには、六十億両の資金が必要であった[2]。当時の中国財政にはこの巨額の資金を捻出する余裕がなかったから、孫文は外国と外債に頼らざるを得なくなり、第一に外債を借りて中国が建設する、第二に外国と設立した合弁会社によって建設する、第三に外国の会社が直接投資・建設して独自に経営し、四十年後に中国政府が回収する等の方策を提起した[3]。この三つの方策の中で孫文が強調したのは第三の方策であった。それは直接に外国の資本を導入すると同時に、外国の技術と経営方法をも利用することが出来るからである。しかし当時の中国には閉門自守の保守思想が根強く存在していた上、武昌蜂起が外国資本の導入による鉄道建設を直接の導火線として勃発した経緯もあって、外債と外国による鉄道建設は路線権を喪失し国家の滅亡を招くことだとして、反対意見が四方から起こったため、実現は容易なことではなかった。

孫文は彼の理想と鉄道建設の構想を実現するため、各地で演説をおこなって国民を説得しようとした。演説において、孫文は従来の閉門自守の考えを批判して対外開放政策を主張した。孫文は中国は閉門自守の考えのために自分が出来ないことを外

---

① 『孫中山全集』第2巻、中華書局、1982年、383—84頁。
② 『孫中山全集』第2巻、中華書局、1982年、415頁。
③ 『孫中山全集』第2巻、中華書局、1982年、490頁。

国人に任せようとせず、外国人がその国の政府の名で我が国に
おいてそれをやろうと要求しても我が政府にはこれを拒絶する
力もなく、最後には外国人の掌中に収まることにならざるを得
なかったと述べ、従来の閉門自守の政策を対外開放政策に転換
すべきだと強調した①。

　孫文は対外開放政策の一環として、特に外資の導入、外債の
利用を主張した。借款の条件として、（一）国家主権を侵さない
こと、（二）担保をとらないこと、（三）低利息等を強調した。
しかし外国借款は常に国家主権と国家間の外交問題にかかわる
ので、孫文は外国の個人或いは会社から直接借款することを主
張した。そして、そうすれば中国政府或いは中国の鉄道会社は
外国の政府に対し責任を負うことなく、債権者に対してのみ責
任を負うことになるから②、政府に籍を置かない民間人として
外国の民間からこのような借款をする権限を北京政府から与え
てほしいと念願していた。孫文はこのような対外開放政策を通
じて中国が富強な国になれば、外国と締結した不平等条約も改
正することが出来るし、治外法権をも撤回することが出来ると
述べ、如何なる国から借款をしてもよいし、外国人の投資を禁
止する必要もないと強調した③。

　孫文の上述のような対外開放思想は欧米と日本の近代化から
学んだものであった。孫文は講義或いは記者会見において日本
に対し次のように述べて、日本に学ぶことを主張した。

　　一　日本は先代外国人と往来がなかったが、この数十年以
　　　来門戸を開放したため、東亜の強国になっている④。日

---

①『孫中山全集』第2巻、中華書局、1982年、449、499頁。
②『孫中山全集』第2巻、中華書局、1982年、489頁。
③『孫中山全集』第2巻、中華書局、1982年、340、499頁。
④『孫中山全集』第2巻、中華書局、1982年、530頁。

本は門戸開放主義者である①。

二　日本は対外開放政策をとっているため、その製造業等
　　はイギリス人が経営し、日本はこれにより大きな利益を
　　得ている②。

三　日本の勃興は皆外債の力によるものである③。

四　東京市電はまず民営にして二十五年後に回収して国
　　営（市営─筆者）にし、日本郵船会社も政府から外国借
　　款を借入れる全権を得て事業を起こしている④。

五　我らは日本にいる外国人が皆日本の管轄下に置かれ
　　ていることを学ばなければならない⑤。

六　日本はタバコの専売等で国家社会主義を実施している⑥。

七　五、六十年後中国は日本に匹敵する国になる⑦。

　日本に関するこのような論述は日本そのものを専門的に論じ
たものではなく、日本が成功した例を挙げて自分の対外開放、
外債の導入、鉄道の民営から国営への転換、外国租界の回収等
の主張の正当性を証明し、他人を説得しようとするものであっ
た。例えば安徽省における講演で孫文は、諸君、日本を見よ、
土地は我が中国の二つの省より広い、人口は我が中国の二つの
省より多い、四〇年前は最小・最窮・最弱の国であったが、明
治維新後四〇年間で厳然と列強の一つになった、地球上列強と
いえるものは六、七ヵ国しかない、日本は厳然とこの六、七ヵ
国の中の一国である、日本はどんな方法によってこのような強
国になり得たのだろうか、それは開放主義をとったからである、

---

①『孫中山全集』第 2 巻、中華書局、1982 年、449 頁。
②『孫中山全集』第 2 巻、中華書局、1982 年、449 頁。
③『孫中山全集』第 2 巻、中華書局、1982 年、322 頁。
④『孫中山全集』第 2 巻、中華書局、1982 年、455 頁。
⑤『孫中山全集』第 2 巻、中華書局、1982 年、368 頁。
⑥『孫中山全集』第 2 巻、中華書局、1982 年、442 頁。
⑦『孫中山全集』第 2 巻、中華書局、1982 年、368 頁。

我ら中華民国は土地が日本より二十倍広く人口も二十倍多い、もし中国が日本のように開放主義をとれば、三、五年たらずして日本より十倍富強な国になる、と述べた①。孫文の上述のような言論から孫文の対日意識＝対日観の一部を知ることが出来ると共に、また孫文が訪日を要望した思想的背景をも窺うことが出来る。

　孫文は各地で中国産業の振興、鉄道の建設、対外開放政策の実施を訴えると同時に、日本に赴くことを考えていた。孫文が訪日の意向を最初に表したのは、六月十五日に広州の訪問を終え、香港経由で上海へ戻る直前であった。孫文は「上海ヨリ北京ニ赴キ滞在ノ上上海ニ引返シ夫レヨリ都合ニ依リテハ八月頃日本ニ赴ク考」②えであると語った。孫文は上海滞在後直接日本に赴く考えであったが、袁世凱が再三北上を要望したので、予定を変更して八月十八日に山東の煙台経由で入京することになった。この北上を前にして、孫文は八月八日黄興と共に上海日本総領事館の西田書記生と会見し、彼に「袁ヨリ頻リニ北上ヲ促セル為メ久シ振リニ北方ノ情況ヲ視察セン為メ赴燕セントスルモノニシテ暫時滞在ノ上事ニ依リテハ日本ニ赴カン希望ヲ有ス実ハ日本ニ先赴シ然ル後北京ニ向ハント考ヘシモ此際右ノ行動ハ種々ナル誤解讒言ヲ来ス恐レアルニ付先ツ北京ニ赴クコトトセリ」③と述べた。これは孫文が訪日を決定したというよりも、彼の訪日の意向に対する日本側の意見を打診しようとしたものであった。これに応じて有吉明上海総領事は八月八、九、十二日の三日連続して孫文の訪日の要望を内田外相に報告し、

---

① 上海『民立報』1912年10月29日。
② 明治45年6月19日、在広東赤塚総領事より内田外務大臣宛電報、第60号。防衛研究所所蔵。
③ 大正元年8月12日、在上海有吉総領事より内田外務大臣宛電報、機密第66号。防衛研究所所蔵。

上海駐在の本庄繁少佐も参謀総長に同様の内容を打電した[①]。しかしこれに対し外務省と参謀本部は何の意向をも表明しなかった。

　この時期、駐中国の日本公使・総領事及び各地駐在の将校は孫文と黄興の行動と言論を注視し、特に孫・黄北上の目的について関心を寄せていた。それは孫文の訪日要望の政治的背景を察知しようとしたからである。駐広東の赤塚総領事は孫文の談話を引用して、孫文は「今後ハ政治ニ関係スル考ナク今回北上ノ用向ハ実業上ノコトニテ袁世凱ト打合ノ為ナリ」と内田外相に報告し、また他の方面からの情報として「孫ノ北上ハ借款問題ニ関シ黄興ト熊希齢トノ間ヲ調停スル為ナリ」[②]と打電した。日増しに激化する南北間の対立の調整が孫文北上の一目的であったのは事実であった。

　孫文は八月二十四日に北京に到着し、九月十七日まで北京に滞在して各種の集会で産業振興・鉄道建設等について演説し、袁世凱と十数回会談した。この時孫文の訪日が協議された。八月二十六日孫文は北京政府の総理陸徴祥との会談において、外交においてもっとも重要なのは列国の民国に対する承認問題であるが、これは大変困難な問題であるためまず一、二ヵ国の単独承認を得なければ効果を挙げるのは困難であると語った[③]。陸はそれなら孫文自ら日本とアメリカに赴いて日米の承認を得れば、他の国は承認が本意でなくても自ずから一律に承認するであろう[④]、と答えた。孫文はこれを承諾した。二十九日孫文はドイツの記者に「私は三週間以内に満洲と日本を経由して欧

---

　① 大正元年8月9日、在上海本庄少佐よりの電報、参謀第528号。外交史料館所蔵。
　② 明治45年6月19日、在広東赤塚総領事より内田外務大臣宛電報、第60号。防衛研究所所蔵。
　③ 上海『民立報』1912年9月4日。
　④ 上海『民立報』1912年9月4日。

洲に行くつもりだ」①と語った。孫文は東北＝満洲に赴くつもりであったが、袁は東三省は治安が悪く事故が頻発するので東北に赴くのを中止させた。これらの事実から北京政府も承認を獲得するため孫文の訪日を認めたのであろう。

　孫文は北京から東三省経由で渡日する計画を変更し、北京から太原・済南・青島等を訪れた後、十月三日上海にもどってフランス租界の宝昌路第四九一号の小さな洋館に泊まり、その館員に北上の所感、鉄道建設計画、今後の行動予定等を述べ、あらためて訪日の意志を表明した。この館員の身分は不明だが、有吉総領事はこの館員から孫文の情報をキャッチしていた。孫文は東西貫通線より鉄道建設計画を始めると述べ、さらに清朝時代に各国と締結した条約と各列強の勢力範囲を説明し、二、三ヵ国が協約その他により密かに鉄道敷設範囲を分割したから「仮令借款其他ニヨリ資金ヲ得タリトスルモ之レカ実行ハ頗ル至難タルハ予ノ自覚スル処ナルモ此至難ヲ恐レ支那自身カ何等計画スル処ナケレハ結局亡国ノ禍根ヲ遺スノミナルヲ以テ何トカシテ之レカ遂行ヲ計ラサルヘカラス然ルニ現時各国対支政策ヲ大観スルニ何レモ自国利益主義ニシテ支那扶助ノ如キハ其好名ノミ」だと述べた。また日本に特別な期待を寄せ、「日本ハ自国権利ノ伸長ハ勿論ナルモ一面東亜ノ大局ヨリ相当能アル支那国家ノ存在ヲ必要トスル一種特別ノ他国ト異ナリタル密接ナル関係ヲ有スルニ付是非トモ是レカ実行ニハ日本ノ援助ヲ借ルノ要アル可ク又日本カ維新後四十年苦心経営セル実際ノ模範ニ付キ大ニ学フノ必要アリ」②と語った。孫文はまた「現ニ蒙古ニ於ケル露国ノ圧迫ハ益々切迫シ居ルニ付一部人士中ニハ蒙古鉄

①『時報』1913 年 9 月 8 日。
② 大正元年 10 月 8 日、在上海有吉総領事より内田外務大臣宛電報、機密第 87 号。防衛研究所所蔵。

道ヲ先キニス可キコトヲ唱フル者アルモ斯クノ如キハ日本ノ十分ナル援助アルニアラサレハ実行シ難シ」①と語り、日本側の援助を要望した。今後の行動計画について、孫文は「一面着手ノ方法及資金借款弁法ヲ講スル必要アリ然ルニ着手及借款方法ニ関シテハ支那従来ノ弁法ニテハ失敗ニ終ル恐レアル」故に、日本の鉄道建設の経験を参考にすることを強調し、「是非共日本ニ赴キ明治維新ヨリ今日マテノ種々ナル経験ニヨリ経営シツツアル日本鉄道ヲ実際ニ十分ニ視察研究センカ為メ場合ニヨリテハ来月上旬乃至中旬頃ニ渡日ノ希望ヲ有スル」②と、二、三週間滞在したい旨を表明した。しかし孫文は「日本ハ果シテ予ヲ観迎シ視察其他ニ付十分便宜ヲ与ヘラルルヤ否ヤ」と問い、「若シ日本ニシテ自分ノ渡日ニ対シ余リ好意ヲ表セサル模様ナラハ致方ナク一応広東ニ帰リ来春匆々欧米視察ノ途ニ上ル筈ナリ」③と付加えた。もともと孫文は訪日後上海に帰り、翌年の一、二月に欧米を巡遊して鉄道視察と借款交渉を試みようとしていたが、鉄道敷設権をめぐる日本と欧米列強間の争奪による対立を利用して、日本を督促しようとしたのであった。

　上海の有吉総領事は上述のような孫文の訪日の希望を内田外相に報告し、対応策を建議した。孫文の鉄道建設計画に対して有吉は、その計画は「漠然タル空想ニ出テタルモノニスキサルモ……本人ニ於テハ案外真面目ニ実行ヲ期シ居レルモノト察セラレ已ニ之カ準備ニ着手セントシツツアルハ事実ニ有之」として、「事情ノ許ス限リ相当ナル方法ヲ以テ便宜ヲ与ヘ将来ノ連絡

---

　　①　大正元年10月8日、在上海有吉総領事より内田外務大臣宛電報、機密第87号。防衛研究所所蔵。
　　②　大正元年10月8日、在上海有吉総領事より内田外務大臣宛電報、機密第87号。防衛研究所所蔵。
　　③　大正元年10月8日、在上海有吉総領事より内田外務大臣宛電報、機密第87号。防衛研究所所蔵。

ヲ持続シ置ク事モ無用ノ業ナラス」①と内田外相に具申した。
それは有吉が孫文を中国の政治舞台において「時勢ノ推移ニヨ
リ漸次一部ノ声望ヲ失シツツアリトスルモ少クトモ尚ホ一勢力
ナルハ争フ可ラス」②であると考えていたからであった。

　次に孫文の訪日の要望に対して有吉は、孫文は「右当館員ニ
対シテノミナラス関係本邦人ニ対シテ切リニ歓迎ノ有無ヲ云為
シ少カラサル掛念ヲ有シ居ルモノノ如ク然モ其期待スル所謂歓
迎ナルモノハ其従来ノ語気ト抱負ニ照シ単ニ民間有志若シクハ
一二協会ノ私的歓迎ニアラスシテ或ハ少クトモ国家ノ元勲タル
待遇ヲ意味スルモノト認メラルル筋ナキニアラサル」と述べ、
日本と中国南北の「目下ノ形勢ニ鑑ミ同人ノ本邦行ハ到底之レ
カ満足ヲ得ヘカラサル虞アリ」として、私見として「敢テ勧誘
スヘキ筋合ナラスト思惟致候モ自然他方面ヨリノ運動モ可有之
若シ愈々之レカ実行ヲ見ルカ如キ場合ニハ其鉄道ニ関係ヲ有ス
ル点等ヲ利用セラレ適当ノ方面ヨリ相当ノ待遇ヲ与ヘラレ」③
たら如何かと具申した。それは有吉が孫文の「言論ニ徴シ最近
ニ於テハ自国将来ノ為メ多少本邦ニ依頼スルノ必要ヲ自覚シ来
リツツアリ」と判断し、「此際少クトモ之レニ悪感ヲ与ヘサル事
得策」④だと考えていたからであった。

　外務省と内田外相は孫文の訪日の要望と有吉上海総領事の上
申にどう対応したのであろうか。孫文の訪日問題は単なる孫文
個人の問題ではなく、日本の対中国・対袁政策と対欧米外交に

---

　① 大正元年10月8日、在上海有吉総領事より内田外務大臣宛電報、機密第87号。
防衛研究所所蔵。
　② 大正元年10月8日、在上海有吉総領事より内田外務大臣宛電報、機密第87号。
防衛研究所所蔵。
　③ 大正元年10月8日、在上海有吉総領事より内田外務大臣宛電報、機密第87号。
防衛研究所所蔵。
　④ 大正元年10月8日、在上海有吉総領事より内田外務大臣宛電報、機密第87号。
防衛研究所所蔵。

かかわる問題であったから、外務省は日本の基本的外交方針に
基づいてこの問題を処理しようとした。十一月中旬内田外相の
意見によって起草された「支那に関する外交政策の綱領」から
窺われるように、この時期外務省の中国一般に対する政策は、
「盟邦英国と常に協調を図ると共に、最も我通商の伸張に力め、
各省到る所に邦人の平和的活動を進め、利益の扶植、市場の開
拓を図らざるべからず。殊に中部及南部支那は、人口稠密、物
資豊富従て列国の競争激甚なるを以て、用意周到我歩武を進め、
地盤を鞏固ならしむることを要す」①というものであった。内
田外相は江西省の南潯、安徽・浙江・湖北・湖南・広東諸省に
おける鉄道敷設に強い関心を寄せ、これらの鉄道借款に応ずる
姿勢をとっていたため、来日して鉄道を視察したいという孫文
の要望に応ずる意図を持っていた。しかし内田外相は対中国政
策においては、特にイギリス及びロシアとの協調を図るのが日
本にとって得策だと考えており、また中国に君臨する袁世凱と
の関係を改善する必要性から、来日に際して孫文を元首として
待遇し、首相・外相・陸相・海相と会談をおこなうことは得策
ではないと考えていた。故に西園寺内閣は孫文の来日に対して
矛盾した冷淡な姿勢を示し、孫文が来日しても首相・外相・陸
相・海相は彼を接見しないと決定した。

　孫文は十一月十三日近江丸で上海を出発し、長崎・福岡・京
都・奈良経由で上京する予定であった②。日本では東亜同文会・
中国問題研究会・神戸商工会議所等が孫文歓迎の準備を始めて
いた。宮崎滔天は孫文来日の架け橋的役割を果した。彼は四月
六日上海の六三亭で大総統を辞任して上海に来た孫文を慰労し、

①　内田康哉伝記編纂委貫会・鹿島平和研究所編『内田康哉』鹿島研究所出版会、1969
年、207頁。
②『大阪朝日新聞』大正元年10月24日。

孫文は六月三十日黄興と共に陳其美宅で催した宴に彼と宮崎民蔵・山田純三郎を招いた。八月二十五日同盟会が中国国民党に改組されると、滔天は萱野長知と共に国民党に入党し、九月一日上海で『滬上評論』を創刊・発行する等、孫文との関係が密接であった。滔天は十月十八日上海を出発し、二十三日神戸を経由して二十四日帰京すると「孫逸仙の来遊」と題する談話を『大阪朝日新聞』に発表した。

　日本政府は孫文の来日を阻止或いは一時延期させるため、北京から山座円次郎参事官を上海に派遣して、孫文に日本の事情を説明させた。

　上海に到着した山座参事官はまず十一月三日に宗方小太郎と会談した①。宗方は十月五日に日本から上海に到着し、南方の政治情勢、特に革命党関係の情報を収集して海軍或いは領事館に提供していた②。宗方は十月十七日に山座が長沙で黄興と面会した際、注意事項について彼に書簡を送ったこともあった③。宗方は山座と面会した後で孫文を訪問しており、宗方が山座と孫文の仲介の役割を果していたようである。四日に山座は孫文と面会した。孫文は「近々日本ニ行キタキ考ナルガ日本国ニ於テハ如何ニ受ケラルヘキ」④かと尋ねた。山座は「今日ノ場合我ニ於テ公然若ハ盛大ナル歓迎ヲ与フルコト能ハサルハ勿論ナルガ第一如何ナル用事ニテ日本ニ行カントスルヤ」⑤と聞いた。

────────────

　　① 宗方小太郎「辛壬日記」1912 年 11 月 3 日。『近代稗海』第 12 輯、四川人民出版社、1988 年、50 頁。
　　② 宗方小太郎「辛壬日記」1912 年 11 月 3 日。『近代稗海』第 12 輯、四川人民出版社、1988 年、49－50 頁。
　　③ 宗方小太郎「辛壬日記」1912 年 11 月 3 日。『近代稗海』第 12 輯、四川人民出版社、1988 年、50 頁。
　　④ 大正元年 11 月 4 日、在上海有吉総領事より内田外務大臣宛電報、第 253 号。防衛研究所所蔵。
　　⑤ 大正元年 11 月 4 日、在上海有吉総領事より内田外務大臣宛電報、第 253 号。防衛研究所所蔵。

孫文は訪日の目的を「日本ハ第二ノ故郷ナルカ故ニ友人トの旧
好ヲ温メ且当路者ニモ面会其対支意嚮ヲモ伺ヒタル上益々両国
ノ親交ヲ図リタク」と答え、「公然若ハ盛大ナル歓迎ノ如キハ素
ヨリ期スル所ニ非ラス」①と付加えた。孫文は山座が煮え切ら
ない返答をするにもかかわらず、しきりに日本行きを希望する
旨を繰返し、最後に「鉄道視察等ノ名義ノ下ニ赴カハ公然トナ
ク首相ニ御面会出来得ヘキ」②かを電報で東京に問合せてくれ
ないかと希望した。山座は孫文が訪日を切望している情況に鑑
み、これに賛成する意見を抱き、内田外相に「鉄道視察ノ名義
ノ下ニ来朝スルニ於テハ民間ヲシテ相当ナル待遇ヲ与ヘシメ首
相及閣下（内田外相—筆者）ニ於テモ公然トナク御面会アルコ
ト可ナラント思考ス」③と上申した。その理由は、第一に孫文
が「目下南清ニ於ケル大勢力タル」こと、第二に「従来ノ関係
上我ニ頼ランスル」こと、第三に「来春勿々ハ欧米諸国ニモ赴
カントスル」④ことから、すげなく突放すのは得策にあらずと
考えたからであった。こうした山座参事官の意見は有吉総領事
とほぼ同じであった。日本の中国における国益拡張のために孫
文を利用し、その訪日を容認するよう希望したのである。だが
首相や外相らと面会するか否かについては両者の意見は異なっ
ていた。

　内田外相は、有吉上海総領事の意見に同意し、首相・外相と
の面会には賛成しなかった。五日内田外相は山座に「孫来朝ニ

---

①　大正元年11月4日、在上海有吉総領事より内田外務大臣宛電報、第253号。防
衛研究所所蔵。
②　大正元年11月4日、在上海有吉総領事より内田外務大臣宛電報、第253号。防
衛研究所所蔵。
③　大正元年11月4日、在上海有吉総領事より内田外務人臣宛電報、第253号。防
衛研究所所蔵。
④　大正元年11月4日、在上海有吉総領事より内田外務大臣宛電報、第253号。防
衛研究所所蔵。

付今日ノ場合我ニ於テ公然歓迎ノ意ヲ表スルコト能ハサルハ貴電ノ通ナルモ鉄道及其他ノ事業取調等ノ為渡来スルコトハ何等差支ナキノミナラス其向々ヲシテ充分ノ便宜ヲ与ヘシム」と伝えたが、首相・外相らとの面会については目前の時局に鑑み「未タ時宜ヲ得タルモノト思ハレサルノミナラス内外種々ノ関係ニ顧ミ却テ誤解ヲ生スル虞アリ日支両国ノ親交ヲ図ル上ニモ得策ナラスト思考セラルル」①と述べ、この意を孫文に伝えるよう指示した。この時日本の外交はロシアと中国、袁世凱と孫文のそれぞれどちらを優先或いは選択するかを迫られていたが、内田外相のこの指示から見ると、外務省はロシアとの協調と袁世凱との関係改善を優先していたのである。

　この頃孫文の説得にかかわっていた人物に秋山定輔という政治家がいた。秋山は桂太郎と特殊な関係を有していた。秋山定輔が上海に着いた期日は不明であるが、山座と共に孫文に会っていることから山座とほぼ同時期に上海に滞在していたと思われる。秋山は一八九九年宮崎滔天らの紹介により孫文と面会して意気投合し、孫文の革命運動を支援するようになった。秋山はこの年孫文の要望に応じて陳少白らが香港で刊行する『中国日報』の印刷に必要な印刷機と活字を東京で購入して提供し、一九〇二年には滔天の「三十三年之夢」を自分の発行する『二六新報』に連載し、一九〇五年には同盟会成立にも協力しており、孫文と深い関係があった。秋山と孫文にこのような関係があることを知っていた桂太郎は、秋山に「孫文が来ても、総理をはじめ、陸海軍大臣も、元老も、一人も会はんといふことに、今日閣議で決定した……政府の者が誰も会はぬのに、わたし一人孫君に会ふといふのも誠に具合の悪いことである。事実そん

① 大正元年 11 月 5 日、内田外務大臣より在上海有吉総領事宛電報、第 122 号。防衛研究所所蔵。

なことをすれば大変なことになる、さうなっては来る人に対して甚だ無礼になる」①と語って上海に派遣したのである。桂は辛亥革命後の日本の対中国政策の観点から孫文の訪日を歓迎する態度をとっていたが、閣議でこのように決定した情況下で来日すれば孫文は大いに失望し、将来の日華関係に悪影響を及ぼすであろうと心配したので、孫文の来日を一時延期するのが得策だと思い、秋山を上海に派遣して孫文を説得させようとしたのである。秋山は京都へ紅葉見物に行くという口実で東京を発つと、密かに上海に向った。この件には三井物産もかかわっていて、藤瀬政次郎上海支店長が秋山を迎えて、自分の社宅に案内した。秋山はフランス租界の孫宅を訪れて来意を述べた。孫文は「それは困る。もう万端準備して出発するばかりだ。日本の方でも、こっちでも、正式に発表した後だから今更中止は出来ぬ」②と断言した。翌日、秋山は桂の衷心、内閣の事情、その他一般情勢等すべてを率直に話し、孫文を説得しようとした。しかし孫文は「誰も会はんといふなら会はんでもよい。僕は強いてその人達に会って貰はんでもよい。さういう偉い人達に無理に会って貰はふとは思はぬ。元の下宿屋のお婆さん、親しい友人たちに、あまり世話になったから今度いって礼を云ひたいのだ。それと富士山を見れば沢山だ」③と激高した。秋山は「清朝は倒した。君は今中華民国のエキスプレジデントとして、世界の人から仰がれる立場になった。その表面に立った老兄をお客様として迎へる時が漸くやって来たのだが、今日はまだこっちのお座敷の掃除が出来てゐない、せっかく来て呉れてもお茶も出せない始末だから少々待ってくれといふのだ。それを待た

---

① 村松梢風『金・恋・仏』関書院、1948 年、50 頁。
② 村松梢風『金・恋・仏』関書院、1948 年、58 頁。
③ 村松梢風『金・恋・仏』関書院、1948 年、61 頁。

れぬといふのは何事だ。しかもこれは僕一人の意志じゃない、今日本で名実共に第一人者として実力の所有者である桂公爵がこのことを心配して、わざわざ僕を呼んで相談があったから、僕は千里を遠しとしないでこゝにやって来て頼むのだ」と述べ、さらに「清朝が倒れたから革命は成功した、大間違ひだ、ほんたうの革命はこれから始まるのだ」①から少々待つようにと勧告した結果、孫文も納得した。これは十一月六、七日頃のことであったと思われる。

　秋山とは別に山座も孫文に対する説得工作をつづけた．六日山座は孫文と再び面会し、内田外相の五日の来電の主旨を伝えた。孫文は「沈思黙考ノ末寧ロ日本行ヲ見合スベキヤノ意嚮ヲ洩ラ」②した。同日夜山座はあらためて孫文と面会し、詳細な話合いがおこなわれた。その結果孫文は「愈日本行ヲ一時見合ハス考ナル」③旨を山座に語った。山座はその理由を「彼カ名義トスル実業調査上如何ニ便宜ヲ与ヘラルルモ閣下並首相等ヘ面晤出来スハ却テ支那南北ニ対シ彼ノ面目ヲ失墜スヘケレハナリ」④と内田外相に報告した。当時の孫文の実情から見てこれは適切な分析であったといえよう。

　山座・秋山の説得により孫文は訪日を見合わせ、滔天に「病気で日本行を延期するから関係方面へ宜敷く頼む」⑤との電報を打った。これに対し東京の政界と財界は遺憾の意を表した⑥。

　孫文の訪日の要望がこの時期に実現出来なかった第一の原因

　①　村松梢風『金・恋・仏』関書院、1948年、62－63頁。
　②　大正元年11月7日、在上海有吉総領事より内田外務大臣宛電報、第255号。防衛研究所所蔵。
　③　大正元年11月8日、在上海有吉総領事より内田外務大臣宛電報、第257号。防衛研究所所蔵。
　④　大正元年11月8日、在上海有吉総領事より内田外務大臣宛電報、第257号。防衛研究所所蔵。
　⑤　村松梢風、前掲書、64－65頁。
　⑥『時報』1912年11月12日。

は、日本の対露・対袁政策とロシアと袁世凱が背後から日本を
牽制したことにあった。この時期あたかもロシアは外蒙古と露
蒙協約を締結した。これに衝撃を受けた日本の一部にこの機に
南満洲及びこれに隣接する内蒙古東部を割取して、この方面の
問題を根本的に解決すべきだとの論調が現れた。しかし内田外
相はロシアとの関係悪化を考慮してこの論調に反対し、経済
的・平和的な方法で満蒙における日本の既得の地位を保持する
ことを主張し、「露国と親善なる関係を維持すること」①を強調
した。だがロシアはこの時期日本の対中・対露外交に敏感だっ
たので、孫文の訪日には日本と中国が連携してロシアに対抗す
る意図があると考え、駐日ロシア大使が外務省に「孫逸仙等今
般本邦来遊ニ関シ之カ接待振」②りを尋ね、孫の来日を牽制し
ようとした。内田外相もこれを重視し、八日有吉総領事と伊集
院公使に「昨今露国ト外蒙古トノ新関係ガ問題トナレル際支那
側ニ於テ或ハ他国ヲ藉リテ露国ヲ牽制セントスルガ如キ意嚮ア
ルニ非ザル」③かを取調べるように訓令した。孫文はこの時期
袁世凱に日本と連携してロシア及び露蒙協約に対抗するよう数
回提議したことがあった④。袁と北京政府も前述のようにロシ
アと対抗するため日本側に助言と同情・協力を求めていたので
ある。しかし内田外相は露蒙協約については慎重な姿勢をとり、
ロシアとの協調を第一に考えていたので、中国側の要望に応ず
る姿勢を示そうとはしなかった。内田外相が孫文の訪日に冷淡
であった一因は、日本と中国が連携してロシアに対抗するかの

---

① 内田康哉伝記編纂委員会・鹿島平和研究所編、前掲書、206 頁。
② 大正元年 11 月 8 日、内田外務大臣より在上海有吉総領事宛電報、第 124 号。防
衛研究所所蔵。
③ 大正元年 11 月 8 日、内田外務大臣より在上海有吉総領事宛電報、第 124 号。防
衛研究所所蔵。
④『孫中山全集』第 2 巻、542 頁。

ような印象をロシア側に与えることを避けたからである。しか
し北京政府は日本に同情と協力を求めながらも、この要望を孫
文の訪日を通じて表明しようとしなかった。内田外相の訓令に
基づき、高尾書記官が趙秉鈞にこの件を尋ねた時、趙は「露蒙
新関係ニ関シ孫逸仙ガ我ニ求ムル所アルヘシトハ中央政府若ハ
袁ニ関スル限リ考へ居ラサル所ニシテ仮令彼一個人トシテ何カ
申シ出ツル所アルトモ聞流シ置カレテ差支ナカルヘシ」①と答
えた。だが伊集院は趙のこの回答を報告した時に「支那政府ハ
十一月八日露国公使ノ通告ニ接シ即夜其ノ次第ヲ新聞ニ発表セ
シメ蒙古ノ関係ニ関シ世界ノ同情ヲ博セント努メツツアルハ事
実ナリ」②と付加え、趙の回答を完全に信じようとしなかった。
この露蒙協約について孫文は二月二日山座参事官に「蒙古問題
ニ付テ支那一般ニ頗ル憤慨シ居ルモ自分ノ考テハ支那ハ目下外
国ト難ヲ構フル時ニアラサルヲ以テ結局何等カノ『コムプロマ
イズ』ヲ見出サルヘシ本件ニ付テハ北京政府ヨリハ何等通報ニ
接セス自分ヨリモ容喙セサル考ナリ」③と語った。これは孫の
袁宛の提議と矛盾しているが、内田外相のこの件についての慎
重な姿勢を考慮して、このように語ったのかもしれない。

　内田外相が孫文の訪日に冷淡であった第二の原因は、袁との
関係に配慮したからである。内田外相は武昌蜂起後袁世凱の出
馬と袁の臨時大総統就任に好感を抱いていなかった。しかし袁
が北京中央政権を掌握して中国に君臨することが現実になると、
袁の要望に応じて大借款に参加しようとし、十月十七日には大

　　① 大正元年 11 月 11 日、在上海有吉総領事より内田外務大臣宛電報、第 258 号。防
衛研究所所蔵。
　　② 大正元年 11 月 11 日、在上海有吉総領事より内田外務大臣宛電報、第 258 号。防
衛研究所所蔵。
　　③ 大正元年 11 月 11 日、在上海有吉総領事より内田外務大臣宛電報、第 260 号。防
衛研究所所蔵。

倉組が北京政府に一〇〇万円の借款を提供した①。南北の対立が日増しに激化する中で孫文に接近することを避け、彼との関係と距離を一定に保ちながら袁との関係を改善しようとしたのである。そこで内田外相は孫文訪日に対する袁の態度を重視し、有吉と伊集院に「孫等外遊ニ関スル袁世凱ノ内意又ハ希望等精々取調ベ」②るよう指示した。伊集院公使は高尾書記官を趙秉鈞の下に派遣してこの件を尋ねたが、趙は「彼ノ日本行ハ袁世凱ノ希望ニモ勧誘ニモ出タルニ非ラス素ヨリ何等ノ使命ヲモ帯ヒ居ラサルハ申迄モナシ従テ日本側ニ於テ彼ニ対シ相当ノ待遇便宜ヲ与ヘラルルコトハ希望スル所ナレトモ其言動ニ対シ支那政府ガ直接何等責任ヲ負フ筋合ナキコトハ了解シ置カレタシ」と答え、「此ノ事ハ袁世凱モ同様ノ意見ト見ナシテ差支ナキ」③旨を付言した。これは袁と北京政府が孫文の訪日を支持しない意向をそれとなく示唆したものであり、また孫文訪日に対する牽制でもあって、内田外相の予想とほぼ一致するものであった。

　このように内田外相の対露・対袁協調外交と露・袁の牽制策により、孫文の訪日の希望は一時挫折した。この件によってこの時期の孫文の思想と日本への期待、また西園寺内閣の対孫・対袁政策及び対露政策が浮彫りになった。

二　孫文の訪日と孫・桂会談

　孫文は日本側の勧告に従って一時訪日を見合せたが、翌年の

---

① 大正元年 10 月 27 日、在北京伊集院公使より内田外務大臣宛電報。防衛研究所所蔵。

② 大正元年 11 月 8 日、内田外務大臣より在上海有吉総領事宛電報、第 124 号。防衛研究所所蔵。

③ 大正元年 11 月 11 日、在上海有吉総領事より内田外務大臣宛電報、第 258 号。防衛研究所所蔵。

二、三月には貴賓として堂々と日本を訪問することになった。本節では、一時挫折した孫の訪日がこの時期に実現した原因を考究すると共に、孫文の訪日中の活動と孫文・桂太郎会談の内容を究明して、この時期の日本の対袁・対孫政策を考究する。

　孫文の訪日は一時挫折したが、その意志は終始変らなかった。変化したのは日本国内の政局とこれに伴う日本の対袁・対孫政策であった。当時日本の国内政局に急激な変化が起こった。当時陸軍は二個師団の増設を内閣に要求していたが、西園寺内閣は十一月三十日の閣議でこの要求を否認した。すると上原勇作陸相は帷幄上奏をおこなって単独辞職し、陸軍は後任の陸軍大臣を推薦しようとしなかった。そこで西園寺内閣は十二月五日に総辞職せざるを得なくなり、二十一日に第三次桂内閣が成立した。二個師団の増設は、一九一〇年八月に日本が朝鮮を併合した後、朝鮮駐屯軍の強化を口実として二度にわたって内閣に提起され、その度に延期或いは拒否されていたが、内閣の総辞職にまで至らなかった。この問題が再燃して内閣を総辞職にまで追込んだ裏には、上原と軍務局長田中義一らによる朝鮮半島を拠点として積極的に対満蒙政策を推進しようという狙いがあった。これに桂太郎による日英同盟の変容に伴い新たな対中国政策を確立しようとする計画が融合し、過去の対袁・対孫政策を改めて新たな対中国政策を確立しようとしたのである。これは訪日した孫文に対する日本朝野の熱烈な歓迎と孫文の訪日中の活動、特に孫と桂の会談の内容から明確に窺うことが出来る。

　秋山定輔は孫文に客を迎える「座敷の掃除」が出来るまで一年待ってくれと約束したが、上述の事情によってこの「掃除」は三、四ヵ月で完了した。一九一三年二月十一日に孫文は馬君武・何天炯・戴季陶（天仇）らと共に山城丸で上海を出発し、

長崎経由で十四日に東京に到着し、三月二十三日まで貴賓として日本に滞在することになった。この訪日実現に至る政策の決定過程は不明であるが、上述した日本国内の政局の激変と桂首相の政治的決断によるものであったと思われる。しかし桂は藩閥の代表的人物の一人であって、その内閣は山県有朋らと結んだ藩閥内閣として民衆の激怒を買い、遂に藩閥打破・憲政擁護をスローガンに掲げた諜第一次憲政擁護運動より、孫文らが上海を出発して訪日の途に就いた二月十一日にデモクラシーの力により打倒された。次期内閣として政友会を与党とする山本権兵衛内閣が二十日に成立した。孫文はこの新旧内閣交替の最中に訪日することになった。桂内閣の成立によって孫の訪日は促進されたが、その辞職によって孫の訪日目的の達成は大きな影響を蒙らざるを得なかった。

　孫文訪日の目的は、第一に先の革命において世話になった旧友に謝意を述べて旧交を温めること、第二に日本の鉄道やその他の産業を視察すること、第三に対中国投資機関である中国興業株式会社を設立すること、第四に中日親善を強化し中日連携を確立すること等であった。中日連携というのは同文同種の民族としての連携と両国間の経済提携のことであったが、上述のように露蒙協約について中日が連携してロツアに対抗しようという政治・外交上の目的も裏にあったといえる。孫文が訪日の前に袁世凱に二回打電して、半年乃至一年で中日連盟を実現させる可能性があるから絶対に露蒙協約を承認しないように要望し①、最近の中国政府の対日・対露方針について詳細な指示を求めたこと②はこれを立証している。しかし袁世凱は日本との連携は時期尚早だと述べ、日本政府の意向を打診するにとどめ

　①『孫中山全集』第 2 巻、中華書局、1982 年、542 頁。
　②『孫中山全集』第 3 巻、10 頁。

るよう返答した①。

　新橋駅に到着した孫文は日本の各界から熱烈な歓迎を受けた②。雑誌『支那』は「民国巨人を迎ふるの記」に次のように描いた③。「数万の群集は新橋停車場の構内と言はず、広場と言はず、立錐の余地なき迄に詰掛け、在京支那学生一千余名は学籍別に一団を成し、『歓迎孫中山先生』の大旗を翻へし、五色の民国旗は夜目にもしろく、津軽伯（故近衛公令弟）、犬養氏、頭山満、三浦将軍、花井卓蔵、木下友三郎、南挺三、内田良平、渋沢栄一、山座円次郎、伊藤松雄、中村春雄、益田孝、杉田定一、其他知名の士二百余名、民国の名士幾人はプラットホームに孫氏を迎へ、広場には高張提灯勇ましく、孫氏が最後に連結せる展望車より現はるゝや、和漢洋の三国人は場の内外相応じて一斉に万蔵の歓呼宛ら湧くが如く、留学生総代は美々しき花輪を贈呈し、孫氏は莞爾として之を受け、孫氏が之を随行員に渡す暇もあらばこそ、群集は偉人を見んとて潮の如く詰め寄せ、中にも留学生等の歓喜熱狂は実に筆舌の尽す処に非ず、犬養氏はツト進んで固く孫氏の手を握れるが、政争に疲れたる蒼白の神貌はたゞ孫氏を見詰めてあるのみ、感慨や如何なりし、斯くて孫氏は名士に対して挨拶を交はさんとするも群集の為めに遮られて得ず、万歳連呼の中に漸く一道を開いて静かに歩を進め、花輪を先登に一行は押されながら改札口にと向ひ、孫氏はシルクハットを高く打ち振りつゝ、歓呼の裡に用意の自動車に乗り、帝国ホテルへと向ひしが、群集は尚ほ之を追ひてホテル迄見送れり、斯くて隣邦の偉人は凱旋将軍にも増して熱烈なる歓迎を受け、第二の故郷否自ら第一の故郷となす帝都の客となれり」。

---

① 呉相湘『孫逸仙先生伝』下、遠東図書公司、1982 年、1176 頁。
②『申報』1913 年 2 月 15 日。
③ 東亜文化研究所編『東亜同文会史』霞山会、昭和 63 年、223 頁。

　ところで貴賓として歓迎された孫文は誰の招請により訪日したのであろうか。これに関する明確な史料はまだ発見されていないが、日本政府が招請したとは思われない。それは(一)孫文の訪日要望が一時挫折した原因、(二)孫文が政府の職に就いていなかったこと、(三)孫文が新橋駅に到着した時に政府・外務省からは参事官級の山座円次郎しか出迎えに来ていなかったことから推測することが出来る。この時期孫は中華民国鉄道協会会長・全国鉄道協会名誉会長等民間団体の職にしか就いていなかったため、民間団体が招請した可能性が大きい。筆者は東亜同文会が桂内閣の指示によって孫文を招請したのだと推測している(『東亜同文会史』68頁参照)。これは(一)東亜同文会の故近衛篤麿の弟である津軽英麿が東京駅で孫を迎えたこと、(二)翌日の第一回目の盛大な歓迎の宴会は東亜同文会が主催したこと、(三)三日目に会の前会長近衛篤麿の墓参をしたことから推測することが出来る。過去孫文は東亜同文会の委員らとの交流はあったが、これは個人的関係であり会との関係ではなかった。この時東亜同文会がこのように目立った役割を果したのは東亜同文会が招請したからだったのであろう。しかし形式的には民間による招請であったにしても、実際には日本政府による招請であった。

　孫文は二月十四日から三月五日まで東京に滞在した。東京滞在中孫文は政界の元老山県有朋(三月二日)・元老松方正義(三月三、四日)・前首相桂太郎(二月二十日、三月二日)・首相山本権兵衛(三月三日)・衆議院議長大岡育造(二月十九日)・元首相大隈重信(二月二十五日)・外務大臣牧野伸顕(三月四日)・前外務大臣加藤高明(二月十八日)・前逓信大臣後藤新平(二月十九日)・東京市長阪谷芳郎(二月二十五日)らと招待の宴或いは表敬訪問の際に会談した。桂太郎とは特別に長時間にわたっ

て中日の政治・外交に関する会談をおこなった。山本首相は孫
文に我が内閣が存在する限り必ず日中同盟の目的を達すると語
り、さらに中国の政府が正式に成立すれば率先して承認すると
語った①。

東京滞在中特に目立ったのは財界人の積極的な接待を受けた
ことであった。渋沢栄一・大倉喜八郎・益田孝ら財界の巨頭は
孫文を新橋で親しく出迎えた。これは政界の要人が姿を見せな
かったのと対照的であった。財界では日本郵船（二月十八日）・
日本鉄道協会（二月二十日）・三井物産（二月二十日）・横浜正
金銀行（二月二十二日）・大倉組（二月二十四日）・三菱財団（二
月二十六日）・日華実業協会・日本貿易協会（二月二十六日）・
銀行関係者（二月二十六日）等が孫文歓迎会或いは宴会を開催
し、二月二十一日には東京の一流銀行と大企業等四四社の共催
による大宴会が催され、渋沢栄一ら百数十名が出席した。孫文
は渋沢ら金融・財界人と中国興業株式会社設立について交渉し、
実のある結果を得た。東京の第一・第五・正金・安田・大倉・
三菱・三井の七社が孫文に借款を提供する意向を表明した②。
日本財界のこのような接待振りは孫文訪日の経済的な性格を明
確にし、孫文訪日の実現における財界人の役割を示している。

軍部も孫文を積極的に接持した。孫文は二月十八日に木越安
綱陸軍大臣・長谷川好道参謀総長を表敬訪問し、陸軍小石川砲
兵工廠・板橋火薬工廠を参観し、近衛師団の一大隊の演習を見
学した。また陸軍大学校と陸軍士官学校も視察した。

東京滞在中、孫文は先の革命で世話になった旧友を訪れ、お
礼の挨拶をし、旧交を温めた。犬養毅・頭山満・寺尾亨・副島
義一・根津一・梅屋庄吉らの旧友は二月十六日紅葉館で孫文歓

---

① 『申報』1913 年 3 月 6 日。上海『民立報』1913 年 3 月 8 日。
② 上海『天鋒報』1913 年 3 月 12 日。

迎の宴を開き、二十二日に孫はお礼の宴を催して二〇〇余名の旧友を招待した①。

　孫文は民間団体とも交流を深め、東亜同文会（二月十五、十六日）・日華協会（二月二十一日）・キリスト教青年会・鉄道青年会（二月二十三日）等の歓迎会にも出席した。

　二月二十八日には箱根に赴き温泉と名勝とを楽しんだ。

　孫文の東京訪問の最後の日である三月四日に牧野伸顕外務大臣は霞ヶ関の外相官邸に孫文一行を招いた。この宴には松井慶四郎外務次官の他、山本内閣の閣僚である高橋是清大蔵大臣・元田肇逓信大臣・山本達雄農商務大臣らと床次竹二郎鉄道院総裁・開平同副総裁・阪谷芳郎東京市長・山座円次郎参事官らが出席した。当日孫文もお礼の晩餐会を開き、日本の政・財界人や旧友らを招待して別れの挨拶をした。

　東京訪問を終えた孫文は三月五日横浜、七日横須賀、八日名古屋、九日京都、十日奈良・大阪、十三、十四日神戸、十五日広島・呉、十六日下関、十七日八幡、十八日福岡・三池・荒尾、二十日熊本、二十一日長崎を訪問した。孫文は各地で市長或いは知事及び各界の歓迎を受け、名古屋商品展示館・大阪紡績工場・神戸の川崎造船所・八幡製鉄所・三池炭鉱・三菱長崎造船所等産業施設を視察した。横須賀と呉では海軍砲術学校・海軍艦艇・海事工廠等も視察した。

　孫文は彼の革命を支援してくれた旧友三上豊夷・一之瀬勝三郎・安川敬一郎と各地で会談して旧交を温めた。三月十九日の午後には宮崎滔天の郷里荒尾を訪ねて滔天の親族に会い、中日両国の関係が彼と宮崎兄弟のように親密であることを願った。

　孫文訪日の目的の一つは日本の鉄道施設の視察であったが、

---

①　上海『民立報』1913 年 2 月 25 日。

鉄道協会の招待の宴と鉄道青年会の歓迎会に出席した他は、牧野外相の送別の宴で鉄道院総裁らに面会したくらいであった。一記者が日本鉄道視察の感想を尋ねた時、孫文は東京中央駅（新橋駅）を視察した他はただ往来の列車内から大体を見ただけであると語った[①]。鉄道視察の目的は達せられなかったようである。

　孫文にとって今回の訪日における実のある収穫は桂太郎との政治会談と中国興業株式会社の設立であった。ここではまず孫・桂会談を考究する。上述したように、孫・桂会談は孫文の訪日が実現した原因を示すと共に、桂内閣の対中国及び対袁・対孫政策の転換を表明したものであり、その後の孫文の対日観と国際観に強い影響を及ぼした大きな出来事であった。

　当時孫の通訳としてこの会談に参加した戴季陶（天仇）の回想によれば、孫・桂会談は二回おこなわれ十五、六時間に及んだという[②]。会談の日を台湾編纂の『国父年譜』（増訂本）は二月二十日と三月二日であるとし[③]、呉相湘の『孫逸仙先生伝』は二月十六、十七日だと推定している[④]。秋山定輔はその回想で三回だと述べており、彼の伝記の編集者は三月一日に箱根で一回会談した可能性があると述べている[⑤]。戴季陶の他に誰が会談に参加したかは不明であるが、『秋山定輔伝』の編集者は桂太郎の女婿長島隆二と秋山定輔が参加したと記し[⑥]、それはこの両人が当時孫・桂会談の仲介の役割を果していたからであると述べているが、確実ではない。孫文と桂太郎はこの会談で何

---

①『福岡日日新聞』1913 年 3 月 17 日。

② 戴季陶『日本論』、市川宏訳、社会思想社、1972 年、96－97 頁。

③ 羅家倫編『国父年譜』上、台北、1965 年、452－53 頁。

④ 呉相湘『孫逸仙先生伝』下、遠東図書公司、1982 年、1178 頁。

⑤ 桜田倶楽部編『秋山定輔伝』第 2 巻、桜田倶楽部、1979 年、106－07 頁。

⑥ 桜田倶楽部編『秋山定輔伝』第 2 巻、桜田倶楽部、1979 年、106－07 頁。

を話し、何を約束したのであろうか。戴季陶の回想によれば、桂は孫文に次のようなことを話し、それを約束したということである[①]。

　　一　日英同盟を日独同盟に切換え、将来イギリスと戦いその覇権を打破する。これによって東亜の安全、日本の安全が保ち得られ、東亜全民族の運命はこの計画が成功するか否かによって決せられる。

　　二　現在世界には三つの問題がある。日独同盟を中心として、日・中・独・墺が同盟を結成して、まずインド問題を解決する。インド問題が解決されれば、世界の有色人種は皆蘇生することが出来る。

　　三　こうなれば、日本は移民・貿易市場のないことを恐れることなく、中国を侵略するような拙策も絶対にとらない。

　　四　日中両国が提携すれば東半球の平和が保障され、中・日・独・墺・トルコの五ヵ国が提携すれば世界の平和が保持される。

　　五　袁世凱は民国に忠実な政治家ではない。彼は民国の敵であり孫文の敵である。だが中国の国力と孫文の勢力から今すぐに事を構えるのは百害あって一利なし。

　　六　目前全力を挙げて鉄道幹線を建設しようとすることはもっとも重要な計画である。

　　七　鉄道幹線を完成すれば、孫文は再起して政権をとるべきであり、我は全力を挙げて孫を支援する。

　戴季陶はこの回想で「この二回の密談では、双方とも腹蔵なく意見を交換し」[②]たと述べている。

　孫文の訪日に重要な役割を果した宮崎滔天も「桂公と孫文が

---

①　戴季陶『日本論』、市川宏訳、社会思想社、1972年、97－100頁。
②　戴季陶『日本論』、市川宏訳、社会思想社、1972年、96頁。

東京三田の桂邸の一室で数回の会見を行ひ、互に全く肝胆相照らし、桂公は孫文を援けて大東洋政策を遂行し、孫文は日本と提携して新支那の建設を行ひ、彼の持論たる大亜細亜主義の実現を計ることを誓ひ合った」①と回想している。

桂の女婿長島隆二も孫・桂会談に関して「この東洋の偉人達が、胸襟を開いて語り合った問題は、今後のアジア経営の大計画であった。吾々日支両国人は互ひに深く結び合って、アジア復興の大業を成さうといふ事であった。二人は早春の冷い夜の更けるのも忘れ、時の過ぎるのも知らずに、益々熱心に深刻に語り合った」②と回想している。

胡漢民の回想によれば、孫文は桂に、大アジア主義の精神は真の平等と友好親善を原則とする、日露戦争前中国は日本に同情していた、その後日本はこの戦争の勝利によって朝鮮を占拠したため、中国は日本に同情しない、その及ぼす影響は計ることが出来ない③、と語ったということである。

この会談以後孫と桂は「互いに深い敬愛の念を抱き、互いに大きな期待を寄せるようになった」④と戴季陶は回想している。反袁の第二革命に失敗した孫文は八月日本に亡命・滞在した。この時桂は既に病中にあった。桂は長島隆二を通じて孫文に「自分は今病気であるが、病気が癒るともう一度日本の天下を取る。天下を取らないと本当の約束は実行出来ないから、自分の病気が癒って天下を取るまで暫らく待ってくれ」⑤と伝言した。だがこの年の十月十日に桂は逝去した。死の直前、桂は付添っていたある親しい人物に「孫文の袁世凱打倒を援助して、東方民

①『宮崎滔天全集』五、平凡社、1976年、548頁。
② 桜田倶楽部編『秋山定輔伝』第2巻、109頁。
③ 羅家倫編『国父年譜』上、台北、1965年、496頁。
④ 戴季陶『日本論』、市川宏訳、社会思想社、1972年、96頁。
⑤ 山浦貫一『森恪』上巻、高山書院、昭和18年、408頁。

族独立の大計を達することができなかったのは、わが一生の痛
恨事である」①と語った。桂逝去の訃報に接した孫文はため息
を洩らし、「もはや日本には、ともに天下を語るに足る政治家は
いなくなった。今後、日本に東方政局転換の期待をかけること
はできない」②と語り、桂の死を追悼して花束を贈ろうとした。
宮崎滔天も一九二一年の「桂太郎と孫逸仙——仲介役の秋山定
輔」で［日支両国に取っての一大不幸とも謂ふべきは、実に桂
太郎の死であった。若し桂公にして此世に在ったならば、支那
革命事業が夙に一段落を告げたるは勿論、今日の如き日支両国
葛藤の起るべき筈なく、両国親善の実挙りて、欧米人を羨望せ
しむることが出来たであらうに、さりとは天無情！……歴史上
の一大事業として現はるべき桂・孫両雄の提携が、一朝忽焉、
桂公の死によりて水泡に帰せし」③と述べている。

　当事者らの上述のような回想と評価から見れば、孫文と桂が
大アジア主義の名分の下での中日の連携を約束し、桂が孫文の
革命運動を「支援」することを表明したのは確実なことであろ
う。その人物の言論を聞き、その人物の行動を見守ることが、
歴史上の人物を評価する一原則である。惜しいことに桂は再度
政権の座に就くことが出来ずに逝去した。もし桂が生きていた
ら、その後の中日関係と日本の対孫政策はどうなっていたであ
ろうか。

　しかし一人は日本帝国の軍閥の首領、一人は民国を建てた革
命の領袖、一方は日本軍国主義の権化、他方は三民主義の指導
者、この対極的な両人がこれほど腹蔵なく理解を深め、中日連
携を誓い合った一致点は何だったのであろうか。両者の会談の

---

① 戴季陶『日本論』、市川宏訳、社会思想社、1972 年、96 頁。
② 戴季陶『日本論』、市川宏訳、社会思想社、1972 年、96 頁。
③『宮崎滔天全集』一、平凡社、1971 年、510 頁。

内容から見ると、それは孫文＝中国と桂＝日本が連携してイギリスと袁世凱に対抗しようとすることであった。桂は鋭い洞察力と臨機応変の才覚を有する軍人・政治家であり、東アジアと欧洲をめぐる国際関係の変化に敏感であった。特に日露戦争における日本の勝利、極東、特に満洲における日米の対立激化、国際政治におけるアメリカの地位向上等の諸要因により、イギリスが日英関係よりも英米関係を重視しつつあることを洞察した。一九一一年七月に調印された第三回日英同盟条約も内容が変容し、双方協調一致の原則によって東アジアにおける日本の膨脹的単独行動を牽制し始めた。武昌蜂起後、中国に対して出兵・干渉するか否かの問題においてこれが端的に現れた。桂が第三次内閣を組閣した時、駐イギリスの加藤高明大使が外相に就任することになった。加藤がロンドンを去る時、イギリスのグレー外相は加藤に「自分は日英同盟の重要性を認識してその存続を希望しているが、ここに日本政府においてもよく了解して貰いたいのは英国と米国との特殊関係で、両国の親善維持に最も重きを置くのが英国の国是であり、日英同盟の運用が英米間の国交に悪影響を及ぼすような事態の発生を避けることが英国政府の方針であるから、日本の当局者にもこの事情を了承しておいて貰いたいのであるが、今度帰国されたら総理始め政府の首脳にこの内話の趣を披露ありたし」[1]と語った。加藤外相がこの旨を桂に伝えたので、桂は孫文に、日露戦争の結果日英同盟の効果が完全に終焉したことは既に明らかである、今後日本は絶対にイギリスと連携することは出来ず、イギリスもまた日本と連携しようとはしない、太平洋において日英両国は完全に対立的地位に立っている、今後の日本の唯一の活路、東方民

---

[1]　牧野伸顕『回顧録』下、中公文庫、昭和62年、68頁。

族の唯一の活路は、極力英・露の連携を分断し、ドイツと連携することである①、と語ったのである。桂はまた、現今の世界においてイギリスと対抗し、それを倒し得るのは、我と孫文と独・墺・土（トルコ）である②、と言い添えた。大アジア主義の旗印の下でアジアでは日中両国が連携してイギリスに対抗し、欧洲では独・墺・土と連携してイギリスと対抗しようとしたのであった。桂のこの外交戦略は遠大な見通しを有していた。事実その後の国際関係ではイギリスが日本の最大の敵国となったのである。孫文もその革命事業の遂行において、列強の中国侵略の端緒を開いたイギリスを最大の敵国だと考えて桂の反英の主張に共鳴し、黄色人種対白色人種の闘争観からも桂のこの主張を受入れたのであろう。

　桂は、この会談において反英を主張すると同時に反袁をも主張した。武昌蜂起以来のイギリスの裏面からの支援によって、袁は最後に辛亥革命の贈物である新政権を乗取ったのであり、袁を牛耳っていたのはイギリスであったから、桂は日英の同盟関係が疎遠になった時、袁とイギリスが連携して日本に対抗するという東アジアの新しい国際情勢を予見し、孫と連携して反英・反袁の大事業を遂行しようとしたのである。しかし孫文は八月に北上した時、袁との十数回の会談を通じて袁に幻想を抱くようになり、袁に反対しようとしなかったので、孫文は桂との会談において袁に協力する意を表明したのである。これに対し桂は、袁は民国に忠実な政治家ではない、彼は民国の敵であり孫文の敵であると述べた③。これは正確な分析であったが、これに孫文がどれほど賛成したかは不明である。しかしその直

①　戴季陶『日本論』、市川宏訳、社会思想社、1972 年、97－100 頁。
②　戴季陶『日本論』、市川宏訳、社会思想社、1972 年、97－100 頁。
③　戴季陶『日本論』、市川宏訳、社会思想社、1972 年、97－100 頁。

後の袁による宋教仁暗殺によって袁に対する幻想は消滅し、孫文は桂の反袁主張にも完全に賛成したといえよう。

　この会談において桂はドイツと提携する外交路線を主張したが、この主張はその後の孫文の国際観に強い影響を及ぼした。第一次大戦勃発後、また大戦後にも孫文はドイツと連携すべきだと強調した。では孫・桂はなぜドイツと連携する必要性を強調したのであろうか。それは桂にとってはヨーロッパの新興国ドイツこそヨーロッパの再分割と覇権をめぐってイギリスに対抗し得る力であり、イギリスの背後からその対中国・対アジア政策を牽制し得る国だとの思いからであり、孫にとっては反英の観点から、またドイツが中国において植民地権益が比較的少ない国だとの考えから、ドイツと連携する方針を主張したのである。孫・桂は共に反英のためにドイツとの提携を強調したのである。

　国際政治において、最終目的が異なり対立する両国或いは両集団が、一時的な共通の目的のために連携することは珍しくない。孫文は中国の完全独立、富強と民主・共和のために反英・反袁を唱え、桂は日本の対中国政策と対アジア政策から反英・反袁を唱えた。両者の最終目的は異なるが、一時的な共通の目的のために連携しようとしたのである。

　孫・桂会談は偶然の出来事ではなかった。この会談は孫文が訪日する前、即ち桂が首相の席に就いていた時に既に決定していたものであり、決定に至る過程があったのである。これを究明するには、孫文の訪日と孫・桂会談において重要な役割を果した秋山定輔と桂との関係をまず考究すべきである。この考究によって桂の対中国・対孫文政策を一層深く理解し得ると思う。

　秋山は一八九三年に『二六新報』を創刊し、二十世紀初頭には反藩閥の立場をとり、山県有朋の藩閥勢力に属する第一次・

第二次桂内閣と対立していた。特に第一次桂内閣時代の一九〇
二年、桂は第二回労働者大懇親会を開催しようとした秋山と『二
六新報』を弾圧し、秋山も警視庁に拘引されて、両者の対立は
一層激化した。しかし秋山は一九〇八年と一九一〇年の二回中
国と欧米を歴訪した後、日本と世界に対する認識を改めた。第
一の変化は、藩閥勢力との妥協である。秋山は日本は欧米より
も小国であり弱国であるから、日本国内の諸勢力は互いに対立
すべきではなく、挙国一致を図るべきであると考え、藩閥勢力
と妥協し始めた。第二の変化は、彼はもともと英語を学び、欧
米文明を崇拝していたが、欧米視察後は東洋の文化・文明及び
精神を重視し、漢学と仏教の研究を始めたことである。これは
概ね中国に由来する東洋学であった。秋山は欧米の物質文明は
素晴らしいが、精神文化は東洋より劣ると考え始めた。帰国後
秋山は東洋学と仏教を研究し、「食ひもしなければ食はれもせ
ぬ」[①]アジア民族大連合による大アジア主義を提唱した。この
アジア主義が秋山と孫文を結ぶ共通の思想であり、またこの思
想が秋山と桂を結ぶ役割を果した。秋山は欧米での見聞と自分
のこの考えを山県有朋に語った。山県は秋山にその考えを自分
の腹心である桂太郎にも伝えるよう指示した。これは桂の第二
次内閣が総辞職した直後の八月であった。

　八月、桂と秋山は桂邸で三回にわたり徹夜で会談をおこなっ
た。二回目の会談では世界情勢と中国問題について話合い、秋
山は桂に次のようなことを述べた[②]。

　　一　清朝はすでに衰亡の相をあらはし、破滅にひんしてゐ
　　　　る、四億の民衆は塗炭の苦みにあえいでゐる。

　　二　欧米の列強はこの機に乗じて中国を侵略し、この最大

---

　①　村松梢風『秋山定輔は語る』大日本雄弁会講談社、1938 年、277 頁。
　②　村松梢風『秋山定輔は語る』大日本雄弁会講談社、1938 年、402－03 頁。

のアジア民族を完全に彼らの奴隷にしやうとしてゐる。

三　この中国民族の危機に直面して、身をもって民族を救
　　ひ、国家を救はんとして、命を捨てて努力してゐるのが
　　孫文一派の革命党である。

四　今や中国民衆が覚醒して改革のことをなさんとして
　　いる秋にあたり、是非日本がこれをたすけ、アジア民族
　　共同の理想に向って邁進すべきである。

秋山が孫文の革命党を支援しようとしたのは、上述したよう
に一八九九年から孫文と接触し、彼の革命を支援したことによ
り、孫文派に対する理解があったからである。また一九〇八年
春に北京を訪れて袁世凱に面会した時、大変失望したこともあ
り、孫文派の革命党支援を桂に訴えたのである。桂はこれに同
感し、是非やろうと答えた。これは確実なことである。宮崎滔
天は「桂太郎と孫逸仙──仲介役の秋山定輔」で、秋山が提案
して桂の同意を得た要件は次の通りであると述べている①。

一　「支那問題の解決を目的として今一度宰相の任に就
　　く事」。

二　「宰相の任に就くことも陛下のお声掛かりを以てせずし
　　て、新に政党を組織して立憲的態度を以て天下を取る事」。

三　「支那問題解決の相棒として孫逸仙君と肝胆相照す
　　事」。

滔天の子息竜介も「孫文回想」で孫文の訪日と孫・桂会談に
触れ、秋山は桂を訪ねて三日間徹夜で口説いたと述べ、得た結
論は次の通りであると記している②。

一　日英同盟をやめて、日独同盟と日露協商に切りかえる

二　中国の建設は孫文に任せる

---

① 『宮崎滔天全集』一、511 頁。
② 安藤彦太郎編『現代中国と孫文思想』講談社、1967 年、108－09 頁。

　　三　桂は国内世論を背景とした大政党を作り、強力な内閣
　　　を組織する
　　四　ダーダネルス海峡以東のアジア民族の自立を達成し
　　　て、これ等と連帯する

　ここで新政党或いは大政党という言葉が出てくるが、これは
日本の政治が明治末・大正初期の藩閥内閣・藩閥政治から政党
内閣・議会政治に転換し始めようとする時代に、桂が秋山に頼っ
て新政党——立憲同志会を結成しようとしたことを指す。一方
秋山は政治権力者の一人である桂太郎に頼って孫文支持とアジ
ア主義を実現しようとした。このような相互関係によって両者
は政治的に結ばれたのである。一九一三年二月七日、秋山の桜
田倶楽部で立憲同志会が発足した。だが世間はこれを危機に
陥った桂の藩閥内閣が存続を図るための術策だと見なし、反桂
内閣運動は一層盛りあがった。この衝撃により十一日に桂内閣
は倒れた。これによって秋山の『二六新報』社も世論の攻撃を
受け、秋山も一時政界から隠退せざるを得なくなった。
　孫文はこのような日本政局の嵐の中で桂・秋山の努力により
訪日したが、桂・秋山の政治的失脚によって、孫・桂会談は在
野の桂との密談に終って世論に影響を及ぼすことが出来ず、日
本政府の対中国・対孫外交政策の決定にも直接的影響を及ぼす
ことが出来ず、桂の死去により歴史上の出来事になってしまっ
た。しかしこの会談は日本朝野の熱烈な歓迎と共に、一時的な
がらも孫文の対日認識に大きな影響を及ぼした。

三　中国興業株式会社

　孫文訪日の重要な目的の一つは、中日合弁の金融機関である
中国興業株式会社を設立することであった。孫文は訪日前から

既に在上海の森恪と在東京の高木陸郎を通じて日本側とこの会
社の設立に関する予備交渉をしていた。この交渉が孫文の訪日
を促したのである。中国興業株式会社設立の計画は主として財
界が推進していたが、裏では桂内閣と軍部が支持していた。桂
内閣はこの会社の設立のために至急孫文の訪日を実現しようと
し、孫文の訪日はこの会社の設立を促した。本節では、中国興
業株式会社設立の政治的・経済的背景を探りながら、この会社
の設立と孫文の鉄道建設計画及び対露政策との関係を考究し、
この会社設立をめぐる孫文と渋沢ら日本財界との意見の相違点
を究明すると共に、第二革命との関係を検討する。

　中国興業株式会社の設立は、帝国主義段階に移行しつつあっ
た日本の対外拡大政策の必然的産物であった。帝国主義の一つ
の特徴は資本の対外輸出であり、資本の対外輸出は資本主義の
帝国主義段階への移行を促進し、帝国主義段階への移行は資本
の対外輸出を一層拡大する。そのため日本は辛亥革命前後から
中国に対する資本の輸出を重視・強化したのである。一九一〇
年十二月三井財閥は三井銀行の尾崎敬義ら一行を中国に派遣し、
中国の経済及び金融市場を視察させた。尾崎一行は中国各地で
調査をおこない、九月から三ヵ月間上海に滞在して辛亥革命に
おける中国社会の変化を目撃し、十二月十三日東京に帰って来
た。帰京した彼らは調査結果を「対支那放資論」としてまとめ、
三井財閥の重役会の席上で報告し、大きな反響を呼起こした。
この報告書は十五章から成っているが、その特徴は「経済問題
を政治的視野から、わが国対支政策に立脚して一元的に論じて
ゐる点で、従来に於ける一商人の経済事情に限定された単なる
視察報告書とその類を異にしてゐる」①ところにあった。報告

---

① 山浦貫一『森恪』上巻、高山書院、昭和 18 年、199 頁。

書は始めに辛亥革命による中国の変化に言及して、「清国と云ふ
名称は、今は歴史上の文字と化し、支那全土は中華民国云へる
共和政体治下のものなるに至れり。而かも是れ国家形体上の変
化に止り、内容経済事情に至りては依然として旧の如きもの多
し」と記し、このような中国は今「正に世界列強が経済上の輸贏
を争はんとする舞台として、列国金融業者の張目胆視する所」①
であると述べて、中国における列強の競争と争奪が白熱化し
ていることを指摘した。この情勢への対応策として報告書は
「支那刻下の運命は借款に依って初めて開発することが出来る
と同時に、列国の立場から見ると、支那に於て苟も相当勢力と
か発言権とかを得様と思へば、どうしても金を貸すより外に手
段はない。言葉を換へて云へば、目下の支那に放資をするとい
ふことは、其金利で儲けをするといふ様な単純な目的でなく、
金を貸すのは手段であって、其第一の目的は利権の獲得である。
第二の目的は勢力の扶殖である。第三には又ある〔もの〕より
大なる目的があるかも知れない。兎も角も刻下の支那問題は所
詮金の問題に外ならないのである。……今日に於て痛切に必要
を認めてゐるのは公債よりも何よりも、鉄道、鉱山、その他有
利の工業に放資する事で、何故なればこれらこそ真実に利権獲
得の目的を達するに好箇の放資物である」②と提起した。これ
は資本輸出＝借款によって中国における日本の権益を獲得・拡
大し、日本に傾く勢力を扶植するという対中国外交政策を実施
することを提案したものである。具体策として報告書は「現在
の東亜興業会社を改造して支那側の参加を求め、日支合弁組織
にするのが焦眉の急策である」③と建言した。東亜興業会社は

---

① 山浦貫一『森恪』上巻、高山書院、昭和 18 年、198－99 頁。
② 山浦貫一『森恪』上巻、高山書院、昭和 18 年、199－200 頁。
③ 山浦貫一『森恪』上巻、高山書院、昭和 18 年、200 頁。

一九〇九年に対中国投資機関として工学博士古市光威によって
設立された会社であり、中国の南潯鉄道敷設に三〇〇万円を投
資した。大倉組がその工事を請負ったが、工事は種々の法規上
の障害に直面し、事業の経営は難航した。この教訓から合弁に
よらなければ中国での事業は大変困難である実情が理解される
ようになり、このような日中合弁による投資会社の設立が考え
られたのである。

　三井財閥は、この報告書をパンフレットとしてまとめ、桂太
郎首相兼外相・石井菊次郎外務次官・若槻礼次郎蔵相・田中義
一軍務局長らに送付してその支持を求めた。桂内閣もその必要
性を認め、対中国外交政策の一部として速やかにこの計画の実
現を推進するよう指示した。

　中国興業株式会社設立の計画は孫文の鉄道建設計画及び対露
政策とも密接な関係があった。孫文はこの会社の設立によって
日本から必要な資金を導入しようとした。日本はこの会社を通
じて中国に資本を輸出し、それによって中国における日本の権
益を拡大しようとした。つまり中国興業株式会社設立計画と鉄
道建設計画は並行して推進されていたのである。孫文は中国興
業株式会社設立に関する交渉の際、内蒙古に入る北路本線につ
いて森恪に「南満鉄道ニ連絡スル地点例ヘハ長春ヨリ発シテ内
蒙古ニ入ル鉄道ニ対シテ日本ヲシテ放資セシメ一日モ早ク其鉄
道ノ完成ヲ期シ度考有之」①と語り、その理由として、露中間
で蒙古問題をめぐる紛糾が日増しに激化しているこの時期、日
本の資本を導入することによって、「一方内蒙古ノ交通ヲ促進シ
テ其富源開発ヲ計ルタメト他方日本ヲシテ其関係ヲ深カラシメ
日本の国勢ヲシテ自然ニ露国ニ対応セシムルコトトセバ支那ハ

---

① 外務省編『日本外交文書』大正2年第2冊、651頁。

自ラ其国威ナリ領土権ナリヲ確保シ得ヘキヲ以テ満洲ヨリ内蒙古ニ通ズル線ヲ日本ヲ利用シテ早ク施設セシメン」[1]と述べた。これは日本の資本によって内蒙古に鉄道を敷設すると共に、日本を利用して北のロシアに対峙させようとする孫文の一石二鳥の政策であった。森恪が述べたように、日本の対中国外交政策は「日本ノ国力ヲ満洲ニニ於テ確実ニシ進ンデ蒙古方面ニ伸張シテ一面露国ノ南下ヲ圧シ他面支那ノ牽制ヲ試ムヘキ」ことであり、そのためには「南満鉄道ヲ起点トシテ更ニ西北南ニ支線ヲ延長スル権ヲ日本ノ手ニ収ム可キハ目下殊ニ緊要ナル急務」であったから、日本は逆にこの策を利用して「右ノ鉄道ハ日本側ニ於テ思フ儘ニ予定線ヲ作リテ之ヲ孫ニ提供シ承諾セシメ」[2]ようとした。高木陸郎は陸軍と協議した結果、孫文が提案した路線の他に奉洮線の敷設も孫文に提議するよう森恪に要望した[3]。それは将来ロシアと干戈を交える際に奉天以北は最前線になるから、奉天から内蒙古に入る路線をもう一つ確保しておこうとしたからであった。このように日本の満蒙鉄道建設計画が中国興業会社の設立を促進したのである。森と孫文はこの他に内蒙古実業公司の設立をも交渉していた[4]。

　中国興業株式会社設立における日本側の中心は渋沢栄一であった。彼は二月十四日新橋駅頭で孫文を迎え、東京での主な歓迎会と招宴に出席していた。十七日渋沢は帝国ホテルに孫文を訪ね、会社設立問題を協議し[5]、その後山本条太郎とも協議した。

　渋沢と孫文の交渉は裏で大蔵省が主導していた。同省次官で

① 外務省編『日本外交文書』大正 2 年第 2 冊、651−52 頁。
② 外務省編『日本外交文書』大正 2 年第 2 冊、652 頁。
③ 外務省編『日本外交文書』大正 2 年第 2 冊、651 頁。
④ 外務省編『日本外交文書』大正 2 年第 2 冊、651 頁。
⑤『渋沢栄一伝記資料』第 38 巻、渋沢栄一伝記資料刊行会、昭和 36 年、571 頁。

あった勝田主計は十八日渋沢に次のような指示を与えた[①]。
　　一　政府側は表面上関係せざること但裏面に於ては充分
　　　の援助を与ふること
　　一　合弁会社の性質は先づ東亜興業の如き起業会社とし
　　　仕事を見付くることを主とすること
　　一　会社の見付たる仕事は之を其路の専門家に紹介し資
　　　金関係に付きては既設機関例へば日仏銀行の如きを利用
　　　するは勿論別に本邦資本家団又は欧米及本邦連合の資本
　　　家団を作り活動すること
　　一　先方に於て会社組織に熱心なるも当方に於て極めて
　　　煮切らざる態度を取らざる様本関係の凡ての計画は渋沢
　　　男を中心とすること
　　一　渋沢男は適当の時機に適当なる範囲の銀行家実業家
　　　を会同せしめられ協議せらるゝこと但し其範囲は最初よ
　　　り余り広汎に亘らざること成功上必要なること
　　一　東亜興業会社は江西□□（二字不明）関係上支那の利
　　　権獲得会社の如く感ぜられ居る傾あるを以て先方との会
　　　談に於ては之が関係のことを取出すことを避け成立の上
　　　東亜の善後策を講ずること
　　これはこの会社の性格から設立後に利権を獲得するまでの原
　則と具体策を策定したものである。
　　十九日渋沢は孫文との協議情況を勝田次官に報告した[②]。二
　十日三井物産集会所で会社の第一回発起人会が開かれ[③]、中国
　側からは孫文、日本側からは大倉喜八郎・安田善次郎・益田孝・
　倉知鉄吉・三村君平・山本条太郎らが出席した。二十一日渋沢

　　　① 山浦貫一『森恪』上巻、高山書院、昭和 18 年、206－07 頁。
　　　②『渋沢栄一伝記資料』第 38 巻、572 頁。
　　　③ 山浦貫一『森恪』上巻、高山書院、昭和 18 年、207 頁。

の事務所で渋沢・益田孝・山本条太郎と孫文・戴季陶（天仇）が日華合弁事業について双方の意見を交換し、覚書を作成して再び協議すべきことを約束した①。渋沢は日中合弁の中国興業株式会社設立に関する目論見書草案を作成し、二十五日これを勝田次官に提出した②。三月一日渋沢ら日本側の関係者はこの目論見書草案を検討し、全員この原案に賛成した③。

　三月三日渋沢・益田・山本・大倉の四人は日本側起草の「中国興業公司目論見書概要」と公司設立の主旨を孫文に提出した④。概要は次のように十項目十九条から構成されていた⑤。

　　　　中国興業公司目論見書概要

　　　一　名称

　一　　中国興業公司ト称シ英文ニテ。"The China Exploitation Co., Ltd."ト書ス

　　　二　組織

　一　　中日合弁ノ株式会社ニシテ中華民国ノ法律ニ依リ設立ス

　　　三　営業

　一　　各種企業ノ調査、設計、仲介及引受

　一　　各種ノ企業ニ対シ直接又ハ間接ニ資金ノ供給及融通ヲ為スコト

　一　　其他一般金融並ニ信托ノ業務

　　　四　資本及株式

　一　　資本ヲ五百万円トシ各半額ヲ中日両国人ニ於テ引受クルモノトス

---

①『渋沢栄一伝記資料』第38巻、572頁。
②『渋沢栄一伝記資料』第38巻、572頁。
③『渋沢栄一伝記資料』第38巻、572頁。
④『渋沢栄一伝記資料』第38巻、572頁。
⑤ 外務省編『日本外交文書』大正2年第2冊、973-74頁。

但第一回ノ払込ハ其四分ノ一トス

一　資本ハ株主総会ノ決議ヲ経テ増額スルコトヲ得

一　株券ハ記名式トシ取締役会ノ同意ヲ得ルニ非レハ之
ヲ譲渡スルコトヲ得ス

五　営業所

一　本店ヲ上海ニ支店ヲ東京市ニ置ク

六　役員

一　取締役十名監査役四名トシ中日両国人株主中ヨリ右
半数（取締役ハ百株以上ノ株主中ヨリ監査役ハ五十株以
上ノ株主中ヨリ）ヲ株主総会ニ於テ選挙ス

一　取締役中ヨリ総裁一名副総裁一名及ヒ専務取締役二
名ヲ互選ス

七　株主総会

一　定期総会ハ毎年一回上海ニ之ヲ開キ臨時総会ハ必要
アル毎ニ上海又ハ東京市ニ於テ之ヲ招集ス

八　債券

一　本公司ハ取締役会ノ決議ヲ経テ中国興業公司債券ヲ
発行スルコトヲ得

一　中国政府ハ本債券ノ発行ヲ許可シ成ル可ク其利益ヲ
保護スルコトニ努ム可シ

一　日本資本家ハ債券ノ応募又ハ引受ニ関シ出来得ル限
リ尽力ス可シ

九　資本ノ仲介

一　本公司ハ日本若クハ外国ノ資本団ニ対シ資金供給ノ
仲介ヲ為スコトヲ得

一　以上ノ場合ニ於テ本公司ハ日本若クハ外国ノ資本団
ニ向テ内外市場ノ状況ニ依リ債務者ニ対シ成ルヘク有利
ナル条件ヲ以テ資金ヲ調達セシムヘシ

　　一　日本資本団中ニハ東京及大阪ニ於ケル有力ナル第一
　　流銀行を網羅スルモノトス
　　十　創立事務
　　一　創立事務ハ中華民国ニ於テハ孫文氏、日本ニ於テハ男
　　爵渋沢栄一氏之ヲ担当ス

　孫文と渋沢・益田・大倉らがこの草案を条項ごとに検討する
と、双方の間には次のような意見の相違があった。

　第一項の名称について、孫文は「China Exploitation Co.デ
ナク Development ト云フ字デモ使ヒタイ」[1]と提案した。

　第二項の組織については、中国と日本のどちら側の法律に
よってこの会社を設立するかという問題であった。これは国家
主権にかかわる根本的な同題であり、孫文は「矢張リ支那ノ法
律ニ従フ方ガ宜イダラウト思ヒマス」[2]と主張し、国家主権を
擁護しようとした。孫文はその理由として、中国には既に「公
司律」という会社法があり、新国会においては国民党が多数の
議席を占めているから、自分の考えと同じような新たな法律も
制定し得るし、また中国の法律に従うことによって内地でも商
売が出来る上に、事業を起こす際にいちいち中国政府の許可を
得る必要もなくなること等の有利な面を挙げて日本側を納得さ
せようとした[3]。しかし渋沢と益田は「日本ノ法律ニ依テ組織
スルコトハ何ノ差支モナイ」[4]と強調した。彼らはその理由と
して、もし中国の法律によれば日本人が躊躇するかも知れず、
またこの会社は直接事業を展開するものではなく各種企業の調
査・研究・仲介の役割を果すものであること等を挙げた。孫文
は「今ノ所之ヲ直チニ日本ナラ日本ノ法律ニ依ルト極メテモ国

---

① 外務省編『日本外交文書』大正 2 年第 2 冊、975 頁。
② 外務省編『日本外交文書』大正 2 年第 2 冊、975 頁。
③ 外務省編『日本外交文書』大正 2 年第 2 冊、975－76 頁。
④ 外務省編『日本外交文書』大正 2 年第 2 冊、976－77 頁。

へ帰ツテカラ国ノ人カトウ云フ考ヲ持テ居ルカト云フコトガ少シ懸念デス、或ハ誤解サレルカ知ラナイ」①と語り、この問題はしばらく措いて他の問題を検討するよう提案した。

　第四項の資本及び株式について、渋沢は資本金を五〇〇万円とし、日中双方が半額ずつ分担することを提案した。孫文は一〇〇〇万円にしたらどうかと提案したが、日本側の不賛成により最後には五〇〇万円になった②。

　第五項の営業所については、益田が本店を東京、支店を上海に置くように主張したため、第二項の問題と共にしばらく棚上げにしておいて後で決定することにした③。

　第六項の役員については、大倉が中国との合弁会社においてはすべて総弁二名を置く前例に従って総弁二名を置くことを提案した。しかし孫文は「総弁ヲ二人ニスルト或ハ仕事ヲスルニ困難カモ知レナイ、権利上ノ衝突カ出来ルカモ知レナイ、デスカラ仕事ノ便利上カラ考ヘルト一人ノ方カ宜シイ」④と主張した。

　第七項の株主総会開催地について、日本の法律によると総会は本店、臨時総会は本店或いは支店で開くことになり、これも第二項第五項にかかわることであるから、後回しにした⑤。

　第八項の債券問題については、日本の法律によれば中国政府は債券の発行を許可し、なるべくその利益を保護することになっているが、孫文が指摘したように中国ではその前例がなかったので問題となった。政府の許可・保障を得ることで利益を得る面もあるが、他方では政府からの干渉を受ける不便もあ

① 外務省編『日本外交文書』大正2年第2冊、977頁。
② 外務省編『日本外交文書』大正2年第2冊、978－79頁。
③ 外務省編『日本外交文書』大正2年第2冊、979頁。
④ 外務省編『日本外交文書』大正2年第2冊、979頁。
⑤ 外務省編『日本外交文書』大正2年第2冊、979頁。

るので、最後に孫文と渋沢はこの項目を除外することに合意した①。

　第九項の資本の仲介と第十項の創立事務については双方共に異論がなかった②。

　会談は最後に再び組織・法律問題にもどった。どの国の法律に従うかによって他の項目の内容も変動することになるから、これは根本的な問題であった。益田孝は特に日本の法律によることを強調したので、渋沢も「日本ノ法律ニ依テ成立ツコトヲ望ム」③と提案した。孫文は「向フノ資本家ト相談シナケレバナラナイ事デアリマスカラ跡テ決定スルコトニ致シタイ」④と申入れた。渋沢もこれに賛成し、この件は概要の中で空欄にしておくことで合意した。この件は国家主権にかかわる法律問題において孫文がかなりの努力を尽したことを示している。

　最後に孫文は資本金分担について中国側が困難であることを申入れた。中国側は半額の二五〇万円のうち第一回目に六二万五〇〇〇円（四分の一）を払込むべきであったが、孫文は彼個人としてはこの四分の一を引受けることが出来るが、他の出資者にとっては不動産こそ有しているものの現金を融通することは非常に困難であると語り、中国側の株主が孫文だけになってしまうので、これに対する日本側の援助を示唆した⑤。孫文は中国側の出資者の不動産を抵当に日本側から借款を受けることで中国側が第一回目に払込むべき資本金を調達しようとした。これに対し渋沢は「夫丈ケノ事ハ必ス努メテ見マセウ」⑥と答

　　① 外務省編『日本外交文書』大正2年第2冊、980−81頁。
　　② 外務省編『日本外交文書』大正2年第2冊、981頁。
　　③ 外務省編『日本外交文書』大正2年第2冊、982頁。
　　④ 外務省編『日本外交文書』大正2年第2冊、982頁。
　　⑤ 外務省編『日本外交文書』大正2年第2冊、983頁。
　　⑥ 外務省編『日本外交文書』大正2年第2冊、984頁。

えたが、合意には達しなかった。

　この会談において双方が対立した根本的な問題は法律についてであった。三月一日、三井集会所で日銀・正金・興業・三菱・三井・大倉・古河ら諸銀行の代表がこの問題について再度協議し、「中日合弁ノ株式会社ニシテ中華民国ノ法律ニ依リ設立ス」①と明確に決定し、第四項の「資本及株式」については依然として「資本ヲ五百万円トシ各半額ヲ中日両国人ニ於テ引受クルモノトス」②とされた。しかし三月三日孫文に渡した文書では空欄になっていた。これは法律については益田孝の反対があり、資本金についても日本側の不賛成があったからだと思われる。ここから推測すると、孫文が東京を出発するまでこの問題は合意に達していなかったのであろう。

　帰国した孫文は宋教仁の暗殺によって険悪化しつつあった南北問題を処理すると共に、中国興業会社の設立準備に取掛かった。これによって同会社の設立は単なる経済・金融の問題ではなく、第二革命とも密接な関係を有することになった。四月三日孫文は中国鉄路総公司に元司法総長王寵恵・実業家王一亭・張静江・印錫璋ら八名を招集して中国興業会社設立の理由と必要性を説明し、実業家らの賛同を促した③。国内情勢が悪化する中で各地の実業家を招集してこの会社の株主にするのは不可能なので、孫文はまず上海の主な実業家と協議して第一回払込金額の一部を負担してもらい、残りの出資金は自分が調達して、会社設立後の適当な時期に各省の主な実業家に分担してもらおうとした④。日本側からは森恪が出席して孫文と共に説明に当った。参加者はこの会社設立の主旨と目論見書概要に対して

　　① 外務省編『日本外交文書』大正2年第2冊、973頁。
　　② 外務省編『日本外交文書』大正2年第2冊、973頁。
　　③ 外務省編『日本外交文書』大正2年第2冊、987頁。
　　④ 外務省編『日本外交文書』大正2年第2冊、987−88頁。

賛同の意を表し、上海の商務総会の主要人物らと相談した後で再会することを決めた。

四月五日第二回相談会が開かれた。孫文・森恪・王寵恵・李平書・王一亭ら十二名が出席し、中国側が第一回目に出資すべき六二万五〇〇〇円のうち、上海の実業家より二十万円を出資し、残額は孫文から日本側に立替えを請求し、会社設立後各省の主な実業家に割当てることを決定した①。

四月九日第三回相談会が開催された。孫文・森恪・李平書・王寵恵・印錫璋・張静江・王一亭ら十五名が出席し、中国興業会社設立の主旨及び目論見書概要を条項ごとに検討した。会社の名称は中国興業有限公司とすること、中国の法律に基づくこと、事業と同時に金融活動を営むこと、資本金は日本円で取決めること、本店は上海に置くこと等の意見が多数を占めた。法律以外の問題はほとんど目論見書概要に準拠することになった②。

この時上海に来ていた高木陸郎は十日上述の中国側の意見を渋沢に打電した。これに対し、渋沢は十三日三井物産の藤瀬上海支店長に「此際設立成ルベク日本法律ニ依ル」③ことを孫文に伝言するよう依頼した。藤瀬と森恪は翌日この意見を孫に伝え、一に資本金の大部分は日本側が出資し、二に中国側の関係法律がまだ制定・整備されていないこと等の理由を挙げた④。しかし藤瀬自身は日本の法律によることに反対し、「先方ニテ支那法律ニ拠ルコトヲ主張スレハ強テ争ハズ彼等ノ意見ニ従フ方宜シト思フ」⑤と述べた。それは孫文ら中国側が主張したよう

---

① 外務省編『日本外交文書』大正2年第2冊、988頁。
② 外務省編『日本外交文書』大正2年第2冊、988-90頁。
③ 外務省編『日本外交文書』大正2年第2冊、991頁。
④ 外務省編『日本外交文書』大正2年第2冊、991頁。
⑤ 外務省編『日本外交文書』大正2年第2冊、991頁。

に、日本の法律によれば外国会社という性格を帯び、内地で自由に事業を展開することが出来ず、事変発生の場合は幾多の困難を生じる上、内地の中国人の感情を害して会社の発展にとって不利なことが多くなるからであった。また、中国側が制定しようとしている会社法は日本の法律と大同小異になるということもあった[①]。これは孫文が最後まで断固とした姿勢を貫けば、中国の法律に基づいていた可能性があったことを示していたが、四月十八日高木・藤瀬・森恪ら日本側の四人と孫文・王寵恵とが会談した結果、孫文は［他日支那法律制定サレタル時ニハ支那ノ会社ニ変更スルト云フ条件ヲ容ルレバ日本法律ニ依リ会社創立ノ事承諾セリ」[②]として、日本側の主張を受諾した。孫文がこのように譲歩せざるを得なかった原因には、一回目に払込むべき資本金のうち四十万円を日本側に立替えてもらったという事情があった。高木はこの同意を得て、十九日帰国の途に就いた。

　孫文は日増しに激化する中国南北の対立がこの会社の設立に影響を及ぼすのを恐れ、四月七日渋沢に「中国興業至急設立セシメ政治上ノ影響ヲ受ケザル様尽力中故御安心アレ」[③]と電報を発し、五月六日に「中国興業ハ政変ノ影響ヲ受クル恐ナシ当方ハ十五日迄ニ予定額払込正金ニ預入レル高木承知ノ条件ニテ急ギ会社設立アリタシ」[④]と再び日本側を催促した。孫文がこのように切望したのは、会社設立そのものが討袁策を講じつつある南方革命派にとっては無言の「同情」と「支援」になり、五ヵ国銀行団から二五〇〇万ポンドの借款を得た袁世凱に対抗する一つの手段でもあったからだった。

---

① 外務省編『日本外交文書』大正2年第2冊、993頁。
② 外務省編『日本外交文書』大正2年第2冊、992頁。
③ 外務省編『日本外交文書』大正2年第2冊、988頁。
④ 外務省編『日本外交文書』大正2年第2冊、995頁。

　この時期日本は北の袁と南の孫に同時に資金と借款を提供する政策をとっていた。袁には四月二十六日五ヵ国銀行団の一員として借款を提供し、孫には中国興業会社設立の名目で資金を提供しようとした。こうして対立する袁と孫のバランスをとろうとしたのである。

　日本側は五月十九日第三回発起人会を開き、発起人を日本側八名、中国側八名とし、その人選、引受株数等を協議した①。六月十四日発起人及び関係者一同を招集して発起人総会を開催し、日本側発起人として渋沢栄一・大倉喜八郎・安田善次郎・益田孝・倉知鉄吉・三村君平・中橋徳五郎・山本条太郎の八名を選出し、発起人総会決議案を採択した。その内容は次の通りである②。

　　一　商号　中国興業株式会社（中国興業股份有限公司）
　　一　資本　金五百万円（壱株金壱百円とし、総株式数五万
　　　　　　　株、之を日支両国各半額宛、即ち金弐百五拾万円
　　　　　　　宛として、第一回払込額は四分の一。即ち一株に
　　　　　　　つき金弐拾五円とす）
　　一　目的
　　　　　　（一）各種企業の調査・設計・引受及仲介
　　　　　　（二）各種の企業に対し、直接又は間接の資金の供
　　　　　給及融通〔を〕なすこと
　　　　　　（三）各種債券の応募又は引受
　　　　　　（四）其他一般金融並に信託の業務
　　一　本支店の所在地
　　　　　　（一）本店　日本国東京市
　　　　　　（二）支店　中華民国上海

---

　①『渋沢栄一伝記資料』第 54 巻、渋沢栄一伝記資料刊行会、昭和 39 年、516、530頁。
　②『渋沢栄一伝記資料』第 54 巻、渋沢栄一伝記資料刊行会、昭和 39 年、530 頁。

　株式の割当は東京において約一万八〇〇〇株、大阪約六〇〇〇株、その他約一〇〇〇株とし、六月三十日までに申込と払込を同時におこなうことにし、創立委員として渋沢・山本・倉知ら八名が選定された[①]。孫文と高木らとの協議に基づいて、日本の商法に準拠して営業することが決定された。日本側は七月二十五日までに株金払込事務を終了し、八月十一日に東京商業会議所で設立総会を開催することが決定された。このことは第二革命勃発前までは日本側がこの会社の設立に積極的であったことを物語っている。

　中国側もこれに積極的に対応し、李平書・印錫璋・沈縵雲・張静江・顧馨一・王一亭ら十数名が一万円或いは五〇〇〇円ずつの株を引受けた[②]。

　しかし日増しに悪化する袁・孫と南北の対立及び第二革命の勃発は、中国興業会社の設立に重大な影響を及ぼした。六月中旬孫文は広東の胡漢民・陳炯明と討袁策を協議するため広東に赴き、会社設立に関する一切を黄興・陳其美・王亮疇らに委任した[③]。第二革命勃発後孫文にはこのことを顧みる余裕が全くなかった。七月二十八日孫文は渋沢に南北開戦のため代表派遣も不可能になったので、「会社を設立し実業の発達を図ることも延期致す能はざるに付一切の文書を森恪に托し、御相談申すべき」[④]ことを希望した。これは第二革命の勃発により、軍資金が一層必要になったからであった。

　この時日本側では逆に同会社の設立を延期すべきだという主張が現れた。八月九日有吉明上海総領事は牧野外相に「同会社ノ組織発展ハ尠クトモ目下ハ其時機ニ非サルヘシト認メラレ……

①『渋沢栄一伝記資料』第54巻、渋沢栄一伝記資料刊行会、昭和39年、531頁。
② 外務省編『日本外交文書』大正2年第2冊、992頁。
③『渋沢栄一伝記資料』第54巻、534頁。
④『渋沢栄一伝記資料』第54巻、536頁。

之カ組織ハ暫ク延期スル方宜シ〔カ〕ルヘシト認ム」①と上申
した。その理由は第二革命によって「将来同会社ハ殆ント其立
場ヲ失フカ如キ事ナキヲ必シ難キノミナラス差当リ俄然衆望ヲ
失セル一派（孫文ら革命派を指す―筆者）トノ提携ハ世上ニ喧
敷各種ノ風評ト共ニ延テ一般日本側ニモ直間接ニ不利益ヲ齎ス
事モ可有之」②というものであった。この時期に孫文らと合弁
会社を設立すべきではないと主張したのである。しかし渋沢ら
財界人は「折角是迄苦配せし甲斐も無之と申説多く」③と主張
して予定通り八月十一日東京商業会議所で中国興業会社設立総
会を開き、取締役に倉知鉄吉・尾崎敬義・森恪（上海駐在）と
印錫璋・王一亭・張人傑の六名を指名した。総裁には孫文が選
ばれる予定であったが、戦況の急変により孫文は既に（九日）神
戸に亡命していたので、当分欠員とすることにした④。皮肉なこ
とに森恪が中国側の代表代理としてこの設立大会に出席した。

　中国興業株式会社の設立により、日本は中国に対する資本輸
出を強化して中国おける日本の権益を拡大しようとし、孫文は
中国の産業振興と鉄道建設のために日本の資本と技術を利用し
ようとした。このように双方で異なる目的が情勢に応じて変転
する第三次桂内閣の対孫・対袁政策の下で一時的に合致し、設
立総会を開催するまでに至った。しかし第二革命における孫文
と革命派の敗北及び山本内閣の対孫・対袁政策の再転換や袁の
同社に対する牽制策によって、この会社は終焉を迎えたのであ
る。第二革命の失敗により、孫文の産業振興・鉄道建設計画は
挫折し、孫文は武力による討袁戦争＝第三革命への準備に取掛
かったが、日本側の中国における目的にはいささかの変化もな

① 外務省編『日本外交文書』大正２年第２冊、1001、1005頁。
② 外務省編『日本外交文書』大正２年第２冊、1005頁。
③『渋沢栄一伝記資料』第54巻、542頁。
④『渋沢栄一伝記資料』第54巻、538頁。

く、袁世凱と共にその計画・目的を達成しようとして、この年
の秋から中日実業株式会社の設立に取掛かることになった。

四　中日実業株式会社

　孫文が第二革命に失敗して日本に亡命すると、渋沢ら日本の
財界人は孫文と共に設立した中国興業株式会社から孫文ら革命
派を追出して袁世凱派を引入れ、一九一四年四月二十五日中日
実業株式会社を設立した。これは中国興業株式会社を改組・改
称して設立されたものであり、日本の資本を輸出することに
よって中国における日本の権益を拡大し、客観的には袁の政権
を支援する役割を果すことになった。本節では、中国興業株式
会社が中日実業株式会社に改組される過程を通じて日本と孫・
袁の関係の変化を考究すると共に、中日実業株式会社の中国に
おける投資活動をめぐる日本と欧洲列強の対立と中国買弁との
関係を検討する。

　七月に勃発した第二革命において、八月初めには既に孫文ら
革命派は敗北への途をたどっていた。渋沢らは臨機応変に対処
するため、まず政経分離論を唱えた。八月に渋沢は孫宛の書簡
で「今回南北ノ戦況如何ニ拘ハラス本会社ハ毫モ之ニ関係ナク、
閣下ヨリ本会社設立ノ趣旨目的ヲ貴国各省ノ都督及商業会議所
其他ノ実業家等ニ通知シテ、其株式ヲ引受ケシメ、毫モ政争ノ
繋累ヲ蒙ラシメスシテ広ク経済ノ共通ヲ企図セラレタルトノ事
ハ、実ニ至公至平ニシテ真ニ憂国ノ衷情ヨリ発露セラレタルモ
ノト、閣下ノ御厚意ニ感佩仕侯」[1]と孫文を讃えた上で、中国
興業株式会社は本来政経分離であるべきだと強調し、その位置

---

　①『渋沢栄一伝記資料』第 54 巻、渋沢栄一伝記資料刊行会、昭和 39 年、539 頁。

付けの再考を提言した。これは孫文が七月二十八日渋沢宛の書簡で「小生等は同会社（中国興業株式会社―筆者）設立を以て中日両国実業連絡を鞏固にし、其発達を図るを念と致候事は始終不変に御座候、今回南北開戦致候共、同公司とは何等関係無之は勿論、設立の上は小生より同社創立の趣旨全国各都督並商会に通告し、有力実業家に株式引受方を勧誘し、各地方にて同社事業の発達を期し度、尚南北を問はす同社株式希望の向あらは承諾すること〻致し度候」①と述べた言葉を引用したものであった。この孫文の政経分離論は第二革命の戦況の影響を排除して至急この会社を設立し、第二革命に必要な資金を調達しようとしたものだったが、これを逆に利用して、渋沢らは孫文派の勢力をこの会社から分離・排除する論拠としたのである。

　袁世凱も孫文を中心とした南方の革命派が日本と合弁会社を設立することを警戒し、六月末に孫宝琦・李盛鐸を東京に派遣した。袁は彼らに「孫逸仙関係ノ日支実業協会ナルモノ力若シ孫逸仙側ヨリノ出資覚束ナキ為メ進行中止等ノ事実アルニ於テハ当方（袁政府側）ニ於テ更ラニ支那実業家出資勧誘方ヲ担任シ完全ニ成立ヲ期スルコト若シ幸ニシテ既ニ孫ノ尽力成功シ居レリトアルニ於テ更ラニ拡張ヲ企図シ出資ノ加入ニ努ムル」②ように訓令し、自派の勢力を扶植しようとした。孫・李両名は七月二日と九日に渋沢と会談し、この会社への袁世凱派の参入を要望した。渋沢はなるべくその参入を許すことにしたいと答えた③。これは袁の孫に対する牽制策であり、また同社改組の基盤工作を始めたことを示すものであった。だがこの時渋沢らは「孫文氏等トノ従来ノ関係ハ飽ク迄之ヲ維持スルコト」、「孫

---

① 『渋沢栄一伝記資料』第 54 巻、渋沢栄一伝記資料刊行会、昭和 39 年、536－37 頁。
② 外務省編『日本外交文書』大正 2 年第 2 冊、996 頁。
③ 『渋沢栄一伝記資料』第 54 巻、535 頁。

文氏ハ会社ノ総裁トナスコトニ関スル従来の成行ハ之ヲ維持スルコト」①等の方針を堅持していた。しかし袁軍によって南京が陥落した後の九月五日になると、渋沢は「此際精々孫文氏之名ニよりて引受居候株式を政事ニ関係なき純然たる実業家ニ勧誘加入せしめ」②ようとした。これは孫文ら革命党関係者を同会社から排除しようとしたものであった。

　袁の北京攻府も孫文派をこの会社から追出し、新会社を設立しようとした。北京政府総理熊希齢は九月十七日駐北京の山座円次郎公使に「自分ノ考ニテハ同会社（中国興業株式会社—筆者）ハ根本ノ組織ヲ改メ新ニ支那側有力者ノ連合ヲ計ルコト貴我双方ノ為利益ナリト認メ居リタル」③と述べ、渋沢が北京に来てこの件を相談しては如何かと提議した。山座公使もこれに同調して「孫文ハ現ニ社長ニアラサルノミナラス支那側重役ノ多クハ今回ノ動乱ニ縁故深キモノノミニ付速ニ之等ノモノヲ淘汰シ中央政府ニ信用アルモノト代フノ必要ナル」④旨を述べ、渋沢らが当地に来て貴官及び北京政府と接触することは至極好ましいと述べた。十月五日北京政府は日本の好意を得るために多年の懸案であった満蒙における鉄道五路線の敷設権を日本に与え、日本への接近を図ろうとした。

　この頃中国興業株式会社副総裁であった倉知鉄吉は牧野伸顕外相と松井慶四郎外務次官に新会社に対する援助と便宜の提供を要請し、外務省もこれを支持して協力した⑤。十月二十七日外務次官官邸において松井外務次官・小池政務局長・勝田大蔵次官と渋沢・倉知・山本条太郎ら八名が会合して中国の時局の

　①『渋沢栄一伝記資料』第54巻、535頁。
　②『渋沢栄一伝記資料』第54巻、542頁。
　③　外務省編『日本外交文書』大正2年第2冊、1014頁。
　④　外務省編『日本外交文書』大正2年第2冊、1015頁。
　⑤　外務省編『日本外交文書』大正2年第2冊、1005、1015—16頁。

変化に伴う対応策を検討し、次のような措置をとることが決定された[①]。

　　一　株を広く北方その他の中国全国有力者に配分する。

　　二　中国側の重役王一亭・張人傑・沈縵雲らの辞任による
　　　　欠員に北京政府関係者を加える。

　　三　全国有力者を中国側相談役に推挙する。

　　四　会社の組織についてはなるべく現状を維持するを主
　　　　旨とし、先方より拡張の申出ある時に応ずる必要ある場
　　　　合は、資本総額七〇〇万円までの拡張に同意し、日本側
　　　　の拡張株式は東亜興業会社の合併株を充てることとする。

　　五　北京政府において中国興業会社を日中実業連絡の機
　　　　関とし、これに十分の便宜を与える旨を承諾せしめる。

　　六　場合によっては製鉄（付漢冶萍）、石油事業と福建・
　　　　安正鉄道及び幣制顧問の件を中国側と相談する。

　この決定は中国興業株式会社そのものを維持しながら袁と北京政府の要人をもって孫文一派に替えようとしたものである。過渡的な措置であったといえよう。

　この時孫文は既に東京に亡命していた。孫文は討袁の第三革命を準備するために日本からの援助を希望し、中国興業株式会社にも大きな期待を寄せていた。山本条太郎の話によれば、渋沢や中野武営らはその要望に応じようとしたが、外務省と軍部の反対によって実現しなかったという[②]。右の決定後の二十九日に孫文は渋沢事務所を訪れ、渋沢・中野・山本らと密談しているが、その内容は不明である。その後孫文は渋沢に「元来政治と経済とは別個の問題なれば、此際北方の加入（中国興業株

式会社への加人—筆者）は喜んで之に応ずることに同意すべく、又先方の希望ならば、現株主は潔よく其持株全部を北方に譲渡するも亦何等の異存なし」①との回答を寄せている。この回答より推測すれば、渋沢らは二十七日の決定に基づき、孫文に株の譲渡を迫ったようである。これによって孫文は取得していた同社の四八〇〇株を手放さざるを得なくなった。これで日本と袁の北京政府とが新たな合弁会社を設立するための前提条件が整った。

　こうして中日実業株式会社の設立に関する交渉が本格化した。外務省は財界と共にこれに積極的に取組んだ。渋沢は北京の招請に応じて渡華する予定であったが風邪にかかり、倉知鉄吉が代理として渡華することになった。牧野外相は十一月七日山座公使に「渋沢男渡支見合ハセタル此際倉知氏ノミ貴地ニ赴クガ為メ何等カノ誤解ヲ招クガ如キコトアリテハ面白カラサルニツキ右様ノ懸念モアラバ同氏渡支ハ見合ハサシムルヤウ取計フ積リナルヲ以テ其辺ニ関スル貴見電報アリタシ」②と打電し、北京側の意向を打診するよう訓令した。十四日山座は北京側に異議なしと返電した。十八日倉知は東京を出発し、朝鮮経由で二十八日北京に着いた。十二月三日東京で相談役会議が開かれ、次のようなことが決定された③。

　　一　楊士琦を会社総裁に推薦すること。
　　二　会社名称を中日企業株式会社とすること。
　　三　本店は東京、支店は天津（または北京）に設けてこれを中国総局とし、中国各地に設置される支店を統轄せしめること。

---

①『渋沢栄一伝記資料』第54巻、547頁。
② 外務省編『日本外交文書』大正2年第2冊、1021頁。
③ 外務省編『日本外交文書』大正2年第2冊、1022—23頁。

四　会社の国籍は日本にあるが、中国政府工商部に登録し、
　中国の会社と同一の特権を得ること。

以上の事項は、北京側の照会による要望に対して日本側が同
意する形で決定したのである。北京では倉知と工商総長張謇及
び楊士琦らが協議し、右の決定とほぼ同様の内容で双方の意見
が一致した①。これに基づき倉知は楊らと中国興業株式会社の
章程を改訂して、中日企業株式会社章程作成の作業を完了した。
この章程改訂においてはどの国の法律に基づくかについては取
上げられなかったが、会社の国籍は日本に置かれるので、日本
の商法に依拠することになった。倉知は中国側との交渉内容と
修正後のな章程を覚書にまとめ、山座公使と松井外務次官に報
告した②。

このような過程を経て一九一四年四月二十五日東京でこの会
社の第一回定期総会が開催され、北京からは孫多森ら八名が出
席した。孫らの渡日に際し、小池政務局長は岡警保局長に特別
の保護策を講ずるよう要請した③。当時東京には多数の革命党
員が居住しており、この会社の設立は孫文ら革命派に対する裏
切りであったから、革命党員に襲撃される恐れがあったためで
ある。この一行には元中国興業株式会社の大株主であった周金
箴（四四〇〇株）・印錫璋（四〇〇〇株）・朱葆三（三四〇〇株）
も同行していた。彼らは孫文と交流はあったが革命党員ではな
かったので、この設立大会に出席して旧会社との内在的つなが
りを示そうとしたのである。

新会社は成立に当って工商総長張謇の主張により社名を中日
実業株式会社（中日実業有限公司）と改めた。設立大会におい

① 外務省編『日本外交文書』大正2年第2冊、1027－30頁。
② 外務省編『日本外交文書』大正2年第2冊、1027－30頁。
③ 外務省編『日本外交文書』大正3年第2冊、596頁。

て楊士琦と倉知鉄吉が正・副総裁に、孫多森・尾崎敬義・周金
箴・森恪の四名が専務取締役に選ばれた。中国側の役員は一新
されたが、日本側は取締役の中島久万吉以外は旧会社の役員で
あった。株主も中国側には異同があったのに対し、日本側はほ
ぼ旧会社のままであった。このことは日本の日中合弁会社設立
の目的が終始変化していなかったことと、第二革命における袁
の勝利によりその派閥が中国側の一切を独占するようになった
ことを物語っている。

　設立総会では会社章程が改正され、総裁と副総裁の一体性と
共同性が強化された。例えば中国興業株式会社章程では「総裁
又ハ副総裁」が招集する（第十七条）とされていた株主総会は
「総裁及副総裁」が招集することになり、「総裁及副総裁ハ各自
会社ヲ代表ス」とされていたのが「共同シテ」代表すると改正
された[①]。これは日本側の副総裁の権限を強化・拡大したもの
であり、新会社における日本側の権限は一層強くなった。

　新会社設立後、日本側は対中国資本輸出と権益拡大に取掛
かった。このため渋沢栄一は五月二日に東京を出発して訪中す
ることになった。渋沢は四月の新会社設立前に訪中しようとし
たが、熊希齢・楊士琦らは「渋沢男渡支サレテハ世評喧シク却
テ同公司ノ事業ニモ妨アラン」[②]かと懸念し、山座公使も新会
社設立後に訪中するのが得策だと具申したため、渋沢は訪中を
一時見合せた。これはイギリス等列強の敏感な反応が予想され
たからである。渋沢も「近時支那に於ける英字新聞は余の旅行
を以て利権獲得の為なりと称し殆ど三日にあげず罵詈誹謗を
逞ふ」[③]していると語った。北京の『デイリー・ニュース』紙

① 外務省編『日本外交文書』大正3年第2冊、600−01頁。
② 外務省編『日本外交文書』大正3年第2冊、595頁。
③ 山浦貫一『森恪』上巻、高山書院、昭和18年、217頁。

は「支那に於ける日本」と題する記事で、「渋沢男爵の渡支は長江沿岸に於て占むる英国の勢力圏を奪ひ且之を確保せんと欲するものなり」①とその目的を暴露した。しかし渋沢は訪中の目的は「一の漫遊にして支那の風景を遊覧すると共に中日実業会社の産婆役を務めんとする」②ことだと語り、真の目的を隠蔽しようとした。

　渋沢は五月六日上海に到着した。加藤高明外務大臣は駐中国の山座公使と各地の総領事・領事に渋沢が「貴地着ノ節ハ通訳及旅館準備等諸事便宜ヲ与へ」③協力するように訓令した。これは渋沢の訪中を外務省がバックアップしていたことを示している。渋沢は上海・杭州・漢口を経て、十九日に交通部特派の貴賓列車で北京に着いた。各地の外務省出先機関は渋沢の活動の詳細を加藤外相に報告した。

　渋沢の訪中においてもっとも重要なことは北京における袁世凱や北京政府の要人との会談であった。二十一日に渋沢は袁と会談したが、袁は渋沢に「両国の親善なる交誼を鞏固に保持せんと欲せば其の経済上の関係を密接ならしめざるべからず」と述べ、新会社の発展のために尽力することを希望した④。袁はこの会社を通じて日本の資本を導入し、自己の経済的基盤を固めると同時に、日本との関係を改善しようとしたのである。元総理の熊希齢は、近来中国が欧米等の国と連携して日本を排斥するとの世評があるが、中国側にはこのような意向はないので、貴国当路者においては誤解なきよう帰国後説明してほしいと依

---

① 山浦貫一『森恪』上巻、高山書院、昭和18年、216頁。
② 山浦貫一『森恪』上巻、高山書院、昭和18年、217頁。
③ 外務省編『日本外交文書』大正3年第2冊、602頁。
④ 外務省編『日本外交文書』大正3年第2冊、617頁。山浦貫一『森恪』上巻、高山書院、昭和18年、218頁。

頼した①。曹汝霖外交次長は日本の新聞が袁を攻撃することによって、中国国内に面白からぬ感情を惹起する憂いがあることを述べ、両国国交の妨害となるような論調を改めるよう日本側に勧告してほしいと求めた②。孫宝琦外交総長も昌黎事件以降中日両国が良好な感情を深めていると述べ、渋沢に中国財政に対する意見を尋ねた③。これに対し北京の松平臨時代理公使は加藤外相に「支那当路者ハ同男ノ日本ニ於ケル社会ノ名望ヲ利用シテ国際ノ緩和円滑ヲ図ラン」④と打電し、袁と北京政府の対日関係改善の意図を伝えた。

　楊士琦との会談において、渋沢は訪中の目的である権益拡大を鑑みて、新会社の事業として四つを提案した。これらの事業は事前に山座公使と相談の上提案したものであった。第一は中国の電話事業に対する借款である⑤。倉知は前年十二月七日楊士琦との会談時に日本から一二〇〇万円の借款を導入し、電話機器を全部日本から購入することを話合った⑥。渋沢はこの計画の実現を要望した。第二は東北の四平街より洮南間の鉄道敷設工事及びその材料・機械類の売込であった。第三は中国の石炭・銅・鉄等の鉱山調査のために新会社から技師を派遣すること。第四は新会社に電灯部を設け、電灯未設の都市における電灯事業を経営することであった⑦。一方楊士琦は、十万乃至二十万元の小資本で北京に貯蓄銀行を開設し、事業が発展したら天津・上海・香港等の大商業地にこれを拡大する計画を提出し

① 外務省編『日本外交文書』大正3年第2冊、617頁。
② 外務省編『日本外交文書』大正3年第2冊、619頁。
③ 外務省編『日本外交文書』大正3年第2冊、619頁。
④ 外務省編『日本外交文書』大正3年第2冊、619頁。
⑤ 外務省編『日本外交文書』大正3年第2冊、620頁。
⑥ 外務省編『日本外交文書』大正2年第2冊、1024-25頁。
⑦ 外務省編『日本外交文書』大正3年第2冊、620頁。

た①。しかしこれらの事業は皆中国における他の列強との競争・争奪にかかわるものであった・例えば電話事業はジーメンス社が既に交通部と交渉中であった。そこで双方共に尽力の意を表明するにとどまり、合意には至らなかった。

　中国における日本の投資と権益を拡大しようとする同社の設立は他の列強に大きなショックを与え、外国人の耳目をそばだてた。七月一日『北京政府公報』は同社の章程を農商部登録の趣旨と共に公表した。これにより、それまで秘密にされてきた同社は他の列強の標的となった。ドイツ系の『ガゼット』紙は楊士琦が政事堂（国務院）左丞の重職に就いていながら営利企業の総裁を兼任しているのは不穏当だと非難し、日本資本の中国進出を牽制しようとした。この裏には欧洲列強と結びついている買弁の工作があった。かねてドイツに接近していた梁士詒ら広東派は張謇の江蘇派と連携して、安徽派に属する楊士琦を排撃しようとした。このような情況の中でおこなわれた七月二十四日の会議において、駐北京の同社役員らは楊に総裁辞職を迫った。これは単に楊の「政治的立場ヲ危クスルノミナラス延テハ中日実業会社ノ為メ不利益不得策ナル」②からであった。楊は一時辞職して当面の政敵である梁士詒・張謇らの鋭鋒を避け、その腹心である孫多森を後任として総裁に推挙し、政府内部における黒幕として尽力することにした。駐北京の小幡臨時代理公使はこの措置は「此場合最モ策ノ得タルモノナル」③と森恪に述べ、加藤外相にもこの意見を上申した。森は七月二十九日に帰朝して日本側役員とこの件を討議し、孫多森が総裁に就任した。これは中国において日本と欧洲列強及びそれぞれと

---

① 外務省編『日本外交文書』大正3年第2冊、619頁。
② 外務省編『日本外交文書』大正3年第2冊、626頁。
③ 外務省編『日本外交文書』大正3年第2冊、626頁。

結びついた中国買弁資本の間に激列な競争と争奪が展開されて
いたことを示している。

　中国興業・中日実業は、共に日本側では三井財閥の役員が中
核を占めており、また三井の森恪（一九一四年二月に三井の天
津支店長に就任）が重要な役割を果していたので、外部にはこ
の会社が三井系であるという印象を与えていた。だが三井は辛
亥革命において孫文ら南方の革命派に資金・武器等を提供した
ので、北の袁世凱派には親革命派の印象を与えており、その評
判は頗る悪かった。この印象は中日実業の北方における事業に
影響を及ぼさざるを得なかった。小幡臨時代理公使は中日実業
が三井的色彩を帯びないようにするため、「森ヲシテ此際三井ニ
手ヲ切ラシメ中日重役トシテ北京ニ常任シ専念会社ノ為メニ活
動セシムル」①ことを加藤外相に上申した。これらは袁とその
派閥が一面においては日本との関係を改善しようとしながらも、
一面においては日本と孫文ら革命派との従来の関係から依然と
して日本を警戒し、それほど好感を抱いていなかったことを物
語っている。

　新会社中日実業の中国における投資活動は、日本の他の会社
とも競争・対立することになった。江西省の余干鉱山の投資・
採掘において中日実業は大倉組と対立し、これに外務省とその
出先機関まで介入する事態になった。加藤外相は「我対支企業
家殊ニ大倉組、中日実業会社ノ如キ有力ナル輩ガ互ニ相陥擠ス
ルガ如キコト有之ニ於テハ結局我対支企業ノ発展ハ到底望ミ難
キ次第ニ有之」②として、駐北京日置公使に尾崎専務取締役が
北京に到着したら戒飭するよう指示し、大倉組を支持する立場
をとった。この競争・対立の裏では各々の会社の黒幕である楊

---

①　外務省編『日本外交文書』大正3年第2冊、627頁。
②　外務省編『日本外交文書』大正3年第2冊、628－29頁。

士琦と張謇らとの対立が絡み合っており、楊はその権力を利用
して張謇派に圧迫を加えた。その結果北京政府工商部は中日実
業・大倉組と江西官憲三者に各二鉱区を割当てることにより双
方を妥協させた①。

中日実業株式会社は設立後中国、特に北方において投資・借
款活動を展開し、山東省に五〇〇万円の借款を提供して二、三
の鉱山採掘権を獲得した他、電話借款（当初一〇〇万円）・直隷
省の水災借款五〇〇万円等を提供した②。しかし中日実業の投
資活動は予想通りには発展しなかった。その後第一次大戦が勃
発して日本が膠州湾を占領し、一九一五年に二十一ヵ条を袁に
要求すると、袁と日本との政治的対立が激化し、中国民衆の反
日感情も高まった。中国側の役員らは同社の職務をサボター
ジュし、専務取締役が出勤しないという事態になった。この情
況は一九一五年十二月四日に森恪が総裁李士偉宛の書簡で洩ら
した不満から窺うことが出来る③。しかし訪日中の孫文に示し
た冷淡な姿勢と比較すると、当時の日本はどちらかといえば客
観的には援袁的であったといえよう。しかしこれは袁を支援す
るというよりも、日本の中国における投資・権益の拡大のため
であった。

中日実業株式会社の対中国投資活動が活発化するのは、袁の
死後、寺内内閣が段祺瑞を援助する時期であった。

五　孫文の対日言論の虚像と実像

孫文の訪日に対する日本朝野の熱烈な歓迎、桂太郎との政治

---

① 外務省編『日本外交文書』大正3年第2冊、631−32頁。
② 山浦貫一『森恪』上巻、227頁。
③ 山浦貫一『森恪』上巻、220−22頁。

会談、財界と共に中国興業株式会社を設立したことは孫文と日本との政治的・経済的な連携を促進し、孫文の訪日目的と対日期待は達成されたかのように見えた。そのため孫文はこの訪日に満足し、彼の対日言論にも「変化」が起きたようであった。本節では、訪日前後における孫文の対日認識を比較し、訪日中の対日言論の実像と虚像を考究する。

　訪日前の孫文の対日認識は二元的であった。孫文は各地で中国の産業振興と鉄道建設を訴える際に、日本の対外開放・外資導入等による産業の近代化を賞揚し、それに学ぶよう呼掛けたが、また一方では日本の中国侵略の野望を糾弾した。特に八、九月に北京と北方の各地を訪問した際は日本の侵略を辛辣に告発し、対応策を講ずるよう訴えた。九月二日に国防問題に触れた折、孫文は中国の国防が堅固でないので、ロシアは蒙古と北満洲に、イギリスはチベットに侵入し、日本は南満洲を侵略していると述べた[1]。九月一日の軍と警察官の歓迎会においても、国勢は危機的状態にあり、日本軍が南満洲に、ロシア軍が蒙古に、イギリス軍がチベットに、フランス軍が雲南・貴州に駐屯し、中国を分割しようとしていると語った[2]。九月二十日の山西省の軍関係者に対する講演でも、イギリス・ドイツ・フランス・アメリカは強大国であるが、まだ完全に東方にその勢力を及ぼしてはいない、我が国と国境を接する国は日本とロシアだけである、日本は陸軍二〇〇万を有して戦時には一〇〇万を出兵させることが出来るし、ロシアは五〇〇万の陸軍を有して戦時には三〇〇万を出兵させることが出来る、近年この両国は満蒙に対し大きな野心を抱き、満蒙を自国の勢力圏と見なしている、これは大いに憂慮すべきことであると語った。この情勢へ

---

①『孫中山全集』第2巻、中華書局、1982年、433頁。
②『孫中山全集』第2巻、中華書局、1982年、428－29頁。

の対応策として、孫文は軍事訓練、軍事学の研究、新兵器生産等の必要を強調した①。鉄道建設の問題に触れた時も、東三省（満洲）は完全な我が領土ではない、なぜ日本とロシアの手中に陥っているのか、それはロシアと日本が東清鉄道と南満鉄道を掌握しているからであると語った②。孫文は北京で民国の首都を南方に移転すべきことを主張したが、その主な理由の一つは日本とロシアの脅威であった。孫文は八月三十一日の参議院での演説で、国都は北方の両強大国と隣接している、ロシアは蒙古を、日本は南満洲を占拠し、朝鮮と満洲の交通は日増しに便利になっているので、一旦事変が起これば日本は十万の兵力を五日間で出動させることが出来、北京は内外から困難に陥るあろうと語った③。九月一日に北京蒙蔵統一政治改良会の講演で民族問題を論じた時にも、孫文は日本の朝鮮に対する侵略を告発し、日本は朝鮮人を牛馬のように扱っていると非難した。これらの事実から見れば、孫文は日本の中国、特に東三省に対する侵略の本質に対し明確に認識していたといえる。

　孫文のこのような二元的対日認識は互いに矛盾しているようであるが、それは日本の社会構造が矛盾していたからであった。日本は対内的には欧米諸国の文明と資金を導入して近代国家を建設したが、対外的には軍国主義国家として中国・朝鮮を侵略するという二重的国家であったから、孫文の対日認識も二元的であり、矛盾していたのである。これは日本に対する正確な認識であった。

　しかし訪日中に孫文の対日言論に新たな「変化」が起こった。

①『孫中山全集』第2巻、中華書局、1982年、475頁。
②『孫中山全集』第2巻、中華書局、1982年、433頁。
③『孫中山全集』第2巻、中華書局、1982年、425頁。

対日認識の根本的な問題は日本が中国を侵略する国であるか否かであるが、この根本的問題についての見解に「変化」が起こったのである。孫文は二月二十三日に東京の中国留学生による歓迎会での演説で、ロシアは侵略主義を推進する国であるが、日本はそうではなく、「我が国と利害がかかわりあい、東亜を侵略する野心は絶対にない。歴史の上から観察した場合、彼は島国であり、我は陸国であり、絶対に互いに侵略しない。近年来侵略の挙動を免れなかったのは、全くやむを得ざるものであり、その本心ではない。我々はこの上なく日本を諒とするであろう」①と述べた。また孫文は、以前日本が中国に対し侵略政策をとったのは、中国の国勢が振わずにヨーロッパの支配を受けるようになれば、海国日本も三つの島を守りにくくなるから、やむを得なかったことであると語った②。孫文は、武昌蜂起の時ロシアは外蒙古を併合したが、日本は軍を押えて出兵せず、国交も平常通りであり、蒙古における日露の勢力範囲を分割した第三回日露協約も実効はなく、それを恐れる必要は全くないと述べた③。このような言論は孫文が訪日前に日本の侵略を告発したことと矛盾するので、後の対日認識に「変化」があったように見える。

　孫文は日本は東アジアの平和を維持するために欠かせない国であるとして、東アジアにおける日本の地位を高く評価した。二月十五日に、東亜同文会の歓迎会での講演において、孫文は「東亜の平和を維持し得る力を有してるのは唯だ日本のみであり」、日本は四十年前の維新によって「遂に今日の強国と成る迄発達して、日本の力で能く東洋の平和を維持することが出来る

①『孫中山全集』第3巻、中華書局、1984年、26－27頁。
②『孫中山全集』第3巻、中華書局、1984年、26頁。
③『孫中山全集』第3巻、中華書局、1984年、51－52頁。

やうになりました」、「若し日本があの当時覚醒せず、支那と同じやうに今頃になって夢から醒め、国民が革新運動を起すやうであったならば、思ふに東洋の天地は早く既に東洋人の有では無かったのではないでしやうか」①と東アジアにおける日本の役割を高く評価した。これはアジアにおいて維新を成し遂げ、近代化の道を歩んで、外国と締結した不平等条約を廃棄した日本への評価としては正しいのであるが、対外的には朝鮮・中国を侵略し、東アジアの平和を攪乱し始めたという事実には合致しない評価である。

　孫文はまた彼が指導した革命に対する日本の影響を強調し、彼が何故革命の決意を固めたかについて、「私の心に一の大なる確信が横はって居るからであります、亜細亜には支那が革命をなす場合に之を援助する所の大なる力がある、私の革命は必ず此の大なる力があって援助して呉れるに相違ないと私は心から信じて居りましたから私は革命の為めに身命を惜しまないで努力したのであります、而して其東亜に於ける大なる力と云ふのは即ち日本帝国の存在して〔ゐ〕ると云ふ事であります」と述べ、トルコ革命と比較するとトルコにはこのような強大な隣国が存在しないのが唯一の相違点であるが、「此の如く亜細亜人が「日本に信頼すると云ふ観念を持って〔ゐ〕ることは一大事実で、私の如きは二十年来此思想を有して居りました」②と語った。孫文は三月十日大阪の歓迎会でも同様の趣旨の演説をした③。二月二十三日東京の中国人留学生の歓迎会での演説でも「東亜において我らの革命事業が成就し得たのは皆日本の力によるものである。今回中国革命が成功した、日本に対し感

①　孫逸仙「東亜に於ける日支両国の関係を論ず」、『支那』第４巻５号、３頁。
②　孫逸仙「東亜に於ける日支両国の関係を論ず」、『支那』第４巻５号、４頁。
③　『孫中山全集』第３巻、42頁。

謝せざるを得ない」①と語った。これは彼の革命運動における
明治維新の影響と彼自身が終始日本の援助を期待していた事実
を吐露したものであるが、これほど明確にこれほど高く評価し
たのは珍しいことであった。

　日本人の中国観に対する孫文の言論も「変化」し始めた。孫
文は二月二十三日、東京の中国人留学生による歓迎会での演説
で、過去日本人は中国人を軽蔑していたが、今は民国の成立に
よって我らを羨望しているから、日本人に対し過去の「憤慨を
親愛に変えなければならない」②と訴えた。また孫文は、日本
の思想は一変して共和に賛成し、民国に対して尊敬と敬服の誠
意を表していると語った③。孫文は二月十五日の東亜同文会の
歓迎会でも、「私は今度貴国に来遊しました処が、沿道に於て私
の目に見、耳に聞いた処、凡ての日本人は東洋の平和を切念し、
我支那を愛して居らるゝと云ふことが明了になりました」④と
述べた。

　一九一二年中国各地、特に南方と東南アジアの華僑の間で日
貨ボイコット等の反日運動が盛りあがり、中国の新聞にも反日
的記事が掲載された。これに対し孫文は臆説や誤報による猜疑
だと述べ、「日支両国の人は相交る上に猜疑があってはならぬ、
のみならず妄りに他邦人の説を軽信して他を誣ゆるが如きは断
じて避けなければならぬのであります」⑤と主張した。

　孫文はまた感情的にも日本に対する親近感を表した。二月十
五日の東亜同文会の歓迎会で、孫文は「日本は真に第二の故郷
でございます」、「今度再び其家へ帰って来て、家族や親戚知己

---

①『孫中山全集』第3巻、26頁。
②『孫中山全集』第3巻、27頁。
③『孫中山全集』第3巻、25-26頁。
④　孫逸仙「東亜に於ける日支両国の関係を論ず」、『支那』第4巻5号、6頁。
⑤　孫逸仙「東亜に於ける日支両国の関係を論ず」、『支那』第4巻5号、6頁。

と一家団欒的に打ち解けて歓談するやうな気が致します」①と
語りた。

　この時期、日本に対する孫文の期待は大きく膨らんだ。

　まず孫文は中国と列強が締結した不平等条約の撤廃に関する
日本の協力を希望した。二月二十一日東京の実業家の合同歓迎
会で、中国が悩まされている問題には国内的なものと国際的な
ものがあり、法律の不備等の国内の問題は今度の革命によって
徐々に排除されたが、国際的な問題、即ち過去外国人と締結し
た不平等条約によって中国は主権を喪失し、中国において外国
人は治外法権を享受し、中国人・外国人共にその被害を受ける
ことは中国人の力だけでは解決出来ないので、友邦の助力に期
待せざるを得ないと訴えた②。これは日本に対する最初の不平
等条約撤廃の訴えであり、国家主権回復を念じながら反帝国主
義の思想を公然と表明したことを示している。

　次に孫文は中国と日本との政治的・外交的連携を希望した。
二月十九日に大岡育造衆議院議長主催の宴会で、孫文は「中国
日本両国は数千年の親密関係を持っており、種族・文字も同じ
であります。両国の外交は世界列国の共同行動に依随するので
なく、古来の親密関係を回復すべきであります。中日両国が一
致した行動を執れば、東亜の利益が保障されます」③と語った。
二十五日の阪谷東京市長主催の宴会でも、欧米の同種・同文・
同教圏の諸国は特別に密接な関係を保っている。これは今の世
界の大勢である、中日両国もこのように密接に提携して東アジ
アの幸福と世界の平和を図るべきである、と訴えた④。二月二

---

　　①　孫逸仙「東亜に於ける日支両国の関係を論ず」、『支那』第 4 巻 5 号、3 頁。『孫
中山全集』第 3 巻、13－14 頁参照。
　　②『孫中山全集』第 3 巻、18－20 頁。
　　③『孫中山全集』第 3 巻、17 頁。
　　④『孫中山全集』第 3 巻、28 頁。

十三日の東京の中国人留学生による歓迎会の演説でも、ロシアの新疆・蒙古に対する侵略行為を非難し、同時に清朝の「親露防日」、「遠交近攻」の外交政策を批判して日本と連携する必要性を強調した①。

　第三に孫文は日本との経済的提携を希望した。二月十八日に日本郵船会社の招待会で孫文は、今後東アジア最強の国である日本と東アジア最大の国である中国が経済面において提携し、相互に扶助するよう切望し、日本は維新によって改革を始めて以降の歳月が中国より長く、あらゆる経験を持っているので、我が国は日本の指導を希望している、と述べた②。二十一日の東京の実業家による合同歓迎会でも、日本は数十年の経験と知識で中国を支援してほしいと希望した③。また孫文は、長期的に考えれば、もし中国経済が発達しなければ必ず日本に多くの不利をもたらすし、同時に日本の実業の発達は中華民国の発展にとっても有利であるとして、経済的提携を希望する意志を再三表明した④。帰国した孫文ら一行は日本の熱烈な接待に感謝し、次のような礼状を梅屋庄吉ら日本の友人に送った⑤。

　　私共今回貴国観光に際し、各界より熱烈なる歓迎を承けました。これは貴国の人士が確実に同種同文の国を愛するを以って心とし、またアジアの保全を務めとされることを証明しました。およそ我がアジア人士にして馨香崇拝せざる者はなく、それを極力実行して、貴国人士の望みに副うべきであります。私共は全力を尽して貴国人士の好意を国民に伝え、両国が日増しに親密になるようにします。これ

①『孫中山全集』第3巻、26頁。
②『孫中山全集』第3巻、16－17頁。
③『孫中山全集』第3巻、18－19頁。
④『孫中山全集』第3巻、19頁。
⑤「梅屋庄吉文書」。小坂哲瑯・主和子所蔵。

は両国の幸のみならず、実に世界平和の幸であります。

　　ここにこの書簡で御招待の厚意を謝し、前途の多幸を祝
します。

この書簡から孫文がこの訪日に満足し、所期の目的が達成さ
れたと思っていたことを窺うことが出来る。

孫文は日本で中国と日本との連携・提携を訴えたが、帰国後
は日本が中国と連携・提携しようとしていると訴えた。帰国の
後、孫文は袁世凱と北京の参議院及び国民党関係者に日本との
連携・提携を呼掛けた。帰国当日の二十五日、孫文は袁世凱に
「今回遊日に際し、日本の朝野官民中日連合の理を陳述し、双方
の意見が完全に和合した。日本政府は既に両国親交の真意を図
ることを確かに示した。これは東アジアの平和にかかわること
である」①と打電し、袁も中日連携の方針を決定し、これを推
進することを希望した。孫文は北京の参議院にもほぼ同じ内容
の電報を発した②。二十七日の国民党交通部の宴会でも、孫文
は「日本在朝在野の政治家は皆世界的視野と知識を持っており、
大アジア主義を抱いている。彼らは東アジア唯一の大国は我が
中華であり、日本は三島に立国し、地域的に中国と相接し、中
華と唇歯輔車の利害関係を持っており、もし中華が滅亡すれば、
日本も終局的には生存して行くことが出来ないと思っている。
日本人は自衛策として、形式上中華民国に賛成すると言ってい
るが、事実上は日本帝国を維持するがためである。故に、日本
人は中華政治の革新に対し政府と人民皆同情の意を表してい
る」③と語り、中国と連携・提携しようとしている日本側の意
向とその理由を中国側に説明した。

---

① 『孫中山全集』第 3 巻、51 頁。
② 『孫中山全集』第 3 巻、52 頁。
③ 『孫中山全集』第 3 巻、51－52 頁。

　孫文の日本に対する言論と期待には訪日中と訪日後で「変化」
があった。では、この「変化」はなぜ起こったのだろうか。ど
う解釈すべきなのだろうか。孫文は中国の代表者として日本を
公式に訪問した。これは国際間の関係であった。国際関係とは、
国と国が目前の一時的な目的を達成するために、相手の本質に
対する認識を超えて、相互の一時的な共通点をきずなとして結
ばれるものである。訪日中の孫文と日本との関係もこのような
国際関係であったため、思想史的認識論を超えた国際関係論で
分析し、説明しなければならない。

　第一に訪日という特定の歴史条件である。孫文は日本帝国の
貴賓として公式に訪日していたため、日本を非難或いは批判す
る言論を発表することは外交上の礼儀としては不適当であり、
出来得る限り日本を賛美することが外交上の礼儀に適っていた。
外交の場における言論は外交上の礼儀と要請に沿って発せられ
ることが多く、相手国に対する本音を表しているとはいえない。
これは孫文独特のことではなく、国際外交上の礼儀として常識
的なことであった。

　第二に孫文は日本からの経済的援助による中国の産業振興と
鉄道建設を計画しており、また桂との政治会談において約束し
たように日本と連携してイギリス・ロシアに対抗するために、
日本との政治的連携と経済的提携を希望していた。孫文はこの
希望を実現するため外交上の礼儀以上に日本を賛美し、日本の
対中国侵略までも否定する発言をしたのである。この発言は東
京の中国人留学生による歓迎会の演説においてであったが、青
年留学生らが日本の対中国侵略を非難し、それに抵抗しようと
したのに対し、孫文は上述の目的を達成するための外交方針と
して、青年らの反日的思想と行動を押えようとしてこのように
発言したと思われる。孫文は過去またはこの後にも、日本との

連携・提携のために反日運動と日貨ボイコットを押えたことがあった。このことから孫文の演説も理解することが出来ると思う。

　歴史上の現象には実像と虚像がある。政治家にもその実像と虚像がある。故に政治家の発言或いは演説を絶対化してはならない。政治家はその時期、その場所、その条件と情勢により、一つの問題に対して異なる発言をする場合が多い。政治家は理想と原則、倫理と哲学を有しながら、政局と情勢の変化に対応するため、臨機応変の政策をとり、柔軟な言論を発表し、その政策と言論が一時的にその理想と原則、倫理と哲学及び認識と矛盾し、対立することもあるのである。これは政治家に普遍的な現象である。孫文も例外ではない。故に孫文の言論を分析・評論する時には、その時期、その場所、その条件と情勢等の諸要素を念頭に置きながら分析すべきである。孫文が指摘した日本の本質は彼の対日観の実像であり、政治的理想と一時的目的を達成するために述べた外交辞令や外交政策は彼の対日観の虚像である。孫文は政治的な個性が強い政治家であった。彼は自己の政治的な理想を固く信じ、それが必ず実現すると信じていたため、それを実現する手段と方法は柔軟であった。この柔軟性の幅は理想に対する信念が固いほど広くなるため、訪日中の孫文の日本に対する言論の中には柔軟性の限度を大きく逸脱する言葉もあった。訪日中の孫文の日本に対する言論を分析する時には彼のこの政治的個性を念頭に置きながらその実像と虚像を区別すべきである。

　では、この時期孫文は実際は日本をどのように認識していたのだろうか。それは日本の中国侵略に対する脅威であった。上述のように、孫文は日本に侵略的産物である不平等条約の撤廃を要求した。孫文は帰国の途中、三月二十二日に長崎での最後

の演説で日本の侵略を注意深く指摘した。孫文はこの演説で、一部の者はアメリカからの援助を主張しているが、モンロー主義のアメリカに中国は頼ることが出来るか、アメリカは中国の運命を左右し得るのかと問い、さらに「中国の将来において、中国の死命を制することの出来るのは必ず日本であり、私はこれを完全に確信し疑わない」[①]と断言した。これは日本こそが中国の運命を左右し、中国の死命を制する国であり、将来中国に対し最大の脅威を与える国であることを指摘したものである。これは孫文がこの訪日を終えるに当っての最後の言葉であったが、孫文が過去と将来における日本の対中国侵略を忘れていなかったことを示すものであった。孫文は一九一七年以降また日本を激しく批判し、その侵略政策を告発している。これは訪日前の対日認識と本質的には同じものであった。日本の貴賓として三八日間訪日した時の孫文の日本に対する言論の「変化」はこの特定の歴史的条件の下での短期的なものであり、外交的策略であり、孫文の対日観の虚像を拡大したものだといえよう。

[①] 『孫中山全集』第 3 巻、50 頁。